THE NEW ABNORMAL

팬데믹의 그림자 서플라이 쇼크를 대비하라

뉴 애브노멀

MIT 교수 **요시 셰피**

김효석 · 류종기 옮김

뜨록

Yossi Sheffi

최근 집필한 저의 책을 한국 독자분들에게 전하게 되어 매우 기쁩니다. 이 서문을 쓰는 동안, 세상은 코로나19라는 악몽에서 서서히 깨어나기 시작했습니다. 이번 팬데믹의 가장 중요한 교훈의 하나는 특정한 나라가 다른 나라보다 더 위기에 잘 대응했다는 점입니다. 경제 규모가 큰 나라 가운데 하나인 한국도 팬데믹에 성공적으로 대응하며 극복하고 있습니다. 코로나19로 인한 사망자 수는 10만 명당 3.72명으로, 일본(9.51명), 미국(179명), 영국(191명)과 비교해도 훨씬 낮습니다.

한국은 지난 메르스 팬데믹에서 교훈을 얻었고, 덕분에 2020년 코로나19 팬데믹을 잘 통제할 수 있었습니다. 2020년 말과 2021년 초에 있었던 확산도 빠르게 억제했습니다. 한국의 대규모 글로벌 기업들 역시 상황에 신속히 적응했습니다. 예컨대 대한항공은 누구보다 빨리 화물 수송 사업에 집중했고, 2020년 전 세계 항공사 가운데 유일하게 영업 이익을 냈습니다.

물론 현 위기를 잘 대응하고 극복한 다른 기업과 조직에서 한국과 한국의 기업이 배워야 할 점도 있습니다. 나아가 향후 비즈니스와 글로벌 서플라이 체인의 위기는 우리가 겪었던 어떤 상황과도 다를 것입니다. 결과적으로 기업은 회복탄력성을 더욱 강화하여, 점점 더 변덕스럽고 불안정해질 세상에서 벌어질 수 있는 모든 상황에 대비해야 합니다. 이 책이 제시하는 프레임워크와 여러 사례가 다음에 닥칠 위기에 맞서 한국 기업이 번창하는 데 도움이 되길 바랍니다.

보스턴에서
요시 셰피

2020년 초 코로나19 Covid-19 가 강타했을 때, 나는 서플라이 체인(공급망) supply chain 의 역사와 혁신에 대한 책을 쓰고 있었다. 그러나 감염이 확산하고 봉쇄 조치가 시작되면서, 코로나19가 기적처럼 금세 사라지는 일은 없으리란 게 점점 더 분명해졌다. 코로나19는 사람들의 삶과 생활 그리고 세계 경제에 엄청난 영향을 미치고 있다. 그러므로 서플라이 체인의 역사에 대한 나의 다음 책은 좀 더 미뤄질 것 같다. 서플라이 체인 역사상 가장 큰 혁명 중 하나가 우리 모두의 눈앞에서 맹위를 떨치고 있기 때문이다.

많은 이들이 펜을 잡고 코로나19 희생자의 사연, 이 질병을 이해하고 치료하고자 하는 과학자들의 노력, 정부가 시민을 보호하기 위해 실행하거나 실행하지 않은 방역 조치에 관한 글을 써왔다. 하지만 코로나19가 세계 경제 구조에 미치는 영향이나, 기업이 공급 마비와 사재기, 정부 명령, 의료품의 절실한 필요 등에 직면하여 어떻게 비즈니스를 운영해 왔는지는 상대적으로 쓰인 게 별로 없다. 혼란스러운 팬데믹 pandemic 상황에서 기업이 무엇을 해왔는지, 기업이 향후 수개월, 수년 동안 바이러스로부터 살아남아 번창하려면 무엇을 해야 하는지 이 책을 통해 살펴보고자 한다.

팬데믹 이전에 나의 아내에게 내가 하는 일을 물었던 사람들은, 서플라이 체인을 연구한다는 대답에 의아해했다. 보통 사람들은 가까운 상점이나 집 앞까지 다양한 소비 제품을 가져다주는, 제조업체와 물류 창고 회사, 운송 회사가 참여하는 방대한 글로벌 네트워크를 전혀 인식하지 못하기 때문이다. 이러한 인식 부재는 어떤 의미에선 그러한 서플라이 체인이 보통 아주 잘 기능한다는 것을 방증한다. 가게에 가면 거의 항상 원하는 상품을 사올 수 있다는 경험이, 이를 가능케 하는 모든 수도와 어려움을 당연한 사실로 여기게 만드는 것이다. 하지만 바이러스가 공급업체와 운영 업체, 소비자 수요 모두에 동시에 큰 지장을 주자, 사람들은 서플라이 체인의 존재를, 그리고 그들이 주어진 과제를 해결하기 위해 얼마나 노력하고 있는지를 분명히 깨닫게 되었다. 내 아내가 서플라이 체인이 무엇인지 굳이 설명하지 않아도 말이다.

감염성을 가능성으로

이 책은 바이러스가 어지럽힌 세계 경제 구조하에서 위험에 처한 비즈니스 상황을 극복하고 새선하기 위해 고군분투하는 기업들을 살펴보며 시작한다. 팬데믹 자체의 진행 양상을 다루진 않지만, 제1부 '무슨 일이 있었나'는 2020년 봄 팬데믹 상황에 직면한 서플라이 체인이 어떻게 그에 대처했는지를 집중적으로 살핀다. 나머지 제2부에서 제6부는 현재 진행 중인 팬데믹의 단기적 영향과 함께, 장기적으로 서플라이 체인과 기업에 미칠 수 있는 장기적 영향에 관하여 알아본다. 1918년 스페인 독감 팬데믹이 그랬듯이 코로나19는 이미 전 세계적으로 널리 퍼지며 충격을 주고 있고, 비즈니스 리더, 특히 서플라이 체인을 경영하는 이들에게 엄청난 도전을 안기고 있다. 이 폭풍이 지나고 나면, 결국 어떤 기업은 무너질 것이고, 어떤 기업은 살아남을 것이며, 어떤 기업은 번창할 것이다.

물론, 덴마크의 물리학자 닐스 보어Niels Bohr의 표현을 빌리자면, "예측, 특히 미래에 대한 예측은 매우 어렵다." 그럼에도 이 책은 과학과 역사, 기업이 기능하는 방식에 담긴 시대를 초월한 구조적 요소들을 도구로 사용해 그 예측을 뒷받침하고자 했다. 다양한 업계에서 팬데믹과 그 미래를 어떻게 생각하고 있는지 보여 주기 위해 다수의 기업 임원과 인터뷰했고, 나아가 현 상황에 대한 아이디어와 권고 사항을 도출하기 위해 다양한 가용 기술의 가치 제안Value Proposition,* 위기를 맞았던 기업의 대처법, 리스크와 서플라이 체인 관리의 여러 프레임 워크를 분석했다.

허약한 기업의 더 빠른 몰락

코로나19는 어떤 의미에선 사람과 기업에 똑같은 영향을 주었다. 즉 상태가 좋지 않았던 이들이 주로 다치거나 해를 입었다. 건강하진 않지만, 더 나은 시절이었다면 훨씬 오래 생존할 수 있었던 사람과 기업의 죽음을 바이러스가 앞당긴 것이다. 이 슬픈 사실은 사람과 기업이 체질을 개선하도록 동기를 부여하고 있다. 코로나19로 인해 금연하게 된 사람이 늘어난 것도 그 예시이다.

기업이 체질을 개선하고 건강을 유지한다는 것은 공급업체와 운영 업체, 소비자에게 미치는 팬데믹의 파괴적인 영향과 싸운다는 것을 의미한다. 제2부 '불확실성과 함께 살아가기'는 (나의 이전 책인 《회복

---

* 제품과 서비스가 소비자에게 제공하는 혜택과 가격을 명확하게 표현한 것을 뜻한다.

탄력적 기업The Resilient Enterprise》(2005)과 《무엇이 최고의 기업을 만드는 가The Power of Resilience》(2015)**에서 도출한) 서플라이 체인 위험 관리 렌즈를 통해, 팬데믹과 자연재해, 기타 위협과 관련한 업무 마비를 신속하게 인지하고 관리할 수 있는 기업 면역 시스템을 구축하는 방법을 보여 준다.

새로운 (비)정상

비록 붕괴하는 표준을 완화하고 기존의 정상 상태로 돌아가기 위한 노력이 이어지고 있지만, 계속되는 팬데믹은 삶과 업무, 교육에서 뉴 노멀new normal을 만들고 있다. 제3부 '적응이 필요하다'는 이를 다룬다. 감염에 대한 소비자의 지속적인 우려는 (그리고 바이러스 확산을 줄이기 위한 정부의 방역 정책은) 소매업, 서비스업, 스포츠업, 교육업과 같은 많은 업계의 비즈니스 건강이 전부 직원과 고객을 위한 '안전 구역'을 만드는 데 달려 있다는 것을 뜻한다. 또 다른 뉴 애브노멀은 재택근무로, 이를 통해 근로자는 어디서든 생활할 수 있고 기업은 어디서든 인재를 채용할 수 있게 되었다. 반면 교육 분야, 특히 고등 교육은 고비용의 대면 교육 모델이 흔들리며 온라인 또는 혼합형 교육이 주목받는 중대한 고비(이자 중대한 기회)에 직면하고 있다. 코로나19로 인해 두드러진 또 다른 안타까운 트렌드는 빈부 격차의 증가다. 이를 종합적으로 보았을 때 뉴 애브노멀은 계층화를 심화할 것이다.

** 이 한국어 제목은 2016년 프리이코노미북스에서 발행한 번역서를 참조한 것이다.

기술 발전에 대한 더 빠른 수용

바이러스는 사람들이 각자 거리를 두고, 감염 장소를 피하며, 여행하지 않고, 재택근무를 하고 싶게 만들었다. 이 책은 (특히 제4부 '서플라이 체인의 미래'의 상당 부분은) 이들이 어떻게 기존의 기술 수용 경향을 가속했는지 보여 준다. 사물인터넷(IoT)과 인공지능(AI), 실시간 데이터 분석, 최첨단 기술의 최적화, 데이터 시각화, 디지털 변환 등의 기술은 멀리 떨어진 서플라이 체인은 물론 이동 중인 재고를 눈으로 볼 수 있게 만들며, 종이와 접촉을 배제한 운영 방식을 가능하게 한다. 자동화와 로봇 공학은 기업이 급증하는 수요를 처리하고 근무자가 거의 없는 사무실과 공장에서도 생산성을 유지하도록 돕는다. 인터넷 쇼핑, 재택근무, 온라인 교육 등 집에서 더 많은 일을 처리하게 해주는 기술의 수용은 감염에 대한 두려움과 정부의 재택근무 의무화 조치로 인해 급증했다. 비록 이 모든 기술은 코로나19로 인한 목전의 충격을 해소하려는 노력의 일환이었지만, 서플라이 체인과 비즈니스 성과 측면에서의 장기적인 이점 역시 존재한다.

그러나 물리적 세계 없이는 디지털 세계도 없다

모든 것을 디지털화해야 한다는 압박에도 불구하고, 세계와 일상생활의 많은 부분은 여전히 물리적 영역으로 남아 있다. 우리가 먹는 음식, 우리가 입는 옷, 우리가 먹는 약, 우리가 사용하는 가전제품, 우리가 운전하는 차량 등은 모두 물리적으로 이동하는, 가끔은 아주 먼 거리를 거쳐 조달된 물리적 재료로 만든 물리적 제품에 의존한다. 다시 말하자면, 부족한 화장지를 찾을 수 있게 도와주는 앱은 있지만, 화장지를 대체할 수 있는 앱은 없다.

코로나19는 우리가 경제를 그냥 내버려 두고 전부가 집에만 머무를 수 없음을 확실히 보여 주었다. 어딘가의 누군가는 여전히 생필품을 (그리고 사치품을) 만들어야 하고, 조달해야 한다. 어딘가의 누군가는 여전히 환자를 치료해야 하며, 통제 불가능한 질병 확산을 억제하는데 필요한 막대한 양의 의료 관련 물품을 만들고 조달해야 한다. 전 세계는 서플라이 체인에 의존하여 이 행성의 자원을 우리가 필요한 제품으로 바꾸고, 감당할 수 있는 가격으로 78억 명의 인간에게 전달한다. 바이러스나 정부의 명령 또는 심한 불경기는, 전 세계의 물리적 측면을 유지해 온 사람들과 그 과정을 시험에 들게 한다.

앞서 말한 글로벌 물리적 서플라이 체인에서 가장 큰 '어딘가' 중 하나가 바로 이번 팬데믹의 진원지인 중국이다. 중국은 가장 먼저 코로나19로 혼란을 겪었고, 가장 먼저 회복했다. 제5부 '정치와 팬데믹'에서는 중국을 (그리고 기타 해외에 있는 공급업체를) 떠나는 기업의 잠재적 동향을 논의하고, 그것이 언론의 추측이나 정치적 수사에서와 달리 광범위하지도 유익하지도 않은 이유에 관하여 설명한다. 즉, 전 세계에서 수십억 명이 중산층에 합류함에 따라, 기업은 전 세계에 걸쳐 공급업체와 운영 업체, 판매 지점이 필요하다는 사실을 알게 될 것이다.

미래: 새로운 광란의 20년대?*

기본적으로 이 책은 극도로 불확실한 시기에 더 나은 미래를 만들

---

* 1918년 제1차 세계대전이 끝나고 스페인 독감 역시 1919년 종식되자 유럽과 미국 사회는 1920년대 전반에 걸쳐 비약적으로 발전한다. 이 시기를 학자들은 '광란의 20년대'라고 부른다. 재즈, 유성영화, 라디오, TV 등 20세기를 이끈 문화적 산물도 이 시기에 태동했으며, 자동차와 비행기 등도 이 시기에 크게 발전하였다.

고자 노력하는 기업들을 분석하고 있다. 이는 특히 제6부 '새로운 기회'에서 두드러진다. 바이러스로 인한 거대 기업(아마존Amazon, 월마트 Walmart, 타겟Target 등)의 이익 급증과 중소기업이 입은 피해에 관해 많은 이야기가 있었지만, 사실 기술 발전의 가속은 중소기업과 대기업 간의 경쟁 구도를 평준화할 수 있다. 재빠른 중소기업들은 상용 클라우드 컴퓨팅과 모바일 앱 사용을 늘리는 방식으로 자사 서플라이 체인과 고객 인터페이스에 정교한 기술을 구현하고 있다.

이 책에 담긴 연구와 인터뷰는 유연성flexibility과 민첩성agility이 2020년 초의 혼돈과 새로운 미래로의 전환점을 관리하는 데 있어 모두 필수적임을 보여 준다(제3장, 제4장, 제25장). 서플라이 체인은 바이러스의 확산, 그리고 소비자 공포를 조장하는 숨 막히는 언론 메시지의 확산으로 인해 극도로 경색될 수 있었다. 그러나 실제로는 많은 기업이 마스크와 살균제, 인공호흡기를, 그 외에도 사재기로 인해 부족해진 소비재를 제공하는 서플라이 체인을 구축하기 위해 일어섰다. 식품산업 전반에 걸친 수요와 전례 없는 격변에도 불구하고, 식품 서플라이 체인은 유지되었다.

코로나19는 우리가 모두 서로에게 의존하고 있음을 증명해 주었다. 이 사실이 드러나자 어떤 이들은 겁먹은 채 국가 단위의 자급자족이라는 환상 속으로 도망치려 했다. 반대로 서플라이 체인에 익숙한 사람들은, 만약 각각의 조각을 서로 적절히 연결하고 동기화한다면 상호 연결된 조각들이 지닌 잠재적 능력을 통해 무엇이든 해낼 수 있다는 사실을 알고 있었다. 결국 이러한 상호 의존성은 인류의 근본적 욕구가 극적으로 변할 때조차도 이를 충족해 줄 수 있는 최고의 기회를 제공한다. 궁극적으로 이 책은 기업이 번창하려면 어떻게 이러한 상호 의존

성, 즉 서플라이 체인을 만들고, 성장시키고, 관리·개선해 나가야 하는
가에 초점을 맞추고 있다.

감사의 말

나의 전작들과 달리, 이 책은 책에서 다루는 사건들이 일어나는 와
중에 집필되었다. 시간이 부족하고 외부 환경이 계속 변했음에도, 이
책은 열매를 맺었다. 믿을 수 없을 만큼 헌신적이었던 팀의 도움 덕분
이다. 먼저 누구보다도 워킹 놀리지®의 안드레아 메이어와 다나 메이
어에게 감사한다. 이들은 정보 조사와 데이터 구성, 초안 작성과 편집,
그리고 (가장 중요한) 연구 범위에 관한 아이디어와 접근 방식에 대하
여 강경한 의견을 내는 위원회 역할을 해주었다.

MIT 트랜스포테이션&로지스틱스 연구 센터MIT Center for Transportation
& Logistics의 마케팅과 커뮤니케이션 팀은 여러 면에서 큰 도움을 주었
다. 댄 맥쿨은 가치 있는 제안을 해준 냉정한 편집자였고, 켄 코트릴도
마찬가지였다. 댄은 본문을 디자인하고, 내 파워포인트 도표를 EPS 파
일로 다시 만들어 주었으며, 텍스트 조판을 ePub으로 바꾸는 일도 맡
아 주었다. 사만다 바니는 모든 참고 문헌이 올바르게 작성되었는지 확
인했으며, 에밀리 페이건과 함께 출판 과정을 진행했다. 아서 그라우
는 제작 관리와 표지 디자인을 담당했다. 많은 이가 이 책을 마지막까
지 꼼꼼하게 검토해 주었다. 안드레아와 다나 메이어, 여동생 맥킨지까
지 고용한 사만다 바니, 보니 보르트윅, 그리고 언제나 그렇듯, 댄 맥쿨
이 있었다. 이들 모두가 헌신적인 최고의 전문가였고, 함께 일하는 것
은 나의 기쁨이자 영광이었다.

마지막으로, 반평생을 같이 보낸 아내 아낫에게 다시 한번 깊은 감

사를 표한다. 책을 조사하고, 정리하고, 집필하고, 편집하는 데 걸린 고된 다섯 달 동안, 아내는 항상 나를 지지해 주었다. 믿을 수 없겠지만, 경험이 풍부한 다섯 명의 작가와 편집자가 원고를 읽고 교정한 후에도, 아내는 여전히 오류를 찾아냈다.

이 책은 걱정해야 하는 문제가 셀 수 없이 많을 때도 자신의 바쁜 시간을 할애해 준 기업 임원들과의 인터뷰로부터 큰 도움을 받았다.

다니엘 비란, 바이오젠 보안 담당 임원*

랄프 부쉐, 바스프 그룹 글로벌 서플라이 체인 전략과 관리 담당 임원

마이크 더피, C&S 홀세일 그로서스 대표

론 다넬, 프레이트베리파이 회장

제프 플렉, 조지아 퍼시픽 소비자 제품 그룹 서플라이 체인 책임 임원

데니스 플린, 월마트 전자 상거래 서플라이 체인 및 재고 관리 담당 임원

제프 코첸, 뉴잉글랜드 컨트리 마트 공동 창업자 겸 CEO

엘리사 코첸, NCR 공동 창업자 겸 COO (운영 담당 임원)

스테판 라자레빅, NCR 대외 담당 매니저

니콜 머피, 바이오젠 글로벌 제조 및 기술 운영 선임 임원

피터 퍼페, 바이오젠 글로벌 서플라이 체인 책임 임원

헤더 오스티스, 델타 항공 서플라이 체인 담당 임원

리치 피로타, 프레이트베리파이 최고 재무 담당 임원

카를 지브레히트, 플렉세 공동 창업자 겸 CEO

---

* Vice President를 흔히 부사장이라고 옮기나, 대부분 '담당 임원' 또는 '상무' 정도로 번역하는 게 자연스럽다. 이하에서는 해당 조직의 규모나 업무상 역할을 고려하여 담당 임원에서 부사장까지 혼용해 썼다.

메리 스티븐스, 존슨앤존슨 글로벌 소비자 건강 서플라이 체인 담당 임원

린 토렐, 플렉스 구매 및 서플라이 체인 책임 임원

빈디야 바킬, 레질링크 최고 경영자

데이브 휠러, 뉴발란스 최고 운영 책임 임원

마리자 지바노빅-스미스, NCR 마케팅, 커뮤니케이션 담당 임원

　　이들 모두에게 깊은 감사를 전한다. 그리고 당연히 이 책의 모든 오류, 잘못된 인용, 실수는 전적으로 저자인 나의 책임이다.

2020년 9월

요시 셰피

일러두기

- 원문의 주석은 숫자를 달아 책 뒤쪽 '참고문헌'에 모아 실었다. 역자 주는 해당 페이지 하단에 바로 달았다.
- 원문에서 이탤릭체로 강조된 부분은 고딕체로 구분했다.
- 약어 등의 외국어 표기는 필요한 경우 음역을 해서라도 한글로 적었다. 특히 회사명은 정식 한국어 명칭을 우선했으며, 여의치 않은 경우 국립국어원 외국어 표기 맞춤법에 따랐다.
- 화폐 단위는 옮기지 않았다. 그 외의 모든 단위(파운드, 갤런 등)는 SI 단위로 통일했다. 단, 문맥에 따라서 수치 자체가 중요하지 않다면, 정확한 수치를 다 쓰기보다는 대략 옮겼다.
  예) "50파운드 양파" → "20㎏짜리 양파"

목차

제1부 무슨 일이 있었나 WHAT HAPPENED

무슨 일이 있었나

WHAT HAPPENED

"Es ist ernst." ("심각한 상황입니다.")

— 앙겔라 메르켈Angela Merkel, 독일 총리이자 양자 화학 박사.
2020년 3월 18일, (매우 드문) 대국민 TV 연설 중[1]

2020년 초, 현대 역사상 가장 어둡고 검은 백조Black Swan가 도래했다. 전 세계로 빠르게 퍼질 만큼 전염성이 강하지만, '이건 그냥 독감이야', '그냥 사라질 거야'라고 생각하는 사람이 있을 만큼 그리 심각해 보이진 않은 질병이었다. 만약 코로나19가 할리우드의 종말 영화에 자주 나오는 부글거리는 녹색 고름을 환자들에게 흘리게 했다면, 지도자들은 이를 재빨리 감지하고 전파 경로를 차단했을 것이다. 하지만 질병에 걸린 사람 중 일부는 뚜렷한 증상이 아예 없었고, 나머지 일부도 가벼운 증상만을 나타냈다. 그러나 다른 한편 아주 많은 사람이 이 질병으로 인해 입원했고, 사망했다. 그것이 극도로 위험하다고 여기기 충분할 만큼.

제1장

바이러스가 퍼지다

The Virus Goes Viral

2019년 가을 무렵, (뉴욕시 인구보다 약 30% 더 많은) 1,100만 명이 거주한 중국 우한의 농수산물 재래시장에서 동물로부터 사람으로의 새로운 바이러스 점프*가 일어났다. 이로써 그 바이러스는 리노, 코로나, 인플루엔자, 홍역, 엔테로, 아데, 파라인플루엔자 등 호흡기 감염을 일으키는 200종 이상의 바이러스 무리에 합류했다. 많은 호흡기 질환과 마찬가지로, 이 바이러스는 사람 간의 접촉과 접근을 통해 확산한다. 즉 호흡기 비말과 에어로졸, 잔여물 등을 통해서 말이다.

그러나 중국 보건 당국은 12월에 이 바이러스를 감지한 후에도 사람 간 전염이 가능한지 (아니면 시장에서 감염된 동물에 노출된 사람

---

*   어떤 바이러스가 하나의 종(예를 들어 개, 고양이 등)으로부터 종족 간 장벽을 뛰어넘어 다른 종(예를 들어, 사람)으로 옮겨가는 현상을 말한다.

에게만 전염될 뿐인지) 알 길이 없었다. 또한 중국 보건 당국은 대중에게 경고하지 말라는 강한 정치적 압력을 받았다. 전 세계 여러 나라의 무능한 지도자들이 그러하듯, 그 바이러스에 관하여 가장 잘 아는 사람들을 무시하고 심지어 처벌하는 자멸적인 모습을 보여 준 것이다.[1]

예를 들어 이 질병을 대중에게 처음으로 경고한 우한시 의사인 리웬량Li Wenliang 박사는 자신이 "근거 없고 불법적인 소문"을 퍼뜨렸다고 자백할 것을 강요받았다.[2] 그의 경고는 무시되었고, 2020년 2월 리웬량 박사는 이 바이러스로 인해 목숨을 잃었다. 마찬가지로 팬데믹이 퍼지는 동안 "소문을 퍼뜨린 혐의"로[3] 수십 명의 이란인이 체포되었다.[4] 크렘린은 이번 감염 발병 사태가 다른 곳에서만 일어난다고 주장함으로써 똑같은 모습을 보였다. 미국 도널드 트럼프Donald Trump 대통령도 2월 17일 "그것은 사라질 겁니다. 어느 날, 기적처럼 말입니다"라고 말했다.[5] 그러나 어쨌든 정치인들이 위험을 경시하는 일은 봐줄 수도 있다. 하지만 공공 보건 전문가들은 그럴 수 없다.

징후를 놓치다
Missing the Signs

2020년 1월 초, 과학자들은 이 질병이 2002년 단기간 발생했던 전염병이자 8,422명 환자 가운데 11%가 사망한 사스SARS(중증 급성 호흡기 증후군severe acute respiratory syndrome)와 연관된 코로나바이러스라고 결론을 내렸다. 이 새로운 바이러스는 사스-코브-2SARS-CoV-2라 명명되었고, 그것이 일으킨 질병은 코로나19로 알려졌다. 과학자들은 또한 사람

제1부. 무슨 일이 있었나

들의 코와 목구멍에서 면봉으로 채취한 표본 등으로부터 바이러스의 유전 물질을 검출할 수 있는 민감도 검사*를 개발했다. 이 검사를 통해 복제될 수 있는 바이러스를 지닌 사람을 밝혀낼 수 있었다.

그렇지만 코로나19는 이전의 팬데믹보다 훨씬 더 나쁜 한 가지 교활한 특징이 있었다. 많은 감염자가 아무런 증상을 보이지 않는 것이다. 실제로 어떤 감염자들은 **단 하나의** 증상도 없었지만, 여전히 병을 옮길 수 있었다. 이러한 무증상 전염은 바이러스와의 싸움을 훨씬 더 어렵게 만든다. 결과를 바로 확인할 수 있는 (예를 들어 체온 확인이나 증상에 대한 질의와 같은) 간이 검사로는 그러한 질병 전파자를 찾아낼 수 없기 때문이다. 게다가 보건 당국은 데이터가 뒷받침하는 증거에도 불구하고 이러한 심각한 위험을 몇 달 동안 무시했다. 결과적으로 경감 대책은 수개월이나 지연되었고, 당국은 지역사회 전체에 퍼진 감염 환자 대부분을 놓쳤다. 이는 예방할 수 있었던 수많은 사망자를 초래했다.

1월 27일, 뮌헨 대학교 종합병원의 감염병 연구원인 카밀라 로테 Camilla Rothe 박사는 자동차 부품 회사 웹스토Webasto의 직원에게서 독일 최초의 신종 코로나바이러스 사례를 확인했다. 감염 경로를 추적한 로테 박사는 중국 여행을 다녀온, 하지만 **독일에 있는 동안 아무런 증상도 없었던** 동료 직원만이 감염을 일으킨 사람이라는 사실을 확인했다. 그녀는 수십 명의 의사와 공공 보건 당국에 "잠복기에도 감염이 발생할 수 있습니다"라는 짧은 이메일을 보내 경고했다.[6] 증상이 있는 사람만

---

* 자세한 내용은 제10장 174쪽 참조.

이 다른 이를 감염시킬 수 있다는 (사스로부터 배운) 지배적인 견해에도 불구하고, 뮌헨의 로테 박사와 그녀의 동료진은 경보를 울렸다.

로테 박사의 팀은 이메일을 보낸 뒤 자신들의 발견을 상세히 기술한 논문을 《뉴잉글랜드 의학 저널New England Journal of Medicine》에 전했다.[7] 저널은 1월 30일 즉시 해당 논문을 발표했다. 뮌헨 팀은 이 새롭고 중요한 발견으로 찬사를 받는 대신, 경쟁 학자와 정치인, 공공 보건 당국, (그들을 따르는) 언론으로부터 공격을 받았다. 이런 공격은 프랑스 교회,[8] (700명 이상이 감염된) 유람선 다이아몬드 프린세스호,[9] (승선원 4,800명 중 60%가 감염된) 항공모함 USS '시어도어 루스벨트'[10] 등 곳곳에서 무증상 감염이 발생하는 가운데 일어났다. 점증하는 증거에도 불구하고, 2020년 4월 2일 세계보건기구World Health Organization(WHO)는 일일 〈코로나19 상황 보고서Covid-19 Situation Report〉에서 "현재까지 기록된 무증상 전염은 없었다"라고 말했다.[11]

WHO와 유럽 질병예방 통제센터European Center for Disease Prevention and Control를 포함한 보건 기관은 중요했던 두 달 동안 뮌헨 팀의 발견에 즉각 대처하진 않고 불평만 늘어놓았다. 중요한 공공 의료에 대한 논의는 명확한 증상이 없는 감염자를 어떻게 부를 것인가 하는 의미론적 논쟁으로 소모되었다.[12] 스웨덴 공공 보건국은 "잠복기의 코로나바이러스가 전염될 수 있다는 주장은 과학적 근거가 부족하다"라며 냉정한 반응을 보였다.[13] 프랑스 보건 당국도 공개 보도 자료를 통해 정부 포스터를 발행하며 '무증상=전염의 위험 없음'을 단언했다. 심지어 최근 6월까지도 WHO는 무증상 감염의 역할을 인정하지 않았으며, 미국의 최고 전문가인 앤서니 파우치Anthony Fauci 박사는 '잘못된 정보'를 제공했

다며 WHO를 비난했다.[14]

3월 말에서야 마침내 유럽 보건 당국은 무증상 전염이 질병 확산에 큰 역할을 한다는 사실을 인정했다. 후속 연구에 따르면 전염의 40~55%는 증상이 나타나기 전에 발생했다.[15] 게다가 증상이 실제 나타나기까지는 평균 6일이 소요되었다. 한 전파자가 다른 사람과 접촉하고 감염시킬 수 있는 기간이 거의 일주일이나 되는 것이다. (단, 바이러스가 복제되는 데는 어느 정도 시간이 걸리므로, 감염 후 며칠이 지나야 전염성이 높아진다는 점을 고려해야 한다.) 이처럼 전염성은 있지만 증상이 없는 사람들 말고도, 코로나19 팬데믹의 위험성을 경고하는 심각한 요인은 또 있었다.

슈퍼 전파자가 온다
Here Come the Superspreaders

뉴스에 따르면, 2020년 3월 6일까지 시애틀이 위치한 워싱턴주 킹 카운티에서는 58명의 코로나19 환자가 발생했고 1명이 사망하였다.[16] 시애틀에서 차로 약 1시간 거리 북쪽에 있는 스카짓 카운티에서는 같은 기간에 단 한 명의 환자만 보고되었다.[17] 스카짓 밸리 합창단의 지휘자 애덤 버딕Adam Burdick은 3월 10일로 예정된 주간 리허설을 계획하면서도 크게 걱정하지 않은 이유이다. 스카짓 카운티의 생활은 정상적이었다. 학교와 사업장은 문을 열었고, 대규모 집회도 금지되지 않았다. 버딕은 합창단원들에게 마운트 버논 장로교회에서 리허설이 계획대로 진행될 거라는 이메일을 보냈다.

리허설에는 61명의 단원이 참가했다. 몇 가지 예방 조치가 취해졌다. 입구에서 손 소독제*를 배포했고, 단원들은 서로 악수하거나 포옹하지 않았다. 버딕은 《LA 타임스Los Angeles Times》에서 이렇게 회상했다. "일반적인 리허설처럼 보였습니다. 원래 합창단은 포옹하는 걸 좋아한다는 것만 빼면요."[18] 몇몇 단원은 일찍 도착하여 큰 다목적실에 의자를 배치했다. 15~25cm 간격으로 의자 20개를 6줄 놓았고, 중앙 통로로 왼쪽과 오른쪽 무대를 나누었다. 대부분의 합창단원은 평상시 앉던 좌석에 앉았다. 그들은 서로 가까이 앉아 2시간 반 동안 노래를 불렀다.

3월 10일 리허설로부터 3주 이내에 단원 52명(85%)이 코로나19 진단을 받았고, 3명이 입원했으며, 2명이 사망했다.[19] 질병통제 예방센터Centers for Disease Control and Prevention(CDC)의 후속 조사 결과 3월 3일 있었던 이전 리허설에서는 관련 증상을 하나라도 보인 단원이 전혀 없었고, 3월 10일 리허설에서 한 명이 가벼운 감기 징후를 보였다는 사실이 밝혀졌다.[20] 외견상으로는 단 한 명이 수십 명을 감염시킨 것처럼 보였다.[21]

이후 이러한 '슈퍼 전파자 발생 사건'이 질병 확산에 있어 큰 역할을 한다는 게 분명해졌다. 전 세계 175명의 경영진이 참여한 생명공학 회사 바이오젠Biogen의 보스턴 리더십 컨퍼런스에서도 이 사건이 일어났다.[22] 조지아주 올버니에서 열린 한 장례식은 곧 주변 농촌 카운티

---

*   우리나라를 비롯한 미국 등은 세정제cleaner와 소독제sanitizer, 살균제disinfectant를 구별하여 관리한다. 세정제는 물을 사용해 거품을 내어 손을 씻을 때 사용하는 화장품이고, 나머지 둘은 보통 젤 타입으로 된, 알코올을 주성분으로 하는 의약외품이다.

의 감염 발생을 촉발했고, 이는 전국에서 가장 높은 누적 발생률[**]을 보인 사례였다.[23] 한국 남동부 도시 대구에서는 감염자 중 절반 이상이 신천지 교회 신도와[24] 그 접촉자였다.[25] 홍콩 대학교의 역학 교수 벤 콜링 Ben Cowling은 "슈퍼 전파자를 막을 수 있다면, 모든 이에게 도움이 될 것입니다"라고 말했다.[26]

슈퍼 전파자 발생 사건의 특징은 다음과 같다. 한 명의 감염자와 밀집된 군중, 환기가 잘되지 않는 실내 장소, 최소한으로만 지켜진 물리적 거리 두기와 마스크 착용. 최근 연구에 따르면 감염자의 70%는 누구도 감염시키지 않았고, 대부분 감염이 슈퍼 전파자로 인해 발생했다.[27] 한 감염자가 대규모 모임에 참석하거나, 광범위하게 사교 활동을 하거나, 술집이나 식당처럼 밀집된 실내 장소를 방문할 때, 그 한 사람으로 인해 많은 이가 감염될 수 있다.[28]

많은 슈퍼 전파자 감염 집단cluster은 유람선이나 해군 함정, 요양원이나 육가공 공장과 같은 시설에서 특별한 사건 없이, 환경에 따라 나타난다. 비행기는 예컨대, 수백 명이 밀폐된 알루미늄 튜브에 갇혀 있는 것과 같다. 따라서 질병 전파에 이상적인 장소처럼 보이지만, 통계에 따르면 그렇지 않다. 통계학과 항공학 전문가인 매사추세츠 공과대學의 아놀드 바넷Arnold Barnett 교수는 두 시간 동안의 비행 중 인근 승객으로부터 코로나19에 감염될 확률을 4,300분의 1로 추정했다. 중간 좌석이 비어 있다면 확률은 거의 절반 수준인 7,700의 1로 떨어진다.[29]

***

[**] 위험 요인에 노출된 인구수 대비 발생한 환자 수를 가리킨다. 즉 100명의 사람이 위험 요인에 노출되어 30명이 감염되었다면, 누적 발생률은 30%다.

하지만 전염성이 있는 비행기 탑승자가 다른 승객에게 주는 위험이 아무리 적다고 해도, 이들은 지역사회에 여전히 큰 위협이 된다. 일반적으로 약 500만 명이 매일 국제선을 이용한다.[30] 외견상 건강해 보이는 이 수백만 명의 관광객과 귀국자, 비즈니스 출장자 가운데 반갑지 않은 바이러스가 손쉽게 숨어들 수 있다. 따라서 팬데믹의 시작과 동시에, 바이러스는 문자 그대로 레이더에 걸리지 않은 채 전 세계를 돌면서 아무도 모르게 감염 집단을 형성했다.

조기 확산
Early Spread

과거의 의료 표본을 분석한 결과 2019년 12월 말 프랑스의 한 남성이 코로나19를 앓았던 것으로 나타났다. 그는 무증상 감염자였던 아내로부터 전염되었을 것으로 추정되었는데, 그녀는 파리 여행객이 자주 찾는 샤를 드골 공항의 잡화점에서 일했다. 따라서 이 질병은 중국이 새해 전야에 전 세계로 경고를 보내기 2~3주 전, 그리고 프랑스가 자국 내 코로나19 유입을 인지하기 거의 두 달 전에 이미 프랑스로 유입되었을 수 있다.[31] 또한, 코로나19는 2019년 12월 18일쯤 이미 이탈리아 북부에 퍼지고 있었다.[32] 마찬가지로 미국 당국은 최초의 자국 내 코로나19 사망자가 2020년 2월 26일 시애틀에서 발생했다고 생각했지만, 사후 분석 결과 2월 6일 캘리포니아에서 이미 사망자가 발생했었다.[33] 실제로 6월 발표된 CDC의 〈이환율*과 사망률 주간 보고서〉는 "다양한 출처의 데이터는 미국 내 사스-코브-2의 한정적인 지역사회 전염이 1월 후반에서 2월 초 사이에 발생했음을 시사한다"라고 결론 지었다.[34]

《보스턴 글로브Boston Globe》는 케임브리지에 본사를 둔 생명공학 회사 바이오젠의 2월 26일 리더십 컨퍼런스가 매사추세츠주 감염 발생 사태의 진원지이며, 주 내 92명의 감염자 중 70명이 이 컨퍼런스와 관련 있다고 밝혔다.[35] 이들은 코로나 검사를 받길 원했던 컨퍼런스 참석자 대부분은 자신이 검사 대상자에 해당하지 않는다는 말을 들었다면서, 비교적 공정하게 소식을 전했다.

MIT와 하버드는 매사추세츠 종합병원 및 매사추세츠 공공 보건국과 함께 더 과학적이고 철저한 조사를 거쳤고, 그 결과 보스턴 지역의 코로나19 유입에 대하여 훨씬 복합적인 설명을 제시할 수 있었다. 밝혀진 바에 따르면, 매사추세츠주의 첫 번째 바이러스 확인 사례는 바이오젠 회의가 열리기 몇 주 전인 2월 초로 거슬러 올라간다. 연구진은 "데이터를 보면, 하나의 사건이나 한 번의 유입 때문에 현재 보스턴 지역에서 발생하는 바이러스 확산이 일어난 게 아님이 분명하다. 오히려, 몇 주 동안 국내와 국외로부터 다수의 유입이 일어났다"라고 전했다.[36] 연구진은 매사추세츠의 사례 331건의 유전자 특성을 분석한 결과, 바이러스가 최소 30개의 서로 연계성 없는 (주로 유럽으로부터의) 고유

---

*　일정 기간에 전체 집단에서 발생한 환자의 빈도를 가리킨다. 예컨대 100명인 집단에 한 달 동안 10명의 환자가 발생했다면, 해당 기간 내 이환율은 10%이다.

경로를 통해 이 지역에 유입되었으며, 이들 가운데 다수가 지역사회 감염으로 이어졌다는 증거를 발견했다.

항공 여행의 일반화, 무증상 전염, 슈퍼 전파자 발생 사건 등 국제적이고 기하급수적인 코로나19의 확산 원인은 여러 가지였다. 물론, 많은 나라에서 정치인들의 대비가 부족했으며, 전문적인 의학적 판단을 받아들이지 않은 점 역시 상황을 악화시켰다.

지진이나 쓰나미, 토네이도와 같은 자연재해와 달리 팬데믹은 전 세계로 퍼질 수 있다. 자연재해 대부분은 빠르고, 국지적이고, 즉각적이고, 가시적인 타격을 입힌다. 그리고 나면 사람들은 곧바로 뒷수습을 시작한다. 이와 대조적으로 팬데믹은 수개월에서 수년에 걸쳐 커지고, 오래가며, 사라졌다가도 다시 나타난다. 팬데믹은 서로 다른 시간에 서로 다른 장소에서 간헐적으로 퍼지고, 폭발적으로 확산한다. 팬데믹과 다른 재난과 다른 또 하나의 가장 큰 차이점은 그로 인한 경제적 피해가 팬데믹 자체가 아닌 그에 대한 대응 때문에 발생한다는 점이다.

이리하여 바이러스를 억제하고 질병을 멈추려는 다국적 노력이 시작되었다.

경제를 위한 소등

Lights Out for the Economy

코로나19 환자 수가 급증하자 역학자들은 곧 이 바이러스가 전염성이 매우 강하다는 것을 깨달았다. 다수의 감염 환자가 입원과 집중 치료가 필요했고, 심각한 폐 손상으로 인공호흡기를 통해 산소를 공급해 주어야 할 정도로 중증이었다. 이 바이러스는 여러 지역에서 3~4일마다 환자 수를 두 배로 늘릴 수 있었다. 이는 한 명의 환자가 한 달 만에 천 명으로, 두 달 만에 백만 명으로, 석 달 만에 십억 명으로 늘어날 수 있다는 걸 의미했다. 억제하지 못한 바이러스는 빠르게 전 세계를 돌며 수백만 명의 목숨을 앗아갈 것이었다. 하지만 당시 전망은 바이러스가 처음 나타났을 때보다 훨씬 더 나빴다.

적절한 의학적 조치를 취하기만 하면 코로나19는 사스만큼 치명적이지는 않았다. (비록 일반적인 인플루엔자보다는 10배가량 치명적이긴 했지만 말이다.) 그러나 금세 이 '적절한 의학적 조치'란 우한이나 북부 이탈리아, 뉴욕처럼 환자가 병원 수용 인원을 압도한 곳에서는 불가능한 것으로 판명되었다. 대부분 나라, 심지어 부유한 선진국에서조차 시민 천 명당 병상은 다섯 개 미만이었고,[37] 그중 대다수는 이미 다른 환자가 차지하고 있었다. 당국이 바이러스 확산을 방관한다면, 환자 수는 훨씬 빠르게 병원 수용 인원을 압도하여 더 많은 사망자를 낳을 것이었다.

백신도, 치료법도 없었으며, 입원율도 높았다. 죽음의 재앙을 피할 수 있는 유일한 방법은 기하급수적으로 늘어나는 감염자 수를 줄이는 것뿐이었다. 이를 위해선 감염자가 다른 이에게 질병을 옮길 확률을 낮춰야 했고, 이는 사람 간 교류를 대폭 줄이는 것을 의미했다.

중국은, 이제는 전 세계가 친숙해진 전략을 최초로 시행했다. 사람들이 모이는 장소를 모두 폐쇄하고, 사람들의 이동을 '필수적인' 활동으로 제한했으며, 다른 사람과 떨어져 집에 머물 것을 요구한 것이다. 관계 당국과 경찰은 이 폐쇄 조치를 강행했다.《뉴욕 타임스New York

Times》의 분석에 따르면, 2월 중순까지 (건물 입구에 검문소를 설치하는 것부터 외부 출입에 대한 엄격한 통제에 이르는) 다양한 강도로 시행된 주거 봉쇄 조치는 최소 7억 6천만 명 또는 중국 인구 절반 이상을 대상으로 했다.[38] 중국 당국은 진원지인 (우한을 포함해 6천만 명 이상이 거주하는) 후베이성에서 바이러스가 확산하는 것을 막기 위해, 항공편과 기차 운행을 중지하고 도로 진입과 진출을 통제했다.[39]

봉쇄 조치 10주 후, 우한의 문이 다시 열렸다. 하지만 피해는 극심했다. 지역 경제가 흔들렸고, 공포와 고통, 죽음이 수백만 명에게 트라우마를 남겼다. 관계 당국은 사람들의 왕래를 계속 규제했으며, 정상 상태로 돌아갈 기미는 보이지 않았다.[40]

미국에서는 2020년 3월 휴업 명령과 자택 대기 명령이 이어지면서 기업과 고용에 커다란 손실을 주었다. 두 달도 안 돼 3천 6백만 명 이상의 미국인이 실업 수당을 신청했고,[41] 2020년 4월 말 공식적인 실업률은 14.7%로 치솟았다.[42] 이전의 경제 위기와는 속도가 달랐다. 2008년 세계 금융 위기 당시 미국의 실업률은 18개월 동안 5%에서 10%로 천천히 높아졌지만, 코로나19 사태는 단 한 달 만에 실업률을 4.4%에서 14.7%로 즉각 상승시킨 것이다.

140억 달러 규모의 자동차 전자제품 공급업체인 앱티브Aptiv의 CEO 케빈 클라크Kevin Clark는 5월 5일 회사의 2020년 1분기 실적 발표에서 코로나19의 영향력을 설명했다. "코로나19가 전 세계 차량 생산에 미치는 영향은 우리가 예상했던 어떤 불황 시나리오보다도 갑작스럽고 가혹합니다. 중국에서 1월 춘절 이후 생산 정지가 길어지면서 시작된 현상은 3월 중순 시작된 유럽과 아메리카 지역의 전면 폐쇄 조치로 악화됐습니다."[43] 기업은 경기 침체 속도를 따라가지 못했다. 당시 포드Ford CEO였던 짐 해킷Jim Hacket은 믿을 수 없다는 듯이 말했다. "우리는 전원을 꺼버리는 스위치가 있을 줄은 몰랐습니다. 밝기를 낮추는 스위치가 눌려 불황에 접어들 수 있다는 건 알았지만, 아예 전원을 꺼버리다니요?"[44]

이 바이러스는 생물학적 영향이나 경제적 영향만 미치지 않았다. 심리적 영향도 있었다. 실제로 초기의 감염 인구는 비율상 극소수였다. 3월 중순 미국 폐쇄 조치 당시, 미국 내 환자는 전체 인구의 0.001%에 불과했다. 그러나 감염 속도는 너무나 빨랐고, 이는 나머지 99.999%에게 심대한 영향을 미쳤다. 여기에는 다른 바이러스성 현상들도 한몫했으며, 특히 그중 하나는 사람이 유발한 것이었다.

"피 흘리는 기사가 주목받는다"

"If It Bleeds, It Leads"

화장지가 부족하다는 홍콩발 루머는 화장지 사재기라는 세계적인 이상 집착으로 변모했다.[45] 지도자들은 화장지와 관련해 떠도는 루머가 틀렸음을 보여 주고자 했다. 일례로 타이완의 총리 차이잉원Tsai Ing-wen은 자신의 페이스북에 이렇게 썼다. "전적으로 거짓입니다. 화장지와 마스크의 원료는 전혀 다릅니다. 제발 루머를 믿지 마세요."[46]

BBC 등 존경받는 언론 매체는 〈코로나바이러스 공황: 왜 사람들은 화장지를 사는가〉와 같은 헤드라인을 사용했다.[47] 텅 빈 식료품점의 진열대와 화장지를 움켜쥔 군중의 이미지가 TV와 인터넷, 신문의 자극적인 헤드라인을 장식했다. 이러한 헤드라인과 이미지는 사람들이 더 많은 물건을 사게 유도했고, 소매업체가 구매 한도를 정하도록 강요했으며, 결국 공황만 가중했다. 호주 시드니 슈퍼마켓 진열대의 물건은 도착하자마자 싹 비워졌다. 한 신문에서는 공황에 빠진 쇼핑객들이 화장지를 놓고 다투던 중 누군가 칼을 꺼내 경찰까지 출동한 일도 있었다고 전했다.[48]

언론은 곧 불안한 이들의 시선을 끄는 새롭고 더 나은 먹잇감을 찾았다. 2020년 3월 13일 《뉴욕 타임스》는 〈코로나바이러스 불안감이 커지자 공황에 빠진 쇼핑객들이 사재기에 나서다〉라고 경고하면서, 빈 슈퍼마켓 진열대를 응시하며 좌절하는 쇼핑객 사진을 함께 실었다.[49] 클로락스Clorox의 환경 지속 가능성 담당 임원인 빌 모리세이Bill Morrissey 는 어떤 제품이 '섭취물in me'인지, '착용품on me'인지, 아니면 '기타 생필품around me'인지에 따라 소비자가 다른 중요성을 부여할 수 있다고 했다. 즉 소비자는 화장지(기타 생필품)보다 식품(섭취물)에 더 민감하게 반응한다.[50] 실제로 식량 부족에 대한 공포는 "피 흘리는 기사가 주목받는다"라는 오랜 격언에 따라 전통 미디어와 소셜 미디어 매체 모두가 돈과 조회수를 거둘 기회를 주었고, 공황을 널리 퍼뜨렸다.

때로는 경고 메시지가 집중되기도 했다. CNN 비즈니스는 3월 25일 텅 빈 가게 매대를 비추는 영상을 계속 반복하면서 〈코로나바이러스 공황 구매로 달걀값이 급등하고 있다〉를 보도했다.[51] 《U.S. 뉴스 & 월드 리포트》는 4월 6일 〈코로나바이러스가 일으킨 공황 구매로 달걀 진열대가 텅 비었다. 달걀 시장의 향방은?〉을 방송하며, 다시금 공황 구매 물결을 일으켰다.[52] 시스템적으로는 어떠한 달걀 부족 사태도 없었다. 그런데도 언론 보도는 계속되었다.

이들에 이어, 여러 소고기와 돼지고기 가공 공장의 폐쇄가 육류 부족을 일으킨다는 또 하나의 무서운 헤드라인 물결이 뒤따랐다. 예를 들어, 4월 29일 《보스턴 글로브》는 독자들에게 〈당신 주변의 식료품점에서 일어날 일: 육류 부족〉이라며 경고했다.[53]

센세이셔널리즘의 홍수 속에 숨은 진실
The Truth Behind a Flood of Sensationalism

언론이 독자와 시청자에게 절대로 알리지 않는 것은 텅 빈 진열대 사진은 대개 일과 마감 시간에 찍은 것이란 점이다. 오픈 시간인 아침에 슈퍼마켓에 방문한다면, 누구나 진열대가 꽉 찬 것을 볼 수 있었다. 하지만 뉴스 대부분은 이를 무시한 채 보도되었다. 이는 식품 서플라이 체인의 마지막 단계가 작동하는 방식 때문이다. 물류 창고 직원들은 낮에 발송을 준비한다. 화물은 저녁에 출발하여 밤에 상점에 도착한다. 그러면 직원들이 트럭에서 짐을 내리고, 포장을 열고, 매대를 다시 채운다. 상점이 밤에 재고를 보충하는 이유는 쇼핑객에게 혼잡을 일으키지 않으면서 매대를 채우거나 정리할 수 있기 때문이다. 팬데믹 동안에는 이렇게 혼잡을 줄이는 것이 특히 (필수적일 정도로) 더 중요했다.

팬데믹은 실제로 화장지 공급에 어느 정도 영향을 주었다. 사무실과 공장, 대학, 식당 등이 모두 문을 닫으면서, 이들 기관에서 사용하는 저급 화장지에 대한 수요가 줄고 가정에서 사용하는 고급 화장지의 수요가 증가했다. 소매용 화장지 서플라이 체인은 이렇게 소비자의 화장지 사용이 늘어나며 생긴 40%의 물량 증가를 쉽게 처리할 수 있었다. 하지만 언론의 헤드라인이 조장한 200% 이상의 사재기 관련 물량 증가는 감당할 수 없었다.

몇몇 헤드라인, 예를 들어 농부들이 수확하지 못한 농작물을 갈아 엎고, 우유를 버리고, 가축을 안락사하는 등의 기사 등은 마음 아프게도 사실이었지만, 역시 전후 사정을 알리지 않아 잘못된 인상을 주었다. 이 현상들은 각각 다른 원인에서 비롯했다. 농산물 수요는 식당과 기업 캠퍼스, 대학의 폐쇄로 인해 줄어들었고, 위안 음식comfort food,* 통조림, 기타 보존 식품에 대한 수요가 이를 대체했다. 이런 변화는 농산물 시장의 몰락을 초래했다.

버려진 우유는 학교와 식당에서 감소한 수요를 가정 내 수요가 대체하지 못한 결과였다. 또한 그것은 젖소가 자연적으로 더 많은 원유를 생산하는 낙농가의 '출하 급증' 기간에 벌어진 일이었다. 《뉴욕 타임스》는 하루 1,400만ℓ의 우유가 버려진다고 한탄했지만,[54] 그 수치의 전후 맥락은 등한시했다. 이렇게 버려진 우유의 양은 전체 공급량의 5%에 불과하고, 미국 농무부가 추산한 바에 의하면 미국 식품의 30~40%는 (주로 소비자들에 의해) 어쨌든 버려진다.[55]

육류 부족에 관한 공포는 몇몇 대형 육가공 시설의 임시 폐쇄 때문에 발생한 것이지만, 실제 공급은 수일 내에 완화되었다. 뉴스 기사와 TV 보도는 미국에서 생산한 돼지고기의 27%,[56] 가금류 고기의

---

* 1966년 《팜 비치 포스트》에서 처음 등장한 단어로, 기쁨과 안정 등 감성적인 가치를 제공하는 음식을 말한다. 개인마다 다르며, 문화마다 다를 수도 있다. 서양에서는 수란이나 닭고기 수프, 한국에서는 아마 치킨이나 삼겹살 등을 꼽을 수 있겠다.

제1부. 무슨 일이 있었나

18%,[57] 소고기의 13%,[58] 칠면조 고기의 11%가[59] 수출된다는 사실은 언급하지 않았다. 미국은 브라질과 인도, 호주에 이어 세계에서 네 번째로 큰 육류 수출국이다. 간단히 말해, 미국은 자국민이 먹고 남을 만큼 충분한 식량을 생산하고 있다.

더 나아가 언론은 소매상이 구매 한도를 정한 배경을 제대로 설명하지 않았다. 4월 21일 블룸버그 통신은 〈식량 배급이 선택의 자유를 누리던 쇼핑객과 부딪히다〉라는 헤드라인을 보도했다.[60] 그러나 사실 소매상이 구매 한도를 정한 이유는 사재기로 인한 제품 부족을 막으려는 것이었지, 공급 부족 사태에 직면했기 때문이 아니었다. 이런 헤드라인은 공황 구매만 부추길 뿐, 공황 구매와 사재기를 줄이고 모든 고객이 물건을 살 수 있도록 상점이 어떤 일을 하고 있는지 차분하게 설명하지 않았다.

공포 마케팅, 재정적 압박, 클릭 유도, 개인의 출세 등 이유가 무엇이건 간에, 언론인은 자극적인 기사만을 체리피킹cherry-pick**하는 듯하다. 그 내용이 정확하건 아니건, 전체 배경 설명이 있건 없건 말이다. 진실은, 식량이 실제로 부족했던 적은 없었다는 것이다. 일부 장소, 일부 시간에 쇼핑객이 자신이 원하는 육류 부위나 선호하는 그래놀라 바를 구할 수 없었던 것은 맞다. 어떤 구매자는 식량 부족의 가망 때문에 진짜로 두려웠을 수도 있다. 그럼에도 그들의 공황 구매와 사재기를 부추긴 언론의 종말론적인 헤드라인은 정당하지 않았다.

** 케이크 위에 장식된 체리만 집어 먹는 것처럼, 어떤 회사의 제품이나 서비스 중 일부만 골라 합리적으로 소비하는 현상을 가리키는 경제학 용어다. 최근에는 그 의미를 확장해 자신에게 필요하지 않거나 불리한 부분은 버리고 원하는 것만 취하는 부정적인 행태를 가리키는 뜻으로 쓴다.

공황 구매는 화장지와 보존 식품 외의 품목에서도 일어났다. 일부 소비자는 문명의 종말이 임박했다고, 재앙이 코앞에 닥쳤다고 확신하게 되었다. 휴대용 생수 등 재난 물품이 진열대에서 증발했다. 2020년 3월, 마치 전기 공급의 중단을 예상한다는 듯 배터리의 온라인 판매가 두 배로, 발전기 판매가 세 배로 늘어났다.[61]

그렇게 언론은 공포의 슈퍼 전파자가 되었고, 나쁜 정보가 나쁜 바이러스보다 훨씬 더 바이러스처럼 퍼질 수 있다는 걸 증명했다. 오해의 소지가 있는 단 하나의 이미지, 영상, 트윗이 순식간에 수백만 명의 마음을 감염시킬 수 있다. 독일인들은 공황 구매 행위를 'Hamsterkauf 햄스터카우프'라 표현한다.[62] 종말이 도래하였으니, 쇼핑할 시간일지어다. 나중에서야 언론은 과열된 보도를 누그러뜨리고 좀 더 균형 잡힌 보도를 전했다.[63]

잘못된 확신의 유해성
The Perils of False Confidence

처음부터 코로나19는 불확실한 요소를 많이 지니고 있었다. 얼마나 감염되었을까? 누가 감염되었으며, 언제 그렇게 되었을까? 이 바이러스는 어떻게 전파되는 걸까? 감염된 사람을 어떻게 치료해야 할까? 팬데믹 시작으로부터 대략 8개월이 지난 후에도, 과학자들은 여전히

---

* 독일어로 'Hamster'는 햄스터를 가리키며, 'kauf'는 구매, 거래 등의 의미가 있다. 즉 'Hamster-kauf'는 당장 필요하지 않은 먹이를 볼주머니나 은신처에 저장하는 햄스터처럼 제품을 사재기하는 행위를 뜻한다.

이 바이러스가 아이들에게 얼마나 전염성이 있는지, 감염되었던 사람은 얼마나 오래 면역력을 유지하는지, 백신이 기대만큼 효과가 있을지 확신하지 못했다. 이러한 불확실성뿐만 아니라 초창기 전문가와 언론인, 공직자들의 거짓 답변과 자만도 위험을 키웠다.

시민과 언론인, 의사 결정권자는 당연히 전문가들에게 이 바이러스와 관련한 주요 질문에 답해 달라고 요청했다. 많은 전문가와 전문가 지망생은 이 요청에 응하며 얻을 15분간의 명성에 너무 들뜬 나머지 제대로 된 답변을 하지 못했다. 안타깝게도 그들의 답변 중 상당수는 사적인 의견과 추측, 입증되지 않은 증거, 편견과 방법론적 오류로 뒤덮인 데이터에서 나온 것이었다. 그중에는 심지어 (5G 무선 기지국이 코로나19를 유발한다는 등) 음모론이나[64] (포장만 바꾼 공업용 표백제가 코로나19를 예방할 수 있다는 등) 홍보업자들의 금전적 이득을 위해[65] 만들어진 것도 있었다.

전문가들이 당시 유력한 과학적 지식의 모든 불확실성과 한계를 고려하면서 대답을 하더라도, 언론은 그런 미묘한 뉘앙스를 일축하여 간단한 선전 문구로 바꿔버리곤 했다. 그러나 전 세계 의사 결정권자와 관계 당국은 어떤 조치든 취해야만 했다. 이는 관련 증거와 뒤따르는 결과에 따라 특정 해석을 평가하고 선택해야 함을 의미한다. 결국 잘못된 정보가 절대적인 사실로 소개되고 정책에 반영되었다. 나중에 발견된 증거가 초기의 잘못된 생각과 모순되며, 마침내 맹신자들조차 이를 납득하게 되자, 그동안 자신이 속았다고 느낀 대중은 전문가와 당국에 대한 신뢰를 잃어버렸다.

많은 지도자와 논평가, 심지어 과학자조차 코로나19가 이러저러하다는 증거가 없다는 사실이 곧 그것이 거짓임을 증명하는 게 아니라는 점을 곧잘 잊어버렸다. 예컨대 무증상자에 의한 감염 사례가 확인된 적 없다는 사실만으로 그런 사례가 없다는 결론을 내릴 수는 없다('징후를 놓치다' 27쪽 참조). '우리는 그런 일이 일어나는 것을 본 적이 없다. 그러므로 그런 일은 일어날 수 없다'라는 논리는, 무엇이든 '그런 일'이 일어나지 않았다는 증거를 찾고자 사람들이 세심하게 노력할 때만 참이다. 역설적이지만 (예를 들어 무증상 감염이나 전파 같은) 어떤 일이 일어나지 않았음을 확신하기 위해서는, (예를 들어 무증상 환자를 테스트하면서) 그 일이 **실제로** 일어났다는 증거를 부지런히 찾아야 하는 셈이다.

훌륭한 과학적 추론의 핵심은 타당성이 아니라 부당성에 있다. 이것이 '검은 백조'의 교훈이다. 아마도 이 격언의 원전은 2세기경의 로마 시인 유베날리스Juvenal로, 그는 존재하지 않는 사건을 "검은 백조와 같다"라고 표현했다. 그로부터 수 세기가 넘도록, 유럽인은 검은 백조가 존재한다는 걸 믿지 않았다. 그들이 봤던 백조는 모두 하얀색이었기 때문이다. 하지만 하얀 백조를 봤다는 개별 사례들이 모든 백조가 하얗다는 걸 증명해 주진 않는다. 실제로 1697년 네덜란드 탐험가들이 호주 서부에서 최초로 검은 백조를 발견했을 때, 그 믿음은 거짓으로 밝혀졌다. 이처럼, 만약 검은 백조가 존재하지 않음을 증명하고 싶다면 검은 백조를 찾아보아야 한다. 그렇게 세상의 모든 백조를 조사한 후에야 검은 백조가 존재하지 않는다고 결론 내릴 수 있다.

제1부. 무슨 일이 있었나

이와 같은 결함을 지닌 증거-없음 추론absence-of-evidence reasoning* 때문에 전 세계 당국은 오직 중국 여행과 밀접한 관련이 있는 사람들만 검사했고, 그 결과 지역사회로의 팬데믹 진입과 조기 확산을 막지 못했다. 그러면서 양성 반응 결과가 적다는 것이 지역사회 감염이 덜하다는 것을 증명한다고 생각했다. 하지만 이처럼 초기 환자 수가 적었던 것은 검사 프로그램을 시행하는 당국의 무능함을 증명했을 뿐이다. 예전 표본을 나중에 다시 분석한 결과, '처음 알려진' 환자보다 팬데믹이 훨씬 일찍 시작되었음이 밝혀졌다. 또한 혈청학적 데이터는 당국이 발견한 환자보다 훨씬 많은 미발견 환자가 지역사회를 배회하며 병을 퍼뜨리고 있음을 보여 주었다.

물론 불확실성과 자만에 찬 잘못된 답변이 등장한 사례가 코로나19만은 아니다. 모든 사회 혼란은 의사 결정권자를 좌절하게 만드는, 근본적인 미지를 동반한다. 허리케인 예보관은 허리케인의 진로를 예측할 수 있지만, 그런 예측은 새로운 데이터에 따라 하루가 다르게 바뀌기 마련이다. 급변했던 2008년 세계 금융 위기는 어떤 기업, 어떤 은행, 심지어 어떤 국가가 파탄 위기에 처할지 불확실하게 만들었었다. 의사 결정권자는 사회 혼란이란 상자 속에서 언제 어떤 사건이 튀어나올지, 아니, 상자 속에 대체 얼마나 많은 사건이 담겨 있는지조차 알지 못할 수 있다.

---

* 좀 더 일반적으로 사용하는 명칭은 '무지에의 호소arugmentum ad ignorantiam' 혹은 '무지에 의한 논증argument from ignorance'이다. 이 오류를 범하는 사람들은 X가 참(거짓)이라는 증거가 전혀 없음에도 X가 참(거짓)이라고 주장하는 게 아님을 유의해야 한다. 유럽인들은 모든 백조가 하얗다는 증거가 전혀 없는데도 모든 백조가 하얗다고 믿는 게 아니다. 문제는 아직 보지 못한 백조 가운데 하얗지 않은 백조가 있을 가능성을 고려하지 않았다는 데 있다.

폭발적인 서플라이 체인 마비

Eruptions of Supply Chain Disruptions

서플라이 체인은 천연자원의 생산과 제품 제조, 운송, 소매업 등을 통해 인간의 삶에 필요한 모든 제품을 전달하는 경제 네트워크다. 코로나19는 세 가지 범주에서 지속적인 서플라이 체인 마비를 유발했다. 첫째, 팬데믹으로 인한 감염 발생과 정부의 봉쇄 조치로 시설이 문을 닫으면서, 공급이 마비되었다. 둘째, 팬데믹으로 인한 실업과 봉쇄 조치 명령, 사람들의 니즈와 욕구의 변화는 일부 품목의 소비를 막거나 줄임으로써 수요를 교란했다. 셋째, 팬데믹으로 인해 의료품 (PPE personal protective equipment, 인공호흡기, cures du jour)과 청소용품, 특정 식품, 자택 대기 생활에 필요한 다수 제품(제빵기, 밀가루, 효모, 직소 퍼즐, 운동 기구, 염색약 등)의 수요가 크게 늘었다. 기름칠한 기계처럼 잘 굴러가던 현대 경제와 서플라이 체인에 코로나19는 찬물을 통째로 들이부은 것이다.

(공황에 빠진) 욕심 많은 소비자

Those Demanding (Panicked) Customers

"우리는 휴지 제품, 청소용 클리너, 그리고 필수 식품과 같은 부문에서 전례 없는 수요를 경험했습니다."[1] 월마트의 CEO인 더그 맥밀런 Doug McMillon의 말이다. 5,000개에 이르는 월마트 지점은 갑작스러운 소비자 수요 증가의 최전선에 있었다. 맥밀런은 "우리는 보통 때라면 이삼일 동안 판매할 만큼의 제품을 두세 시간 만에 판매했습니다"라고 덧붙였다. 포장 식품의 판매는 네 배 이상, 수프 판매는 다섯 배 가까이 증가했다.[2] 맥밀런은 "손 소독제, 살균 물티슈와 스프레이, 화장지, 소고기와 돼지고기 등의 품목은 물론, 노트북, 사무용 의자, 원단 등도 일부 지점과 온라인에서 품절되었습니다"라고도 전했다.[3]

화장지를 사재기하는 햄프터카우프 공황 때문이건, 살균 제품을 더 많이 사용하라는 보건 당국의 적절한 조언 때문이건, 가정 내에서 밥을 먹는 일이 크게 늘었기 때문이건, 팬데믹은 경제와 소비자의 심리를 재편했고 이에 따라 여러 제품의 수요가 급증했다. 월마트 주주나 회계사는 이러한 수익 급증에 환호했을지도 모르지만, 상점 매대와 풀필먼트 센터fulfillment center*의 비축을 담당하는 재고 관리자들은 심각한 어려움에 직면했다. 더욱이 이들의 고통은 서플라이 체인의 상류로 갈수록 더욱 커졌을 것이다.

---

* 단순 보관과 입·출하뿐 아니라 주문 수집, 보관, 포장, 배송, CS 관리, 회수와 반품 등까지 물류 관련 업무 대부분을 처리하는 물류 센터를 말한다. 이와 달리 아래 언급되는 유통 센터는 거점 간 배송에 중점을 둔다는 차이가 있다.

일반적인 소매 서플라이 체인에서 소매업체는 물류 창고에서 제품을 받고, 물류 창고는 제조업체로부터 직접 제품을 받거나, 여러 제조업체로부터 제품을 모아 자신에게 공급하는 유통업체로부터 제품을 받는다. 제조업체는 자기 제품의 구성 요소나 재료를 다양한 공급업체로부터 얻으며, 이 공급업체들은 필요한 자재를 서플라이 체인 소매업체로부터 멀리 떨어진 농장이나 광산, 기타 천연자원을 캐내는 이들로부터 얻는다. 따라서 화장지와 같은 제품의 주문은 더 많은 주문을 요청하면서 '서플라이 체인의 상류로' 올라간다. 그러면 제품이 '하류로'(서플라이 체인의 아랫부분으로) 흘러내려 온다. 숲은 통나무가 되고, 통나무는 펄프가 되고, 펄프는 화장지가 된다. 이렇게 만들어진 최종 제품이 여러 유통 센터를 거쳐 소매업체의 물리적 매대나 전자 상거래상의 메뉴에 도달하면, 공황에 빠진 쇼핑객이 이를 재빨리 낚아챈다.

소매업체는 소비자가 원하는 것을 제공하기 위해 다양한 품목의 제품을 취급한다. 일반적인 잡화점은 대략 4만에서 7만 5천 종의 제품과 스톡 킵핑 유닛stock keeping units(SKUs)*이라 불리는 제품군을 취급할 수 있다. 상점은 재고를 (운송 등 여러 과정을 대량으로 처리하는 시간 동안 판매가 이뤄질 수 있도록 하는) 주기 재고cycle stock와 (보충 조달 기간에 일어날 수 있는 무작위 수요에 대응하기 위한) 안전 재고safety stock 두 가지 형태로 보관한다. 재고는 소비자가 매장에 방문하거나 온

---

* 예컨대 소비자가 크기별 옵션을 선택할 수 있는 신발이나 용량별 옵션을 선택할 수 있는 음료처럼, 어떤 제품들은 특정 속성을 지닌 여러 개의 하위 분류를 가질 수 있다. 그렇게 분류된 최종 하위 품목을 SKU라 한다. 즉 SKU는 상품 관리와 재고 관리를 위한 최소한의 제품 분류 단위로서, 이를 통해 판매자는 판매 상황과 재고를 더 명확하게 파악하고 관리하며, 다양한 판매 전략을 세울 수 있다.

라인을 통해 주문했을 때 자신이 원하는 제품을 찾을 수 있도록 해주지만, 한편으로 소매업체에게 비용을 소모하게 한다. 이는 재고에 묶여 있는 자산, 보관료와 공간 임대료, 진부화 위험, 세금을 비롯하여 기타 재고 관리 비용을 포함한다. 게다가 소매업체가 취급하는 SKU가 더 많을수록 각 SKU의 평균 운반량과 판매량은 더 떨어지고, 수요 변동성에 따른 영향은 더 커진다. 매장 관리자들은 매대에 진열된 제품 범위를 고르게 유지해야 하며, 재고에 따른 비용을 너무 많이 소모하지 않는 동시에 매출이 떨어지지 않는 선에서 재고를 유지해야 한다.

모든 제품의 골디락스** 재고량을 (즉, 재고량을 너무 많지도 적지도 않게) 맞추기 위해, 상점은 각 SKU에 대한 수요를 예측한다. 일반적인 식료품점은 (매장과 유통 센터를 포함하여) 자신의 유통망 안에 약 한 달 치 재고를 유지한다. 물론, 소매업체는 과일이나 채소, 유제품, 빵, 생선 등 신선식품의 재고를 크게 유지할 수는 없다. 소비자가 예측보다 신선식품을 덜 산다면, 부패로 인해 상당한 폐기가 발생할 것이기 때문이다.

그리고 코로나19가 들이닥쳤다.

모든 지역의 소비자가 그 어느 때보다도 훨씬 많은 양의 휴지 제품과 청소용 클리너, 필수 식품을 사기 위해 모든 소매점으로 몰려들었

** 영국 전래 동화인 '세 마리 곰 이야기'에 등장하는 금발 소녀의 이름이다. 골디락스는 숲을 헤매다 오두막에 들어갔다가 수프를 발견한다. 세 개의 수프 중 하나는 너무 차갑고 하나는 너무 뜨거웠으며, 하나만 적당했다. 앉아서 쉬려던 세 개의 의자, 쉬려던 세 개의 침대도 어떤 것은 너무 크거나 너무 작고, 너무 딱딱하거나 부드러웠으며, 하나만 적당했다. 이를 비유하여 너무 지나치지도 부족하지도 않은 이상적인 상황을 가리켜 '골디락스'라 표현한다. 예컨대 골디락스 경제는 너무 과열하지도 침체지도 않은, 안정적이고 이상적인 경제 상황을 가리킨다.

고, 엄청난 판매 급상승과 함께 소매업체의 진열대와 물류 창고가 깡그리 비워졌다. 월마트처럼 매 두세 시간마다 이삼일 치의 매출을 기록한다는 것은 소비자가 단 며칠 만에 소매업체의 공급 물량 한 달 치를 모두 구매한다는 것을 의미했다. "우리가 겪고 있는 이 3개월은 3년간의 소비자 변화를 한 분기 안에 압축해 놓은 것과 같습니다"라고 얌 브랜즈Yum Brands의 CEO인 데이비드 깁스David Gibbs는 언급했다.[4]

소매업체는 발주를 늘렸지만, 서플라이 체인 심층에서 시작되는 이 재고 보충 프로세스는 공급원이 어디냐에 따라 며칠, 몇 주, 몇 달이 걸릴 수도 있었다. 서플라이 체인 상류에 있는 제조업체는 생산량을 늘려야 했지만, 그럴 수가 없었다. 이로부터 코로나19가 준 또 하나의 커다란 영향이 부각된다. 팬데믹은 수요에 영향을 주는 동시에 공급에도 지장을 주고 있었다.

공급이 중단되다
Supply Disruptions

코로나19의 지역사회 감염은 우한 지역에서 시작하여 전 세계로 퍼졌다. 우한은 말하자면 중국의 '디트로이트' 중 하나로, 제너럴 모터스General Motors, 혼다Honda, 닛산Nissan, PSA 그룹PSA Group, 르노Renault의 자동차 공장을 비롯해 수백 개의 자동차 부품 제조업체가 들어서 있다. 2019년 중국의 자동차 업체와 부품 제조업체는 총 530억 달러 상당의 자동차 부품을 미국과 유럽, 일본, 한국 등지에 수출했다.[5] 우한 지역에 제조 허브와 함께 100개가 넘는 공급업체를 둔 혼다의 한 관계자는

"어떤 도시에서 근로자 한 명이 감염되면, 그가 일하는 곳의 시설 전체를 폐쇄해야 했습니다"라고 말했다.[6] 미국 등지에 있는 육가공 공장처럼 '필수적인' 공장들조차도, 바이러스가 시설에 침투하여 가까운 이들 사이에서 쉽게 발견되자 한동안 문을 닫아야만 했다.

공급이 마비되자, 복잡한 제품들의 BOM(자재 명세서 bill of materials)이 째깍거리기 시작했다. 마치 요리책의 레시피처럼, BOM에는 어떤 제품을 만드는 데 필요한 모든 부품의 목록과 수량이 적혀 있다. 목록에 적힌 부품이 어느 하나라도 없다면, 차량 제조사는 그 자동차를 생산할 수 없다. 차창을 여닫는 1달러짜리 중국제 소형 모터가 빠진 자동차를 판매할 수는 없다. 마찬가지로, 제약 회사는 어떤 약에 들어가는 재료를 모두 구하지 않는 한 그 약을 제조할 수 없다. 벤자민 프랭클린 Benjamin Franklin이 (오랜 격언에서) 경고한 것처럼, "못 하나가 부족해서… 왕국이 사라진다."[7] 미국에서는 중국과 인도의 폐쇄 조치로 인해 일부 주요 의약품이 동날 것이란 공포가 생겨났다. 하지만 나중에 밝혀졌듯 이런 공포는 사실무근이었다. (인공호흡기를 포함해) 마스크와 방호복 같은 개인 보호 장비 protective personal equipment(PPE)가 부족하긴 했지만, 주요 의약 제품은 결코 고갈된 적 없다.

수요 급증이 불러오는 결과는 상점 매대 등에서 즉각적으로, 매우 눈에 띄게 나타날 수 있다. 그러나 공급 마비가 불러오는 결과는 체감하기까지 시간이 걸릴 수 있다. 2011년 도쿄 도호쿠 대지진이 일어났을 때, 제너럴 모터스가 재고 목록에 있던 부품 중 무엇이 부족한지 파악하기까지 약 달이 걸렸다. 많은 부품이 여전히 조립 공장으로 향하고 있었다. 공급업체의 시설이 지진 피해를 보았더라도, 이미 트럭이나 철도, 선박 등을 통해 운송 중이던 부품들이 있었기 때문이다. 이러한 운송 중 재고in-transit inventories는 최종 소비자 단계에 있는 부품 재고와 함께 공급업체의 폐쇄가 소비자에게 미치는 영향을 지연하거나 완충하는 데 도움을 주었다.

이와는 대조적으로, 감염 발생 지점에 가까운 차량 제조사들이 받은 영향은 더 즉각적이었다. 우한의 차량 제조사들은 즉시 가동이 중단되었고, 가까운 한국[8]과 일본[9]의 제조사들도 그 뒤를 이었다. 이렇게 공급 마비가 불러온 결과는 초기 지점으로부터 확산하여 재고와 화물 운송 속도에 따라 소비자에게로 향했다.

운송이 멈추다
Transportation Disruptions

팬데믹은 자택 대기, 여행 금지, 검역* 명령 등을 통해 사람들의 이동을 중단시켰다. 사람들이 이동을 중단한 것은 화물 운송에 의도치 않은 결과를 불러왔다. 화물 운송은 트럭 운전사, 철도 엔지니어, 비행기 조종사, 선박 승무원 등, 사람을 필요로 하기 때문이다. 이 책을 위한

---

* '검역'은 해외 등에서 전염병이나 해충 등이 유입하는 것을 막기 위해 공항이나 항구 등에서 하는 일을 통틀어 이르는 말이다. 여행자나 귀국자를 일정 기간 '격리'하는 것도 그중 하나다. 여기에서는 문맥에 따라 통상 '검역'으로, 대상자를 일정 기간 다른 이들로부터 분리하는 조치를 특정해 가리킬 때는 '격리'로 옮겼다. 한편, 이때의 격리는 실제 감염자가 아니더라도, 즉 감염 가능성이 있는 사람이라면 누구든 대상으로 한다. 실제로 CDC는 감염 가능성 있는 사람을 대상으로 하는 quarantine을 '예방 격리'로, 감염자를 대상으로 하는 isolation을 '격리'로 나누어 구분한다. 저자는 세세한 구별 없이 isolation을 전자의 뜻으로도 쓰고 있는데, 옮길 때도 역시 크게 구별하지 않고 모두 '격리'로 옮겼다.

인터뷰에서 델타 항공Delta Airline의 서플라이 체인 관리 담당 임원인 헤더 오스티스Heather Ostis와[10] 270억 달러 규모의 식품 도매업체 C&S 홀세일 그로서스C&S Wholesale Grocers의 CEO인 마이크 더피Mike Duffy는,[11] 외부인을 14일간 격리하도록 하는 지역 법규의 파괴적인 영향에 대해 입을 모았다. 항공 승무원과 트럭 운전사들은 검역 조치 규정이 있는 (중국이나 뉴욕과 같은) 지역에 갇히는 것을 두려워하며, 가기를 꺼렸다. 국지적인 폐쇄 조치 규정은 장거리 트럭 운전사에게도 새로운 과제를 안겨 주었다. 고속도로 휴게소가 휴업했고, 가난한 트럭 운전사가 트럭 정거장에서 볼일을 보거나 식사할 수 있는 시간이 제한되었으며, 밤 동안 트럭을 주차할 수 있는 장소 또한 줄어들었다.

코로나19는 대대로 무역과 화물 운송을 방해했던 팬데믹 가운데 가장 최근에 발생한 것이다. 사실 '검역'이라는 단어는 1345년부터 1350년까지 유럽을 휩쓸어 인구의 약 3분의 1이 절명했던 림프절 흑사병 시대에 처음 등장했다. 당시 베네치아 관할의 항구 도시 라구사(현재 크로아티아의 두브로브니크)의 관리들은 흑사병이 만연한 지역에서 온 배와 대상이 정화를 위해 외딴 장소에서 일정 기간 닻을 내리거나 머물지 않는다면 항구나 도시에 들어오지 못한다는 칙령을 내렸다. 처음에 배와 대상들은 30일(이탈리어어로 'trentino 트렌티노') 동안 격리되어 있어야 했다. 다른 유럽 지역은 이를 채택하면서 격리 기간을 40일로 늘렸고, 이에 따라 용어 역시 'quarantino 쿼란티노'로 변경했다.[12] 이렇게 변경한 이유는 40일이 종교적으로 중요한 의미가 있었기 때문일 것이다.[13] 성서의 홍수가 "땅에서 40일 동안 계속되었고"(창세기 7장 17절), 모세가 "40일 밤낮을 산에 있었으며"(출애굽기 24장 18절),

예수가 광야에서 40일 동안 금식하였다는 것(마태복음 4장 2절) 등이 예가 될 것이다.

현대의 화물 운송이 대체로 조용하고 효율적으로 이뤄진다는 건 기적과도 같은 일이다. 평소에도 수천 척의 배와 수천 대의 비행기, 수백만 대의 철도 차량과 수백만 대의 트럭이 수십억 개의 화물을 출발지에서 목적지까지 운반한다. "비용 구조와 제품 구비 능력, 선적과 배송 능력, 보통은 이들을 당연시할 수 있습니다만," 아마존의 CFO인 브라이언 올사브스키Brian Olsavsky는 2020년 1분기 말에 투자자들에게 말하며 이렇게 덧붙였다. "이번 분기에는 그럴 수 없습니다. 바로 이 지점에서 진짜 불확실성이 생겨납니다."[14]

채찍 효과에 휘둘리다

Stung by the Bullwhip

모든 방식의 판매와 재고 보충 활동에 숨어 있는 '채찍 효과bullwhip effect'는 모든 서플라이 체인을 마비시킨 또 다른 원천이었다. 소비자들이 상품 진열대를 휩쓸어가자, 월마트나 타겟, 아마존 같은 소매업체들은 재고를 발주해야 했다. 비어 버린 상점 진열대를 채우는 동시에 향후 (극도로 높을 것으로) 예측된 판매량을 충분히 커버할 수 있을 만큼 말이다. 소비자 수요의 변화가 서플라이 체인에 참여한 모든 이에게 미치는 영향을 따라가다 보면, 최종 소비자 단계에서의 변화가 서플라이 체인 상류로 올라가며 또 다른 변화를 강제하면서 증폭된다는 것을 알 수 있다.

이런 현상을 간단히 설명하기 위해, 한 소매업체가 보통 때 하루 100개의 화장지를 팔고 4일분(400개)의 재고를 보유한다고 해보자. 그런데 어느 날 이 소매업체의 일일 화장지 판매량이 200개로 급증했고, 재고는 200개만 남았다. 그날 밤, 소매업체는 당일 판매된 200개만큼의 화장지만 주문할 수도 있다. 하지만 그날과 같은 판매 증가가 계속 이어질 것으로 기대한다면, 여기에 400개를 더해 총 600개를 주문해야 한다. 그래야만 일일 판매율 200개라는 새로운 상황에서 4일분의 재고를 보유할 수 있기 때문이다. 그러면 유통업체로서는 소매업체의 주문이 100개에서 600개로 뛰어오른 것이 된다. 이제 유통업체 역시 비슷한 논리에 따라, 현재 증가한 판매분을 보충하는 **동시에** 향후의 판매 증가에 따른 재고량을 높이기 위해 공장으로의 주문량을 늘릴 것이고, 공장 또한 똑같이 자신의 공급업체에 더 많은 양을 주문할 것이다. 이렇게 같은 논리가 서플라이 체인 상류로 이어진다. 이렇듯 소비자 수요의 변화는 서플라이 체인 상류로 이동하면서 증폭하며, 그렇기에 '채찍'이란 용어를 사용한다.*

이러한 증폭 효과는 소비자 수요가 하락할 때도 발생한다. 예를 들어 팬데믹 동안 파티용품의 소비자 수요가 50% 감소했다고 해보자. 소매업체는 주문량을 줄일 것이고, 같은 논리가 다시 한번 서플라이 체인 상류로 이어진다. 서플라이 체인 하류에 있는 모든 유통업체와 소매업체가 이제는 과도한 것이 된 보유 재고를 천천히 소진하는 긴 시간 동

---

* 긴 채찍은 탄성과 반동을 이용해 손잡이의 작은 힘만 가해도 끝부분에서 큰 힘을 발생시킬 수 있다. 제대로 휘두른 채찍 끝부분은 음속에 도달한다.

안, 서플라이 체인 상류에 있는 공장의 주문은 0으로 곤두박질친다. 소비자 수요의 증감 모두, 최상위 서플라이 체인에 있는 기업에 특히 더 힘든 채찍 효과를 낳는 것이다.

2008년 금융 위기 당시의 거시 경제 데이터는 채찍 효과가 전 세계적 규모로 작용한다는 걸 보여 준다. 예컨대 (소비자 수요를 나타내는) 미국 소매업체의 판매량이 12% 감소하자 제조업체는 재고를 15% 줄였고, 판매량은 30% 가까이 감소했으며, 수입품은 30% 이상 급감했다.[15] 125개 네덜란드 기업을 대상으로 한 조사에서 최종 소비자에 가까운 이들의 수익은 25% 감소했지만, 먼 이들은 39~46% 감소를 보였다.[16]

코로나19 팬데믹이 시작됐을 때, 중국 지도부는 글로벌 서플라이 체인 깊은 곳에 진출한 중국의 여러 중소 공급업체가 맞이할 잠재적인 채찍 효과를 즉시 이해했다. 그 채찍은 이들에게 치명타를 가할 수 있었다. 이에 중국 정부는 국영 은행에 매우 낮은 금리로, 때로는 제로 금리로 중소기업에 돈을 대출하라는 지시를 내렸고, 모든 중소 제조업체에 대한 세금 또한 대폭 줄였다.[17]

채찍 효과는 불황이나 팬데믹으로 인한 폐쇄 조치 이후 수요가 회복될 때도 발생한다. 소매업체로 제품과 물자를 보내야 하는 제조업체는 먼저 공급업체에서 부품을 받아야 한다. 하지만 공급업체가 다시 일어나 하류의 제조업체에 부품을 보내기까지는 몇 주, 몇 달이 걸릴 수 있다. 수요가 구체화하기 전까지 소매업체가 제조업체에, 제조업체가 자신의 공급업체에 주문을 넣지 않는다면, 전체 유통 체계에서 잠재적 매출 손실이 발생한다. 그러므로 경기 회복기에는 수요가 구체화하기 전의 주문 타이밍이 승자와 패자를 구별 짓는다.[18] 물론 주문 타이밍이 너무 빠른 성급한 소매업체는 팔리지 않는 상품만 많이 떠안을 수 있다. 채찍 효과는 서플라이 체인 관리자가 팬데믹 동안, 그리고 팬데믹 이후를 대비하기 위해 싸워야 했던 변동성volatility의 수많은 원천 가운데 하나일 뿐이었다.

가장 위대한 시대

Their Finest Hour[*]

사람들이 팬데믹으로부터 스스로를 격리하며 집안에 머무르는 동안, 헌신적인 전문가 집단은 국가의 식품 서플라이 체인이 어려운 조건 아래서도 작동할 수 있게 애썼다. 유통업체와 풀필먼트 센터의 직원, 물류 기획자, 팰릿 제조업체 직원, 구매 조달 전문가, 운송 중개인, 트럭 운전사, 트럭 정거장의 점원, 물류 창고 직원, 도매업체 그리고 수없이 많은 다른 전문가가 바로 그랬다. 이들은 식품이 슈퍼마켓과 기타 소매점, 전자 상거래 풀필먼트 센터에 도달할 수 있게 했다. 언론이 텅 빈 진열대를 비추며 다른 이야기를 전하는 동안에도 말이다.

[*] 2차 세계대전 당시 독일이 영국을 침공하자, 1940년 6월 18일 윈스턴 처칠은 항전을 선포하며 하원 연설에서 이렇게 말한다. "그러니 우리 스스로 의무를 다할 준비를 하며 견뎌냅시다. 그리하여 대영 제국과 연방이 천년을 이어지고 나면, 사람들은 말할 것입니다. 지금이 그들의 가장 위대한 시대their finest hour였노라고." 즉 여기서 '가장 위대한 시대'란 행복과 기쁨이 넘치는 시대가 아니다. 오히려 전례 없는 어려움을 애써 극복하고자 노력하는 그런 시대다.

공급이 믿을 수 없을 만큼 빨리 회복할 수 있었던 것은 모두 미국의 서플라이 체인을 운영하는 이 위대한 이들 덕분이다. 소비자가 접하는 식품 배달원이나 슈퍼마켓 점원의 뒤에는, 필수품이 소비자에게 도달할 수 있도록 수백만 명의 사람이 참여하는 복잡한 서플라이 체인이 존재한다. 팬데믹 동안 이들은 전례 없는 수요를 자주 직면하면서 자신의 과중한 업무를 수행하고 있다. 매일매일 불가능을 가능하게 만드는 이 서플라이 체인 전문가와 운영자들은 코로나19 사태의 칭송받지 못한 숨겨진 영웅들이다.

실제로 무슨 일이 있었는지 곱씹어 보기

Food for Thought on What Really Happened

언론의 종말론적 평가와 달리, 코로나19 팬데믹은 미국이나 유럽의 식품 서플라이 체인을 파탄 내지 않았다. 소비자가 겪은 소매업체의 품절 사태는 일시적인 것에 불과했다. 흔히 그렇듯이, 헤드라인의 뒷면을 살펴보면 실제 상황, 즉 사람들이 식품을 사는 곳과 사람들이 사고자 하는 제품의 구조적인 변화가 드러난다. 갑작스러운 미국 경제의 폐쇄 조치는 소비재 서플라이 체인과 식품 서플라이 체인에 두 차례 직격탄을 날렸다. 소비자가 식품과 생필품을 **어디서** 사는지, 그리고 **무엇을** 사는지에 있어서 매우 빠른 변화가 일어난 것이다.

첫 번째 타격은 주 정부가 식당, 술집, 사무실, 학교, 스포츠 시설, 대형 행사장 등 사람이 모이는 공공장소를 갑자기 폐쇄했을 때 나타났다. 이들 모두가 대량의 음식을 비롯해 자신들이 조달하던 제품에 관한 주문을 중단했다. 이러한 공공장소에 제품을 전문으로 공급하던 제조업체와 유통업체는 갑작스럽게 15ℓ짜리 액란, 20kg짜리 양파, 30개가 든 5kg짜리 다진 소고기 한 상자, 공중화장실에서 쓰는 한 겹짜리 대형 화장지 같은 제품의 과잉 재고와 설비를 떠안았다. 한편, 집에서 더 많은 시간을 보내게 된 소비자는 슈퍼마켓에서 음식과 제품을 더 많이 사기 시작했다. 이와 함께 소매점에 제품을 전문으로 공급하던 제조업체와 유통업체에서 12개짜리 달걀 한 판, 1kg짜리 양파 한 봉지, 500g짜리 소고기 한 팩, 보통 크기의 고급 두루마리 화장지 등의 수요가 증가했다.

두 번째 타격은 사람들이 집에서 먹는 것과 구매하는 것의 변화로 발생했다. 식료품점에서 더 많은 물건을 산다는 점뿐만 아니라 이전과는 다른 기분으로 물건을 구매했다. 식품의 내구성과 보관의 용이성이 소비자가 물건을 구매하게 만드는 핵심 요소가 되었다.[1] 불안감을 떨치기 위한 (빵이나 파스타 등의) 위안 식품을 더 많이 구매했고, 식량이 부족해질지 모른다는 두려움으로 인해 (통조림, 곡물, 쌀, 건조식품, 냉동식품 등의) 보존 식품을 더 많이 구매했다. 어떤 이들은 배달이나 방문 수령을 할 때 농산물을 덜 구매했는데, 주문을 처리하는 담당 직원이 최상품을 신중하게 골라주리라 확신하지 못했기 때문이다.

이 두 번의 타격은, 사람들이 매일 필요로 하고 사용하는 음식과 물품의 상당수를 제공하는 경제 메커니즘 아래 놓인 오랜 구분을 드러냈다. 음식이나 청소용품과 같은 일상용품의 대다수는 서로 다른 두 개의 제조 및 유통 서플라이 체인 채널로부터 나온다. 소매용 채널은 일반 상점에서 판매하는 소비자용 패키지를 만든다. 기관, 업체, 전문용 채널은 식당이나 사무실, 학교, 호텔, 급식 업체, 스포츠 시설 등을 위한 대용량 패키지를 만들고 유통한다.

비록 같은 유형의 (달걀, 채소, 우유, 소고기 등의) 농업 원자재에서 출발했더라도, 이 두 가지 서플라이 체인은 다른 제품을 만들며, 다른 패키지를 사용하고, 다른 라벨을 붙인다. 때로는 소매업체나 외식업체 중 하나가 선호하는 특정한 작물이나 가축을 전문적으로 기르는 농가로부터 서로 다른 원자재를 구입하기도 한다. 예컨대 사워크림 제조업체는 소매업체에는 200g이나 500g짜리 용기 제품을, 식당이나 외식업체에는 2kg짜리 대용량 통 제품이나 30g짜리 싱글 컵 100개가 담긴 상자 제품을 각각 공급할 수 있다. 업체용 제품은 미국 식품의약국Food and Drug Administration(FDA)이 요구하는 영양 성분표와 제공량 표시를 생략할 때가 많고, 식료품점의 계산대 스캐너를 찍을 때 필요한 UPC 바코드도 없다. 외식업체용 제품에는 "이 제품은 소매용으로 판매할 수 없습니다"라는 경고 메시지가 붙을 수도 있다.

소매용 채널과 업체용 채널의 제품 차이는 양자가 서로를 대체할 수 없게 만든다. 대용량 통이나 작은 컵을 채우는 데 쓰는 장비를 소매업체에서 판매하는 일반적인 200g이나 500g짜리 용기를 채우는 데 사용할 수는 없는 것이다.

정부의 규정도 이들의 민첩성을 떨어뜨린다. 예를 들어 알을 낳는 산란계는 미국 농무부US Depart- ment of Agriculture(USDA)가 관리하고, 달걀은 FDA가 관리한다. 하지만 달걀을 깨뜨려 다른 제품을 만드는 데 사용한다면, 이는 다시 농무부가 관리한다.[2] 미국 정부의 다른 규정들은 중소 육가공 공장이 주 경계를 넘어 고기를 판매하거나, 소매용 고기와 업체용 고기를 함께 판매하지 못하게 한다. 육류 검사원의 유효성과 누가 검사 비용을 부담할지에 관한 문제 역시 일부 시설이 생산을 확대하는 데 있어 걸림돌이 되었다. FDA는 실제로 식당이 남는 식품 패키지를 판매할 수 있도록 영양 성분표와 관련한 일부 요건을 완화해야 했다.[3]

식품 전문 비영리 언론사인 더 카운터The Counter의 렐라 나르기Lela Nargi 기자는 농민들이 농작물을 갈아엎고, 우유를 버리고, 가축을 안락사하는 문제와 관련하여 여러 농업 전문가를 인터뷰했다. 캘리포니아의 1,200여 평 규모의 도시 농장인 파이어리 진저Fiery Ginger의 공동 소유주 호프 시폴라Hope Sippola는 이렇게 한탄했다. "우리 비즈니스의 60%는 네 개 학군을 위해 생산하는 일주일 분량의 160kg짜리 로메인 상추 믹스입니다. 우리의 유일한 도매 고객이었죠. 폐쇄 조치가 취해진 첫 주에 우리는 꽃줄기*가 생긴 로메인 상추 4,500개를 베어 내야 했습니다." 내셔널 팜 투 스쿨 네트워크National Farm to School Network의 수석 프로그램 매니저인 레이시 스테판Lacy Stephen은 "일부 우유는 K-12 학교**에 대량으로 공급되지만, 점심 테이크아웃을 제공하려면 작은 포장 용기가 필요합니다. 그렇게 포장을 바꿀 수 있는 유연성이 우리에겐 없었습니다"라고 덧붙였다. 캘리포니아 대학 데이비스 캠퍼스의 지속 가능한 농업 연구 및 교육 프로그램Sustainable Agriculture Research and Education Program

---

* 일명 추대抽薹. 식물이 생식 생장 단계에 들어서면서 형성되는 줄기로, 무나 상추처럼 뿌리나 잎을 수확하는 채소는 꽃줄기가 형성되면 영양분이 그쪽으로 이동하여 상품성이 떨어진다. 그래서 보통은 꽃줄기가 형성되기 전에 수확하여 판매한다.

** 무상 교육을 지원하는 유치원에서 고등학교까지를 가리킨다.

의 부소장인 게일 핀스트라Gail Feenstra 박사는 이렇게 설명했다. "우리의 식품 시스템은 보통 글로벌 유통을 위해 만들어졌습니다. 오늘날 갑자기 그것에 금이 가고, [육류나 곡물] 저장 시설처럼 [중요한 중간 단계 구성 요소]를 사용할 수 없자, 사람들은 좀 더 지역적인 식품 시스템으로 되돌아가고 있습니다."[4]

코로나바이러스가 일으킨 폐쇄 조치는 각 공장이 문을 닫은 짧은 기간 동안 육류 처리 능력을 감소시켰다. 많은 공장은 작업자 간 거리 두기, 칸막이 설치, 마스크 의무 착용, 소독, 진입로와 탈의실, 휴게실에서의 거리를 두기 위한 시차제 등 새로운 안전 대책을 세우고 빠르게 운영을 재개했다. 그러나 이런 대응책은 비용을 수반했다. 생산 라인에서 시간당 일하는 사람이나 처리하는 동물이 예전보다 줄었고, 결국 육류 가격이 상승했다.

일부 식당에서 쓰는 육류의 가격이 오른 것은 분쇄육 제품에 더 비싼 고급육을 사용했기 때문이기도 하다.[5] 스테이크 하우스와 다른 고급 식당의 폐쇄로 필레미뇽 가격은 40% 폭락하며 10년 만에 최저치를 기록했다.[6] 코로나19는 육류 생산의 경제 모델, 즉 필레미뇽처럼 비싼 최고급 고기 부위의 가격이 다른 고기 부위나 분쇄육의 가격을 더 낮추는 현상을 거꾸로 뒤집었다. 이러한 패턴, 즉 일부 소비자가 최고 품질의 제품을 사기 위해 제품의 '가치'보다 더 많은 금액을 지불하고, 이것이 낮은 품질의 제품이 지닌 잠재적 가격을 낮추는 패턴은 반도체나 과일, 채소, 자동차, 항공사 등 많은 서플라이 체인에서 나타난다. 만약 고가품의 구매가 멈추면, 그 대가로 저가품의 가격이 오르게 된다.

팬데믹 규정으로 인한 작업의 비효율성은 많은 서플라이 체인에게 영향을 주었다. 모든 제조업체의 시설, 물류 창고, 터미널 등은 작업자 간 물리적 거리 두기, 더 적은 근무자에 의한 추가 근무 정책을 도입해야 했다. 이러한 모든 변화는 제조와 물류 비용을 증가시켰다. 그것은 심지어 빈곤층과 실업자를 위한 식품 배급에도 영향을 주었다. 식품 지원에 대한 수요가 상당히 증가했을 뿐만 아니라, 자택 대기 명령으로 자원봉사자 또한 줄었기 때문이다. 물리적 거리 두기 규칙, 소독 프로토콜과 PPE 요건 등도 비용을 높였고, 푸드 뱅크*가 핵심 임무에서 인력을 줄이게 했다.

식품 서플라이 체인은 계속된다

The Food Supply Chain Kept Going

일부에서 일시적인 품절 현상이 있었고 언론이 이를 잘 활용하긴 했지만, 선진국의 사람 대부분은 여전히 인류 역사상 가장 안전하고 풍부하며 저렴한 식품 서플라이 체인을 이용할 수 있었다. 이 바탕에는 20세기 후반기 동안 급증한 농산물 수확량이 있었다. 예를 들어 영국의 밀 수확량은 네 배, 미국의 옥수수 수확량과 칠레의 귀리 수확량은 다섯 배 이상 증가했다.[7]

팬데믹 동안 선진국의 어느 슈퍼마켓을 아침 시간에 방문한 손님은 여전히 신선한 과일과 채소가 풍성하게 넘쳐 나는 모습을 볼 수 있

---

* 기업이나 개인으로부터 식품, 생활용품 등을 기부받아 결식아동이나 독거노인 등 저소득층에 배급하는 물적 나눔 제도, 또는 그런 나눔 제도를 시행하는 단체를 뜻한다.

었다. BBC의 '음식을 쫓아서Follow the Food' 시리즈 진행자인 제임스 웡 James Wong은 이렇게 표현한다. "음식으로 둘러싸인 통로 한가운데 선 제 게 있어 가장 큰 고민이란 좋아하는 브랜드의 두루마리 화장지가 일시 품절이란 겁니다. 선조들은 가히 상상조차 할 수 없었던 특권이죠." 그 는 또 이렇게 덧붙였다. "미증유의 어려움에 직면해서도 이토록 풍부 한 양을 계속 제공하는 식품 시스템의 힘은 그것이 지닌 놀라운 회복 탄력성을 입증합니다."[8]

어떻게 이런 장애물을 앞에 두고도 식품 서플라이 체인은 활발하 게 돌아갈 수 있었을까? 믿을 수 없을 만큼 빨랐던 식품 서플라이 체 인의 회복은 이를 운영하는 조직과 사람들의 기발함과 헌신을 입증한 다. 예를 들어 식품 마케팅 연구소Food Marketing Institute와 버지니아의 국제 식품 서비스 유통업 협회International Foodservice Distributors Association는 식료품 점에서 증가한 니즈를 충족하기 위해 추가 자원이 필요한 식품 소매업 체, 도매업체와 파트너십을 맺고, (제품, 운송, 보관 서비스 등의) 초과 생산력을 제공했다.[9] 일선 의료진이 팬데믹 희생자들을 돕는 영웅적인 노력으로 찬사를 받는 동안, 식품 제조업체와 물류업체, 소매업체 종사 자들은 어렵고 때로는 위험한 조건 속에서도 나라 전체에 식품을 계속 공급했다.

계절 근로자들은 미국 전역의 농장에서 계속 농작물을 수확했다.[10] 식품 가공 공장은 물자를 계속 공급하는 데 필요한 추가 교대 근무 등 의 안전 조치를 시행했다. "사람들은 현재 그 어느 때보다도 우리에게 의지하고 있습니다." 제너럴 밀스General Mills의 CEO인 제프 하머닝Jeff Harmening의 말이다.[11] 국제 식품 서비스 유통업 협회의 CEO인 마크 앨런Mark Allen도 말한다. "여러분은 제품이 필요한 곳에 도달하여 원하는 소비자가 구매할 수 있게 만드는 영웅적인 노력을 보고 있습니다. 그것이 식품 서비스인지 외식 서비스인지는 중요하지 않습니다. 저는 운송업자 여러분이 극히 어려운 상황에서 놀라운 일을 해내고 있다고 생각합니다."[12]

제4장

약점을 극복하는 민첩성 찾기

Finding the Agility to Defeat Fragility

직원들의 엄청난 노력과 더불어, 많은 조직은 팬데믹과 싸우며 비즈니스를 계속하기 위해 자사의 작업 방식을 바꾸었다. 서플라이 체인을 책임진 고위 임원을 대상으로 한 조사를 보면, 38%의 기업이 긴급 물자, 특히 의료 장비의 공급을 위해 자산과 생산력을 재배치한 것으로 나타났다.[1] 이러한 변화 중 일부는 팬데믹에만 초점을 맞춘 단기적인 조치였고, 일부는 향후 새로운 비즈니스 기회를 만들어 내기 위한 것이었다(제25장 392쪽 참조).

기업이 이러한 변화를 통해 보여 준 민첩함은 대체로 세 가지 범주로 나뉜다. 첫째, 일부 기업은 급증하는 수요를 맞추기 위해 기존 제품을 더 많이 생산하는 방법을 찾아내며 **규모 민첩성**scale agility을 보여 주었다. 두 번째 그룹의 기업은 활용도가 낮은 자산의 새로운 용도를 찾아 기존 비즈니스와 밀접한 제품이나 서비스를 제공함으로써 **자산**

민첩성asset agility을 드러냈다. 마지막으로, 일부 기업은 완전히 새로운 유형의 제품을 생산함으로써 **범위 민첩성**scope agility을 보여 주었다.

많이, 더 많이 만들기
Making More, More, More

"빠른 움직임과 민첩함은 아마 우리의 강점 중 하나가 아니었을 겁니다." 2020년 4월 말 제너럴 밀스의 CEO인 제프 하머닝은 말을 이었다. "저는 우리가 과거 어느 때보다도 더 빨리 움직이는 것을 보았습니다."[2] 제너럴 밀스의 사무실 직원들은 공장 근무에 자원했고, 회사의 냉동 피자 공장은 연중무휴 24시간 가동하며 수요를 충족시켰다.[3] 그동안 회사는 거리 두기와 소독 프로토콜을 시행해야 했고, 이에 따라 일부 공장의 생산력은 감소했다. 하지만 전체적으로 보면 회사의 생산력은 10~20% 증가했다. 3~5월 분기 매출은 전년 동기간 대비 21%, 영업 이익은 16%가 증가했다.[4]

쓰리엠3M은 미네소타에 본사를 둔 다국적 복합 기업으로, 여러 브랜드를 통해 6만 개 이상의 제품을 생산한다. 특히 이 회사는 N95 마스크의 주 공급업체다. 이 마스크는 공기 중 미세입자를 최소 95% 이상 여과할 수 있어, '대표적인gold standard' 보호 장비로 손꼽힌다. 의료진은 감염 환자를 치료하거나 공기 중 오염 물질을 포함한 환경에서 일하는 근로자를 치료할 때 N95 마스크를 착용한다. 2020년 1월부터 여름까지, 쓰리엠은 전 세계 제조 공장의 생산 속도를 두 배 늘려 연간 11억 개의 마스크를 생산하고, 이를 2021년 1분기까지 연간 20억 개로 늘릴 계획이다.[5] 이와 함께 쓰리엠은 의료 전문가와 장비 공급업체가 우려하는 모조품과 사기 제품을 퇴치하기 위해 전 세계적으로 더 노력하고자 한다.

이와 비슷하게 유니레버Unilever는 2020년 7월 23일 실적 발표에서 자사의 소독제 생산이 얼마나 증가했는지 공개하며 투자 분석가들을 놀라게 했다. "믿기 어렵겠지만, 우리는 단 5개월 만에 다수 브랜드의 생산력을 600배 높였고, 65개의 새로운 시장에서 소독제를 출시했습니다"라고 CEO인 앨런 조프Alan Jope는 전했다. 유니레버는 수요가 줄어든 (예를 들어 아이스크림과 같은) 제품을 생산했던 공장의 용도를 바꾸어 소독제를 생산했다. 2019년과 비교해 2020년 상반기 수익이 소폭 감소했음에도, 전체 이익은 9% 이상 증가했다.[6]

생산에 전력을 다한 또 하나의 사례로는 브라스켐 아메리카Braskem America의 근로자 40명 이상이 폴리프로필렌 공장에 스스로 격리된 것을 들 수 있겠다(폴리프로필렌은 N95 마스크의 핵심 재료다). 이들은 연속 28일간 12시간씩 교대로 일하며 N95 마스크 제조에 필요한 수지를 생산했다. 자가 격리를 통해 이들은 지역사회나 동료로부터 바이러스에 감염되거나, 공장이 강제로 폐쇄될 가능성이 전혀 없는 상태에서 일할 수 있었다.[7]

휴지 제품은 수요와 판매 모두에서 큰 변화를 보였다. 사람들은 화장지를 사재기했고, 재난에 대비해 집에 머무는 사람이 늘면서 상당량의 업체 판매가 소비자 판매로 바뀌었다. 종이 타월은 소비자와 문을 연 사업장의 청소 활동이 모두 늘어나면서 업체 수요와 소매 수요가 함께 증가했다. 종이 접시는 집에서 밥을 먹는 소비자가 늘고 식당이

테이크아웃 판매로 전환함에 따라 판매 호황을 누렸다. 반면 온溫음료
는 사람들이 모닝커피를 마시는 습관을 버리고 외출을 삼가며 집안에
머무르면서 판매가 줄어들었다.

제프 플렉Jeff Fleck은 미국의 주요 펄프·제지 회사인 조지아 퍼시픽
Georgia-Pacific의 소비자 제품 그룹 선임 임원 겸 최고 서플라이 체인 책임
자다. 그는 수요의 극단적 변화와 회사의 대응에 관하여 이렇게 설명했
다. "2월이 되자 사람들이 공황 구매를 시작했죠. 2월이 끝날 무렵에는
시장 전체의 주문이 급증하는 걸 분명히 볼 수 있었습니다. 같은 기간
동안 소매업체는 진열대가 텅 비어 버렸고, 매장 창고와 유통 센터에
보유한 재고도 점차 바닥나고 있었습니다."

조지아 퍼시픽은 생산을 늘리고 소매업체로의 납품을 빠르게 하
고자 몇 가지 조치를 취했다. 플렉은 고조된 소비자 수요를 맞추기 위
해 회사가 생산 과정에서 사용한 두 가지 전략을 다음과 같이 묘사했
다. "하나는 업체용 제품 일부를 소매업체에 판매하는 것이었습니다.
가장 쉽게 할 수 있는 일이었죠. 우리가 이미 생산하는 제품이고, 아무
것도 바꿀 필요가 없었으니까요. 두 번째는 업체용 제품에 대한 자산
일부를 전환하여 소위 소비자 중심의 소매 제품에 관련한 것으로 만듦
으로써, 유동 자산의 산출량을 늘리는 것이었습니다. 이러한 조치를 통
해 우리는 과거 시장에 공급했던 것보다 더 많은 제품을 출시할 수 있
었습니다."

하지만 유통은 더 큰 문제였다. 플렉의 표현에 따르면, 이는 "아침
9시부터 저녁 5시까지 러시아워가 이어지는 17차선 고속도로"가 필요
한 일이었다. 화장지를 만드는 것과 이를 소매업체에 납품하는 것은 전

혀 다른 일이었다. 플렉은 물류 과정을 지원하기 위해 두 가지 핵심 조치를 취했다. "첫 번째는 더 많은 것을 배달할 수 있도록 운송업체 기반을 확보하는 것이었습니다. 두 번째는 우리가 가진 기반 위에서 운송량을 늘릴 수 있는 능력을 키우는 것이었습니다."

그런 변화의 핵심 가운데 하나를 플렉은 설명했다. "우린 더 빠른 납품을 위해 유통 센터를 건너뛰고 공장에서 제품을 내보냈습니다." 상점으로의 직접 발송은 소매업체와 조지아 퍼시픽에게 두 가지 이점을 주었다. 첫째, 상점은 제품을 더 빨리 받았고, 더 빨리 진열할 수 있었다. 둘째, 유통 센터가 처리하는 인바운드 제품의 수가 줄어들었다. 따라서 조지아 퍼시픽의 유통 센터는 직원과 운송 능력을 아웃바운드 배송에 더 집중할 수 있었다.[8]

한편, 소매업체는 늘어난 제품과 소비자를 감당하기 위해 인력을 증원했다. 월마트는 매장 청소와 상품 진열, 온라인 주문 처리를 위해 23만 5천 명의 직원을 추가로 고용했다.[9] 아마존도 마찬가지로 17만 5천 명의 근로자를 고용해 폭등세를 감당했고,[10] 온라인 식품관을 운영하는 직원을 유치하고자 급여 인상과 함께 일선 직원들에게 500달러의 '감사' 보너스를 지급했다.

성공적인 소매업체들은 디지털 전환 속도를 높였다. 제22장(363쪽)에서 설명할 것처럼, 이는 기존 자산으로 더 많은 일을 하면서 급증한 수요에 대응할 수 있는 옴니채널omnichannel 제공자가 되기 위해서였다.[11]

그러나 많은 니즈, 특히 의료품과 보호 장비에 대한 니즈는 기존 공급자들이 생산을 늘리는 것만으로는 충족할 수 없음이 분명했다.

유휴 자산의 용도 변경하기

Repurposing Idled Assets

의료용품, 화장지, 식료품 등 일부 품목에 대한 수요가 급증함과 동시에, 항공 여행, 식당 내 식사 등 다른 품목에 대한 수요가 급감했다. 이러한 오르내림은 모든 관련 활동이 정상 수준에서 일어남을 전제로 고안된, 깊이 상호 연결된 서플라이 체인 전체에 충격을 주었다. 급감한 수요는 일부 자산과 사람들을 유휴 상태로 만들었고, 일부 자산이나 사람들에겐 엄청난 압박을 주었다. 팬데믹이 더 격렬해지자, 기업은 급증한 수요에 대응하기 위해 활용도가 낮은 자산의 용도를 변경하는 방법을 찾기 시작했다.

굶주린 항공 야수에게 먹이 주기

공기 전염 바이러스의 위협에 직면한 정부와 기업, 개인은 모두 항공 여행을 줄이기 시작했다. 정부는 감염국에서 온 비행기 승객의 입국을 금지하거나, 14일간의 의무적인 검역 조치를 시행했다. 기업은 직원의 출장을 금지했으며, 관광지는 폐쇄되었다. 많은 소비자가 10㎞ 상공을 나는 세균 배양용 접시에 몇 시간 동안 갇혀 있어야 한다는 두려움에 항공편 예약을 취소했고, 여행을 중단했다. 이들 덕분에 항공 여행은 소멸 직전까지 몰렸다. 페덱스FedEx, UPS, DHL도 팬데믹 초기 몇 달 안에 중국 서비스를 축소하였다.

여객 비행기의 운항 중단은 의료품, 비상용 예비 부품, 해산물과 같은 신선식품, 기타 고부가 가치 품목 등 시간이 생명인 제품을 다루는 국제적 서플라이 체인의 여린 아랫배를 쥐어짰다. 대부분은 잘 모르지만, 비행기 승객이 체크인한 수화물은 보통 대량의 항공 화물과 함께 비행기 아래쪽의 화물칸에 실린다. 긴급하게 화물을 보내는 사람들은 일일 통상 10만회가 넘는 이 여객기 운항에 상당 부분 의지한다. 코로나19 이전에 항공 여객기는 아시아 항공 화물의 45%, 대서양 횡단 화물의 약 80%를 포함해 전 세계 항공 화물량의 절반 이상을 담당했다.[12]

메리 스티븐스Meri Stevens는 존슨앤존슨Johnson&Johnson의 전 세계 소비자 건강 서플라이 체인과 배송 담당 임원이다. 그녀는 "팬데믹 이전에 존슨앤존슨 제품의 약 70%가 여객기에 실려 운반되었습니다. 더군다나 우리 제품 가운데 다수가 온도에 민감하기에, 재고 관리와 고객 보호를 위해서라도 제품을 보호해야만 합니다"라고 설명했다.[13]

그 때문에 하늘길이 막혔다는 사실은 전세계가 팬데믹에 대응하는 데 있어서, 그리고 다수의 일상적이고 필수적인 서플라이 체인이 작동하는 데 있어서 큰 위협이었다. "항공 운송은 중요한 의약품을 운송하는 데 있어 핵심적인 역할을 합니다. 지금처럼 전 세계적인 팬데믹 상황에서는 특히 더 그렇습니다." 미국 제약 연구제조소Pharmaceutical Research and Manufacturers of America의 책임자인 앤 프리쳇Anne McDonald Prittchet이 2020년 4월 말 미국 교통부에 쓴 편지 내용이다.[14] 중국과 미국 간 항공 운임은 안정되기 전인 2020년 3월 초에서 5월 중순 사이 세 배가 되었다가, 다시 네 배로 뛰었었다.[15] 델타 항공의 서플라이 체인 담당 임원인 헤더 오스티스는 "제품 운송과 항공편, 의료 관련 운송에 이르기까지 모든 곳에서 바가지요금이 기승을 부리고 있습니다. 델타 항공은 이 게임에 발을 들이지 않도록 조심하고 있습니다"라고 견해를 밝

혔다.[16]

일부 항공사는 도전(이자 기회)에 나섰다. 항공 물자에 대한 니즈를 채우면서, 유휴 비행기로 수익을 내는 '승객'을 태우기로 한 것이다. 비록 이 '승객'은 좌석에 조용히 앉아 있는 평범한 갈색 상자에 불과했지만 말이다. 델타 항공의 오스티스는 자사의 접근법을 설명했다. 이들은 좌석을 제거하거나 비행기 구조를 바꾸진 않았다. 유연성을 보존하고 싶었기 때문이다. 하나의 비행기를 오늘은 화물기로, 내일은 여객기로 사용할 수 있었다.

여객기 운영에서 화물기 운영으로의 전환은 단순히 비행기를 바꾸는 것 이상을 의미했다. 델타 항공은 화물을 실어 나르기 위해 다른 업체와 협력해야 했다. 오스티스가 설명하길, "예컨대 중국 선전에서 엄청난 양의 물건이 쏟아져 나왔지만, 우리는 그곳에 착륙할 권리가 없었습니다. 대신 우리는 상하이에는 착륙할 수 있었죠. 결국 우리가 원하는 화물을 중국 내 한 도시에서 다른 도시로 운반하거나, 홍콩에 있는 우리 사업장으로 운반하게 만들어야 했습니다."[17]

일부 항공사는 화물을 미리 채워서 좌석에 놓을 수 있는 '좌석 가방'을 활용하기로 했다.[18] 델타 항공과 마찬가지로, 대부분 항공사는 좌석을 해체하거나 여객기를 화물기로 완전히 개조하지 않았다. 좌석을 제거하는 데는 시간과 돈이 든다. 노련한 항공 정비사조차 이코노미 클래스coach-class의 좌석 하나를 분리·제거하는 데 며칠이 걸리며, 승객 수가 증가하여 좌석을 재설치하는 데도 비슷한 시간이 필요하다(비즈니스 클래스나 퍼스트 클래스에 쓰는 더 정교한 좌석은 제거하거나 재설치하기가 더 어렵다). 또 하나의 과제는 어떤 방식이건 비행기를 개조했을 때 그에 대한 감항성* 인증을 받아야 한다는 점이다. 이에 델타 항공은 지난 8월 특별 FAA 면제권을 써서 자사 보잉Boeing 767기의 좌석을 떼어내 화물기로 개조한다는 계획을 세웠다.[19]

다른 항공사들도 빠르게 비행기를 개조했다. 예컨대 캐나다는 동남아시아, 특히 중국으로부터 의료품과 산업용 부품을 이송할 필요가 있었다. 그러나 동남아시아와 북아메리카를 오가는 화물 항공사들은 미국으로만 운항할 뿐, 캐나다로 운항하진 않았다. (팬데믹 이전에 캐나다는 상업 비행기에 의존하고 있었다.) 결국 캐나다 시장은 항공 화물 운송 능력이 떨어질 수밖에 없었다. 이를 해결하기 위해 에어 캐나다Air Canada는 주력 비행기인 보잉 777-300 세 대를 화물기로 개조했다.[20] 에어 캐나다는 6일 만에 이 과정을 개발하여 시행하고 담당 기관인 캐나다 교통국Transport Canada의 승인을 받았다.

에어버스Airbus 역시 좌석의 제거, 객실에 강화 바닥과 롤러의 설치 등을 포함한 화물 솔루션을 개발했다. 무거운 팰릿의 상하차를 쉽게 하고, 더 많은 화물을 실을 수 있도록 하기 위해서였다. 유서 깊은 보잉 747 등이 퇴역하고 있기에, 아마 앞으로도 많은 비행기가 화물기로 완전히 개조될 것이다.

화물 운송은 항공사에 있어 괜찮은 비즈니스였다. 2020년 2분기, 대한항공Korean Air Lines의 분기별 이익은 황폐해진 항공업계에서는 보기 드문 희소식이었다. 이 이익 대부분은 삼성Samsung과 LG 등 전 세계에 소비자를 둔 한국 전자제품의 항공 화물에서 나왔다.[21]

---

*　비행기나 관련 부품이 안전하게 비행할 수 있는 성능을 말한다.

누군가에게 (혹은 2천 명에게) 도움받기

2020년 3월, C&S 홀세일 그로서스는 가능한 한 빨리 더 많은 직원과 트럭을 고용해야 했다. 자사가 납품하는 7,000개 이상의 소매점에 막대한 양의 식품류를 유통해야 했기 때문이다. 구인 모집을 내고, 후보자를 면접하고, 평가하고, 검증하고, 선발된 인원에게 연락하고, 새로운 직원이 입사하고 교육받는 등, 채용은 통상 많은 시간이 걸린다. 당장 새로운 인원이 필요했던 C&S의 CEO 마이크 더피에게 이 전체 프로세스는 너무 오래 걸렸다.

더피는 US 식품US Foods의 회장이자 CEO인 피에트로 사트리아노Pietro Satriano를 알고 있었다. US 식품은 식당 등의 기관에 240억 달러 규모의 식품을 유통하는 업체였고, 소비자가 집에 머물게 되면서 수요가 급감했다. 더피는 사트리아노에게 전화를 걸어 물었다. "혹시 우리가 사용할 수 있는 자원(사람과 트럭)이 있을까요? 2천 명이 필요합니다." 사트리아노의 동의하에 두 회사는 협정을 맺었다. US 식품 직원들은 여전히 그 회사에 속하지만, 일시적으로 C&S 시설에서 근무하게 되었다. 더피가 말하길, "일주일 내에 [사트리아노가] 우리 시설로 사람들을 보냈습니다. 이들은 우리 장비를 교육받았고, 바로 다음 날부터 생산성을 높일 수 있었습니다."

사트리아노는 3월 발행한 《슈퍼마켓 뉴스Supermaket News》에서 "이번 제휴는 우리의 유통 능력을 활용하여 국내 소매업체를 지원하는 새로운 방법을 보여 준 훌륭한 본보기였습니다. 우리는 이 중요한 기회를 소중히 여기고 있습니다"라고 언급했다.[22] 더피는 다른 식당을 비롯해 퍼포먼스 푸드 그룹Performance Food Group, 시스코Sysco 등 업체용 식품 유통업체와 비슷한 협정을 맺었다. 소매용 식품 업계의 다른 회사들 역시 급증한 노동력을 채우기 위해 같은 방법을 택했다. 예를 들어 식품 체인점 알버트슨Albertsons은 식당과 접객업체 17개 회사와 제휴를 맺고 3만 명의 시간제 직원을 즉시 고용했다.[23] 더피는 이런 노력에 대해 "우리 지역사회를 먹여 살린다는 단일한 목표를 위해 모든 사람과 산업이 함께 힘을 모으는 것은 보기 좋은 일이었습니다"라고 말했다.[24]

채워야 할 많은 (주차) 공간

쇼핑몰과 대형 상점의 주차장은 모든 소매업체에 있어 달갑지 않지만 감수해야만 하는 비용이었다. 모든 자산에서 어떻게 하면 조금 더 많은 수익을 낼지 항상 고민하는 월마트는 매장 주차장에서도 수입을 내려 한다. 예컨대 장기 기업 정책에 따라 매장 주차장에서 캠핑카 여행객들이 하룻밤을 묵도록 허용하고 있다.[25] 월마트는 여행객이 자연스레 매장에서 물건을 사길 바라며, 실제로 이들은 회사의 최고 고객 가운데 하나다. 2020년 8월부터 월마트는 매장 160곳의 주차장을 자동차 극장으로 개조하고, 로버트 드 니로Robert De Niro의 트리베카 엔터프라이즈Tribeca Enterprises가 큐레이팅한 영화를 상영하고 있다. 고객 차량으로 바로 배달되는 영화 시사회, 할인 등의 경험도 제공한다.[26]

월마트만이 아니다. 쇼핑몰 운영사인 브룩필드 프로퍼티스Brookfield Properties는 엔터테인먼트 회사인 킬번 라이브Kilburn Live와 연계해 여러 쇼핑몰의 매장 주차장을 자동차 극장으로 바꾸고, 영화와 가상 공연을 상영하고 있다. 이런 새로운 수입원은 팬데믹 동안 임대인에게 닥친 새로운 현실, 즉 임차 업체가 영원히 문을 닫거나 임대료를 적게 혹은 아예

내지 못하는 상황에선 매우 반가운 것이었다.[27]

쇼핑몰 주차장을 새롭게 이용한 다른 사례로는 음악 축제나 푸드 트럭과 함께하는 음식 축제, 인근 식당과 함께한 초콜릿 축제, 주차장 안의 레고랜드 개최 등이 있다.[28] 이런 경우 주차장 소유주는 공간 사용료 또는 증가한 매장 매출에 따른 일정한 수익을 가져가게 된다.

PPE와 다른 제품으로 전환하기

Pivoting to PPE and Other Products

팬데믹이 강타하자, 어떤 국가도 이에 대비하지 않았다는 사실이 아플 정도로 명백해졌다. 병원과 국가는 의료진이 사용할 N95 마스크, 안면 보호대, 방호복 등의 PPE를 충분히 공급하지 못했다. 자발 호흡이 힘든 환자에게 산소를 공급하는 구명 기구인 인공호흡기도 턱없이 부족했다.

마스크 제조 임무

코로나19의 가장 큰 비극 중 하나는 의료진을 보호하는 PPE가 부족해서 발생했다. 미국에서만 600명의 의료진이 2020년 3월, 4월, 5월 목숨을 잃었다.[29] 마스크 사재기는 미국에서 2020년 1월 시작됐는데, 이때만 해도 미국에서 확인된 코로나 환자는 5명에 불과했다.[30]

많은 제조업체와 소매업체가 요구에 응했다. 기존 마스크 제조업체들은 생산량을 크게 늘렸다. 중국에서만 연간 총생산량 400억 개로 10배 늘었다.[31] 마스크를 만들기 위해 자산을 활용한 여러 기업 중 하나로는 보스턴에 본사를 둔 운동 의류 회사 뉴발란스New Balance가 있다 (25장, 393쪽 참조). 월마트의 CEO인 더그 맥밀런은 "우리는 일부 의류 공급업체에도 의료진을 위한 PPE 생산으로의 전환을 요청했습니다"라고 말했다.[32] 에디 바우어Eddie Bauer, 헤인즈브랜드Hanesbrands, 갭Gap, 랄프로렌Ralph Lauren, 캐나다 구스Canada Goose, L.L. 빈L.L. Bean을 비롯한 많은 소매업체와 제조업체가 보호용 마스크와 방호복을 생산하고 유통하기 시작했다.

위스키에서 소독제로

바이러스가 표면에 남았다가 손가락으로 옮아가고, 그런 손으로 얼굴을 만진 사람을 감염시킬 수 있다는 소식이 전해지자, 손 소독제 판매가 급증했다. 걱정스러운 소비자와 기업들은 매대의 손 소독제와 살균제, 기타 청소용품을 싹쓸이했다. 이 장 앞부분에서 언급했듯이, 유니레버는 손 소독제 생산량을 증가시켜 2020년 2분기에 수익을 낼 수 있었다. 그러나 기존 공급업체만으로는 증가한 수요를 따라갈 수 없었고, 결국 관련 업계의 다른 업체들도 행동에 나서기 시작했다.

조지아주 부에나 비스타에 자리한 스웜프 폭스 증류Swamp Fox Distilling가 겪은 일은 신제품으로의 전환 과정에 필요한 역량과 과제를 모두 보여 준다. 소형 증류소의 생산품을 위스키에서 손 소독제로 전환하는 과정은 쉽고 빨랐다. 회사는 모든 핵심 자산을 가지고 있었다. 알코올 증류 장비, 병입 라인, 많은 액체와 용기를 보관할 수 있는 저장소 등. 알코올 기반 제품이라면 위스키든 소독제든 쉽게 만들고 병에 담을 수 있었다. 스웜프 폭스 증류의 공동 소유주인 브릿 문Britt Moon은 이렇게 말했다. "금요일 저녁 퇴근할 때 저는 위스키 사업을 하고 있었죠. [그런데] 월요일 아침에 일어나 보니 손 소독제를 만들고 있더군요."[33]

이런 변화로 인한 문제는 회사의 서플라이 체인 양 끝에서 일어났다. 공급 쪽을 보면, 증류소는 알코올 공급처를 찾아야 했다. 초기에는 숙성이 덜 된 위스키 재고를 이용해서 소독제를 만들었다. 재고가 바닥나자, 회사는 인근 양조장에 남는 포도주를 사용했다. 하지만 수요가 공급을 압도했다. 이로 인해 증류소는 에탄올을 대량 생산하는 업체로부터 알코올을 공급받았고, 일주일에 $750ml$짜리 용기를 최대 1만 개까지 채울 수 있었다.

수요 쪽도 문제가 있었다. "날마다, 아침마다 대기업으로부터 전화가 쇄도했습니다." 공동 소유주인 앤지 문Angie Moon은 폭스 뉴스와의 인터뷰에서 말했다. "UPS, 페덱스, 병원, VAs, 조지아 팍스 앤 레크레이션Gerogia Park and Recreation, 모든 주의 보안관 사무소에서 말입니다."[34] 주문과 고객 서비스를 담당하기 위해 회사는 자체 콜센터를 만들어야 했다.

위스키와 같은 증류주를 만들던 크고 작은 600개 이상의 증류소가 알코올 원료를 소독제로 만들어 병에 담았다. 프랑스의 명품 브랜드인 LVMH는 향수와 화장품 제조 라인의 용도를 변경하여 무료 소독제 젤을 만들어 유통했다.[35]

인공호흡기를 제작하기 위해 달려든 업체들

2020년 3월, 기하급수적으로 증가하는 코로나19 중증 환자를 치료하려면 전 세계적으로 88만 개의 인공호흡기가 필요하다고 추정되었다.[36] FDA는 미국에서만 7만 5천 개의 인공호흡기가 부족할 것으로 예상했다.[37] 많은 회사가 이를 돕기 위해 나섰다.

1780년 처음 개발된 인공호흡기는 원리상 아주 간단해 보인다. 하지만 인공호흡기는 고도로 조절된 복잡한 의료 기기로서, 그로 인해 환자가 죽거나 다치는 일이 없도록 발전해 왔다. 정밀 센서와 고성능 모터식 기류 장치, 환자에게 적합한 양과 압력, 속도로 공기를 전달하는 알고리즘이 담긴 100만 개 이상의 코드를 포함한 내장형 컴퓨터 등, 인공호흡기에는 650개 이상의 신뢰성 높은 첨단 부품이 담겨 있다.[38]

네덜란드의 의료 기술 회사이자 두 번째로 큰 인공호흡기 제조업체인 로열 필립스Royal Philips는 통상 일주일에 500개의 인공호흡기를 생산한다. 회사는 계약 제조업체인 플렉스Flex, 자빌Jabil과 제휴하여 생산량을 주당 4,000개까지 늘리고자 했다.

플렉스는 240억 달러 규모의 다국적 제조업체이자 서플라이 체인 서비스 업체다. 이들은 고객의 요구 사항을 지원하기 위한 작업을 즉시 시작했고, 매달 2만 5천에서 3만 개의 인공호흡기 생산을 목표로 설정했다.[39] 플렉스의 구매 및 서플라이 체인 책임 임원인 린 토렐Lynn Torrel은 회사가 기울이는 노력을 설명했다. "아주 잘 진행되고 있습니다. 그간 몇 가지 장애물은 있었습니다. 설계 변경, 업체 할당, 해결해야 했던 여러 품절 사태 등등이죠. 공급업체들은 부지런히 일하고 있고, 모든 이에게 있어 최우선 사항입니다. 관련 기사도 몇 개 나올 겁니다. 아무것도 없는 상태에서 인공호흡기를 생산하기까지 6주밖에 안 걸렸다는 건 꽤 놀라운 일이니까요."[40]

플렉스가 인공호흡기 제조로 전환한 유일한 회사는 아니다. 하지만 이들은 두 가지 큰 이점을 가지고 있었다. 첫째, 회사는 이른바 '스케치 투 스케일sketch to scale'이라는, 제품에 대한 아이디어를 대량 생산 과정에 적용하는 데 능숙한 엔지니어 집단을 보유하고 있었다. 플렉스는 이들의 폭넓은 지식을 바탕으로 사내에서 3D 인쇄를 통해 부족한 부품을 제조할 수 있었다. 둘째, 플렉스는 자사의 서플라이 체인 노하우와 1만 6천 개 공급업체와의 관계를 활용했다. 그럼으로써 중요 부품의 조달 기간을 줄이고, 제품을 신속하게 출시할 수 있었다.

다른 회사들도 더 빠른 생산을 위해 제휴를 맺었다. 일리노이주 메타와에 있는 비야르 메디컬Vyaire Medical은 세계에서 가장 큰 인공호흡기 제조업체다. 비야르는 자체 생산량을 늘리는 한편, 폭발적인 수요를 감당하기 위해 스피릿 에어로시스템스Spirit AeroSystems와 제휴를 맺었다.[41] 스피릿은 세계 최대의 비 OEM(주문자 위탁 생산Original Equipment Manufacturer) 설계업체이자, 상업용·방위용 비행기 구조물 제조업체다. 이들과의 제휴를 통해 비야르는 정밀 제조 능력을 확보할 수 있었다.

많은 자동차 회사도 인공호흡기 부족 문제를 해결하기 위해 나섰다.[42] 포드Ford는 GE 헬스케어GE Healthcare와 협력하여 인공호흡기를 제작했다. 이들은 2020년 8월 말까지 미국 보건부US Department of Health and Human Services와의 3억 3천 6백만 달러 규모의 계약을 이행하면서 5만 개의 인공호흡기를 제작할 것으로 예상된다. 마찬가지로 제너럴 모터스General Motors는 시애틀 지역의 의료 기기 제조업체인 벤텍 라이프 시스템스Ventec Life Systems와 협력했다. 이들은 8월 말까지 제너럴 모터스가 사용하지 않던 인디애나주의 한 공장에서 3만 대의 인공호흡기를 완성하여, 4억 9천만 달러 규모의 연방 계약을 이행했다.[43] 테슬라Tesla는 자사 자동차의 부품을 다수 사용한 인공호흡기를 자체적으로 설계했다.

메르세데스Mercedes는 더 간단한 지속적 기도 양압continuous positive airway pressure(CRAP) 호흡기*를 만들기 시작했다. 자동차 회사가 팬데믹 동안 의료 기기를 만들기 위해 나선 것은 이번이 처음이 아니다. 1940년대 소아마비 팬데믹 당시, (영국 자동차 산업의 아이콘인 윌리엄 모리스 패밈Morris Minor fame의) 윌리엄 모리스William Morris는 환자들을 돕고자 자신의 공장을 사용해 철제 폐를 만들었었다.[44]

MIT를 비롯한 기술 대학과 다른 많은 제조·기술 회사가 더 단순화된 인공호흡기 제조 방식을 설계하고, 승인받았다.[45] 이 모두는 인공호흡기 부족으로 인한 어려움 없이 환자가 치료받을 수 있도록 하기 위함이었고, '뉴 애브노멀'으로의 한 걸음이었다. 바이러스에도 불구하고, 삶은 계속되어야 한다.

---

* 환자가 숨을 들이쉬거나 내쉴 때 항상 일정한 압력의 공기를 불어 넣는 기기로, 흔히 코골이 치료 등에서 사용하는 '양압기'가 바로 이것이다. 기도를 확보하면 관을 삽입하지 않아도 환자의 호흡을 도울 수 있지만, 자발 호흡이 가능한 환자에게만 사용할 수 있다. 따라서 엄밀한 의미에서의 '인공'호흡기는 아닌 셈이다.

제 2 부

불확실성과 함께
살아가기

LIVING WITH UNCERTAINTY

"앞으로 남은 과제의 심각성을 강조하며 결론짓자면,
지금까지 통감할 수 없었던 수준의 대응력과 깊은 회복탄력성이 필요합니다."

— 올리비에 르 푸치Olivier Le Peuch, 슐름베르거Schlumberger Limited의 CEO 겸 이사[1]

팬데믹의 첫 8개월, 전 세계 모든 사람이 어려움을 겪었으며, 이기적인 사재기와 이타적인 영웅주의가 뒤섞인 광경이 펼쳐졌다. 사람들은 이 위협의 정확한 본질과 관련한 근본적인 불확실성 앞에서 발버둥 쳤다. 팬데믹이 진정되기를 모든 이가 희망했으나, 인간이 거쳐 온 팬데믹의 역사와 생물학은 인류에게 희망에만 의존해선 안 된다고 가르쳤다. 화재나 홍수, 허리케인처럼 단번에 끝나는 재난과 달리, 코로나19는 사회 전체에 계속해서 스며들고 있다. 수십억 명이 이 질병에 걸릴 수 있는 상태로 남아 있는 한, 코로나19는 우리와 함께 살아갈 것이며, 우리는 그러한 '뉴 애브노멀'을 다룰 방법을 찾아야 한다.

제2부에서는 향후 수년 동안 일어날 수 있는 코로나19 팬데믹의 미래 시나리오들과 함께, 불확실한 감염률, 공급, 수요, 경제 상황, 정부의 대책(또는 무대책)으로 인해 힘든 시기를 보낼 수 있는 기업의 대처 방법을 살펴본다. 분명 누군가는 최선을 희망할 수 있지만, 현 상황의 불확실성은 최악에 대비할 것을 요구하고 있다.

제5장

두더지 게임*에서 벗어나기

The Whack-a-Mole Recovery

코로나19는 전 세계 학교와 기업, 다른 일상적인 활동에 폐쇄 조치를 유발했다. 정부가 사람 간 접촉을 제한하여 감염 확산을 늦추고자 했기 때문이다.

그로 인해 소비자 수요의 급격한 감소, 공급 중단, 실업률 급증이 이어졌다. 고용주에게 보조금을 직접 지급하지 않기로 선택한 국가에서는 더 그랬다. 갑작스러운 경기 침체가 준비되어 있지 않던 많은 이를 덮쳤다. 괴로워하던 이들은 치료법이 '질병보다 더 나쁘다'면서, 즉각 경제를 재개할 것을 촉구했다.

각 나라와 주, 지방은 저마다 폐쇄, 명령, 대책, 시민의 준수 수준,

---

* 어린 시절 오락실에 보던 그 두더지 잡기 게임이 맞다. 언론 등은 어디서 발생할지 알 수 없고, 확산을 막아도 계속 다른 곳에서 튀어나오는 코로나19를 이 게임에 비유하곤 한다. 저자는 이어지는 7장, 8장에서도 같은 표현을 사용한다.

그에 수반하는 감염률 변화에 따라 움직였다. 경제를 재개하는 결정을 내리기 위해 어떤 곳은 과학을, 어떤 곳은 경제를, 어떤 곳은 정치를 따랐다. 그러나 성급한 재개로 많은 장소에서 질병이 다시 기승을 부렸고, 더 많은 폐쇄 조치와 검역이 강제되었다. 예를 들어, 유럽의 여름 여행 시즌이 끝나자 스페인과 프랑스 등 EU 회원국의 감염 환자가 급증하며 우려가 커졌다.[1] 맥도날드McDonald의 CEO인 크리스 켐프친스키 Chris Kempczinski는 "우리가 정확히 어떻게 회복하게 될지 매우 불확실합니다"라고 말했다.[2]

대체로 정부보다 대중이 팬데믹이나 그로부터의 회복에 더 관여한다. 즉 마스크 쓰기, 거리 두기, 사적 모임, 여행, 격리 등과 관련한 시민 행동이 궁국적으로 바이러스의 확산과 감염 패턴을 결정한다.

존슨앤존슨의 메리 스티븐스는 자사의 서플라이 체인이 받은 영향을 다음과 같이 설명했다. "우리의 가장 큰 어려움은 현 상황이 지닌 역동성입니다. 거의 매일 전 세계에서 새로운 규칙과 규정이 운송을 방해합니다. 국경이 닫힐 수 있고, 비행기에 대한 새로운 규정이 도입되기도 합니다. 날마다 그런 규칙을 적용하는 방식도 무언가 변합니다. 대개는 나라마다, 주마다, 도로마다 다르기까지 합니다. 중국에서는 여기저기 바리케이드가 설치되어 오늘 개방했던 도로를 내일은 개방하지 않을 수도 있습니다. 직접 가보기 전까지는 알 수가 없죠."[3]

제2부. 불확실성과 함께 살아가기

질병 시나리오

Scenarios of Sickness

"사람들은 바이러스가 사라진 게 아니란 걸 기억해야 합니다. 이 질병은 사라지지 않습니다. 이건 한동안 우리와 함께할 겁니다." 하버드 글로벌 보건 연구소Harvard's Global Health Institute 이사인 아시스 자Ashish Jha의 말이다.[4] 팬데믹은 수년에 걸쳐서 감염 파동을 일으키고, 다른 시기에 다른 지역에서 확산할 때가 많다. 국립 알레르기 감염병연구소 National Institute of Allergy and Infectious Diseases 소장인 앤서니 파우치 박사는 4월 말 또 다른 파동이 일어나는 것은 '불가피'하며, 그 심각성은 미국이 어떻게 대비하느냐에 달려 있다고 경고했다. "그때까지 이 문제를 해결하는 데 필요한 모든 조치를 하려면 상당한 노력을 기울여야 합니다." 파우치는 덧붙였다. "만약 성공하지 못한다면 혹독한 가을과 겨울을 맞이할 겁니다."[5] 2020년 6~7월 미국 남부에서 재발한 감염은 그의 말을 입증했다.

미네소타 대학의 감염병연구 및 정책센터Center for Infectious Disease Research and Policy의 연구진은 현재의 코로나19 팬데믹과 이전의 여덟 가지 독감 팬데믹을 분석하여, 코로나19 팬데믹의 전망에 관한 세 가지 시나리오를 만들었다.[6] 첫 번째 시나리오에서 코로나바이러스는 1~2년 동안 지속적으로 재발하며 정점과 저점을 보여 주지만, 2021년 어느 시점부터 점차 사라진다. 두 번째 시나리오에서 바이러스는 2020년 가을이나 겨울에 큰 규모로 재발하면서 지금까지보다 더 많은 환자가 발생한다. 이는 1918년 스페인 독감 팬데믹과 유사한 흐름이다.[7] 세 번째 시나리오에서는 지역사회 감염이 잔불을 태우듯 조금씩 계속 나타나면서 양성 환자 수가 변동한다. 시나리오와 무관하게, 2020년 4월 말 연구진은 "적어도 향후 18~24개월간 코로나19의 주요 활동에 대비해야 한다. 다양한 지역에서 주기적으로 발생 지점이 나타날 것이다"[8]라고 결론지었다. 하지만 이들은 예측에서 백신이나 효과적인 치료법이 조기에 발견될 가능성을 고려하진 않았다.

사람들이 바이러스에 대한 대응, 즉 감염자의 검사와 격리, 사회적 거리 두기 등에 적응한 것처럼, 바이러스도 변하고 있다. 바이러스가 복제될 때마다, 바이러스의 분자 기계*는 가끔 유전 물질을 복제하는 과정에서 실수를 저지른다. 만약 그런 돌연변이 복제본이 숙주를 발견한다면, 이 변화는 다음 세대로 전달된다. 2020년 8월 기준, 과학자들은 코로나-19를 유발하는 사스-코브-2 바이러스의 유전적 변이 4,300여 종을 밝혀냈으며,[9] 시간이 따라 더 많은 변이가 나타날 것은 의심의 여지가 없다. 예를 들어 8월 14일 말레이시아와 필리핀 당국은 더 높은 감염성을 지닌 것처럼 보인다는 경고와 함께 새로운 변이 바이러스를 보고했다.[10] 돌연변이는 때로는 아무것도 아니기도 하고, 때로는 다음 세대가 생존할 수 없게 만들기도 한다. 그러나 바이러스의 감염 특성을 바꾸어 인류에게 큰 영향을 미칠 때도 있다.

바이러스가 수백만 명, 수십억 명에게 퍼지며 몇억, 몇조 배 복제되는 동안, 팬데믹을 퍼뜨리고 변화시킬 수 있는 (좋을 수도 나쁠 수도

---

* 특정 자극에 반응하여 준 기계적 움직임을 생성하는 분자 시스템을 말한다. 화학자들은 인공적인 분자 기계를 설계하여 합성하기도 한다.

있는) 돌연변이의 가능성도 커진다. 감기의 원인인 네 종류의 다른 코로나바이러스처럼 덜 치명적인 돌연변이가 생겨나 기본적으로 인류가 그와 함께 사는 법을 배우게 될 수도 있다. 아니면 돌연변이가 발생하여 예방 접종을 한 사람이 감염되거나, 현재의 코로나19 감염 검사가 무용지물이 될 수도 있다. 코로나19나 독감, 기타 우리가 아는 병원균 검사에서 검출되지 않는 새로운 호흡기 질환으로 새로운 팬데믹 주기가 시작될 수도 있다. 그러면 국가 보건 시스템은 어떻게 해서든 이 새로운 질병의 원인을 밝혀내야 할 것이다. (이런 일은 독감으로 인해 정기적으로 발생한다. 그렇기에 사람들은 매년 새로운 독감 예방 주사를 맞는다. 그해 발생한 변종에 대처해야 하기 때문이다.) 핵심은, 향후 수년 동안 코로나바이러스가 크든 작든 인구와 경제에게 부담을 주는 현상이 반복될 수 있다는 것이다.

모든 시선, 그리고 의료 자원이 코로나19에 집중된 동안, 나머지 감염병은 관심에서 벗어난 혜택을 누리고 있다.[11] 2020년 초 코로나19가 증가하면서 세계 각국은 다른 심각한 소아 질환의 면역화 프로그램을 연기했다. 코로나19의 확산을 줄이고 의료 종사자들이 그와 싸울 수 있게 재배치하기 위해서였고, 백신 유통에 차질을 빚고 있었기 때문이었다. 그러나 이는 30개 이상 국가에서 디프테리아diptheria, 소아마비polio, 홍역measles이 발생하는 결과를 낳았다.[12] WHO의 사무총장인 테드로스 아다놈 게브레예수스Tedros Adhanom Ghebreyesus 박사는 "코로나19 팬데믹으로 인한 면역화 프로그램의 중단은 홍역처럼 백신으로 예방할 수 있는 질병에 대항하며 지난 수십 년간 쌓아온 진전을 후퇴시킬 수 있습니다"라고 경고했다. 실제로 빌 게이츠Bill Gates는《이코노미스트

The Economist》 편집자들과의 온라인 인터뷰에서 코로나바이러스로 인한 사망의 90%는 코로나19 자체가 아닌, 개발 도상국의 빈곤과 식량 부족, 다른 질병에 의해 발생할 것으로 추측했다.[13]

괴로운 팬데믹 회전목마의 세 출구
Three Exits from the Pandemic's Not-So-Merry-Go-Round

"우리는 정말로 큰 문제를 안고 있습니다. 출구 전략이 무엇인지, 어떻게 우리가 이 상황에서 벗어날 것인지에 대해서 말입니다." 에든버러 대학의 전염병 역학 교수인 마크 울하우스Mark Woolhouse의 말이다. 홍콩 대학교의 역학자인 가브리엘 렁Gabriel Leung도 "영국만이 아니라 모든 나라에 출구 전략이 없습니다"[14]라며, "이 팬데믹은 충분한 집단 면역이 생길 때까지 진정되지 않을 겁니다"라고 덧붙였다.[15] 이 집단 면역은 팬데믹에서 벗어나기 위한 세 가지 전략 가운데 두 가지, 즉 예방 접종 또는 통제된 확산을 통해서 달성될 수 있다.

"장기적으로, 백신은 분명 현 상황을 벗어날 방법 가운데 하납니다. 모두가 최대한 빨리 백신이 나오길 바랍니다"라고 영국의 수석 의학 자문인 크리스 위티Chris Whitty 교수는 말했다.[16] 인구의 약 3분의 2를 예방 접종하면, 접종하지 않은 사람과 면역력이 약한 사람에게 모든 질병 발생을 국한함으로써, 그 빈도와 범위를 줄일 수 있다. 즉 면역력이 있는 사람이 많을수록, 바이러스가 퍼질 확률이 낮아진다.

백신을 찾기 위해 전 세계가 열심히 협력하며 달려 온 결과, 헌신적인 과학팀들은 2020년 8월 중순까지 138개 이상의 백신 후보를 전

임상 평가하였고,[17] 29개의 백신 후보를 임상 평가하였다.[18] 정부와 기업, 자선 NGO는 연구와 대량 생산력 확보를 위해 수십억 달러를 투자했다. 그러나 백신의 예방 접종은 완전하지 않은 위험한 출구 전략이다. 두 가지 커다란 문제가 있기 때문이다. 첫 번째 문제는 백신 개발의 위험성과 불확실성이다. 과연 이들 백신이 안전하고 효과적일까? 어떤 백신이 쉽게 대량 생산할 수 있고, 영구적인 면역력을 줄 수 있을까? 역사는 백신의 개발 과정이 실망과 사고로 점철되어 있음을 보여 준다.[19] "지금까지 우리가 가장 빨리 개발했던 백신은 유행성 이하선염* 백신이었습니다. 4년이 걸렸죠. 보통은 백신 하나를 개발하는 데 10년에서 15년이 걸립니다. 12~18개월은 전례가 없는 일입니다." 스탠퍼드 건강 커뮤니케이션 이니셔티브Stanford Health Communication Initiative**의 책임자인 시마 야스민Seema Yasmin 박사의 말이다.[20]

예방 접종의 두 번째 문제는 그것이 광범위하게 실행할 때만 효과를 볼 수 있지만, 이를 보장하기 어렵다는 데 있다. AP - NORC 공공 PR 연구센터the Associated Press-NORC Center for Public Affairs Research의 여론 조사 결과, 미국인의 절반만이 코로나19 백신을 맞을 것이라고 답했다.[21] 많은 이가 '초고속' 개발과 빠른 출시로 부작용의 위험이 클 것을 우려한다. 코로나19가 주사를 맞을 만큼 위험하다고 생각하지 않는 이들도

---

* 흔히 말하는 볼거리. 귀밑샘이나 침샘 등에 부종을 생성하는 바이러스 질환으로, 발열, 두통, 근육통, 식욕 부진, 구토 등을 동반한다. 통상 30~40%는 감염되어도 증상이 나타나지 않지만, 여전히 전염성이 있다.

** 이니셔티브란 대개 어떤 현안을 주도하기 위한 실행 계획을 의미한다. 이 책에서는 앞뒤 맥락에 따라 '실행 계획' 또는 '이니셔티브'로 옮겼다.

있다. 예방 접종률이 50%라면 코로나19는 홍역 같은 엔데믹endemic*이 될 가능성이 크다. 즉 예방 접종을 하지 않은 사람들과 예방 접종을 해도 면역 체계가 잘 반응하지 않는 (예컨대 노인, 천식성 질환자, 면역 억제제 복용자 등) 사람들 사이에 계속해서 다시 나타나며 이곳저곳에 퍼질 것이다.

두 번째 출구 전략은 '집단herd 면역'을 만드는 것이다. 충분히 많은 사람이 감염되었다가 회복될 때까지, 바이러스가 지역사회 전체에 계속 퍼지도록 둔다. 만약 정말로 백신이 불확실하고 요원한 희망에 불과하며, 엄격한 봉쇄 조치는 질병의 불가피한 확산을 지연시킬 뿐이라면, 통제하에서의 확산이 최선일 수 있다. 이것이 스웨덴이 택한 전략의 핵심이다.[22] 불행히도 이 전략은 대부분 사람이 (모든 마비와 비용, 수많은 환자가 겪을 장기적인 건강상의 영향과 함께) 코로나19에 걸리고, 그중 일부가, 잠재적으로는 많은 이가 사망할 것을 요구한다. 또한 질병이 천천히, 지역 종합병원을 압도하지 않는 선에서 퍼지도록 해야 하기에, 수개월 혹은 수년 동안 일정 수준의 (아마도 자발적인) 물리적 거리 두기를 유지할 필요도 있다. 스웨덴에서 널리 지지받았던 이 모델은 (주로 노년층) 스웨덴인의 사망률이 명백히 높아지자 많은 비난을 받기 시작했다.[23]

"세 번째 선택지는," 울하우스는 말한다. "우리의 행동 방식을 영원히 바꿔, 이 질병의 전파 속도를 낮게 유지하는 것입니다"[24] 공공장

---

* 넓은 지역에서 강력한 피해를 유발하는 팬데믹이나 에피데믹epidemic과 달리, 한정된 지역에서 주기적으로 발생하는 전염병 상황을 가리킨다. 말라리아, 뎅기열 등이 속하며, 흔히 풍토병이라고 한다.

소에서의 마스크 쓰기, 거리 두기, 살균, 사람 많은 곳을 피하기 등이 더해져 새로운 삶의 방식이 될 수 있다. 아픈 와중에 출근하는 것을 헌신의 증거가 아니라 해고의 근거로 여기게 될지 모른다. 공적 삶이 이동 추적 앱 또는 정부의 검사·추적 프로그램을 (어쩌면 필수적으로) 수반하게 될지도 모른다. 코로나19 감염 여부의 확인은 나이트클럽 출입구에서의 나이 확인, 공항 심사장에서의 신원 확인, 사무실 건물 출입구에서의 사원증 확인처럼 받아들여질 수도 있다.

코로나19는 전적으로 새로운 질병이며, 그렇기에 과학자들은 이 바이러스와 과학적 진보의 앞날에 무슨 일이 기다리고 있는지 알지 못한다. 언제쯤이면 성공적인 백신이 임상 시험을 통과하고 대량 생산되어 바이러스 확산을 막을 만큼 널리 사용될 수 있을까? 예방 접종을 받았거나 이미 질병을 앓았던 사람들이 장기간의 면역력을 유지할 수 있을까? 그래서 상당수의 인구가 한 번은 이 질병에 걸린 적이 있다면 (혹은 예방 접종을 받았다면) 나머지 사람들도 집단 면역력을 누릴 수 있을까? 그게 아니라면 감기를 유발하는 네 종류의 코로나바이러스와 마찬가지로 수개월이나 수년 내에 다시 코로나19에 걸릴 수 있게 될까?[25] 코로나19는 더 치명적인, 혹은 덜 치명적인 형태로 변이되면서 매년 더 크거나 더 작은 불행을 가져오게 될까? 제약사들이 치사율을 줄이고 이 질병에 대한 두려움을 줄일 수 있는 치료법을 마침내 발견할 수 있을까?

팬데믹이 오래 이어지면서, 전 세계 시민들은 자신도 모르는 사이에, 가끔은 마지못해 종잡을 수 없는 수백 가지 자연 실험*의 기니피그가 되었다. 각 관할권은 검사와 접촉자 추적, 물리적 거리 두기, 사업장 폐쇄 조치, 재개 일정, 재정 지원 등을 자체적으로 결정하면서 시민의 삶과 생계를 실험하고 있다. 어느 곳이 가장 높은 사망률을 기록했고, 어느 곳이 가장 심각한 경제적 영향을 받았는지는 시간이 말해줄 것이다. 1918년 독감 팬데믹 당시의 경험이 오늘날 되풀이된다면, 가장 길고 가혹한 봉쇄 조치를 겪은 관할권이 재개를 서두른 곳보다 사망률이 더 낮고, 경제 회복도 더 빠른 것을 우리는 보게 될 것이다.[26]

금융 전염의 위협
The Threat of Financial Contagion

바이러스가 세계 경제를 침략하기 반년도 더 전에, 미국 연방 준비 제도 이사회 Federal Reserve 의 제롬 파월 Jerome Powell 의장은 이렇게 경고했다. "기업의 부채는 기업과 투자자들에게 잠시 멈춰 서서 반성할 이유를 주어야 할 수준에 이르렀다."[27] 나아가 그는 "경기 침체 시 레버리지가 높은 비즈니스 부문은 직원을 해고하고 투자를 줄일 수밖에 없다. 이는 침체를 증폭시킬 수 있다"라고 덧붙였다. 코로나19와 함께 아주 급격한 경기 하락이 예기치 못하게 찾아왔고, 전 세계 기업 부채 74조

---

* 어떤 가설을 증명하기 위해 대상과 조건을 인위적으로 제어하기 어려울 때 사용하는 방법으로서, 대상과 조건이 자연 혹은 실험자가 제어할 수 없는 어떤 요인에 의해 영향받는 상태 그대로 관찰하고, 그 결과를 분석함으로써 일련의 결론을 도출한다. 사회학이나 경제학, 그리고 역학 분야에서 흔하게 사용된다.

달러 중 일부가 상환을 위협받고 있다.[28]

많은 가계와 기업, 심지어 국가조차 질병으로 인한 재정적 충격, 예컨대 실업, 소비자 지출의 침체, 기관 지출의 증가, 세수 감소 등을 흡수할 만한 자원이 없었다. 미국에서 담보 대출의 연체율은 21년 만에 최고 수준으로 (2008년 주택 금융 위기 당시 최악의 상황보다 50% 더 높이) 뛰어올랐다.[29] 데이텍스 프로퍼티 솔루션Datex Property Solutions에 따르면, 2020년 4월과 5월 소매업자의 임대료 중 약 40%가 미납되었다.[30] 소비자와 소매업자, 기업의 담보 대출과 임대료, 채무 상환이 늦어지자, 임대자와 은행 역시 위태로워졌다. 월랜 글로벌 어드바이저 Walen Global Advisors의 대표인 크리스터퍼 월랜Christopher Walen은 자신의 블로그에서 투자자들을 향해 "사회적 거리 두기는 몇 달 안에 상용 부동산과 지방 자치 당국의 금융 아마겟돈을 불러올 겁니다"라고 썼다.[31]

심각한 재정 스트레스를 받은 시 정부와 주 정부, 많은 국가 정부를 비롯한 공공 부문도 비슷한 문제를 겪었다. 팬데믹으로 인해 기관 지출이 늘어난 반면, 경제 붕괴로 세수는 대폭 감소했다. 이미 높은 부채 부담을 안은 상태로 팬데믹에 접어든 국가들은 이자 상환에 더욱 어려움을 겪을 것이다.[32] 특히 관광에 의존하는 국가들이 큰 타격을 받았으며, 재택근무로 소화할 수 없는 일자리가 많은 나라, 기업 부문에서 소규모 회사들이 큰 영역을 차지하는 나라 역시 마찬가지였다. 《이코노미스트》는 봉쇄 조치에 가장 크게 영향받은 나라의 순위를 발표했는데,[33] 유럽에서 가장 심각하게 영향받은 나라는 그리스, 스페인, 이탈리아였다. 마찬가지로 관광(라스베가스, 뉴욕 등), 주 정부의 직접 보조금(버팔로, 로체스터), 판매세(뉴올리언스) 등에 의존하는 도시도 큰 영향을 받은 것으로 나타났다. 재산세 등 상대적으로 안정적인 수익원에 주로 의존하는 보스턴 등의 도시가 가장 안정적이었다.[34] 일부 (특히 자국 통화를 인쇄할 수 없는) 관할권은 이로 인해 파산할 가능성도 있다('국가 부도'). 미래 성장력을 희생하며 엄격한 세금을 부과하거나, 예산 균형을 유지한다는 명분으로 중요한 정부 서비스를 포기해야 할지도 모른다. 다른 나라 역시 IMF국제통화기금의 규제하에 경제를 구조 조정하고 개혁해야 할 것이다.

2008년 금융 위기 때와 마찬가지로, 가계와 기업, 정부가 다른 이에게 빚을 갚을 수 없다는 사실은 도미노 효과를 불러올 수 있다. 대개는 대출 기관도 채무와 관련해 다른 이에게 이행해야 하는 중요한 법적 의무를 지고 있다. 따라서 상환에 실패하는 대출자나 임대 업체가 너무 많다면, 대출 기관 역시 채무 불이행으로 몰릴 수 있다. 예를 들어 많은 수의 담보 대출 보유자가 자신의 채무를 지방 은행에 상환하지 못한다면, 이 은행들은 다른 예금자와 채권 보유자들에게 채무를 상환할 수 없다. 보험 회사인 디토Ditto는 상용 부동산 투자 신탁에서 얻은 상가 임대료를 가지고 퇴직자에게 연금을 지급해야 한다. 채무 불이행, 유예, 부채 탕감은 경제의 재정 구조를 따라 파급되면서 의도치 않은 결과를 초래할 수 있다.

장기적인 경제적 영향
Long-Term Economic Effects

코로나19 위기가 전 세계적으로 지속되면서, 그로부터의 경제적 영향도 오래 이어질 것이 분명해졌다.[35] 19세기 중반 이후 일어났던 모든 심각한 재정 위기에서 1인당 GDP가 위기 이전 수준을 회복하는 데는 평균 8년이 걸렸다.[36] 미국과 중국, 유럽은 막대한 경기 부양책을 시행할 자금을 갖고 있지만, 나머지 나라 대부분은 현재의 경제적 피해를 극복할 만한 능력을 지니지 못했다.

무역 전쟁과 팬데믹으로 인한 무역 감소(18장, 287쪽 참조)는 많은 무역 연계가 깨졌다는 것을 의미한다. 물품 가격은 하락했고, 관광 산업이 무너졌다. 높은 실업률은 많은 실업자가 일할 능력을 잃고, 취업 시장에 재진입하기 힘들어진다는 것을 뜻한다. 거기에 팬데믹으로 인해 (대부분 사람이 일하던 곳인) 수많은 소규모 기업이 폐업하였다.[37] 새로운 비즈니스가 생겨나 새로운 고용 기회를 제공하기까지는 오랜 시간이 걸릴 가능성이 크다.

IMF는 선진국의 GDP 대비 국가 채무 비율이 2019년 3.9%에서 2020년 16.6%로 증가하리라 예측했다.[38] 이러한 채무는 세계 경제의 재건을 저해하는 한편, 사회적 문제나 기반 시설 부족, 환경 문제 등을 해결하려는 거시적 계획을 방해할 것이다(20장, 337쪽 참조).

사회 불안
Social Unrest

밀물이 모든 배를 떠오르게 한다면, 썰물은 항구에 잠겨 있던 바위를 드러나게 한다. 2008년 금융 위기가 2011년 아랍의 봄 사건에 영향을 준 것처럼,[39] 코로나19도 사회적 안정과 범죄에 연쇄 반응을 일으켰다. 미국의 대부분 대도시에서 범죄가 증가했다. 예를 들어 《월스트리트 저널Wall Street Journal》은 2020년 6월 "살인 사건은 올해 작년보다 160% 급증했고, 강도 사건은 56%, 차량 강탈은 두 배 이상 증가했다"라고 보도했다. 여러 곳에서 줄어든 것은 오직 빈집털이와 절도 뿐이었다. "이는 틀림없이 사람들이 집 안에 머물렀기 때문이다."[40]

인종·사회 불평등의 심화, 오래 갇혀 지내며 살짝 정신이 나간 시민들, 높은 실업률 등이 독이 되어 시위와 시민 소요, 폭력, 약탈이 벌어졌다. 미국 전역과 그 너머를 휩쓸었던 시위와 폭력의 방아쇠를 당긴 것은 미니애폴리스 경찰의 조지 플로이드George Floyd 살해 혐의일지라도, 코로나19가 그 불꽃이 폭풍처럼 번질 수 있는 건조한 환경을 조성했다고 볼 수 있을 것이다.

소매업체와 식당, 기타 도시 사업자는 코로나바이러스로 인한 폐업과 판매 급감으로 이미 벼랑 끝에 내몰려 있었다. 이들에게 대규모 약탈과 기물 파손은 파산으로 이어지는 최후의 일격이었을 것이다. 결과적으로 폭동은 그로 인해 큰 피해를 입은 도시의 실업률과 부동산 가치를 악화시켰다.

혼란스러운 폐쇄 및 재개 조치, 그 밖의 마비 사태

Chaotic Reopenings, Closings, and Other Disruptions

경제학자들은 경제 회복이 어떤 모습으로 나타날지를 추측하면서 회복이 빠른 V 모형, 느린 U 모형, 부진한 L 모형, 오락가락하는 W 모형 등 여러 알파벳 모형을 제시했다. 이러한 단순 모형은 세계 경제의 복잡성과 국지적 감염 집단의 재발, 국가 또는 기업의 재정적 연쇄 반응이 초래할 국지적인 경제 마비의 가능성 등을 모두 무시한다. "우리는 너무 쉽게 생각해서는 안 됩니다. 주 정부가 문을 여는 순간, 모두가 자유로워지고 비즈니스가 다시 회복될 것이라고 말이죠. 아마도 많은 부침이 있을 겁니다." 펩시코PepsiCo의 CEO인 라몬 라구아르타Ramon Laguarta는 이렇게 말했다.[41] 존스 홉킨스 건강보장 센터Johns Hopkins Center for Health Security의 역학자인 케이틀린 리버스Caitlin Rivers 박사도 지적한다. "첫 번째 고비를 넘기기라도 한 것처럼 두 번째 고비에 관해 이야기해 봤자, 실제로 무슨 일이 일어날지를 파악할 수는 없습니다."[42]

더 그럴듯한 시나리오는 감염과 그 영향의 국지적 순환이 결합한 모습, 즉 경제 회생과 비즈니스와 서플라이 체인을 괴롭히는 감염 재발의 주기적인 순환 과정이다. 서로 다른 시간에 서로 다른 장소에서 공급과 수요가 순환하며 나타나는 변화에 기업이 휘둘리면서, 채찍 효과가 더욱 강력해질 것이다. 그 결과, 기업은 전 세계에서 두더지 잡기 게임을 해야 한다. 바이러스는 회사가 의존하는 광범위한 서플라이 체인 여기저기에 있는 도시와 주, 국가에서 머리를 살짝 내밀었다가 숨는 일이 계속 이어질 것이다.[43]

기업에는 불행한 일이지만, 기존의 '수요 예측' 방법은 팬데믹 상황처럼 수요 패턴에 근본적인 구조적 변화가 있을 때는 작동하지 않는다. 그런 종류의 예측 모델은 미래의 판매 행동이 과거의 그것과 통계상 비슷할 거라 전제하며, 따라서 소비자 행동이 극적으로 바뀌는 경우를 배제한다. 인공지능(AI)과 머신러닝(ML)에 기반한 모델도 그보다

나을 게 없다. 이들 역시 과거 데이터를 기반으로 학습하기 때문이다.[44] 공급도 불투명하긴 마찬가지다. 시설 감염이나 지역 봉쇄 조치, 다양한 국가 규정의 변경은 공급업체나 자체 시설, 상호 연결된 운송 시스템을 사용할 수 없게 만들거나, 생산력을 저하시킬 수 있다.

CEO들은 수조 달러에 달하는 경기 부양책이 소비자 판매를, 특히 자동차와 같은 고가 품목의 판매를 언제 (그리고 얼마나) 다시 활성화할 수 있을지 궁금해한다. "그 돈을 사람들이 쓸까요? 그래서 신차 판매가 정상으로 돌아올까요?" 자동차 부품 제조업체 다나Dana의 회장 겸 CEO인 제임스 캄시카스James Kamsickas도 궁금해한다. 하지만 "무슨 일이 일어날지 누가 알겠어요. 경기가 회복될까요? 아닐까요? 누가 알 수 있을까요?"[45]

앱티브사의 케빈 클라크는 자동차 업계의 최고 경영자이자, 자동차의 전자 시스템과 컴퓨터 시스템 제작자이다. 그는 말하길, "현재 [2020년 5월] 상황은 매우 유동적입니다. 재개되는 시기와 속도[에 대한] 전망은 여전히 불투명합니다. 기록적인 수준의 실업률, 줄어든 개인 소득, 저하된 소비 심리 등을 고려할 때, 근본적인 소비자 수요가 우려됩니다."[46] 2020년 5월 AT&T의 CEO인 랜달 스티븐스Randall Stephenson도 비슷하게 말했다. "우리는 세계에서 가장 똑똑하고 천재적인 경제학자들을 데려올 수 있습니다. 여러분도 십수 명을 데려올 수 있겠죠. 하지만 2020년 2/4분기의 결과만 해도 가능한 경우의 수가 믿을 수 없을 만큼 많습니다."[47]

CEO들이 걱정하는 또 다른 추세는 서구 국가들의 과잉 저축 증가다. 미국과 유럽의 소비자들은 기록적인 양의 돈을 지출 대신 저축으로 돌렸다.[48] 게다가 샌프란시스코 연방 준비은행Federal Reserve Bank*은 연구 논문을 발행하며 다른 위기와는 달리 팬데믹은 수십 년간 금리 하락과 함께 예비 저축의 증가를 초래할 것이라고 주장했다.[49]

이런 문제들을 생각하자면, 드와이트 D. 아이젠하워Dwight D. Eisenhower 장군의 말이 떠오른다. "계획은 쓸모없지만, 계획을 세우는 것은 꼭 필요하다." 코로나19의 경우, 향후 수개월이나 수년간의 계획을 세울 때는 공급과 수요가 모두 변하는 상황에서 유연하고 신속하게 대응할 준비를 하는 데 집중해야 한다. 그러한 계획의 수립에는 마비를 감지하고 완화하는 것 외에도, 두더지 게임에서 벗어나면서 변화된 시대에 적응하고, 비즈니스 기회를 모색하는 것 역시 포함되어 있다.

---

*   미국은 1913년에 제정된 연방 준비법에 따라 전국을 12개의 연방 준비 구역Federal Reserve districts 으로 나누어 구역마다 연방 준비은행을 설립한 뒤 중앙은행의 기능을 수행하게 했다. 연방 은행이 있는 지역은 보스턴, 뉴욕, 필라델피아, 클리블랜드, 리치먼드, 애틀랜타, 시카고, 세인트루이스, 미니애폴리스, 캔자스시티, 댈러스, 샌프란시스코다.

제6장

계속되는 마비 관리하기

Managing for Ongoing Disruptions

자신의 소설 《안나 카레니나Anna Karenina》에서 레프 톨스토이Leo Tolstoy는 이렇게 썼다. "행복한 가정은 모두 비슷한 이유로 행복하지만, 불행한 가정은 저마다의 이유로 불행하다." 그의 생각은 코로나19와 같은 재난 상황에 대한 두 가지 진실을 담고 있다. 첫 번째 진실은 모든 불행한 재난이 저마다의 원치 않은 원인과 비참한 결과의 연쇄로 일어난다는 것이다. 코로나19의 전 세계적 범위, 지속 기간, 계속되는 불확실성, 긴 후유증, 정치적 파장 등을 고려할 때, 그것은 분명 최근의 다른 재난들과 구별된다. 코로나19는 여러 재난이 하나로 합쳐져 만들어진 것이다. 두 번째 진실은, 그럼에도 불구하고, 팬데믹으로 인해 나타난 문제를 해결하고 다시 경제 성장을 준비하는 과정이 회복탄력성의 여러 핵심 원리를 따른다는 것이다. 이 원리들은 다른 재난에서와 마찬가지로 코로나19에도 적용될 수 있다.

"우리는 팬데믹을 조정할 수는 없지만, 비즈니스와 서플라이 체인에 닥친 위험을 어떻게 완화할지, 어떻게 고객과 관계를 맺고, 비용을 관리하고, 유동성을 보존할지를 조정할 수는 있습니다." 허니웰Honeywell의 회장 겸 CEO인 다리우스 아담치크Darius Adamczyk가 2020년 1분기 투자자들과의 실적 발표에서 전한 말이다.[1] 코로나19로 인해 기업은 장기간 혼란 상태를 관리하여야 할 것이다. 2020년 여름 현재, 기업들은 추가적인 감염 확산과 그에 대한 대응, 급속한 경기 둔화의 영향이라는 과제에 직면해 있다. 또한 장기적으로는 팬데믹 이후의 '정상적인' 소비자 수요, 직원의 근무 방식, 무역 규칙 등에 대한 기본적인 불확실성을 마주하고 있다.

계속되는 보건 관련 명령과 개인의 불안, 위험이 심각한 불황에 더해진다면, 직장과 소매업, 교육, 나아가 삶의 본질이 꽤 오랫동안 달라질 수 있다. 그러므로 지속적인 위기 상황에 대처하는 비상 관리 원칙 practices이 많은 기업의 뉴 애브노멀으로 자리 잡을 수 있을 것이다.

극도로 불확실한 뉴 애브노멀을 관리하는 것은 대체로 세 가지 주요 이니셔티브를 필요로 한다.

- 생존과 대응, 복구에 필요한 자원 보존하기
- 매우 복잡한 조직을 신속하게 관리하고, 무질서하고 몹시 느린 관료주의적 조직을 탐색할 수 있는 신속한 의사 결정 프로세스에 집중하기
- 행동을 조직화하고 이해 관계자를 안정시키기 위해, 조직 내부와 외부에서 새로운 수준의 정보 공유 달성하기

현금이 최고다

Cash Is King

세계 최대 유전 서비스 회사인 슐룸베르거Schlumberger의 CEO 올리비에 르 푸치는 2020년 1분기를 언급하면서 이렇게 말했다. "불확실한 산업과 글로벌 환경 속에서, 지금까지 비즈니스를 보호하고자 해왔던 행동은 우리가 제어할 수 있는 것들에 초점을 맞추고 있었다. 즉 현금과 유동성에 분명한 우선순위를 두었다."[2] 2020년 4월, 미국 상공회의소American Chamber of Commerce와 컨설팅 업체 커니Kearney는 최고 경영자 80명을 대상으로 코로나바이러스 위기의 비즈니스 영향을 조사했다. 그 결과 거의 50%가 6개월 이내에 현금 문제가 발생할 것으로 예상하고 있었다. 많은 회사의 CFO가 현금을 모으기 위한 재정 조치를 취했다. 2020년 7월 14일 기준, 773개 상장 기업이 주주 배당금을 삭감하거나 축소했다. 동 기간 더 많은 S&P 500 기업이 배당금 지급을 2008년 금융 위기 때보다도 더 줄이거나 유예했다.[3] 다른 이들도 현금 수준을 높이기 위해 한도 대출을 이용하거나 부채를 늘렸다.

비용 절감은 보통 (불행하게도) 근로자의 급여 삭감을 수반한다. 팬데믹 동안 최소 4백만 명의 민간 부문 직원이 감봉당했다.[4] 화이트칼라 일자리인 금융, 기술, 법률 분야가 가장 빠른 급여 삭감을 경험했다. 고액 연봉을 받는 많은 조직의 고위 경영자가 자발적으로 급여를 삭감했다. 예를 들어 3월 중순 델타 항공의 CEO인 에드 바스티안Ed Bastian은 직원 수천 명이 무급 휴가를 쓰고 있으므로 자신과 이사진도 4월부터 9월까지 6개월간 월급을 받지 않겠다고 발표했다. 그리고는 회사의 주요 임원급은 50%, 책임자급은 25%의 급여 삭감을 단행했다.[5] 여기에 이들이 받은 보상 대부분을 차지하는 스톡 옵션도 무용지물이 되었다. 2016년 델타 항공은 16억 달러의 이익금을 직원들에게 배분했는데, 이런 일이 가까운 미래에 다시 일어나긴 힘들어 보인다.

"현재의 위기에서는," 5월 6일 포드Ford의 CEO였던 짐 해켓은 말했다. "먼저 안정화에 우선순위를 두어야 합니다. [그래야] 허공에 날아가는 비용 일부를 회수하고 운용할 수 있습니다."[6] 이는 자본 투자를 미루고 재량 지출*을 줄이는 어려운 결정을 내린다는 걸 뜻했다. 예를 들어 차량 제조사들은 전기 자동차나 자율 주행차, 카 셰어링 서비스 등 장기적인 기술 투자를 줄였다.[7] 디트로이트의 차량 제조사 중 분기별 이익을 보고한 건 GM이 유일하며, 이들도 포드나 피아트-크라이슬러Fiat-Chrysler와 마찬가지로 수요 급락과 직원 결근 속에서 자금난을 벗어나려 애썼다.[8] 자본 유출과 관련하여 GM의 CEO인 메리 배라Mary Barra는 분석가들에게 "이러한 문제들에 진심으로 도전한다면, 저축할 기회를 얻게 됩니다"라고 말했다.[9]

비용 절감과 함께 서플라이 체인 관리의 세 가지 작동 변수는 이른바 현금 전환 주기cash conversion cycle(CCC)나 현금 전환 시간cash-to-cash time를 통해 현금 수준을 개선하는 데 도움을 줄 수 있다.[10] 이 주기는 공급업체와 소비자, 재고와 관련된 사건의 발생 시기를 포함하고 있다.

첫째, 기업은 공급업체에 비용을 더 늦게 넘으로써 현금을 보존할

---

* 개인, 기업, 기관, 정부 등의 지출 가운데 반드시 지출해야 하는 공과금, 대출금, 이자 등의 의무 지출을 제외하고, 여건에 따라 자유롭게 재량껏 조정할 수 있는 지출을 뜻한다.

수 있다. 미지급 일수Days payable outstanding(DPO)는 회사가 공급업체에 비용을 지급할 의무를 부과하는 시점과 공급업체에 비용을 지급하는 시점 사이에 걸리는 평균 기간이다. 가능한 한 비용 지급을 연기하면, 회사는 그만큼의 현금을 보유할 수 있다. DPO를 늘리면 현금 수준이 나아질 수 있지만, 재정이 취약한 공급업체에 손해를 입혀 공급 마비를 초래할 위험이 있다.[11]

둘째, 기본적으로 재고는 물류 창고나 소매점 진열대에 자리한 현금이다. 재고 보유 일수Days Inventory Outstanding(DIO)는 공급업체의 부품, 제조업체에서 생산 중인 제품, 완성 후 물류 창고나 상점 진열대에 놓인 제품, 그리고 공급업체와 공장, 물류 창고, 진열대 등으로 이동 중인 제품 등을 회사가 판매하기까지 걸리는 평균 기간이다. 재고는 그 재고를 매각함으로써 얻을 수 있는 현금, 부품과 제품이 서플라이 체인 어딘가에 머물거나 이동하는 시간을 줄임으로써 얻을 수 있는 현금을 묶어 둔다. 오늘날의 적시 재고just-in-time inventory* 관리 시스템에서조차, 대다수 회사는 많은 재고를 보유하고 있다. 코로나19 이전 10년간의 경제 성장은 기업이 고객 서비스에 집중하도록 장려했고, 이는 재고가 떨어지거나 주문 일부가 누락되지 않게끔 재고를 활용하는 것을 의미하곤 했다. 재고를 줄이고 현금을 풀면 현금 수준을 개선할 수 있다. 비록 공급이 마비되거나 수요가 급증하는 상황에서의 서비스 수준 위험이 높아진 하지만 말이다.

마지막으로, 기업은 납부 기한을 줄임으로써 현금 수준을 높일 수

---

* 자세한 내용은 제16장을 참조할 것.

있다. 매출 회수 일수Days Sales Outstanding(DSO)는 고객 업체가 회사에 비용을 지급할 의무를 부과하는 시점과 고객 업체가 회사에 비용을 지급하는 시점 사이에 걸리는 평균 기간이다. 만약 기업이 DSO를 DPO 이하로 줄일 수 있다면, 회사는 공급업체에 비용을 지급하기 전에 고객 업체로부터 비용을 받음으로써 전자에 대한 자금을 효과적으로 조달할 수 있다.

타이거 팀

Tiger Teams

현 팬데믹은 전 세계적이지만, 두더지 게임 패턴을 따라 일어나는 바이러스의 영향은 국지적이고, 다양하며, 시시각각 변한다. 이처럼 전 세계에서 빠르게 요동치는 공급과 수요를 관리하기 위해, 플렉스와 존슨앤존슨 등의 선두 기업은 '타이거 팀tiger team'을 운용하고 있다. 이들은 전 세계 주요 지역의 위기 관리를 돕거나, 자사 서플라이 체인의 주요 부분에 관심과 노력을 집중한다. 데이터를 수집하기도 하고, 실제 조치를 실행하기도 한다.

무엇보다도 이들 팀은 현지 이해 관계자들과 현지 언어로 커뮤니케이션하는 소통 창구 역할을 한다. 비록 기업과 타이거 팀들이 현지 정부와의 접촉을 계속 유지하더라도, 코로나19 위기가 보여 준바, 공황 상태를 피하려는 정부는 이들을 무시한 채 정보를 솔직하게 공개하지 않을 수도 있다. 상황을 정확하게 파악하려면 기존과는 다른, 예컨대 병원과의 연줄이나 전 세계의 소셜 미디어 게시물 추적 등에서 나온 정보가 필요하다. 타이거 팀들은 이러한 현지 뉴스와 현지 자원이 함축하는 의미를 보고하기도 한다.

또한, 타이거 팀들은 빠른 대응력으로 '직접 현장을 누비면서' 활동한다. 그들은 현지 직원의 안전을 보장하고, 현지 공급업체나 고객 업체의 회복을 도울 수 있다. 지방 정부와 협력하여 중요한 화물을 옮기거나, 회사 시설 혹은 주요 공급업체 시설이 업무를 재개하도록 허가를 받을 수도 있다. 전반적인 글로벌 대응을 관리하는 중앙 비상 관리 센터가 이러한 팀들을 운영한다.

예를 들어 플렉스의 구매 및 서플라이 체인 책임 임원인 린 토렐은 중국에 있는 자사의 경영진이 코로나19의 심각성을 빠르게 감지했다고 설명했다. 그녀는 이 첫 번째 경고에 관해 이렇게 말했다. "처음 사건이 터졌을 때 우한은 춘절 전이었습니다. 직원들은 가족과 함께 집에 있었죠. 춘절을 이틀 앞두고, 아시아 운영을 담당했던 경영진 하나가 우한이 폐쇄될 거라는 이야기를 들었습니다. 그는 확인을 위해 자신이 아는 몇몇 정부 관련자에게 연락했습니다. 도시를 폐쇄한다는 소리를 믿을 수 없었으니까요. 사실임을 확인하자 그는 곧바로 움직였습니다. 간접 조달을 위한 GPSC[글로벌 조달 및 지역 서플라이 체인Global procurement and supply chain]를 담당하는 지역 책임자에게 연락해서, 중국에 있는 직원들을 위해 두 달 치 마스크를 확보해 달라고 요청했습니다. 이렇게 말했죠. '이봐요, 보통 하던 절차는 모두 잊어버리고 마스크를 가져다줘요.' 우린 아시아 공장의 마스크 공급 기간을 최대 60일로 줄였습니다."[12] 재빠른 조치로 플렉스는 중국에 있는 직원 6만 명이 사용할 PPE를 확보할 수 있었다.

토렐은 팬데믹이 유럽을 강타하기 시작했을 때를 언급하며 덧붙였다. "우리는 직원들이 사용할 모든 PPE를 조달했고, 헝가리에 있는 허브에 이를 모았습니다." 하지만 현장에서 올라오는 일일 보고에 담긴 정보가 또 다른 변화를 불러왔다. "이런 전화를 받았죠. '국경을 넘나드는 시간이 점점 더 길어지는 것 같습니다. 장기적으로 어떤 일이 일어날지 모르겠습니다.'" 이 정보에 따라 토렐은 즉시 행동했다. "우리는 국경 폐쇄와 지연[에] 앞서 결정을 내렸습니다. 모든 PPE를 허브로 모으는 대신 현장으로 옮겼죠."[13]

시야(와 사명)가 확보된 가상 회의실

A Virtual Room with a View (and a Mandate)

재난이 닥쳤을 때 기업은 적절한 정보와 신속한 조정, 빠른 의사결정에 의지한다. 물론 평상시에도, 경쟁은 기업이 더 빠르고 더 나은 의사 결정 프로세스를 지향하도록 한다. 이를 위해 어떤 기업은 서플라이 체인 컨트롤 타워 또는 네트워크 운영 센터를 만들어 자사의 글로벌 네트워크와 재난을 관리한다. 예를 들어 프록터 앤드 갬블Procter & Gamble은 클라우드 기반 플랫폼을 갖춘 서플라이 체인 컨트롤 타워를 운영하며, 이는 생산과 외부 수요에 관한 실시간 정보를 제공한다. 회사는 이 컨트롤 타워가 제공하는 가시성과 분석을 사용하여 2012년 허리케인 샌디, 2017년 허리케인 어마와 같은 재난을 관리했다.[14] 월마트 등 일부 대기업에는 비상 운영 센터emergency operations centers(EOC)가 있다. 이는 일종의 '작전실'로, 급변하는 상황을 모니터링하고 의사 결정을 조정하는 중심지로서 기능한다.

정보의 중앙 집중화는 조직이 최대한 빨리 문제를 감지하고 신속하게 결정을 내릴 수 있도록 돕는다. 또한 예측과 완화를 위해 노력하는 과정에서 나타난 여러 사건과 활동을 능동적으로 모니터링할 수 있게 해준다. 현 팬데믹 동안, 위기를 관리하는 이런 '장소'는 클라우드화되었다. 이는 인터넷 영상, 문서 공유, 실시간 대시보드와 분석 등, 클라우드의 기능이 향상됨에 따른 것이었다.

장소보다 더 중요한 것은 사람이다. 위기 관리는 영향받은 지역에 관련한 직접적인 지식을 갖고 핵심 자원을 통제하는 리더십 팀을 필요로 한다. 제조업체에서 이런 팀은 보통 서플라이 체인 전문가와 엔지니어링 전문가가 주도한다. 이들은 마케팅, 영업, 인사, 법률, 금융, 시설, 홍보 분야의 주요 임원과 매일 상의한다.

이 책을 위한 인터뷰에서, 바이오젠의 보안 담당 임원 다니엘 비란Daniel Biran은 팬데믹 동안 자사의 위험 관리팀 운영에 관해 이렇게 밝혔다. "서플라이 체인에서부터 의료, 법률, 인사, IT에 이르기까지, 바이오젠의 모든 부서가 그 팀에 있었습니다. 모두가 회의실에 둘러앉아 있었죠. 그런 위험 관리 커뮤니티가 바이오젠의 위기 관리팀 역할을 할 것이란 결정도 작년에 내린 바 있습니다."[15] 명확한 참석자 명단과 의사 결정 규칙, 한시가 급박한 상황에서 필요에 따라 행동할 수 있는 능력은 효과적인 팀을 위한 필수 요소다. 코로나19 상황에서 플렉스는 매일 40~45명의 직원이 참여하는 가상 작전실 회의를 열었다. 이러한 일일 회의는 회의 빈도를 줄일 수 있는 프로세스가 마련되기 전까지 몇 달간 계속되었다.[16]

제2부. 불확실성과 함께 살아가기

C&S 홀세일 그로서스의 CEO인 마이크 더피도 2020년 봄 자사의 대응이 거친 우여곡절을 비슷하게 묘사했다. "3월 첫 주까지는 주문이 급증하는 것처럼 보이진 않았습니다. 하지만 그때부터가 진짜 시작이었습니다." 그는 덧붙였다. "그 주 목요일에 위기 관리팀을 창설했습니다. 주말까지 포함해 하루에 두 번, 아침 7시 30분과 저녁 5시에 회의했죠. 이 [회의]는 그냥 일요일도 출근하기 전까지 대략 한 달 정도 계속했고, 그 후에는 오전에는 하지 않았습니다. 그냥 저녁에만 했죠. 그렇게 아마 4월 중후반쯤부터 빈도를 줄이기 시작했을 겁니다. 하지만 3월은 정말 폭풍 같았어요. 정신없이 하루하루 물건을 가져오려고 애썼죠."[17]

　　위기 관리 활동은 세 가지에 초점을 맞춘다. 직원, 비즈니스, 지역사회이다. 이 가운데 하나라도 소홀하지 않도록, 각 영역을 처리할 권한을 서로 다른 팀에 각각 부여하는 게 최선이다. 한 팀은 직원들을 돌본다. 즉 직원의 안전과 의료 보험의 지속성을 보장하고, 필요에 따라 PPE를 착용할 수 있게 하며, 정신 건강에 관한 문제나 가족의 어려움을 돕는다. 다른 팀은 비즈니스에 집중한다. 고객 만족과 공급업체 협력, 비즈니스의 복구와 실행을 관리하는 것이다. 마지막으로 지역사회 관리팀은 지역사회 활동을 위한 기부금을 준비하거나, 안전한 업무 재개를 논의하는 데 참여하거나, 지역사회에서 사용할 PPE의 조달과 제조를 도울 수 있다.

자신의 수영 레인에 머물러라

Stay in Your Swim Lane

사람에겐 어떻게든 문제 해결을 도우려는 본능이 있다. 재난이 불러온 절박한 상황 속에서, 이런 성향은 의도치 않은 결과를 낳을 수 있다. 2011년 일어난 도호쿠 지진과 쓰나미, 원전 누출 재난 당시, GM은 열선 좌석을 제어하는 데 쓰던 전자 모듈이 부족한 사태를 직면했다. 이에 대해 GM의 한 임원은 그냥 열선 좌석이 없는 자동차를 제작하기로 결정했다. 그러나 이 해결책은 풀어야 할 문제보다 훨씬 더 큰 문제를 일으킬 수 있었다. 열선 내장은 고급 자동차 모델의 가죽 좌석에 들어가는 기본 사양이었기 때문이다. 열선 좌석이 없는 자동차로 생산을 전환하는 것은 크게 세 가지 문제를 일으킬 수 있었다. 즉 열선이 없는 자동차 좌석이 부족해지고, GM의 서플라이 체인과 공장에서 고급 자동차 모델로서 제작 중이던 차량과 관련 부품들이 갈 곳을 잃으며, 자동차 중개인과 소비자에게 실망을 안겨줄 수 있었다.

누구도 의도치 않게 나쁜 결과를 불러오는 선의의 결정을 하지 않도록 GM은 '자신의 수영 레인에 머물러라Stay in Your Swim Lane'라는 기조를 채택하고, 사람들이 복잡한 시스템에서 자신이 속한 부분에 관해서만 결정을 내리도록 제한했다.[18] '자신의 수영 레인에 머물러라'는 모든 수영 레인의 경계가 분명하도록 각자의 역할을 명확하게 기술하고 위임하라는 뜻이다. 나아가 위기 관리에 투입된 인력은 서로 복잡하게 연결된 서플라이 체인과 제조, 유통, 판매를 깊이 파고들 필요가 있다는 뜻이기도 하다. 회사의 업무 마비 시 상시 기동하는 비상 운영 센터가 필요한 또 하나의 이유 역시, 전 세계 다른 곳에 영향을 미칠 수 있는 현지의 의사 결정을 조정하기 위해서이다.

관료주의 덜어내기

Less Bureaucracy

긴급 조치가 필요하다면 더 빠르게 의사를 결정하고, 장애물을 제거해야 한다. 관료주의를 줄이면, 이들의 속도를 더욱 높일 수 있다. 이를 위해 타이거 팀과 함께 특정 형태의 비상 운영 센터를 활용할 수 있다. 타이거 팀은 기존의 '상향식' 승인 프로세스와 대조적인, 빠르고 국지적인 의사 결정 권한을 갖고 있다. 위기가 빠르게 진행될 때 고위 경영진의 승인 없이도 문제와 밀접한 조직의 가장 낮은 층위에서 의사 결정을 내린다면, 완화 조치를 신속하게 취함으로써 작은 위기가 큰 문제로 비화하는 것을 막을 수 있다.

19세기 독일의 육군 원수였던 헬무트 폰 몰트케Helmuth von Moltke가 말한 바 있듯이, "적과의 첫 교전 후 모든 계획은 바뀌게 된다."[19] 그래서 자라Zara 같은 기업이나 미국 해안 경비대US Coast Guard*와 같은 조직은 문제 발생 시 라인 운영자나 지역 감독관이 신속하게 시정 조치를 할 권한을 부여한다.[20] 그러나 위기가 전 세계적 규모일 때는 중앙에서의 조정이 필요하다. 즉 중앙 집중형 비상 운영 센터는 데이터와 의사

---

* 해안 경비와 구난을 목적으로 하는 미국 국토안보부Department of Homeland Security 산하의 군사 조직이다. 육군, 해군, 공군, 해병대, 우주군과 함께 미군을 구성하는 6군 가운데 하나이며, 해군과는 별도 편제되어 해양에서의 밀입국자 수색과 체포, 범죄자 추적, 마약 단속 등의 임무를 수행한다.

결정권자를 (가상 공간의) 한곳에 모아 빠른 의사 결정 주기를 만든다. 타이거 팀이 정보를 수집하고 사건을 모니터링하면서 비상 운영 센터에 이를 계속 업데이트하면, 센터는 신속한 현지 조치를 안내하는 프로토콜과 플레이북*을 만들 수 있다.

긴장 완화를 위한 위기 커뮤니케이션
Crisis Communications to Calm the Nerves

"우리에게 모든 해답이 있다고 여기진 않습니다. 하지만 우리가 어떻게 하고 있는지, 무엇이 중요한지는 분명히 알고 있습니다." 제너럴 밀스의 CEO인 제프 하머닝의 설명이다.[21] 불안과 실제 위험은 모두 불확실성에서 비롯한다. 이해 관계자들이 기업의 의도를 더 잘 알수록 이들은 자신이 가진 정보와 이를 더 잘 결합할 수 있고, 자체적인 복구 프로세스를 더 잘 개선할 수 있다.

이렇듯 정보 공유는 서플라이 체인과 경제, 지역사회 상호 간의 위험을 줄이는 데 큰 도움을 준다. 기업은 모든 이해 관계자, 즉 직원, 고객, 공급업체, 언론, 주주, 분석가, 지역사회 등과 정확하고 솔직하게 소통할 준비가 되어 있어야 한다. 이는 기업이 목표를 향해 나아가는 과정에서 자신의 발전과 확신을 지속해서 전달한다는 것을 뜻한다.

위기 커뮤니케이션의 규칙 일부는 다음과 같다.

---

* 본래는 영화, 연극의 각본 또는 미식축구의 상황별 전략을 기록한 책을 가리킨다. 이와 비슷하게, 비즈니스 영역에서 특정 상황과 향후 전개를 예상하고 담당자별 역할을 정의한 위기 대응 시나리오를 말한다. 자세한 내용은 제9장 참조.

- 완벽하진 않더라도 자주 소통하는 것이 좋다. 리더는 아직 모르는 게 무엇인지, 조직이 그에 대해 무엇을 하고 있는지를 전달할 수 있다.

- 위기 동안, 커뮤니케이션은 간단해야 한다. 뉘앙스에 주의할 필요가 있지만, 불안한 청중은 간단한 메시지를 더 잘 흡수한다.

- 솔직함은 카리스마를 능가한다. 사람들은 자신이 신뢰할 수 있는 리더십을 갈망한다. 그러므로 리더는 문제를 숨기지 않아야 하며, 투명하고 정직하고 분명해야 한다.

- 정보는 현 상황에 적합한 것이어야 한다. 이전 메시지와 일관성이 없더라도 말이다. 사람들은 위기에 따라 상황이 바뀔 수 있고, 따라서 계획과 지침도 바뀔 수 있음을 이해한다. 그렇기에 일관성은 적합성보다는 덜 중요하다.

- 리더는 가능하면 언제든 포용적이어야 한다. 단호하게 일방적인 조치를 내려야 할 때도 있지만, 모든 이해 관계자와의 협의는 위기 상황에서 나타나는 일반적인 불안감을 완화하는 데 도움을 준다.

물론 가장 좋은 소통 방법은 행동이다. 행동은 말보다 더 큰 울림이 있다. 운동 기구 회사인 뉴발란스는 마스크를 만든다는 결정을 내리면서 관련 계획을 발표하지 않았다. 회사는 디자인을 고안하여 제품을 만들고 마스크를 납품할 때까지 기다렸다. 뉴발란스의 COO인 데이브 휠러Dave Wheeler는 그제야 간단한 광고와 함께 이를 발표했다고 말했다.[22] 그 광고는 인스타그램Instagram에서 170만 개의 좋아요를 받으며

80억 회 노출되었다. 그들은 이 광고를 통해 계획이나 의도, 향후 약속을 전달하지 않았다. 단지 행동했을 뿐이다(25장, 393쪽 참조).

마지막으로, 경영진이 한목소리를 내는 것이 중요하다. 2014년 말레이시아 항공 370편이 실종되었을 때, 말레이시아 총리와 교통부 장관, 항공사, 군부 등의 커뮤니케이션이 엇갈리며 혼돈과 불협화음을 빚어낸 바 있다.[23]

여러 위기 커뮤니케이션 원칙을 요약하면서, 제너럴 밀스의 CEO인 제프 하머닝은 이렇게 말했다. "불확실성이 매우 높은 시기에는 확실한 것be certain보다 분명한 것be clear이 더 중요합니다. 우리에게 있어 분명한 것은 직원의 안전, 식품 공급의 안전, 그리고 지금 당장 실행에 옮겨야 할 것들입니다."[24]

제7장

두더지 게임에서 공급 관리하기

Managing for Whack-a-Mole Supply

팬데믹 동안의, 그리고 팬데믹 이후의 세계에서 공급업체는 여러 가지 이유로 주문을 처리하지 못할 수 있다. 공급업체 시설이나 지역사회의 새로운 감염 집단이 강제적인 폐쇄 조치를 불러올 수도 있다. 공급업체의 재정적 피해는 파산을 초래할 수도 있다. 관광이나 접대, 상업 비행기 제조 등 팬데믹의 영향을 심각하게 받은 산업에 의존하는 업체라면 더욱 그렇다. 물론 태풍이나 지진, 홍수, 기타 자연재해로 인해 전 세계가 흔히 겪는 마비 상황도 팬데믹이 있든 없든 계속될 것이다.

코로나19에 대응하면서 야기된 경제 위기는 일부 예외를 제외하면 전 세계 대부분 기업이 매출 손실을 겪었음을 의미한다. 기업은 직원 안전 대책과 관련한 비즈니스 비용의 증가, 생산성 감소도 감수해야 했다. 동시에 기업은 채무를 상환해야 했다. 기업 부채는 2020년 여름 최고치를 기록했다. 예를 들어 6월 말까지 미국 기업들은 (미국 GDP

의 74%인) 15조 5천억 달러의 부채를 짊어졌으며, 그중 1/3 가까이가 레버리지 론과 투자 적격 등급 미만의 채권이다.[1] 통상 이는 미국이 경기 불황으로 치닫고 있음을 의미한다. 더 많은 돈이 빠져나가고 더 적은 돈이 들어오며, 높은 부채는 더 많은 파산으로 이어진다.

"우리는 매일 새로운 먹구름을 마주하고 있습니다." 허니웰의 회장 겸 CEO인 다리우스 아담치크는 말한다. "하지만 우리는 서플라이 체인을 계속 모니터링하고 공급업체와 긴밀히 협력하면서 새로운 문제가 발생할 때마다 신속하게 대응하고 있습니다."[2] 공급이 수요를 따라가지 못하는 위험을 관리하는 일은 계획, 모니터링, 대응의 조합에 따라 성패가 달라진다.

공급 마비에 대비하기

Preparations for Supply Disruptions

나는 《회복탄력적 기업》(2005)과[3] 《회복탄력성의 힘》(2015)에서[4] 다양한 서플라이 체인 마비와 그에 대한 기업의 대비 방안을 다루었다. 1997년 아시아 금융 위기와 2008년 세계 금융 붕괴를 제외하면, 그러면서 이러한 위기는 (2011년 도호쿠 대지진, 쓰나미, 원전 누출 재난처럼) 특정 지역의 공급이 마비된 결과이거나,[5] (2012년 에보닉Evonik 공장 폭발처럼) 대기업 혹은 전체 산업에 영향을 미치는 특정 업체의 공급이 마비된 결과라고 설명했다.[6]

기업은 효과적인 대비에 앞서 위험 지형risk landscape을 먼저 이해해야 한다. 이는 잠재적인 마비 상황을 그 발생 가능성에 따라서, 발생 시

제2부. 불확실성과 함께 살아가기

의 피해 정도에 따라서 분류한다는 것을 의미한다. 이 두 가지 관점에 따른 구별은 위험의 우선순위를 정하는 데 도움을 준다. 위험을 구별하는 세 번째 관점은 그 위험을 얼마나 빨리 발견할 수 있는가이며, 이는 기업이 서로 다른 위협에 대응할 때 필요한 모니터링 시스템과 일정을 고안할 수 있게 도와준다. 이들을 통해 기업은 여러 방법으로 공급 마비에 대비할 수 있다. 그 방법은 (1) 다중성redundancy 확보, (2) 유연성 확보, (3) 조기 발견 능력 개발 등으로 나눌 수 있다.

서플라이 체인 다중성은 주로 재고 확장과 멀티 소싱을 포함한다. 이들 자체에 단점이 없진 않다. 여분의 재고는 재고 보유 비용을 발생시킨다. 더 나쁜 것은 그것이 제품의 품질에 영향을 미칠 수 있다는 점이다. 손상된 부품이나 제품을 발견한 직원들이 근본적인 원인을 고치기보다는 '쌓인 재고 중 하나를 꺼내오기' 쉽기 때문이다. 이러한 통찰은 도요타Toyota가 값싸고 질 좋은 자동차를 성공적으로 만들 수 있었던 토대 중 하나였다. 여러 개의 공급업체가 있다는 것은 어느 공급업체에든 회사가 덜 중요한 고객 업체임을 의미하며, 각 공급업체와의 거래량이 적고 비용이 많이 든다는 것을 의미한다. 게다가 공급업체의 수가 많을수록 그중 하나가 사회 정의나 환경 오염 등에 연루되어 회사의 평판과 매출이 저하될 위험도 커진다.

유연성은 여러 요소를 포함한다. (1) 필요한 곳에 직원을 보낼 수 있도록 직원들을 교차 교육하기, (2) 부품이나 제품을 상호 교환할 수 있도록 표준화하기, (3) 제품을 소비자에게 제공하거나 특정 변형군으로 바꾸는 시점을 늦추는 등의 지연postponement 또는 늦은 맞춤 제작late customization,* 그리고 (4) 유연성 문화 등을 들 수 있다. 유연한 기업 문화는 다음과 같은 몇 가지 뚜렷한 특징이 있다. 상급자에게 진실을 자유로이 말하는 규범, 계층적인 승인 과정을 거칠 시간이 없을 때 문제와 가장 밀접한 사람들이 결정을 내릴 수 있도록 하는 것, 업무 마비 시 직급보다 전문 지식을 존중하는 것 등이다. 업무 마비에 잘 대응하는 기업은 보통 군대, 항공사, 원자력 발전소나 화력 발전소 등 고위험 산업군으로, 업무 마비가 잦고 관련 위험을 인지하고 있는 조직들이다.

서플라이 체인 지도화하기

Mapping the Supply Chain

전반적인 위험 노출을 이해하고 조기에 경고할 수 있는 가장 효과적인 방법의 하나는 회사 제품에 들어가는 부품을 만드는 모든 공급업체 시설의 위치를 파악하고, 어떤 고객들이 이 부품들을 사용한 제품을 구매하는지 파악하는 것이다. 이런 지도를 통해 기업은 자연재해나 코로나19 감염이 발생한 지점을 정확히 파악할 수 있고, 부품 공급, 제품 납품, 고객 가운데 무엇이 영향을 받을지 판단할 수 있다. 그러나 이런 공급 지도는 한순간에 만들 수 있는 게 아니다.

2005년, 빈디야 바킬Bindiya Vakil은 MIT 트랜스포테이션&로지스틱스 연구 센터에서 서플라이 체인 관리 석사 학위를 받았다. 그녀는 실리콘 밸리에 있는 시스코Cisco에 입사했고, 5년 동안 여러 서플라이 체

---

* 　지연 전략과 늦은 맞춤 제작에 관한 자세한 내용은 제17장 참조.

인 마비를 겪으면서 기업들은 자신의 공급업체의 설비가 어디 있는지 모른다는 걸 알 수 있었다. 인터뷰에서 그녀는 "우리가 아는 주소는 공급업체의 사무실이나 '배송 출발지'의 위치이지, 물건이 만들어지는 공장의 위치가 아니었습니다"라고 설명했다.[7]

모든 공급업체로부터 모든 부품에 대한 관련 공장의 데이터를 얻는 것은 회사와 공급업체 모두에게 시간과 노력이 드는 일이다. 예를 들어 시스코는 4개의 대형 계약 제조업체를 포함하여 천 개 이상의 공급업체를 보유하고 있으며, 200개 이상의 제품군에서 1만 2천 개 이상 제품에 들어가는 5만 종의 부품을 구매하고 있다.[8] 시스코의 공급업체 중 상당수는 플렉스와 같은 대기업으로, 플렉스는 전 세계에 100개 이상의 지사가 있고, 그 자신도 1만 6천 개의 공급업체를 보유하고 있다. 시스코의 직원은 모든 공급업체에 연락하여 각 부품이 어디서 만들어졌는지 문의해야 하며, 모든 공급업체의 직원은 자신들이 시스코에 판매한 모든 부품의 모든 위치 데이터를 찾아내야 한다. 만약 여러 개 기업이 자사의 서플라이 체인을 지도화하려 한다면, 공급업체가 위치 데이터에 대한 이들 기업의 요청을 모두 감당하는 건 불가능할 것이다.

바킬은 효율적인 비용으로 여러 회사와 공급업체가 관련하는 서플라이 체인을 지도화하기 위해서는, 정보를 "단일 플랫폼을 통해 전달해야" 한다는 것을 깨달았다.[9] 제삼자인 서비스 제공업체는 각 공급업체로부터 대량의 데이터를 한 번에 받을 수 있고, 여러 고객 업체에 정보 수집 비용을 분할할 수 있었다. 바킬은 2010년 시스코를 떠나 한 회사와 그 공급업체의 모든 시설을 지도화하고 모니터링한다는 목적을 지닌 레질링크Resilinc를 설립했다.

레질링크와 같은 회사가 몇몇 OEM 서플라이 체인을 지도화한 산업의 경우, 새로운 OEM을 지도화하는 것은 비교적 신속하게 이루어진다. 같은 산업에 속한 기업들은 같은 공급업체를 사용할 때가 많기 때문이다. 바킬은 단일 플랫폼의 이점을 다음과 같이 설명한다. "공급업체 A는 3개 장소에서 만든 5개의 부품을 고객 업체 X에게 팔 수 있고, 80개 장소에서 만든 25개의 부품을 고객 업체 Y에게 팔 수 있습니다. 고객 업체는 각각 맞춤형 뷰를 가질 수 있습니다. 하지만 공급업체가 할 일은 줄어듭니다. 지도화 작업은 한 번만 하면 되니까요. 시간이 지남에 따라 이 시스템은 50개 고객 업체의 데이터를 지능적으로 분석할 수 있습니다."

다음 단계는 회사 제품의 자재 명세서(BOMs)와 각 부품을 만드는 공급업체의 위치를 상호 참조함으로써 특정 공급업체 입지가 마비되었을 때 어떤 제품이, 얼마나 많은 수익이 위험해질지를 확인하는 것이다. 마지막으로 회사는 이러한 제품 위험 데이터를 고객 업체의 주문 데이터와 결합하여 특정 공급업체 입지가 마비되었을 때 어떤 고객 업체가 영향을 받을지를 파악할 수 있다. 이 데이터를 글로벌 경보 시스템과 결합함으로써, 한 공급업체 입지가 마비되는 즉시 회사는 어떤 제품의 공급이 부족할지, 어떤 고객 업체가 영향을 받을지, 얼마나 많은 수익이 위험할지를 파악할 수 있다.

제삼자에 의한 뉴스·소셜 미디어 모니터링 서비스는 어떤 기업이 자사와 멀리 떨어져 위치한 공급 네트워크에 영향을 줄 수 있는 전 세계 사건을 포착하는 데 도움이 된다. 바킬은 팬데믹하에서 이런 일이 어떻게 이루어지는지를 다음과 같이 설명한다. "우리는 웨이보Weibo

[5억 명의 사용자를 보유한, 중국의 트위터Twitter라 할 수 있는 마이크로블로깅 서비스]를 모니터링합니다. 2019년 12월 28일, 중국 정부는 우한의 모든 지역 병원에 이 알 수 없는 형태의 폐렴을 주시하라고 통보했습니다…. 레질링크의 AI가 이를 포착했죠…. 그래서 2020년 1월 4일, 고객들에게 이 알 수 없는 형태의 폐렴에 관해 사용자 알림을 보냈습니다…. 지도에 관련 경계를 설정하고, 고객들에게 경보를 발령했습니다. 고객들은 모바일 앱을 통해 그곳에 공급업체가 얼마나 되는지, 어떤 공급업체가 그곳에 있는지, 그로부터 어떤 부품이 오는지, 자신들이 사용하는 부품은 무엇인지 등을 확인할 수 있었습니다." 또한 그녀는 덧붙였다. "우리가 지도화를 했기 때문에, 고객들은 해당 국가나 전 세계에서 있는 어떤 공급업체에서 대체 부품을 구할 수 있는지도 알 수 있습니다."[10]

위태로운 다이아몬드식 산업 클러스터 찾기
Spotting Risky Diamonds and Clusters

서플라이 체인 전문가가 아닌 사람이 어떤 회사의 공급업체를 생각할 때, 보통은 그 회사의 직접 공급업체direct suppliers를 떠올리곤 한다. 즉 회사로 자재를 보내고 돈을 받는 사람들 말이다. 이들은 그 회사의 1차tier 공급업체로 알려져 있다. 이제 한 회사의 1차 공급업체 각각은 그 자신의 공급업체를 갖고 있다는 데 주목하자. 이들은 원래 회사의 2차 공급업체들이다. 이들 2차 공급업체도 자신의 공급업체를 갖고 있으며, 이들은 처음 회사의 3차 공급업체가 되며, 이런 식으로 계속 이어진다. 마치 커다란 가계도처럼, 서플라이 체인은 식량을 재배하는 농부나 광석을 캐는 광부와 같은 원자재 공급업체까지 거슬러 가며 확장된다. 어떤 업계의 경쟁 OEM들은 대개 공급업체를 공유한다. 물론 각 OEM이 일부 고유한 1차 공급업체를 가질 때도 있다. 그림 7.1은 세 개의 OEM과 관련한 업계의 서플라이 체인을 공급업체의 심층 피라미드로 나타낸 개념도이다.

그림 7.1 업계 서플라이 체인 개념도An industry supply chain schema

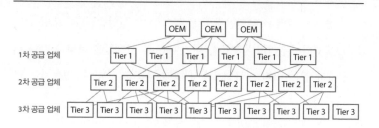

일반적으로 기업은 자신의 심층 공급업체가 누구인지 알지 못한다. 직접 공급업체는 자신들의 공급업체에 대해선 말을 아끼는 경향이 있는데, 이를 경쟁 우위 중 하나인 독점 정보로 간주하기 때문이다. 심층 공급업체에 대한 가시성이 부족한 기업은 자신의 공급업체에 그들의 공급업체의 위험을 관리하게 하고, 비즈니스 연속성 프로토콜을 개발할 것을 권장하게 (또는 요구하게) 된다. 2020년 3~4월 세계 경제 포럼World Economic Forum이 서플라이 체인 고위 경영진을 대상으로 실시한 설문 조사에 따르면, 53%의 기업이 공급업체의 위험을 완화하기 위하여 코로나19 위험을 분석하면서 공급업체를 지원하고 있었다.[11]

제2부. 불확실성과 함께 살아가기

코로나19는 또한 많은 기업이 특정 부품이나 서비스에 대해 제2, 제3의 공급업체를 추가하여 자신의 공급원을 다양하게 만들도록 했다. 2020년 4월 미국의 CFO를 대상으로 한 PwC프라이스워터하우스쿠퍼스의 설문 조사에 따르면, 56%의 기업이 추가적인 대체 공급업체 선택지를 개발할 계획을 세웠다.[12] 그러나 멀티 소싱이 위험을 줄이지 못할 때도 있다. 서플라이 체인, 특히 심층 서플라이 체인에서 숨겨진 위험을 초래하는 두 가지의 서플라이 체인 현상 때문이다.

첫 번째 문제는 심층에 위치한 많은 공급업체가 OEM 모르게 하나의 공급업체에 의존할 수 있다는 것이다. 다시 말해 그림 7.1에서 볼 수 있는 폭넓은 피라미드 서플라이 체인 구조가 아니라, 그림 7.2에서 볼 수 있는 다이아몬드 형태의 서플라이 체인 구조가 나타날 수 있다.

그림 7.2 '다이아몬드식' 서플라이 체인 개념도 A "diamond" supply chain schema

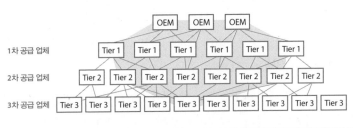

다이아몬드 구조의 문제는 에보닉 붕괴 사례를 통해 살펴볼 수 있다. 2012년 3월, 독일 마를의 에보닉 화학 공장이 폭발 화재로 인해 큰 피해를 입었다.[13] 이 공장은 테레빈유 냄새가 나는 투명한 액체인 사이클로도데카트리엔cyclododecatriene(CDT)을 만들었다. 화학 제조업체들

은 CDT를 이용해 사이클로도데칸을 만든 후, 라우로락탐을 만든다. 이 세 가지 생소한 화학 물질 중 어느 것도 자동차의 BOM에 들어 있지 않으며, 그렇기에 처음 차량 제조사들은 이 사건을 주목하지 않았을 것이다.

그러나 플라스틱 제조업체들은 라우로락탐을 이용해 폴리아미드-12를 만든다. PA-12로도 알려진 이 소재는 튼튼하고 가벼운 부품을 만드는 데 쓰이는 내구성 높은 플라스틱이다. PA-12는 차량 제조사들이 친환경 연비 목표를 달성하기 위해 차량의 무게를 줄일 수 있게 해준다. 당시 자동차는 서로 다른 공급업체가 만든 수십에서 수백 개의 부품 (튜브, 기어, 하우징 등) 여기저기에 PA-12와 관련 나일론을 평균 20kg 사용했다. 앞서 말한 에보닉 공장은 전 세계 CDT 공급의 약 40%를 책임졌었다. 따라서 이 공장이 문을 닫자, PA-12로 부품을 만드는 모든 제조사로의 PA-12 공급이 심각하게 줄어들었다.

이 사고로 자동차 산업 전체가 거의 초토화됐다. 8개의 경쟁 자동차 제조업체와 50개 공급업체 간의 신속한 협업을 통해 업계는 간신히 심각한 혼란을 피할 수 있었다.

심층 서플라이 체인이 지닌 두 번째 종류의 위험은 산업 클러스터industrial cluster라는 경제 현상에서 비롯한다. 이는 특정 산업에 속한 다수의 기업과 공급업체가 인재 풀과 천연자원, 지식 교환, 정부 지원 등을 활용하기 위해 서로 가까이 위치하는 현상이다. 대표적으로는 디트로이트의 자동차 산업, 실리콘 밸리의 반도체 산업, 할리우드의 영화 산업을 들 수 있다(우한은 중국 내 자동차 제조 산업의 약 10%가 위치한 중국의 '디트로이트' 가운데 하나다).

산업 클러스터는 정부가 경제 개발에 힘쓸 때 선호하는 전략이다. 일단 군집이 일정한 규모에 도달하면, 자연스레 긍정적인 피드백 루프가 조성되기 때문이다. 산업 클러스터는 성장하면 할수록 더 많은 산업 참여자들에게 매력적인 선택지가 되고, 성장 속도도 빨라진다. 즉 정부는 경제 발전을 달성하기 위해 '재정 지출을 늘리기만prime the pump' 하면 된다. 게다가 산업 클러스터는 관련 인프라와 교육 투자를 유치하기 쉽고, 주력 제품을 통해 유명세를 얻기도 한다.[14]

산업 클러스터는 경쟁 우위를 만들어 낼 수 있지만,[15] 지리적인 서플라이 체인 위험을 집중시킨다. 예를 들어 2011년 태국에서 발생한 홍수로 전체 하드 디스크 산업의 35%가 붕괴했다. 하드 드라이브를 공급하는 상위 다섯 개 업체 중 네 개(웨스턴 디지털Western Digital, 씨게이트 테크놀로지Seagate Technologies, 히타치 글로벌 스토리지 테크놀로지Hitachi Global Storage Technologies, 도시바Toshiba)가 태국에 군집을 이룬 공장과 핵심 공급업체를 두고 있었다. 하드 디스크 품절로 인해 PC 제조업체는 수요를 맞출 수 없었다. 예컨대 PC 제조업체가 하드 디스크를 구할 수 없었기에 인텔Intel은 8억 달러의 수익을 잃었다.

이러한 맥락에서 하버드 경영대학원의 경영학과 부교수인 스티븐 카우프만Stephen Kaufman은 말한다. "예전 서플라이 체인 관리자들은 한두 단계 아래의 서플라이 체인에 관심을 집중했습니다. 하지만 이들은… 서플라이 체인을 더 깊이 추적하기 위한 시스템과 방법을 개발해야 할 것입니다."[16]

서플라이 체인 모니터링하기

Monitoring the Supply Chain

공급 마비를 조기에 발견하고 그것이 미칠 영향을 파악함으로써 기업은 대체 공급원을 찾을 수 있고, 고객에게 경고를 전할 수 있으며, 제조 계획을 변경할 수 있다. 또한 일반적으로는 그런 상황을 예방하는 조치를 취할 수 있다. 이는 코로나19처럼 특정 산업의 모든 공급업체에 영향을 미치는 공급 마비 상황에서 특히 중요하다. 경쟁업체보다 대응이 빠른지가 곧 성공과 실패를 가를 수 있다. 기업이 집중해야 할 중요한 이니셔티브의 하나는 자기 공급업체들의 안정성을 모니터링하고 감지하는 것이다. 실제로 2020년 4월 미국 CFO를 대상으로 한 PwC 설문 조사에 따르면, 기업의 54%가 코로나19로 인해 공급업체의 재무와 경영 건전성을 평가할 계획을 세운 것으로 나타났다.[17]

기업은 (상장 기업을 조사하는 던 앤 브래드스트리트Dun & Bradstreet와 같은) 특수 서비스나 관계형 금융, 뉴스 미디어, 소셜 미디어, 현지 전문가로 구성된 팀이 수집한 정보를 토대로 공급업체의 건강을 모니터링한다. 기업들은 정리 해고, 스캔들, 사기, 고위 경영진의 분란, 자금 압박 등을 주시한다. 공장이 더럽거나 지저분하다는 단순한 사실조차 잠재적인 문제가 있음을 암시할 수 있다. 많은 경우, 공급업체가 운영상에 (예를 들어 제품 결함, 납품 지연, 주문 누락 등의) 차질을 빚는다는 것은 경영진이 고객 서비스 외의 문제에 사로잡혀 있다는 걸 의미한다. 팬데믹으로 공급업체 모니터링에는 공급업체의 HR 관행과 관련한 감염 위험 평가가 포함되었다. 미국과 독일, 기타 지역의 여러 육가

공 공장에서 그랬던 것처럼, 그로 인해 강제적인 시설 폐쇄 조치가 내려질 수도 있었기 때문이다.[18]

제삼자의 다양한 뉴스 필터링 서비스는 전 세계에서 새로운 사건을 수집하고, 큐레이팅하고, 수집하고, 대조하고, 우선순위를 매길 수 있게 도와준다. 코로나19와 관련한 공급 마비의 경우, 새로운 감염에 대한 일일 데이터와 정부가 발표한 경제 재개 혹은 폐쇄 기준은 그 감염으로 인해 닥칠 공급업체의 위험을 판단하는 데 도움을 줄 수 있다. 서플라이 체인 지도와 회사의 모든 BOM을 결합하여 제품과 수익의 위험을 신속히 평가할 수도 있다.

모든 곳의 모든 뉴스를 모니터링하는 것은 머리카락이 쭈뼛해지는 경험일 수 있다. "저는 1만 4천 개의 공급업체를 보유하고 있습니다." 2012년 인터뷰에서 플렉스의 구매 및 서플라이 체인 담당 최고 책임자인 톰 린튼Tom Linton은 말했다. "장담컨대 그 1만 4천 개 공급업체 중 최소한 한 곳은 현재 실적이 좋지 않을 겁니다."[19] 모니터링 프로세스의 핵심은 끝없이 계속 이어지는 나쁜 소식들을 평가하고, 걸러내고, 우선순위를 정하는 과정에 있다. 이를 통해 어떤 사건을 무시할지, 조사할지, 아니면 약간의 조정을 통해 재빨리 처리할지 결정해야 하며, 어떤 사건에 경보를 울리고 모든 이를 동원할지도 판단해야 하기 때문이다.

서플라이 체인의 충격 완화하기

Mitigating Impacts on Suppliers

2008년 금융 위기 때도 그랬지만, 코로나19 위기는 기업이 공급업체의 재무 건전성을 걱정하게 만들었다. 2020년 초, 많은 기업은 규모가 더 작고 취약한 공급업체를 지원하기 위한 조치를 했다. 예를 들어 방위 산업체 록히드 마틴Lockheed Martin은 자사 서플라이 체인에 속한 중소기업에 5천만 달러 이상을 투자했다.[20] 통신업체 보다폰Vodafone은 유럽에 있는 자사 공급업체에 (기본 30~60일이었던 기한을 줄여) 15일 안에 납품 대금을 지급하기로 약속했다.[21]

세계 경제 포럼의 조사 결과, 이런 조치는 상당히 흔했다.[22] 실제로 기업의 49%가 공급품 구매를 보장했고, 46%는 공급업체에 선급금을 냈으며, 40%는 공급업체에 추가금을 내어 코로나19 기간 부가된 추가적인 예방 조치 비용을 상쇄하고자 했다. 코로나19가 공급업체에 미친 즉각적인 영향을 완화하지 않고 아무 조치도 하지 않은 회사는 조사 대상의 1%가 채 되지 않았다.

신속하게 대응하기

Rapid Reaction

팬데믹 아마겟돈에 대한 공황 상황에 빠져 사재기를 하던 소비자들 사이에서 그래놀라 바의 수요가 급증했을 무렵, 제너럴 밀스는 공급업체가 3월 말 크랜베리를 일주일 동안 납품할 수 없다는 것을 알고 충격에 빠졌다. 제너럴 밀스의 서플라이 체인 및 물류 담당 임원 존 처치 John Church는 "우린 24시간 만에 자격을 갖춘 새 공급업체를 찾아내 새로운 제품을 공급받을 수 있었습니다"라고 말했다. 그래놀라 바의 생산은 결코 중단되지 않았다.[23] 이 사례에서 알 수 있듯이, 기업은 일단 문제를 발견하면 고객이 영향받기 전에 긴급히 대응할 수 있다. 이러한 신속한 대응에는 서플라이 체인 전반에 걸친 재고 납품의 가속화, 자재를 공급하는 대체 업체의 발굴과 계약, 마비를 관리하는 데 필요한 물류 역량의 확보 등을 포함할 수 있다(제8장, 137쪽 역시 참조할 것).

앞서 언급한 것처럼, 다중 연결은 모든 마비에 대한 첫 번째 방어선을 제공한다. 예를 들어 초콜릿 제조사인 허쉬Hershey는 코로나19의 영향을 예측하며 재고를 확보했다. 허쉬의 CEO인 마이클 벅Michele Buck은 "사태가 벌어지기 시작할 무렵 우리는 원자재와 완제품의 재고를 모두 확보했습니다. 위험을 완화하고 수요를 계속 충족할 수 있게 말이죠"라고 말했다.[24] 마비가 없는 상황에서도, 기업이 린 경영 원칙*에 초점을 맞추더라도, 다양한 계층에 걸친 서플라이 체인으로 보관된 재고는 (운송 중인 재고와 함께) 며칠, 몇 주, 심지어 몇 개월간 완충재 역할을 할 수 있다.

다중성의 또 다른 요소는 멀티 소싱이다. 그러나 상당수 기업은 자신들의 공급원이 큰 피해를 본 특정 지역에 집중되어 있음을 깨달았고, 결국 피해를 덜 본 지역에서 빨리 대체 공급업체를 찾아야만 했다. 이는 역량 평가, 품질 검증, 신속한 납품 계약 협상 등을 동반하는 일이었다.

마비된 상황에서 절박하게 추가 공급업체를 찾는 것은 또 다른

---

*   자재의 구매에서부터 생산, 재고 관리, 판매에 이르기까지의 전 과정에서 낭비 요소를 최소화하여 생산성을 제고하는 경영 기법이다. 도요타 생산 시스템을 1999년 MIT 대학이 재구성한 것으로, 무無재고, 낮은 운영비, 주문 생산 등을 특징으로 한다. 도요타의 생산 시스템 관련 내용은 제16장을 참조할 것.

위험을 동반한다. 무명의 업체로부터 위조 부품이나 불량 부품을 공급받을 수도 있다. 2020년 3월, 네덜란드는 중국의 공급업체가 납품한 N95 마스크 60만 개를 회수했다.[25] 미국 질병통제 예방센터는 구매자가 피해야 할 수십 종류의 가짜 N95 마스크를 보여 주는 웹 페이지까지 만들었다.[26] 절박함은 신중함의 가장 큰 적이며, 탐욕의 가장 좋은 친구이다.

마비 시 추가적인 운송 능력이 필요할 때도 많다. 예를 들어 국지적인 코로나19 폐쇄 조치나 허리케인에 앞서 미리 재고를 이동하거나, 대체 공급업체로부터 부품을 이동하거나, 수요 충족을 위해 완제품을 재분배하거나, 마비 지역에 (PPE와 같은) 복구 물자를 전달해야 할 수 있다. 복구 시간을 단축하거나 소비자에게 배송이 늦는 일을 막으려면 이러한 배송을 신속히 처리해야 할 때가 많다. 따라서 마비에 대한 신속한 대응은 신속한 운송을 필요로 한다.

코로나19처럼 동시에 지역 내 여러 회사가 영향을 받는 대규모 마비에서, 재빠른 대응은 특히 더 도움이 된다. 영향을 받은 기업들이 각기 자원을 찾아 나섬에 따라, 더 빠르게 움직이는 기업일수록 필요한 것을 모두 확보할 가능성이 크며, 더 느리게 움직이는 기업에 앞서 회복할 수 있기 때문이다.

그러나 공급이 총 수요를 결코 따라갈 수 없는 상황에서 기업이 취할 수 있는 선택지는 고객이 원하거나 주문한 것보다 제품을 적게 제공하는 것 외에는 없다. 마비의 수요 측면을 관리하기 위해서는, 다음 장에서 설명할 것처럼, 다른 방법이 필요하다.

두더지 게임에서 수요 관리하기

Managing for Whack-a-Mole Demand

아마존은 가장 바쁜 쇼핑 시즌에도 빈틈없는 서비스와 빠른 배송을 자랑으로 내세운다. 그러나 코로나19로 인한 온라인 수요는 그야말로 이들의 한계를 시험했다. 아마존의 CFO인 브라이언 올사브스키는 2020년 1분기 말 투자자들에게 말했다. "우리는 휴가철이나 프라임 데이* 등의 이벤트에서 수요 급증에 대비했던 경험은 있습니다. 보통 그런 시기의 수요 증가를 대비하는 데는 몇 달이 걸리곤 했습니다. 코로나19 위기는 이와 같은 대비 기간을 허용하지 않았습니다."[1]

팬데믹 초기, 언론 매체는 간호사가 마스크 없이 일해야 한다는 뉴스, 잡화점의 텅 빈 진열대 사진, 인공호흡기가 절실히 필요하다는 사

---

* 무료 배송, 스트리밍, 전자책 등의 서비스 제공하는 아마존의 유료 멤버십 '프라임 회원'을 대상으로 하는 특별 할인 기간. 보통 6월 말에서 7월 초에 진행된다.

연 등을 내보냈다. 이런 뉴스들은 의료품의 공급 부족에 관한 불안을 야기했다. 일반적으로, 물품 부족은 공급 마비 또는 수요 증가로 인해 발생할 수 있다. 즉 가끔은 기업이 모든 주문을 다 받아줄 수 없을 때도 있고, 소매업체에 재고가 부족할 때도 있다.

이는 어려운 경영 문제로 이어진다. 만약 회사가 모든 제품의 주문을 전부 받아줄 능력이 부족하다면, 회사는 어떤 제품을 만들어야 하는가? 더 중요한 것은, 회사는 어느 고객(들)의 주문을 부분적으로 또는 완전히 이행해야 하는가? 이 모든 결정은 회사와 고객의 관계에 단기적, 장기적으로 모두 영향을 미친다.

코로나19는 살균제, 화장지, 피트니스 장비 등 다양한 소비 제품에서 전례 없는 수요 증가를 초래했다. 또한 소비자가 자신이 원하는 제품을 언제, 어디서 구매하는지에도 변화를 일으켰다. 예컨대 식품 공급업체는 (식당, 대학, 산업 캠퍼스, 사무실 식당으로부터 오는) 기관 주문을 처리하는 대신 슈퍼마켓 주문과 배달 음식을 처리하는 쪽으로 바뀔 수밖에 없었다. 생산을 늘릴 수 있었던 회사들 역시 이러한 수요 변화 중 어느 것이 팬데믹 이후에 이어질지 (그럼으로써 생산력에 대한 투자를 정당화할 수 있을지) 그리고 어느 것이 코로나19와 함께 사라질지를 알아내야 한다는 문제가 있었다. 모든 주요 클라우드 서비스 제공업체는 기업 대부분이 현금을 보존하기 위해 자본 지출을 억제하는 동안에도 서버 팜server farms*에 대한 투자를 계속했다. 대다수 기업이 애

---

* 데이터를 편리하게 관리하기 위해 컴퓨팅 서버와 운영 시설을 모아 놓은 곳으로, 필요할 때 부하를 분산시킬 수 있으며 임의 서버가 중단되더라도 다른 서버로 즉시 대체가 가능하다.

플리케이션을 클라우드로 이동시키면서, 디지털 전환이 점점 빨라지는 현상이 장기적으로 나타나리라 여겼기 때문이다. 소매업체 역시 전자 상거래 운영, 새로운 유통 센터의 기획과 인력 채용에 투자를 계속했다.[2]

수요 신호 경청하기
Listening for Signals of Demand

두더지 게임식 공급 마비를 관리할 때와 마찬가지로, 두더지 게임식 수요 변동을 관리하는 것 역시 상황을 모니터링하고 변화를 재빨리 감지하는 데 많은 부분이 달려 있다.

기업은 POS 데이터,[**] 소셜 미디어, 타이거 팀의 보고서, 온라인 검색 통계, 정부와 기업의 재개 발표 등 다양한 데이터를 사용하여 수요를 예측할 수 있다. 예를 들어 월마트는 공황 구매 단계, 집에서-편히-쉬는 단계, 미술-공예 단계, 머리 손질 단계, 직접 지원금 단계[***] 등 코로나19로 인한 수요의 연이은 변화 양상을 주시하며 이에 대응하고 있다.[3]

월마트는 소매 판매에 있어 시간당 백만 건 이상의 판매 시점 데

[**]   소매점 등에서 고객의 비용 지급하여 거래가 완료되는 시점에 해당 거래와 관련한 일련의 데이터를 말한다. 상품 정보, 가격, 시기, 발생 매출, 고객, 판매 직원 등에 관한 데이터를 포괄하며, 보통 상품에 바코드를 부착하고 전자식 금전 등록기나 시스템을 사용해 취합한다.

[***]   코로나19로 인해 처음에는 사재기 열풍이 불었고, 사람들이 집에 머물면서 생필품의 수요가 증가했다. 그다음으로 오락거리 등의 수요가 증가했다. 이어 사람들이 장기간 외출을 삼가고 미용실도 가지 않게 되자, 면도기와 염색약 등의 소비자 판매가 증가했다.

이터를 실시간으로 처리하지만,4 대다수 회사는 이런 귀중한 혜택을 누리지 못한다. 하지만 사람들이 무엇을 원하는지 알아보려는 사람은 누구나 구글 트렌드Google Trend를5 사용하여 실시간 관심 품목을 엿볼 수 있다.6 예컨대 2020년 2월 20일에서 2월 25일 사이에, 살균제와 PPE가 여러 나라의 아마존 상품 검색어 1~10위를 모두 차지했다.7

수요 회복 지표를 모니터링하는 것은 각 지역이 다시 개방될 때 되살아나는 수요를 처리하는 데 도움을 줄 수 있다. 중국의 대표적인 식음료 생산업체인 마스터 콩Master Kong은 소매점의 재오픈 계획을 추적하고 그에 맞춰 자사 서플라이 체인을 조정했다. 실제로 상점들이 다시 문을 열었을 때, 마스터 콩은 그중 60%에 제품을 공급할 수 있었다. 이는 민첩성이 떨어지는 일부 경쟁업체가 고작 20% 정도의 상점에 제품을 공급한 것과 대조적이다.8

공급 마비나 수요 급증으로 인해 심각한 공급/수요 불균형이 발생할 경우, 기업은 어떤 고객에게 서비스를 제공할지 우선순위를 정해야 한다. 과거의 마비는 서플라이 체인 양 끝에 자리한 기업들이 이 문제를 어떻게 다루었는지, 즉 그들이 어떤 전략을 취했으며, 결정 과정에서 무엇을 고려했는지 보여 준다. 이런 사례들은 경영진이 누구에게 무엇을 줄지 판단할 때 사용하는 다양한 접근법을 보여 준다. 이어지는 세 개 절에서 각각 논의되는 것처럼, 이 문제를 풀기 위해 기업은 할당 제도를 시행하거나, 시장 기반 메커니즘을 이용하거나, 제품을 변경할 수 있다.

부족한 물자와 능력 할당하기

Allocating Scarce Supplies and Capacity

할당제를 활용하는 회사는 요청 주문량을 전부 보내지 않음으로써 배송을 직접 제한한다. 할당제를 도입하는 즉시, 모든 고객 업체에게 원하는 모든 걸 줄 수 없다면, 대체 누구에게 무엇을 줄 것인가 하는 어려운 질문이 제기된다. 이런 상황에서 고려할 사항으로는 기업의 재무 상황, 고객 관계, 공정성, 평판, 전략, 심지어 고객 생존 등이 있다. 이들은 때로 상충하며, 고객 업체의 이익과 회사가 재무적으로 실행 가능한viable 상태를 유지하는 데 필요한 사익 사이의 균형, 그리고 기업의 단기적 성과와 장기적 성과 사이의 균형을 반영한다.

가장 수익성 높은 고객이 우선

일반적인 할당 기준은 가장 이익률이 높은 제품과 고객 업체에 공급을 한정하는 것이다. 예를 들어 2011년 지진과 그로 인한 쓰나미, 인근 원전 누출 재난이 삼 연속 일본을 강타하여 공장을 초토화하자, 제너럴 모터스는 부족한 자재를 찾기 위해 안간힘을 썼다. GM의 위기 상황실은 '프로젝트 J'를 가동했다. 서플라이 체인 전문가들은 전 세계를 샅샅이 뒤지며 GM의 모든 자동차 공장을 가동할 만한 양의 부품을 찾아다녔다. 정신없는 수색에도 불구하고, 한때 GM은 자사 트럭에 사용할 공기 유량 센서를 충분히 확보하지 못했다. 프로젝트팀은 수익성이 높고 소매업체의 재고가 적은 대형 트럭을 소형 트럭보다 우선시하기로 했다. 이에 따라 GM은 미국 루이지애나주 슈리브포트에서 (소형) 콜로라도 픽업트럭을 만들던 쉐보레Chevrolet 공장을 잠정 폐쇄했다.[9] (나중에 밝혀진 사실이지만, 공장을 폐쇄하기 직전에 부품을 더 많이 찾아내긴 했다. 하지만 이미 늦은 일이었고, 공장을 다시 가동하는데 일주일이 더 걸렸다.)

전략적 고객이 우선

단순히 제품 이익률만 계산하는 것은 회사에 대한 고객 업체의 장기적인 중요도를 무시하는 일이다. 이는 고객 업체가 성장할 가능성이 있는지, 공급업체를 바꿀 여력이 있는지 등의 사안을 포함한다. 따라서 일부 기업은 총 수익이나 생애 가치lifetime value 예측을 근거로 최대 고객 업체를 선정한다. 지난 25년간 초소형 전자 부품 공급업체가 몇 차례 마비를 겪는 동안에도, HP와 델Dell, 애플Apple 등 거대 PC 제조업체는 많은 공급업체의 우선순위 목록에서 높은 위치를 지켰다.

공급 보장하기

코로나19 위기가 시작되었을 때, 필수 소비재의 수요가 제조업체의 생산력을 크게 앞질렀다. 소비자들은 집에서 식사할 때가 많아졌고 자택 대기 생활을 위해 물품을 비축했으며, 이에 따라 관련 판매는 과거 어느 때 이상 극적으로 증가했다. 보존 식품 제조사들은 다양한 SKU에 걸쳐 생산력을 무리하게 배분해야 했다.

많은 기업이 비중이 낮은 SKU의 생산을 중단했다. 제품의 총 공급을 늘리고, 더 적은 수의 제품(그리고 SKU)과 한정된 생산에 집중하여 자사 서플라이 체인을 단순화하기 위해서였다(제24장, 382쪽 역시 참조).[10] 예를 들어 제너럴 밀스는 프로그레소Progresso 수프 제품의 생산 라인을 90종에서 50종으로 줄였고, 시리얼 제품의 맛 일부와 포장 크기 일부를 단종시켰다.[11]

서플라이 체인 하류에서는 미국 최대 식품 도매업체인 C&S 홀세일 그로서스도 자사 공급업체들과 함께 비슷한 경험을 했다. C&S의 CEO인 마이크 더피가 말하길, "우리 제조업체들이 '저희 그거 못 만듭니다'라고 하여 시스템상에 정지해 있는 품목이 2만 7천 개였습니다. 전체 SKU의 약 10%였죠." 그는 덧붙였다. "저는 이 SKU들이 우리에게 정말 필요한 것인지 아닌지를 자세히 살펴봐 달라고 소매 파트너와 제조업체에 부탁했습니다. 이 SKU들이 서플라이 체인을 꽉 막고 있었으니까요. 물론 거기엔 많은 이유가 있었습니다. 하지만 서플라이 체인 흐름을 개선하기 위해 이 [SKU들]을 없애는 데 모두가 동의한 것은 반가운 일이었습니다." 효율이 낮은 제품을 제거함으로써 생산 시스템을 다양한 맛과 포장 크기에 따라 전환하는 데 드는 소요 시간이 사라졌다. 비중이 낮은 틈새 SKU 다수를 선별하고, 포장하고, 배송하고, 진열하는 데 필요한 C&S와 소매업체의 노동력도 줄어들었다. 그 결과 총생산량이 (그리고 수익이) 증가했고, 유닛당 비용은 줄었으며, 소비자에게 가장 인기 있는 제품의 가용성을 보장할 수 있었다.[12]

모든 고객을 공정하게

일부 기업은 상업적, 문화적, 아니면 법적 이유로 공급 물량을 '공정하게' 혹은 균일하게 할당하는 것을 고집한다. 균일 할당 정책에서 모든 제품이나 고객 업체는 똑같이 취급된다. 주문량을 똑같은 비율로 나누거나, 품목 개수에 똑같이 상한선을 주는 식이다(예컨대 "달걀은 두 상자로 제한함"). 2011년 후쿠시마 원전 재난 이후, 많은 일본 기업은 모든 고객 업체에 주문량을 똑같이 나누어 주었다. 마찬가지로 PC 업계의 대형 공급업체인 인텔도 위와 비슷한 균일 할당 방식을 일반적으로 사용하여 편애가 발생하지 않도록 하고 있다.

그러나 고객 업체가 주문을 인위적으로 부풀려서 시스템을 이용하려 할 때는 공정한 비율로 할당하는 게 쉽지 않다. 이 때문에 일부 기업은 마비 이전의 과거 주문량에 따라서 제품을 할당한다. 그러나 마비가 실제 수요에 영향을 미칠 때도 있다. 일부 기업은 할당 알고리즘에서 이 점을 고려하기도 한다.

예를 들어, 의료용품 도매·유통업체인 아메리소스베르겐Ameri-sourcebergen은 자사의 할당 관리 방법에 대한 심층적인 설명을 발표했다.[13] 이들은 팬데믹 관련 수요의 급증에 직면했다. 기존 의료 시설들은 팬데믹의 폭발적 확산을 예측하며 재고를 비축했고, ICU집중치료실 수용 능력을 늘리는 종합병원이나 임시 종합병원 등, 새로 생기거나 확장 중인 의료 시설로부터 새 주문이 들어왔으며, 소비자는 검역 요건을 따르기 위해 조기 처방전이나 장기 처방전을 리필하고자 했다. 이 유통업체는 가능한 한 많은 공급업체에서 가능한 한 많은 제품을 가능한 한 빨리 공급받는 한편, 모든 고객 업체를 공정하게 대하고자 노력했다. 동시에 아메리소스베르겐은 사재기도 막고자 했다. 하지만 이로 인해 중요한 의료용품이 전국의 병원 캐비닛에서 갈 곳을 잃지 않도록 해야 했다. 회사는 자사의 할당 알고리즘에서 고려한 다양한 요소를 설명했다. 과잉 주문과 사재기를 막기 위해 과거 판매 데이터를 사용했고, 예전의 주문 패턴을 최근 주문 데이터와 비교함으로써 수요의 정직한 변화에 대응했으며, 코로나19가 심각한 것으로 알려진 지역의 고객 업체와 다수의 ICU 병상을 보유한 고객 업체를 우선시했다. 즉 의료 제공자 간에 불공정한 할당을 설정하더라도, 최종적으로 환자에게는 공정한 알고리즘을 만들고자 노력한 것이다.

취약한 고객이 우선

어떤 제품이 고객의 (의학적인 혹은 재무적인) 생존에 필수적이라면, 고객의 취약함에 따른 할당을 고려할 수 있다. 예컨대 아마존은 코로나19 관련 전자 상거래가 자사의 주문 처리 및 배송 능력을 능가할 만큼 증가하자, 식품이나 의약용품과 같은 '필수 제품'에 한정된 주문 처리 능력과 배송 능력을 우선 할당했다.[14] 마찬가지로 팬데믹 동안 일부 소매업체는 취약한 고객층을 대상으로 서비스를 제공했다. 예를 들어 개점 첫 시간을 이용해, 노약자나 기타 위험에 처한 사람들이 새로 청소한 상점에서 새로 채워진 진열대를 우선 이용할 수 있도록 하였다.

대규모 고객 업체를 우선시하는 할당 방법을 선호하는 공급업체더라도, 소규모 기업 고객의 생존을 보장하기 위해 소량의 공급품을 다른 곳으로 기꺼이 돌리려 할 수 있다. 베리폰Verifone은 신용카드 단말기 제조업체로, 전기 모터를 대량으로 구매하던 회사는 아니었다. 하지만 앞서 언급한 2011년 태국 홍수로 이 모터가 부족해졌을 때, 베리폰이 이 부품에 절대적으로 의존한다는 점 때문에 공급업체들은 이들의 (소량) 주문을 처리해 주었다.

가격에 따른 수요 형성

Shaping Demand with Prices

일부 기업은 누구에게 무엇을 줄지 결정할 때 각 고객 업체가 할 당받을 양을 직접 판단하는 대신 시장 기반 메커니즘을 활용한다. 경제 학자들은 가격 인상이 수요를 위축시킬 수 (그리고 공급이 늘어나도록 유도할 수) 있다고 주장하며, 일부 기업은 바로 이 방법을 활용하는 것이다.

차등 가격 설정

기업은 각 고객의 주문 일부 또는 전부를 거부하는 대신, 제품 가격을 변경하여 고객이 주문을 덜 하도록 유도할 수 있다. 예를 들어 소비자들이 사재기를 그만두게 하고 싶었던 덴마크의 한 잡화점은 손 소독제 한 병에 40크로네(5.75달러)라는 합리적인 가격을 매긴 뒤, 한 병 이상을 구매하려는 소비자에겐 병당 1,000크로네(143달러)로 가격을 올려 받았다.[15]

마찬가지로 과거 PC 부품이 부족했던 몇몇 사례에서, 델은 부족한 부품이 필요한 컴퓨터 모델의 가격을 인상했다. 동시에 델은 이런 가격 인상과 균형을 맞춰 부품이 풍부한 다른 모델의 가격을 인하하고, 더 쉽게 구할 수 있는 이 모델들을 홍보했다. 이처럼 가격 변동의 균형을 맞추는 것은 고객 관계를 손상하지 않고 물품 부족을 관리하는 데 도움을 줄 수 있다. 이러한 '수요 관리'는 항공사가 좌석을 채우기 위해 사용하는 수익 관리 관행, 즉 더 높은 금액을 낼 의향이 있는 승객들이 좌석을 예약할 수 있는 좌석을 남겨두고, 가격에 민감한 레저 여행객이 일부 티켓을 구매할 수 있도록 하는 것과 닮아 있다.

최고 입찰자에게 주기

2011년 태국 홍수로 인해 하드 디스크 드라이브 제조사들의 산업 클러스터가 초토화되자, 씨게이트 테크놀로지는 더 큰 혼란을 겪은 경쟁사 웨스턴 디지털 코퍼레이션을 제치고 디스크 드라이브 제조업체 1위를 차지했다. 씨게이트 제품에 대한 수요가 급증하자, 씨게이트는 일부 디스크 드라이브를 최고 입찰자에게 낙찰하기로 했다. 또한 경매로 고객 업체들을 위협해 장기 공급 계약을 체결하도록 강요했다.

경제학자들이 자주 주장하는 바에 따르면, 잘 디자인된 경매는 경제적 효율성을 높여 준다. 부족한 자원에서 가장 큰 가치를 창출할 수 있는 (그러므로 가장 높은 금액을 내는) 사람이 확실하게 그 자원이 가져가게 해주기 때문이다. (이는 주파수나 탄소 배출권에 대한 정부의 경매를 정당화하는 일반적인 설명 방식이다.)[16] 나아가 현재 비싸고 부족한 자원의 대체재를 마련할 수 있는 고객 업체는 그 자원을 사용하길 포기할 것이며, 그럼으로써 다른 선택권이 없는 사람들을 위해 물자를 절약할 수 있다.

그러나 물품이 부족한 시기에 이러한 경매는 (아무리 이론적으로 매력적일지라도) 고객들에게 폭리를 취하는 것으로 인식된다. 실제 홍수 피해가 잦아들자 웨스턴 디지털은 손실을 만회하면서 씨게이트로부터 선두를 되찾았다. 불행히도 코로나19 팬데믹은 절실한 의료용품을 가지고 노골적으로 폭리를 취하는 사례를 많이 만들어 냈다.[17] 온라인 상거래 사이트 이베이eBbay는 마스크와 손 소독제 등 코로나19 관련 품목의 경매를 금지했다.[18] 경매는 가난한 사람보다 부유한 사람을 우선시하기에, 필수 소비재와 관련한 경매는 부당한 것으로 보인다.

공급 잡아 늘이기: 제품 수정
Stretching the Supply: Changing the Products

일부 기업은 가격을 올리거나 고객 업체를 제한하는 대신, 부족한 공급량을 절약할 수 있도록 자사 제품을 개편할 방법이 있는지 모색한다. 이 전략은 가치당 가격을 변화시키는 것이기에 시장 기반 메커니즘으로 간주할 수도 있다. 그러나 이는 위험한 전략일 수 있다. 2013년 2월, 부티크 증류소 메이커스 마크Maker's Mark는 자사 프리미엄 버번의 품절 사태에 직면했다. 이들은 더 많은 '물을 뿌리기로' 했고, 자사 증류주의 도수를 오랜 전통이었던 90도에서 84도로 희석했다. 분노가 뒤따랐다. "메이커스 마크는 '시장 수요가 너무 많아서' 제가 제일 좋아하는 버번에 물을 탔습니다."《포브스Forbes》는 메이커스 마크의 열광적인 팬이자 브랜드 홍보 대사의 말을 전했다. "저도 수요가 떨어지도록 도와줘야죠. 더는 그 술을 사지 않을 겁니다."[19] 회사는 재빨리 결정을 번복했다.[20]

고객 경험에 영향을 미치지 않는 제품 수정 전략은 효과적일 수 있다. 예컨대 인텔은 2011년 일본 위기 당시 반도체 제조에 일부 화학 물질을 희석해 사용했다. 하지만 그들은 엄격한 품질 관리 프로토콜을 준수함으로써 제조 수율과 반도체 성능을 유지했다.[21]

영향 범위와 시간 범위를 숙고하라

Weigh the Scope and Time Horizon

서플라이 체인 마비 시 부족한 자원을 관리하기 위한 여러 전략 중 하나를 선택할 때, 기업은 그 선택의 영향 범위와 시간 범위를 모두 고려해야 한다. 그림 8.1은 기업이 고객의 우선순위를 결정할 때 고려해야 하는 사항 중 일부를 나타낸 것이다.[22]

그림 8.1 회사와 고객에 대한 영향 범위와 시간 범위

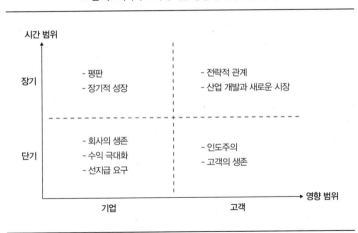

생존을 위해 싸우는 기업의 경영진에게는 단기 재무 성과를 극대화해야 한다는 신의성실의 의무가 있다. 반면 강력한 재무제표와 양질의 신용을 누리는 기업의 경영진은 회사의 가치와 전략적 원칙을 추구하는 사치를 누릴 수 있다. 즉 장기적인 성장을 더욱 촉진하기 위해서, 자신들의 선택이 어떻게 고객 업체의 관심사에 부합할 수 있는지를 더

넓은 범위에서 생각하며 보다 장기적인 선택을 할 수 있다. 튼튼한 기업은 마비 상황에서 이점을 지니며, 이를 활용해 시장 점유율을 높일 수 있다(26장, 404쪽 참조).

회사의 약점이나 강점과 무관하게, 누구에게-무엇을-줄지who-get-what의 전략을 적절하게 관리하면 비즈니스 중단으로 인한 피해를 최소화할 수 있다. 결국엔 전술과 영향 범위, 시간 범위에 관한 신중한 선택이 기업을 앞서 나가게 하는 것이다.

비즈니스 회복탄력성 향상을 계획하고 훈련하기

More Business Resilience Planning and Testing

"26년간 이 일을 하면서 '팬데믹'이라는 비즈니스 계획을 세웠던 적은 없습니다. 우리는 경제가 아예 멈춰버리는 일이 있을 거라고는 상상조차 하지 못했던 거죠." 2020년 4월, 포드의 당시 CEO였던 짐 해킷은 이렇게 말했다.[1] 코로나19 팬데믹 동안, 많은 CEO가 같은 사실을 인정해야만 했을 것이다. 똑같이 위기에 대비하지 못했던 많은 투자자, 경제학자, 정책 담당자는 CEO들의 실수를 용서했을 것이다. 세계적으로 유명한 역학자들조차 무증상 환자가 전염성이 있음을 믿지 않았고, 코로나19가 조용히 전 세계 구석구석까지 퍼지는 것을 막지 못했다.[2]

많은 사람이 강제적인 폐쇄 조치가 전례가 없는 일이라고 여기지만, 그건 틀린 생각이다. 1918년 독감 팬데믹 동안에도 폐쇄 조치가 있었다. 더욱이 사스(2002~2003년)와 H1N1 독감(2009년) 등 최근 발생한 질병도 코로나19와 마찬가지로 팬데믹의 망령을 불러일으켰고,

여기저기에서 소규모 폐쇄 조치를 촉발했다. 역학자들에게 있어서 세계적 규모의 심각한 팬데믹은 일어나느냐 아니냐의 문제가 아니라 언제 일어나느냐의 문제일 뿐이다.[3]

포드와는 달리 바스프BASF는 팬데믹에 대한 비즈니스 계획을 세워 두고 있었다. 위험 관리와 안전을 엄격하게 다루는 세계적인 화학 회사로서, 바스프는 일어날 수 있는 다양한 마비 사건들에 대응하는 광범위한 플레이북을 개발했다. 물론 실제 일어나는 사건의 모든 세부 사항을 예측하는 건 불가능하지만, 플레이북은 그런 사건으로 인해 발생할 법한 영향과 대응을 이해할 수 있도록 대략적인 프레임워크를 제공한다.

바스프의 글로벌 서플라이 체인 전략과 관리 담당 임원인 랄프 부쉐Ralf Busche는 회사의 접근 방식을 이렇게 떠올렸다. "사람들이 오스트리아와 이탈리아 북부의 스키 리조트에 다녀오고 나서, 많은 이가 감염되었습니다. 갑자기 뉴스에 등장했죠. 우리는 (늘) 팬데믹 계획을 세웠습니다…. 그래서 미리 계획한 것을 그대로 따랐습니다. 심각하지 않게 여긴 적은 없었죠. 그리고 이젠 그걸 현실에서 시험할 차례였습니다. '좋아, 이게 정말 효과가 있을까?' …우리는 계획에서 벗어나는 구체적인 상황들을 주시해야 했습니다. 모든 걸 계획할 수는 없었으니까요."[4]

바스프의 계획에 따르면, 코로나19 위기 동안 그들은 어떤 주요 시설도 폐쇄할 필요가 없었다. 설령 폐쇄하더라도, 그럴 때 무엇을 해야 하는지 회사는 정확히 알고 있었다. 대체로 바스프와 같은 기업은 마비 상황에 대응하는 법을 교육하고 준비하기 위해 시나리오 계획, 플레이북, 시뮬레이션 모의 훈련, 반복 훈련, 도구 테스트 등의 방법을 사용한다.

시나리오 플래닝

Scenario Planning

조직은 시나리오 계획을 세우면서 그럴듯한 가상의 미래와 그런 미래에서의 운영 방식에 대해 생각한다.[5] 시나리오 계획은 다양한 공급 및/또는 수요 마비, 예기치 못한 기술적 혁신, 경쟁 환경의 구조 변화 또는 장기적인 사회·경제적 동향에 대비하기 위해 활용할 수 있다. 기업은 임의의 핵심 이슈나 세계의 동향을 살피고, 알려지지 않은 미래 사태를 탐색하려는 의도로 시나리오를 개발한다. 또한 경영진이 대규모 불확실성을 익숙하게 다룰 수 있게 만드는 데에 시나리오를 활용하기도 한다.[6]

각 시나리오는 어떤 미래를 상상하며 지어낸 그럴듯한 이야기이며, 그 미래 속 세계가 어떠할지에 관한 내적 일관성을 지닌 세부 사항들을 포함한다. 이 시나리오들의 목표는 일어날 가능성이 가장 큰 미래를 정확히 예측하는 것도, 취해야 할 조치를 규정하는 것도 아니다. 시나리오적 사고는 오히려 미래가 불확실함을 경영진에게 깨닫게 하며, 따라서 가능하다면 상황이 예상과 다를 때 되돌리거나 변경하거나 조정할 수 있는 결정을 내리게 한다.

시나리오 계획하기가 조직에 제공하는 구체적인 강점은 두 가지가 있다. 첫째, 그것은 조직의 '스트레스 테스트'*를 돕는다. 단, 모든 시

---

* 어떤 시스템이나 대상이 어디까지, 얼마나, 어느 정도 안정적일 수 있는가를 파악하는 테스트이다. 이용 한계의 파악, 표준 이용을 벗어난 상황에서의 기능 테스트, 규격 일치 여부, 불안정성을 일으키는 원인 파악 등을 세부 목적으로 한다. 본래 의학 분야에서 심장 기능을 검사할 때나 IT 분야에서 시스템 충격 시 작동 안정성을 검사하는 것을 의미했고, 경제, 금융 등 기타 조직 등으로 확장되었다.

나리오에 대한 조직의 현재 전략이 견고하고, 그에 따라 플레이북을 조정할 수 있다면 말이다. 둘째, 각 시나리오를 이끄는 요인을 분석함으로써 어떤 시나리오가 점점 더 일어날 가능성이 커지는지 신호를 보내주는 경보나 '지상 감지 센서'를 만들 수 있다. 이런 조기 경보를 통해 경영진은 임박한 변화를 신속하게 탐지하고, 그에 대비할 수 있다.

코로나19는 일반적인 '팬데믹' 시나리오를 넘어서, 그 자체로 많은 팬데믹 진행 시나리오를 촉발했다. 이 질병의 정확한 특성이 알려지지 않았기 때문이다(일부는 이 책을 집필하는 지금도 여전히 알려지지 않았다). "우리가 역학 모델에 대해 논쟁할 거라고 느낀 적은 한 번도 없었습니다만, 우린 그러고 있습니다." PPE와 화장지, 물티슈를 만드는 킴벌리-클라크Kimberly-Clark의 CEO인 마이클 쉬Michael Hsu는 말을 이어갔다. "실제로 우리는 11개 모델을 살펴보고 있고, 이들은 모두 다른 상황을 가정하고 있습니다. 이 때문에 현재로서는 사업 전망을 확실히 장담할 수 없습니다. 운영 측면에서 말씀드리자면, 이 모델들에서 예측한 결과를 가지고 우리의 전 세계 모든 사업체에 관한 시나리오 계획과 비상 계획을 수립하고 있습니다."[7]

끝까지 해보자: 플레이북, 시뮬레이션, 모의 훈련
Play It Out: Playbooks, Simulations, and Exercises

시나리오, 그리고 마비의 경험은 기업이 플레이북을 만들게 한다. 플레이북은 각 마비 유형에 효과적으로 대처하는 데 필요한 역할, 프로세스, 체크리스트의 개요를 서술한다. 로크웰 오토메이션Rockwell

Automation의 제조 운영 담당 임원인 트리스티아누 칸와르Tristian Kanwar가 말하길, "최근 수년간의 다양한 위기를 바탕으로, 우리는 마비 시 취할 행동과 조치를 규정한 플레이북을 개발했습니다. 코로나19가 강타했을 때 우린 플레이북을 실행에 옮겼고, 그 같은 상황에 효과적으로 대응하고자 미리 규정해 둔 프로세스를 따를 수 있었습니다."[8]

플레이북 자체만으로 준비가 끝났다고 할 수는 없다. 플레이북을 사용하게 될 사람들이 그것을 이해하고, 잘못된 부분을 검증할 필요가 있다. 이를 위해선 마비에 대응하는 법을 반복 훈련하고 시뮬레이션하면서 플레이북을 익혀야 한다.

시뮬레이션 모의 훈련에서 관리자는 마비 시나리오를 수행하며 플레이북을 통해 행동을 결정한다. 그러면 훈련 촉진자나 시뮬레이션 애플리케이션이 관리자의 결정이 낳은 결과를 시뮬레이션하여 보여준다. 사후 보고를 통해 계획의 단점을 찾고, 플레이북의 문제를 시정하고, 조직의 감춰진 위험을 파악하며, 나아가 마비를 다루는 방식에 관한 관리자의 이해도를 높인다.

좀 더 기술적인 조직이라면 고급 시뮬레이션 소프트웨어가 실제 마비나 연습 상황에서 복잡한 서플라이 체인이나 시설을 관리하는 데 도움이 될 수 있다. 독일의 루트비히스하펜에 있는 바스프의 주요 시설에는 2,00개의 건물과 200개의 생산 공장이 2,850km의 파이프, 230km의 레일, 200km의 도로로 연결되어 있다.[9] 이 시설은 바스프의 'Verbund 페어분트'[10] 전략(독일어로 '연결된', '통합된'을 뜻한다)에 따른 다수의 수직적 통합 시스템을 보유하고 있다. 이러한 통합 구조가 뜻하는 바는 바스프 공장의 가장 중요한 공급업체이자 고객 중 하나가 바로 다른 바스프 공장들이란 것이다. 이 모든 시설을 정교하게 관리함으로써 바스프는 수천 개의 다양한 제품을 생산할 수 있다. 그러한 안전하고 효율적인 관리를 위해선 복잡하게 배열된 탱크, 밸브, 펌프, 파이프, 그리고 넓디넓은 부지를 가로지르며 얽힌 배관을 통해 증기 분해기와 증류탑, 화학 반응기, 보일러와 콘덴서 등을 상호 연결하는 탱커의 운송 등이 필요하다.*

시뮬레이션 기술은 페어분트Verbund 개념을 실현하는 데 핵심적인 역할을 한다. 바스프의 부쉐의 설명을 들어 보자. "페어분트 시뮬레이터가 있습니다…. 그건 물리적 공장의 디지털 사본으로서, 원재료와 보조재, 설비재는 물론 전원 공급, 증기와 같은 유틸리티 등의 핵심 구성 요소를 시뮬레이터 내에 구현하고 있습니다. 이 시뮬레이터를 사용해서 가장 중요한 가치망을 주의 깊게 살펴봅니다. 페어분트를 운영하는 데 핵심적인 요소들이죠. 끊임없이 이들을 살펴보면서, 우리는 기술적, 상업적으로 그것이 계속 작동할 수 있는지 묻습니다."[11] 이 시뮬레이션 소프트웨어는 모든 바스프 제품의 레시피를 전부 알고 있고, 그것이 서로 어떻게 연결되어 있는지도 알고 있다. "서플라이 체인 관리자, 제어 기술자, 공장 관리자, 엔지니어 등은 사용 사례와 질문, 상황에 따라 이 소프트웨어를 생산 계획, 용량 조정, 신규 투자, 마비 관리 등에 사용할 수 있습니다."[12]

---

* 바스프는 페어분트 전략에 따라 모든 시설과 공정을 유기적으로 연결하고, 한 공장의 원자재나 제품, 부산물을 다른 공장의 원자재나 에너지원으로 사용하는 과정이 끊임없이 이어질 수 있게 했다. 본문에 나오는 것처럼 각 공장은 실제 물리적인 파이프라인으로 연결되어 있으며, 이에 따라 모든 원자재 등을 빠르고 안전하게 옮긴다. 시간이 지나며 이는 단순한 생산 전략을 넘어 고객 관계, 지역사회 관계, 파트너십, 조직 문화에 있어 공유와 협력을 나타내는 바스프 기업 철학의 핵심이 되었다.

취약점 찾기

Looking for Vulnerabilities

마지막으로, 일부 기업은 자신들의 마비 훈련을 일상적인 소프트웨어 시스템으로 자동화할 수 있다. 넷플릭스Netflix는 '카오스 몽키Chaos Monkey'를 만들었다. 회사 기반 시설을 임의로 비활성화시켜 인프라를 의도적으로 공격하는 애플리케이션이다.[13]

이론상 넷플릭스의 자동화 시스템은 어떤 오류건 즉시 인식하여 재부팅하거나, 재시작하거나, 문제가 발생한 부분을 리라우팅해야 한다. 반대로 만약 이 원숭이들이 성능이나 서비스에 실제로 영향을 준다는 걸 발견하면, 소프트웨어를 개선하기 위해 엔지니어들이 할 일이 있다는 뜻이다. 회사가 자사 시스템을 공격한다는 게 억지스러워 보일지 몰라도, 이는 엔지니어들이 원숭이들에게 영향을 받지 않는 회복탄력성을 지닌 코드를 작성하게 만든다.[14]

넷플릭스는 카오스 몽키를 만들면서 카오스 엔지니어링 원리를 이용했다.[15] 카오스 엔지니어링은 A-B 테스트와 방해에 저항하는 시스템을 방해하려는 실험에 의존한다. 이런 종류의 테스트는 단일한 고객, 매장, 시설 집단에 단일한 접근 방식을 사용하거나, A 방안이 B 방안보다 더 나은지/나쁜지를 평가하기 위해 상이한 집단에 상이한 접근 방식을 사용한다. 시스템에 작은 혼란을 일으키고 그 혼란이 성능에 영향을 줄 때마다 이를 수정함으로써, 시스템은 갈수록 더 튼튼해진다. 어떤 면에서 이는 군사 기획자와 사이버 보안 조직이 사용하는 '레드 팀' 훈련 혹은 워 게임war games의 자동화 버전이라 할 수 있다.[16]

바스프의 페어분트 시뮬레이터나 넷플릭스의 카오스 몽키 등, 회복탄력성을 위한 디지털 기술의 사용은 서플라이 체인에서 디지털 시스템을 활용한 대표적 사례다. 이러한 트렌드는 실제로 훨씬 광범위하고, 점점 더 빨라지고 있다(제14장, 237쪽 참조). 특히 디지털 기술은 서플라이 체인의 회복탄력성을 세 가지 방식으로 향상시킨다. 첫째, 디지털 기술은 원격 시스템에 대한 데이터를 모으고 빠르게 전송함으로써 더 나은 가시성과 응답 시간을 제공한다. 둘째, AI와 함께 사용된 디지털 기술은 패턴 인식을 통해 특정한 이상 징후를 자동으로 감지할 수 있다. 셋째, 디지털 기술은 자동으로 경보를 생성하고, 전 세계 어디든 다른 관리자나 컴퓨터 시스템에 이를 전송할 수 있다.

이와 같은 시뮬레이션을 바탕으로, 기업은 미래가 어떻게 모습을 드러낼지 감을 잡아갈 수 있다. 더 중요한 것은 이로부터 마비와 그로 인한 결과에 대처하는 완화 계획을 개발할 수 있다는 점이다.

적응이
필요하다

ADJUSTMENT REQUIRED

"지금 우리가 다루는 문제 중에는 일시적인 것도 있지만,
영구적으로 남을 문제는 더 많아질 겁니다. 비즈니스 리더들은 이에 적응해야 합니다."
— 데이비드 깁스, 얌 브랜즈 CEO[1]

"코로나19가 모두에게 미친 영향을 과대 평가한다는 건 불가능합니다." AT&T의 CEO인 랜달 스티븐스는 투자자들에게 말을 이어갔다. "지금까지 당연하게 여겼던 많은 것, 예컨대 우리가 어떻게 모이고, 일하고, 여행하고, 교류하는지에 그것이 미친 영향은 오랫동안 지속될 겁니다."[2] UPS의 CEO인 데이비드 애브니David Abney는 자신의 회사 실적 발표에서 다음과 같이 말했다. "우리는 우리가 이른바 오래된 정상old normal으로 되돌아갈 수 있을지 알지 못하며, 오늘날 우리가 보고 있는 것을 뉴 애브노멀이라 선언할 준비가 되어 있는 것도 아닙니다."[3]

스티븐스와 애브니, 그리고 다른 고위 경영진에게 있어 뉴 애브노멀을 파악한다는 것은 회사의 조치와 정부의 정책, 소비자의 행동, 바이러스 확산 간의 상호 연결된 피드백 루프를 통해 고려한다는 것을 의미한다. 이들 각자는 서로에게 영향을 주지만, 어느 것도 완전히 통제할 수는 없다. 의사 결정권자들의 당면 과제는 바이러스를 억제할 수 있는 방법을 찾아 시행하는 동시에, 일자리 창출과 경제 성장에 이바지하는 것이다. 이런 뉴 애브노멀에서 새로운 혁신의 기회를 찾아내는 기업이 성공할 가능성이 크다.

코로나19 사태는 모두 처음 겪는 일 같다. 그러나 제너럴 밀스의 CEO인 제프 하머닝은 동의하지 않는다. "지금 우리가 겪고 있는 일은 회사 역사상 전례가 없던 일이 아닙니다." 제너럴 밀스는 사내 기록 보관소를 조사하면서 100년 전 1918년 스페인 독감 당시 사내 소식지에 실린 기사 하나를 발견했다. 손 씻기와 얼굴 가리기를 요청하는 사내 보건 부서의 기사였다.[4]

안전 구역 만들기

Creating Safe Zones

정치인들은 자신이 책임자라고 생각하는 것 같지만, 팬데믹 상황 속에서 그들은 잘해야 3순위에 불과했다. 2020년 봄, 권력의 고삐를 쥔 것은 바이러스와 소비자들이었다. 빠르게 확산하는 바이러스를 어떻게 억제할지 정치인들이 망설이는 동안, 시민들은 이 질병에 대해 더 많은 것을 배웠고, 행동에 나섰다. 소비자들은 정부가 공식적으로 자택 대기 정책을 발표하기 몇 주 전부터 식당과 항공 여행, 대중교통 등을 포기했다.[1] 시카고 대학의 경제학자 오스틴 굴스비Austan Goolsbee와 채드 사이버슨Chad Syverson은 휴대폰 데이터를 이용해 기업의 소비자 트래픽이 60% 감소하는 과정을 추적했다. 이에 따르면, 법적 제한에 의한 감소는 7%에 불과했다.[2] 오직 정부의 명령 때문에 경제가 폐쇄된 게 아니었다. 대부분은 시민들 스스로가 그렇게 한 것이다.

마찬가지로, 경제를 재개한다는 공식적인 선언이 모든 근로자와 소비자를 즉시 제자리로 돌려놓은 게 아니다. 많은 나라의 경제에서 식당, 술집, 극장, 스포츠 행사, 관광의 재량 지출은 큰 부분을 차지한다. 9/11 테러 공격 이후 많은 사람이 비행기 이용을 두려워했듯이, 코로나19는 사람들이 다수의 군중이나 피할 수 없는 긴밀한 접촉을 동반하는 활동에 참여하는 것을 두려워하게 만들었다.

정부와 기업이 더 많은 완화 절차와 안전 조치를 시행함에 따라 사람들의 행동은 바뀔 수 있다. 9/11 테러 이후 사람들이 다시 비행기를 이용하도록 만든 열쇠는 '보안 구역'이었다. 공항은 사람과 수화물, 차량에 대한 보안 검사를 시행했으며, 공항 경찰단과 일선 직원은 수상한 행동을 알아차릴 수 있게 훈련을 받았다. 항공사들은 조종실 문에 잠금장치를 달았고, 승객이 비행기 앞쪽에 모이지 못하도록 했다.

이런 조치는 승객의 걱정을 덜어주는 안전한 여행 환경을 만들었고, 사람들이 다시 하늘을 날게 해주었다. 코로나19에 민감한 소비자를 다시 상점과 식당, 스포츠 경기장, 대중교통, 그 외 타인과의 상호 작용을 동반하는 활동으로 돌아오게 하려면, 우선 사람들이 감염으로부터 안전하다고 느낄 수 있는 '안전 구역'을 만들어야 한다. 안전 구역은 경제학자 존 메이너드 케인스John Maynard Keynes가 명명한 경제를 활성화하는 '야성적 충동animal spirit', 즉 "도덕과 쾌락, 경제를 막론하고, 수학적 예측을 넘어 우리의 긍정적 활동 상당수를 나타나게 하는 인간의 본성"을 북돋을 수 있다.[3]

효과적인 백신을 널리 접종하더라도 전 세계 사람들 사이에서 코로나바이러스가 수십 년간 계속 유행할 가능성은 충분하다. "이 바이러스는 생활의 일부가 될 겁니다." 시카고 대학의 역학자이자 진화 생물학자인 사라 코비Sarah Cobey의 말이다. "문제는 우리가 어떻게 바이러스와 함께 안전하게 살 수 있는지 입니다."[4] 이런 의미에서 코로나19는 HIV, 홍역, 독감, 수두처럼 사람들 사이에서 나도는 엔데믹이 될 수 있다.

그대의 적을 알라
Know Thine Enemy

항공 여행업계가 테러범과 항공 여행객이 서로 멀리 떨어지게 함으로써 보안 구역을 만든 것처럼, 사회와 기업들도 감염 환자와 바이러스를 이에 감염될 수 있는 사람들의 일터, 상점, 학교 등에서 멀리 떨어지게 함으로써 코로나19 안전 구역을 만들 수 있다. 안타깝게도 코로나19에는 이를 어렵게 만드는 음험함이 있다. 코로나19에 감염된 사람들은 증상을 보이기 전에도 남을 감염시킬 수 있다. 많은 감염자는 (여전히 남을 감염시킬 수 있지만) 오직 가벼운 증상만을 보이며, 어떤 이들은 (역시 남을 감염시킬 수 있지만) 아무런 증상도 보이지 않는다. 이런 특성이 경제와 사회에 주는 핵심적인 영향은, 어디에 있는 누구든 (직장 동료이든 주변 쇼핑객이든 거리에서 마주친 사람이든, 심지어 완벽하게 건강해 보이는 사람조차도) 코로나19를 주변 사람에게 확신시킬 수 있다는 것이다.

그림 10.1 팬데믹 억제하기

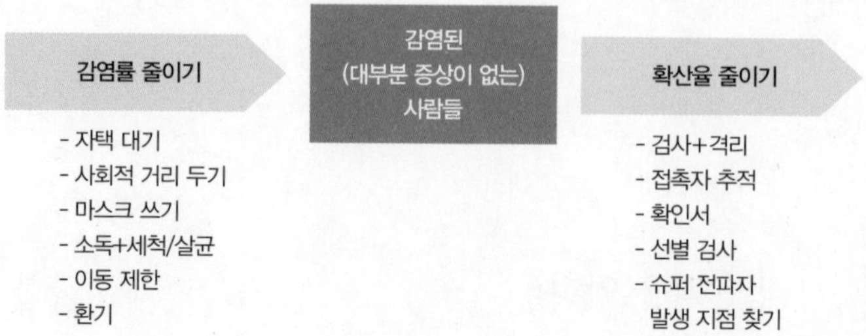

감염률 줄이기	감염된 (대부분 증상이 없는) 사람들	확산율 줄이기
- 자택 대기 - 사회적 거리 두기 - 마스크 쓰기 - 소독+세척/살균 - 이동 제한 - 환기		- 검사+격리 - 접촉자 추적 - 확인서 - 선별 검사 - 슈퍼 전파자 　발생 지점 찾기

그림 10.1은 이 문제를 해결하는 한 가지 방식을 그린 것이다. 팬데믹을 억제하고 안전 구역을 만들려면, 감염될 수 있는 사람들이 실제 감염자가 되는 비율(왼쪽 화살표)이 감염자가 감염을 퍼뜨리는 것을 막는 비율(오른쪽 화살표)보다 반드시 **낮아야만** 한다. 대다수 감염자(그림 10.1의 가운데 사각형)는 증상이 없으며, 자신도 모르는 사이에 질병을 계속 퍼뜨린다. 그러나 일정한 증상이 있으면서도 일해야 하거나 음식을 사야 하거나 검사를 받지 못했기에 사람들 앞에 나서는 감염자도 있을 것이다.

그림 10.1의 왼쪽에 열거한 완화 전술은 감염을 미리 방지하기 위한 것이다. 오른쪽의 완화 전술은 감염될 수 있는 사람들 사이에서 감염자를 찾아내고 제거하여, 다른 이가 감염되지 않도록 하는 데 초점을 맞추고 있다. 감염자가 다른 이를 감염시키지 못하게 되는 경우는 세 가지다. 감염자가 너무 아파서 자가 격리를 하거나 의학적 도움을 구하는 경우, 감염자가 바이러스 검사에서 양성 판정을 받고 검역 과정을 거치는 경우, 감염자가 일상생활의 변화 없이 자연스레 병에서 나은 경

우. 오른쪽에 있는 완화 전술은 대다수 무증상 환자를 포함한 감염자가 다른 이를 감염시키지 않도록 (때로는 강제적으로) 돕는다. 특히 중요한 것은 검사로, 이는 무증상 감염자를 비롯하여 증상이 있지만 자가격리를 거부하는 감염자를 찾는 데 필수적이다.

실제로 많은 조직은 이들 조치 대부분을 시행하고 있다.[5] 많은 정부는 직장과 공공시설을 재개하기 위한 전제 조건으로서 (관련 표지판 부착 및 훈련과 함께) 이들 중 몇 가지를 의무화했다.[6] 치폴레 멕시칸 그릴Chipotle Mexican Grill의 CEO인 브라이언 니콜Brian Niccol은 "이런 환경에서는 비즈니스 운영의 안전성을 확보하는 데 많은 시간을 할애해야 합니다"라고 말했다.[7]

새로운 감염 방지하기
Avoiding the Infectious from the Start

애초에 감염자가 감염될 수 있는 사람들과 어울리지 않는다면, 감염률은 떨어질 것이다. 이것이 검역을 비롯하여 질병 확산을 막기 위해 오랫동안 사용된 여러 전술의 기본 논리다. 이때 만약 감염자를 손쉽게 식별할 수 있는 수단이 없다면, 모든 사람을 격리해야만 한다. 코로나19의 경우 많은 나라에서 정확히 그런 일이 일어났다.

하던 일을 모두 멈추고 집에 머무십시오
최근 역사에서 가장 치명적인 팬데믹이었던 스페인 독감이 1918년 발생했을 때, 당국은 현재 표준으로 자리 잡은 팬데믹 통제 조치를 도입했다. 여기엔 학교와 상점, 식당의 폐쇄, 교통 제한, 사회적 거리 두기 의무화, 공공 집회 금지 등이 포함되었다. 사람들은, 지금도 그렇듯이, 이에 따르기를 거부했다. 1918년 샌프란시스코의 한 보건 당국 관계자는 마스크 착용 의무를 거부하는 세 사람에게 총격을 가했다. 애리조나 경찰도 필수 보호 장비를 착용하지 않은 사람들을 체포하여 벌금 10달러를 부과했다.[8] 결국 이 과감하고 전면적인 조치는 성과를 거두었고, 시행 도시의 사망률은 급감했다. 이 조치들은 코로나19에 대한 관계 당국의 기본적이고 공식적인 대응 방법을 그린 청사진이었다.[9]

코로나19와 함께, 가장 극단적인 형태의 봉쇄 조치가 팬데믹의 진원지인 우한에 내려졌다. 쑨춘란Sun Chunlan 부총리는 우한시를 방문했을 때 도시가 "전시 상황"에 직면했으며, "탈영병은 역사적 수치심의 기둥에 못 박힐 것"이라 선언했다.[10] 우한에서 떠나는 것이 금지되었고, 의료진은 모든 가정을 방문해 체온을 측정하고 감염 주민을 퇴거시켰으며, 당국은 도시 내에서의 이동을 극도로 제한하면서 사람들에게 집에 머무르라는 명령을 내렸다. 중국 주변으로의 전염을 막기 위한 이 봉쇄 조치는 최종적으로 5억 명 이상의 사람을 대상으로 했다.[11]

반면 미국의 대응은 훨씬 강도가 약했다. 미국 42개 주는 2020년 3월 모종의 자택 대기 명령을 의무화했다. 일반적으로 이 명령은 '필수적인' 비즈니스, 예컨대 식품 생산과 식품 소매업, 약국과 의료, 공익사업, 교통, 은행, 사법, 긴급 서비스, 언론 기관 등을 대상에서 제외했다.[12] (비디오 게임 소매업체인 게임스탑GameStop 등 일부 소매업체는 봉쇄 조치를 피하고자 '필수적인' 비즈니스로 취급받기 위해 무척이나 노력했다.)[13] 그러나 팬데믹 초기 타격이 크지 않아 통제 조치를 시행하지 않은 (또는 일찍 철회한) 일부 주에서 2020년 6월과 7월 감염자가 상당히 증가하기 시작했다. 애틀랜타의 시장 케이샤 랜스 보텀스Keisha Lance Bottoms는 6월 10일 애틀랜타의 재개 일정이 첫 단계로 되돌아갈 것이라고 발표했다. 그녀는 처음 3월 말 자택 대기 명령을 내렸고, 도시 내 감염자 통계가 충분히 내려가기 전인 5월 말 (안면 마스크 착용 의무는 유지하며) 시민들에게 불필요한 활동을 줄이고 집에 머무를 것을 다시 당부하면서 (재개 일정의 두 번째 단계로서) 도시를 부분적으로 다시 열었었다.[14]

자택 대기 명령이나 권고에 따라 많은 기업이 재택근무 정책을 시행했다(제11장, 188쪽 참조). 정부가 제한을 해제한 뒤에도, 기업은 직원들의 코로나19 감염 가능성을 줄이기 위해 재택근무를 허용하거나, 권장하거나, 강제했다. 이와 비슷하게 소매업체는 고객이 집을 나서거나 매장을 방문하지 않아도 매출을 올릴 수 있도록 전자 상거래와 옴니채널 소매업으로 눈을 돌렸다(제22장, 355쪽 참조). 식당은 갓길 테이크아웃curbside takeout*과 배달 주문을 홍보했다. 이처럼 많은 기업이 사람들이 집에 머물 수 있게 독려하는 동시에, 온라인 채널을 통해 회사와 직원, 고객 사이의 상호 관계를 유지했다.

이동 제한

이동 제한은 감염률이 높은 지역에 거주하거나 방문한 사람들이

---

* 고객이 매장 근처에 지정된 갓길 등에 잠시 주차하고 기다리면, 직원이 주문을 받고 음식(제품)을 포장해 가져다주는 테이크아웃 방식. 일반적인 포장 주문과 달리 매장에 들어가지 않기에 대인 접촉을 최소화할 수 있고, 따로 배달비를 내지 않으면서 상품을 빨리 받을 수 있다는 장점이 있다.

해당 장소를 떠나거나 다른 장소로 가는 것을 금지하는 조치다. 이는 팬데믹 확산을 억제하기 위해 정부가 취한 첫 번째 조치 중 하나였다. 이 조치는 무역과 여행 금지, 국경 폐쇄, 심지어 우한에서 시행된 것과 같은 지역 격리까지 포함한다. 트럼프 대통령은 자신의 팬데믹 조치와 관련해 중국에서 미국으로의 입국을 제한했던 첫 조치를 극찬하는 것으로 유명하다.[15]

그러나 여러 연구에 따르면, 이동 제한으로 바이러스 확산을 억제하는 데는 한계가 있다. (다른 23개 연구를 요약한) 2014년 WHO의 연구는 여행 제한의 효과가 제한적이며, 바이러스 확산을 기껏해야 일주일 정도 지연시키는 데 그친다고 밝혔다. 연구는 코로나19처럼 "높은 전파력을 지닌 변종을 포함한 모의 시나리오에서의 효과가 특히 약했다"라고 결론지었다.[16]

접촉자 추적

접촉자 추적은 감염자에게 노출된 사람들을 찾아내어 이들을 자가 격리하고 검사하는 것이다. 접촉자 추적 역시 새로운 방법은 아니다. 16세기 파두아 대학의 의과대 석좌 교수 가브리엘 팔로피오Gabriele Faloppio는 크리스토퍼 콜럼버스Christopher Columbus의 일기를 통해 아메리카 대륙에서 바르셀로나 병원까지 매독의 전파 과정을 추적했다. 매독은 바르셀로나 병원에서 아라곤Aragon의 페란도 2세Ferdinand II가 징집한 군대에 의해 확산하였고, 특히 슈퍼 전파자 발생 사건, 즉 1495년 겨울 샤를 8세Charles VIII가 나폴리를 포위 공격한 사건을 통해 팬더믹화했다.[17] 최근에는 보건 당국이 H1N1 인플루엔자 전염병 확산 단계에서 비행

기 승객에 대한 접촉자 추적을 사용하기도 했다.[18]

누가 감염자에게 노출되었는지를 판단하는 근거는 사람들의 활동과 위치 정보이다. 접촉자를 추적하는 사람은 일반적으로 아픈 환자를 인터뷰하여 그들이 이동한 곳과 접촉했던 사람의 이름을 수집한다. 기업에 있어 접촉자 추적이란 자사 시설에 들어온 직원, 고객, 방문객, 그들과 상호 작용하는 사람을 기록으로 남기는 것을 의미한다. 이들 가운데 누군가가 검사에서 양성 반응을 보였다면, 그 사람과 접촉한 이들은 연락을 받게 되며, 아마도 격리될 수 있다. 스마트폰은 풍부한 위치 정보(셀 타워 위치, GPS, Wifi 대응, 근접한 블루투스)를 생성하기에, 접촉자를 추적하는 이상적인 데이터 수집 시스템이 된다.[19] 몇몇 정부는 이를 위한 애플리케이션과 유사 솔루션을 배포하기도 했다.[20]

중국의 코로나19 대응을 다룬 많은 연구는 광범위한 접촉자 추적이 중국에서의 확산을 늦춘 수단 가운데 하나임을 인정했다.[21] 마찬가지로 한국은 서울의 한 나이트클럽에서 발생한 코로나바이러스 폭증을 추적하면서 역학자, 데이터 과학자, 실험 기술자 등으로 구성된 특별팀을 발족했다. 이들은 나이트클럽 손님에서 택시 운전사를 거쳐 물류 창고 직원까지 감염자를 추적했고, 그 뒤에는 수천 명의 물류 창고 직원과 그들의 가족, 다른 접촉자를 추적하고 검사했다. 이 팀이 추적한 전체 인원은 거의 9,000명에 이른다.[22] 이러한 팀은 바이러스 재발과 확산을 막는 초석과 같다. 한국의 법에는 정부가 휴대폰 위치 데이터와 같은 기록에 접근하고 감염 환자의 이동 동선을 재구성하여 공개할 수 있도록 허용하는 조항도 있다.[23]

미국과 유럽은 강력한 개인정보 보호법, 이와 관련한 문화적 규범으로 인해 접촉자 추적에 어려움을 겪고 있다. 애플과 구글Google은 스마트폰의 블루투스 신호를 이용해, 스마트폰 사용자 가까이에 접근한 사람들의 익명 로그를 기록하는 시스템을 만들었다. 물론 모든 사람의 신원이나 위치는 전적으로 익명으로 유지된다.[24] 그러나 이 시스템을 채택한 곳은 많지 않았고,[25] 앞으로도 널리 사용될 것처럼 보이진 않는다. 미국의 거대 기술 회사가 이미 보유한 개인 관련 데이터의 양에 대해 우려가 커지고 있기 때문이다.

슈퍼 전파자 발생 지점 찾기

접촉자 추적과 포괄적인 감염 관련 데이터는 더 높은 수준의 이점을 제공한다. 감염 패턴을 추적하면 감염이 확산한 장소들의 패턴(코로나19에 감염된 것이 집에서 가족으로부터인지, 사내 식당에서 동료로부터인지, 술집에서 친구로부터인지, 특정 국가를 여행하면서인지 등등) 또한 드러난다. 이러한 정보의 도움으로 일상생활에 미치는 영향을 최소화하면서도 감염률을 크게 낮출 수 있는 정책이나 완화 전략을 구체화할 수 있다. 예를 들어 그것은 어떤 범주의 (예컨대 미용실, 체육관, 술집 등의) 사업체를 폐쇄하거나 재개해야 할지 판단하는 데 도움을 준다.

제1장(29쪽)에서 설명한 것처럼 슈퍼 전파자 발생 사건은 (혹은 발생 장소는) 감염 확산에 막대한 영향을 미친다. 홍콩에 관한 한 연구에 따르면, 연구 대상 감염자 중 단 20%가 모든 코로나바이러스 감염의 80%를 유발했다. 이 감염자들은 평균 8명 이상의 사람을 감염시켰다. 이 환자들은 대부분 파티나 술집 모임 등 슈퍼 전파자 발생 사건에

제3부. 적응이 필요하다

참여했고, 다수가 마스크를 쓰지 않은 채 여러 사람과 가까이 접촉했다. 약 70%의 환자가 단 한 명도 감염시키지 않은 것과 대조적이다.

기업은 사업을 재개하면서 감염자들을 추적해 감염 데이터를 파악할 수 있다. 대학은 어떤 지역 학생들이 막대한 감염을 초래했는지 찾아낼 수 있다. 사무실에서는 감염 발생지가 사내 식당인지 아니면 근처 식당인지 알아낼 수 있다. 일단 슈퍼 전파자가 발생한 지점을 확인하면, 지역 당국을 호출해 조치를 취하게 할 수 있다. 관련 정보는 소비자, 기업 소유주, 사법 기관 등 모든 이에게 공개하여 해당 장소를 인지하고 피할 수 있도록 해야 할 것이다. 슈퍼 전파자가 발생한 지점을 찾는 것이야말로 접촉자를 추적하는 가장 중요한 이유 가운데 하나이다.

입구에서 코로나19 저지하기

Stopping Covid-19 at the Door

안전한 공간을 조성한다는 관점에서 (그리고 대중으로부터 감염자를 격리한다는 관점에서) 정부와 기업, 기관은 공공장소로 진입하려는 감염자를 가려낼 방안을 모색 중이다. 만약 소비자가 어떤 식당이나 상점, 비행기에 있는 다른 소비자나 직원 중 누구도 코로나19에 걸리지 않았다고 확신할 수 있다면, 정상적인 경제 활동에 다시 참여할 가능성이 클 것이다. 따라서 많은 조직은 질병에 걸린 사람을 선별하는 방법, 환자가 다른 이를 감염시켜 질병이 퍼질 확률을 낮추는 방법을 찾고 있다.

선별 검사와 확인서

공항이나 경기장, 공공시설에서 금속 탐지기를 통과하는 것이 당연한 일이 된 것처럼, 앞으로는 여러 장소에 출입하려면 먼저 열화상 카메라 촬영이나 비접촉식 체온 측정을 위해 잠시 멈춰 서야 할지도 모른다. 일부 소매업체와 식당, 미용실, 공공건물의 소유주는 이미 같은 방식으로 체온 선별 검사*를 하고 있다. 일부 항공사는 보안 검색 절차에 고열 증상을 보이는 여행객을 선별하는 체온 검사를 포함시키기 위해 로비 활동을 벌이고 있다.[26] (2003년 사스 발생 당시 아시아의 많은 공항이 도착 승객들을 열화상 카메라로 선별 검사했다.)

일부 조직은 고객이나 직원, 방문객, 여행객 등에게 확인서 attestation, 즉 자신이 코로나19 증상이나 노출 위험과 관련한 일련의 기준을 통과했다는 공식적인 인정서를 받고 있다. 예를 들어 MIT는 학생이나 직원이 캠퍼스에 오는 전날 온라인 코로나19 설문지를 작성하여 제출하도록 규정하고 있다. 이러한 설문지 시스템은 MIT 캠퍼스 건물의 출입 카드 판독기와 연결되어 있다. 설문지에 대한 만족스러운 답변은 (최근 코로나19 검사의 음성 판정과 함께) 24시간 동안 ID 카드를 활성화하여 MIT 사무실이나 강의실에 들어갈 수 있게 해준다.

제너럴 모터스의 CEO인 메리 배라는 회사를 방문한 투자자들에게 "어떤 시설에 들어가고자 하는 사람은 누구든 자기 평가 설문지를

---

* 선별 검사는 다수의 대상자에서 어떤 질병에 걸렸을 가능성이 커 보이는 사람을 가려내는 검사다. 즉 실제 감염 여부를 검사하는 것이 아니라, 감염자가 흔히 보이는 특정 징후(예컨대 발열)를 보이는 사람들을 찾아내려는 목적으로 시행된다는 점에서 뒤에 설명할 바이러스 (항원) 검사 등과 차이가 있다.

작성해야 하며, 체온 검사를 받게 될 겁니다"라고 말했다.[27]

대체로, 코로나19와 관련한 과학 발전이나 각 검사의 비용 효율성 변화로 인해 실시하는 선별 검사의 종류가 바뀔 수 있다. 예를 들어 발열은 코로나19의 흔한 증상 가운데 하나지만, 병세가 심각한 유증상 환자 모두에게서 보편적으로 나타나진 않는다. 게다가 당연히 무증상 환자들은 열이 전혀 없다. 따라서 발열 모니터링은 실제로 공공장소에 있는 대다수 감염자를 놓치고 만다. 마찬가지로 확인서는 사람들이 자기 상태를 얼마나 솔직히 밝히는지에 따라 달라진다. 사람들은 집으로 돌아가려고, 임금이나 직장을 지키려고, 검역소에 갇히지 않으려고 의도적으로 거짓말을 할 수 있다. 감염자를 제대로 찾아내기 위해서는 좀 더 정교한 검사가 필요하다.

바이러스 검사

한센병 치료법이 없던 시대에, 성서는 한센병의 의학적 검사 절차와 격리 절차를 다음과 같이 기술했다. "만일 사람이 그의 피부에 무엇이 돋거나 뾰루지가 나거나 색점이… 생기거든 그를 곧 제사장 아론 Aaron에게나 그의 아들 중 한 제사장에게로 데리고 갈 것이오. 제사장은 그 피부의 병을 진찰할지니 환부의 털이 하얘졌고 환부가 피부보다 더 우묵하면 이는 고약한 피부병이니라. 제사장은 그를 진찰하여 그가 부정하다 선포할 것이다."(레위기 13:2-3)

아론이 한센병과 최전선에서 싸운 이후 수천 년 동안, 의학 검사는 지역 제사장의 주관적인 시선을 넘어서 진보해 왔다. 하지만 검사와 격리는 여전히 감염 확산을 늦추는 핵심적인 수단으로 남아 있다. 코로나19의 경우 코나 목에서 채취한 표본을 정밀 검사하여 활성 코로나바이러스 감염 여부를 확인할 수 있다. 현존하는 두 가지 검사 유형으로는 바이러스의 유전 물질을 찾아내는 역전사 중합효소 연쇄 반응-reverse transcription polymerase chain reaction(RT-PCR) 검사[28]와 바이러스 표면에 있는 특정 단백질을 검출하는 항원 검사가 있다. RT-PCR 검사는 실험실에서 진행하며, 최소 95%의 적중률을 보인다. 항원 검사는 훨씬 더 간단하고, 집에서도 할 수 있으며, 15분 안에 결과를 얻을 수 있다. 그러나 정확성이 떨어지며, 때에 따라서는 절반 내외로 잘못된 결과를 얻을 수도 있다.[29] 그러나 비용이 저렴하며, 여러 번 반복해서 (예컨대 매일) 검사하면 민감도*를 높일 수 있다. 예를 들어 만약 (민감도 50%인) 검사를 네 번 연속한 결과가 모두 음성이라면, 검사 대상자에게 바이러스가 없을 확률은 (각 검사와 결과가 독립적이라는 가정하에) 94%이다.

이상적인 세계라면 모든 인구가 빈번하게 코로나19 검사를 받을 것이고, 감염을 퍼뜨리기 전에 거의 모든 코로나19 환자를 잡아낼 것이다. 감염률은 크게 줄어들 것이고, 경제는 완전히 재개되어 모든 이가 평상시와 다름없이 살아갈 것이다. 그러나 앞서 말한 검사들은 만능이 아니다. 비용이 들며, 장비와 물자, 인력이 필요하고, 결과가 나오기까지 시간이 걸린다. 국가 차원의 검사 시도는 여러 국가에선 보유 자원을 (또는 정치적 의지를) 명백히 넘어서는 것이었고, 이는 바이러스가 확산하는 결과를 낳았다. 대기업과 기관, 정부의 당면 과제는 다른

---

* 양성 환자를 양성으로 판별할 수 있는 확률을 말한다. 즉 민감도sensitivity가 높은 검사일수록 양성 환자를 음성으로 잘못 판별할 가능성이 낮은 정확한 검사다. 한편, 특이도specificity는 음성 환자를 음성으로 판별할 수 있는 확률을 의미한다.

제3부. 적응이 필요하다

감염 관리 수단과의 연속선상에서 검사 빈도를 최적화하는 것이다.

MIT 대학 관계자들은 2020년 가을 다시 문을 열기 위한 노력의 일환으로서 캠퍼스로 돌아오는 학생 수를 제한했고, 그 밖의 수많은 조치와 함께 캠퍼스에 있는 모든 사람이 주 2회 코로나19 검사를 받도록 했다. MIT에서 이 검사 결과는 24시간 이내에, 대부분은 검사 당일에 통보된다. 이처럼 잦은 검사를 비롯해 접촉자 추적, 일일 확인서 제출, 마스크 착용 의무화, 사회적 거리 두기, 세척·소독 절차 등은 다시 문을 연다는 대학의 결정을 어느 정도 신뢰하게 해주었다. 나아가 대부분 수업은 온라인으로 이루어지고, 원격으로 진행할 수 있는 연구 프로젝트는 반드시 원격으로 진행하며, 캠프 내 실험실의 연구는 위에 언급한 지침을 따를 것이다. 이 책이 나올 무렵에는 MIT가 통제 불가한 바이러스 확산을 겪지 않으면서 제 기능을 다 하고 있길 바란다.

상태 증명

모든 조직이 직원이나 고객에게 궁극적으로 원하는 것은 그들이 감염자가 아님을 증명하는 무언가다. 예를 들어 아이슬란드는 바이러스를 통제하면서도, 코로나19에 걸리지 않았다고 증명할 수 있거나 입국 시 코로나19 검사를 받은 외국인 관광객의 입국은 허용하고 있다. 생체 식별 기술 회사 클리어Clear는 이 비즈니스 기회를 틈타 신속한 보안 검사를 제공하고 있으며, 이 프로세스를 더욱 빠르게 해줄 새로운 선별 검사 관련 제품을 출시하고 있다.[30] 등록된 사람들을 빠르게 검사할 수 있다면, 잠재적인 감염자도 빠르게 찾아낼 수 있다. 이는 관계 당국이 입국을 금지하고 격리가 필요한 사람들을 격리하며, 가능하다면 치료할 수 있게 해준다.

이론상, 백신을 접종했거나 이미 코로나19를 앓았던 사람은 이 질병에 면역일 수 있다. 즉 그것은 팬데믹과 무관하다는 증명으로서, 일종의 '면역 카드immunity card'로 여겨질 수 있다. WHO는 이미 예방 접종 내역을 문서화하고, 외국인 방문객에게 백신 접종을 요구하는 나라들에서 의료 여권으로 활용하도록 고안된 공식적인 예방 접종 카드('Carte Jaune카르트 쥔' 혹은 옐로 카드Yellow Card)를 가지고 있다.[31] 항체 검사는 (현재 감염 여부를 검사하진 않지만) 과거 코로나19 감염에 대한 면역 반응을 찾아낼 수 있으며, 일부 바이러스에서 그러한 항체의 존재는 향후 면역성을 암시할 수 있다. 2020년 8월 현재 WHO는 코로나19 면역과 관련한 과학적 연구가 아직 충분하지 않다고 보고, 소위 면역 여권에 대해선 회의적인 견해를 취하고 있다.[32]

'상태 증명'을 가장 광범위하게 사용하는 곳은 중국으로, 이들은 인기 플랫폼 알리페이Alipay와 위챗WeChat을 연동한 스마트폰 애플리케이션을 활용해 모든 사람의 여행 기록, 접촉자 내역, 생체 데이터를 추적한다.[33] 이 앱은 보건 당국이 스캔할 수 있는 컬러 QR코드를 표시하며, 녹색 코드는 자유롭게 출입할 수 있음을, 노란색 코드는 집에 7~14일간 격리되어야 함을, 빨간색 코드는 즉시 병원에 보고하여 14일간 격리되어야 함을 의미한다. 녹색 코드가 아닌 사람은 여행하거나 쇼핑몰에 들어가거나 공공장소를 이용할 수 없으며, 심지어 자신의 아파트 건물에 출입하는 것도 금지될 수 있다. 비록 누군가에겐 전체주의적이겠지만,[34] 이 시스템은 절대다수의 사람을 위해 경제가 완전히 재개될 수 있음을 의미한다. 2월 24일 중국 한 지역에서 열린 뉴스 브

리핑에서 따르면, 시민의 98.2%가 녹색 코드를 가지고 있었다.[35]

병자의 격리

앞서 언급한 것처럼, 구약성경은 한센병 검사를 의무화했을 뿐만 아니라 한센병 환자의 격리도 의무화했다. 일단 제사장이 '양성'으로 진단한 사람은 병을 앓는 사람이자 격리해야 할 사람으로 규정되었다. "그런 고약한 병에 걸린 사람은 누구든 옷을 찢고, 머리를 풀며, 윗입술을 가리고 외치기를 '부정하다! 부정하다!' 할 것이요. 병 있는 날 동안은 늘 부정할 것이라 그는 혼자 살되 진영 밖에서 살지니라."(레위기 13:45 – 46) 한센병 같은 병을 치료할 수 없었던 시대에 한센병 환자로서의 삶은 비참한 것이었다.

코로나19 바이러스에 양성 반응을 보이는 사람은 누구든 격리된다. 심각한 증상을 보이지 않는 한, 격리는 보통 생활 치료 환경에서 이루어진다. 이러한 생활 치료 환경은 집, 기숙사, 집단 격리 시설 등을 포함한다.[36] 일부 관할권은 여행객, 특히 코로나19 감염률이 높은 국가나 주에서 온 이들에게도 격리를 요구한다. 이런 여행객은 보통 지정된 장소(예를 들어 호텔 객실)에 머무르게 된다.

싱가포르, 중국, 대만과 같은 국가는 디지털 애플리케이션을 사용해 격리 조치를 시행한다. 이 앱은 격리된 사람이 머무는 곳을 벗어나면 관계 당국에 알림을 보낸다(홍콩의 전자 팔찌 의무 착용도 마찬가지다).[37]

실내 확산 줄이기

Reducing the Spread Indoors

어떠한 확인서나 발열 검사, 바이러스 검사도 100% 정확할 수는 없기에 (혹은 100% 정확하게 실행할 수 없기에) 안전 구역에 대한 기업의 두 번째 방어선은 구역 안에 들어온 감염자가 질병을 다른 이에게 퍼뜨릴 가능성을 줄이는 것이다. 이를 위해서는 바이러스가 어떻게 감염자로부터 (예컨대 공기를 통해서 또는 표면을 통해) 감염 가능성이 있는 사람에게로 이동하는지를 알아내고, 이를 차단해야 한다.

이봐, 물러서!

미국의 소프트웨어, 하드웨어, 서비스 기술 제공업체인 NCR을 비롯한 많은 기업에 있어서, 폐쇄 조치는 잔혹하고 간단한 귀결로 이어졌다. 모든 사람은 회사 건물을 벗어나 온라인 재택근무를 해야 했다. NCR의 기업 마케팅, 커뮤니케이션 및 대외 담당 임원인 마리자 지바노빅-스미스Marija Zivanovic-Smith는 이 변화를 다음처럼 설명했다. "2주 동안 사무실 인원의 95%를 내보냈습니다… 전 세계에 있는 약 2만 2천에서 2만 3천 명의 직원을 안전하게 집에서 일하도록 해야 했던 거죠. 이런 변화에도 업무는 정지하지 않았으며, 은행과 식당, 소매업체를 위한 상거래도 계속 이어졌습니다."[38]

이와 대조적으로, 사무실을 다시 여는 것은 훨씬 복잡한 문제를 동반한다고 지바노빅-스미스는 설명했다. "[재개를 위해] 현장 준비를 완료하려면 직원들이 건물과 사무실에 드나들고 이동하는 동선을 새

제3부. 적응이 필요하다

로 짜야 합니다. 그걸 어떻게 단속해야 할까요? 먼저 사무실로 돌아와야 할 직무는 무엇이며, 왜 그래야 할까요? 물리적 거리 두기를 어떻게 관리하죠? 좌석과 실험실 공간, 공용 공간 등등은 어떻게 분배해야 할까요? 청소, 냉·난방과 환기, PPE는 어떻게 하죠? 현장을 운영할 준비를 마치기 위해 우리가 완수해야 할 일만 대략 69개에 달했습니다. 게다가 마지막엔 비용도 계산해야 했죠."[39]

코로나19와 함께 살며 일하는 이 뉴 애브노멀은 너무나 새로운 (게다가 그다지 정상적이진 않은) 것이었기에, NCR은 시범 프로젝트가 필요하다고 판단했다. NCR의 세르비아 및 유럽·중동·아프리카 대외 담당 매니저인 스테판 라자레빅Stefan Lazarevic이 그 과정을 설명했다. "현장 준비가 완료되었다는 것은 현장을 100% 완벽히 준비할 수 있는 분명한 계획과 일정을 세웠다는 것을 의미합니다. …우리는 시범 준비를 거쳤습니다. 리더들이 먼저 사무실에 나와서, 모든 직원이 사무실에 나올 수 있을지, 모든 것이 제대로 준비되어 있는지 확인했죠. 그 다음 주부터 중요 업무를 담당한 직원들이 사무실로 복귀했고, 필요에 따라 최대 40%까지 인원수를 늘렸습니다."[40]

거리 두기 요건은 고객이 방문하는 공간에 훨씬 더 큰 영향을 준다. 소매업체와 식당, 오락 시설은 같은 공간 안에 있을 수 있는 고객의 수를 제한하고, 고객 사이에 간격을 두거나 물리적으로 칸막이를 설치하거나 시간별 예약을 받는 등 고객들을 서로 떨어뜨려 놓아야 한다. 팬데믹 이전에 소매업체는 쇼핑객이 오래 머물며 여기저기 둘러보고 물건을 고르기를, 그러면서 더 많은 걸 사기를 바랐다. 코로나19가 강타하고 동시 쇼핑객 수가 제한되자, 소매업체는 쇼핑객이 매장을 빠르게 오가도록, 즉 금방 물건을 고르고 나가도록 유도했다. 매장 안에 있는 동시 쇼핑객 수를 최소화하는 한편, 하루 전체 쇼핑객 수는 최대화하려는 것이었다.

거리 두기나 기타 팬데믹 대응책이 원활하도록 기술적 솔루션을 이용할 수도 있다. 사법 기관은 항공 드론을 이용해 거리 두기나 마스크 쓰기, 검역 위반을 감시하며, 심지어 열이 있는 사람도 식별하고 있다.[41] 싱가포르는 공원을 순찰하며 거리 두기를 규제하는 로봇 견을 테스트 중이다.[42] 아마존은 물류 창고 직원들이 착용하는 근접 경보 장치를 시험 중인데, 착용자들이 너무 가까워지면 경보가 울린다.[43] 카메라와 센서, 무선 연결 그리고 AI는 좀 더 정교한 모니터링을 가능하게 한다.

접촉하지 않는 접촉

볼에 하는 유럽식 키스여, '안녕히 Au revoir.' 전통적인 악수도 이제는 머리만 끄덕이는 걸로 바뀌었다. 잠재적 감염을 피해야 한다는 절박함은 하이파이브처럼 근래 생긴 인사는 물론, 수 세기 동안 이어진 사회적 관습도 뒤엎었다. 그 빈자리는 고개 끄덕이기, 가슴에 손 얹기, 합장하기, 그 외 접촉이 없는 손동작이나 발동작이 채워가고 있다.[44]

영리한 제조사들은 손을 사용하지 않고 문을 열 수 있도록 도와주는 혁신적인 소형 장치를 많이 개발해 왔다. 예를 들어 문 아래 설치해 발로 누르는 페달 등이 있다.[45] 소비자들은 계산원과 포장원이 구매품을 만지지 않도록 셀프 계산대를 이용할 수 있다. 엘리베이터에는 스마트 스피커 시스템이 설치되었다. 개인 스마트폰 사용자는 화면을 만지지 않고도 기기를 사용할 수 있다. 식당은 메뉴와 연결된 QR코드를 게시했고, 상점은 카드를 가져다 대기만 하면 결제할 수 있는 시스템을 구축했다.

저기 마스크 쓴 사람 누구야?

일터로 복귀하는 직장인의 다수는 마스크를 착용해야 할 것이다. 2020년 봄까지 세계 경제 포럼의 설문 조사에 참여한 기업의 절반 이상(51%)이 직원 PPE 사용을 의무화하고 있었다.[46] 그러나 이에 관해서도 많은 문제가 논의되고 있다. 고용주가 마스크를 제공해야 하는가? 언제 어디서 언제 착용해야 하나? 직원들이 착용을 거부한다면? 미국 연방법의 기이한 점은 고용주가 직원에게 얼굴 가리개를 제공하거나 적절한 사용법을 교육할 수 없다는 것이다. 얼굴 가리개는 착용자가 아닌 다른 사람을 보호하기 위한 것이기 때문이다.[47] 한편, 마스크 착용을 요구하는 기업이라도 미국 장애인법을 고려하여 장애가 있는 근로자에게는 편의를 제공해야 한다. 그러나 그 편의가 다른 직원에게 위험을 유발한다면, 고용주는 이 요건에서 면제될 수 있다.[48]

2020년 4월 3일, 미국 CDC는 모든 사람이 공공장소와 물리적 거리 두기를 유지하기 어려운 곳에서 안면 마스크를 착용할 것을 권고한 바 있다.[49] 미국 연방 정부는 마스크 착용을 자발적인 것으로 간주하지만, 몇몇 주는 안내원이나 종업원처럼 대중을 상대하는 직원에게 마스크를 착용하도록 요구한다. 일부 주와 많은 회사, 기타 조직은 실내에서 (식사 시간 등 제외하고) 항상 마스크를 착용하도록 요구하기도 한다. 중국은 봉쇄 조치를 벗어났지만, 공공장소에서 마스크를 쓰지 않는 것을 여전히 위법 행위로 간주한다.

　일본의 사례는 마스크 착용의 잠재적 효과에 있어 주목할 만한 하다. 2020년 6월 30일 기준 일본의 코로나19 사망률은 인구 10만 명당 0.8명에 불과했다. 미국은 이보다 50배는 더 심각했다.[50] 이는 일본의 밀집된 도시, 중국과의 근접성, 강력한 봉쇄 조치를 한 번도 시행한 적 없음에도 불구하고 그랬다. 이에 대해 일본인의 두 가지 특징에 주목할 수 있다. 첫째, 일본의 식단은 (높은 흡연율에도 불구하고) 면역 체계를 향상시킬 수 있다. 일본은 세계에서 1인당 노인 인구가 가장 높다는 것이 그 증거일 것이다. 둘째, 일본인은 마스크를 착용하는 데 익숙하다. 조사 대상 (20~50세) 기업인의 90% 이상이 국가 비상사태가 해제된 후에도 공공장소에서 마스크를 착용했다고 밝혔다.[51] 나아가 코로나19 사망률에 영향을 미치는 요인을 다룬 일본의 한 연구는 마스크 착용이 가장 중요한 요소로 제시했다. 연구에 따르면 사망률이 감소한 원인의 70%가 마스크 덕분이었다.[52]

청소와 살균

　팬데믹의 공포는 흔히 위생의 발전을 촉진했다. 흑사병은 유럽의 각 정부가 거리 청소와 시체 처분, 급수 관리 등을 더 엄격히 통제하도록 만들었다.[53] 1889년 독일의 한 의사가 콜레라 팬데믹과 싸우면서 라이솔Lysol 소독제가 개발되었다.[54] 1918년 독감 팬데믹은 공공장소에 침을 뱉는 행위를 제재하는 이유가 되었다.

　오늘날, 여러 로봇 제조사가 밝은 자외선이 지닌 살균력을 이용해 방이나 홀, 매장 복도를 자동으로 살균해 주는 로봇을 제작하고 있다.[55]

제품 제조사들은 장기적으로 더 나은 재료와 영구적인 표면 처리를 활용해 노동력을 많이 들여 청소하지 않고도 병원균을 무력화할 방법을 찾고 있다.

고객을 위한 안전 구역은 그곳이 고객에게 안전하다는 점만을 확실히 하는 걸로는 부족하다. 핵심은 고객 자신이 그곳을 안전하다고 느껴야 한다는 것이다. 예컨대 델타 항공의 서플라이 체인 관리 담당 임원인 헤더 오스티스는 자사가 어떻게 퓨렐Purell과 제휴하여 승객에게 소독 제품을 제공했는지 설명했다. "팬데믹 초기에 CEO인 에드 바스티안이 세운 델타의 전략은 안전에 집중하는 것이었습니다. 비행 내내 고객과 직원 스스로가 자신이 안전하다고 확신할 수 있도록 델타 케어 스탠다드^{SM}Delta Care Standard^{SM}라는 청결 기준을 추가하였습니다. 새로운 청소·살균 절차부터 퓨렐, 라이졸, 메이오 클리닉Mayo Clinic 등 수많은 파트너십에 이르기까지, 각 이니셔티브와 파트너십은 고객에게 신뢰를 심어주기 위한 것입니다. 퓨렐과의 제휴를 예로 들면, 각 고객은 비행기에 탑승하면 좌석 팔걸이나 안전띠, 개인용 스크린 등을 닦을 때 사용하는 퓨렐의 살균 물티슈를 개별로 받습니다. 물론 우리는 전용 세척 솔루션으로 정전식 분사 방역을 시행합니다만, 퓨렐 살균 물티슈란 형태로 더해진 청결 기준은 여행객의 안전과 편안함을 한층 더 높여줍니다."[56]

환기

아픈 건물을 돕는 환기는 아픈 코로나19 환자를 돕는 인공호흡기만큼이나 중요할 것이다. 악명 높은 1974년의 한 사례를 보면, 홍역에 걸린 어린이 한 명이 예방 접종을 받은 학생이 97%에 달하는 14개 학급에서 28명의 학생을 감염시켰다. 여과되지 않은 바이러스로 가득한 공기가 학교 건물의 환기 시스템을 통해 나머지 학생들에게 순환한 것이다.[57] 인플루엔자 전염에 관한 2019년 연구에 따르면, 건물 환기 시스템에 실외 공기를 유입하면 거주자 50~60%를 예방 접종하는 것과 동일한 감염 감소 효과가 나타난다.[58] 미국 CDC는 사무실 업무 재개 지침에서 "가능하면 창문과 문을 열고 환기구를 사용하여 실외 공기를 최대한 많이 순환시킵니다"라고 권고했다.[59]

델타 항공은 다음과 같은 발표로 항공 여행을 독려하고자 했다. "델타 항공의 모든 국제선 대형기와 737, 757, A220, A319, A320, A321 등 많은 소형기는 최첨단 환기 시스템을 장착하고 있습니다. 고온 압축기와 오존 정화기가 신선한 외부 공기를 살균하고, 산업용 헤파 필터를 거쳐 순환하는 기존 실내 공기에 유입합니다. 헤파 필터는 0.01 μm 정도로 작은 최소형 바이러스도 99.999% 이상 잡아냅니다. 코로나 바이러스 역시 그 크기가 0.08~0.16μm 정도이므로, 이 헤파 필터가 걸러냅니다. 델타의 717 여객기는 100% 신선한 공기를 제공합니다."[60]

바이러스 억제하기

Controlling the Virus

"만약 직원 한 명이 코로나 검사를 받았는데 그 사람에게 영향받은 다른 직원이 십여 명이나 될 수 있는 것으로 밝혀진다면, 여러분은 사회적 거리 두기를 제대로 하지 않은 것입니다." 제너럴 밀스의 서플라이 체인 및 글로벌 비즈니스 솔루션 총책임자인 존 처치는 말을 이어갔다. "그걸 충분히 진지하게 받아들이지 않은 것이죠. 이는 중요한 교훈입니다."[61] 전례 없이 커지는 미지의 팬데믹처럼 복잡하고 진화하는 위험을 억제하는 데에 있어서 피드백은 핵심적인 역할을 한다. 새로운 감염자 수의 세심한 측정은 마스크 착용, 거리 두기, 건강 모니터링, 슈퍼 전자파 발생 지점 찾기 등의 바이러스 억제 정책에 피드백 루프를 제공한다. 기업의 환자 수 모니터링은 통상 코로나19 기업 대시보드의 일부로서, 자사 내 환자와 지역사회 내 환자를 모두 포함한다. 성공 여부는 새로운 감염을 줄이고, 결국 제거하는 데 달려 있다.

그러나 이 모든 것에는 비용이 든다. 안티바이러스 정책을 구현하려면 시간과 돈이 필요하며, 특히 직원이 많거나 고객이 많은 B2C 기업에서는 더욱 그렇다. 팬데믹 관리는 원자재 비용을 추가하고 PPE를 세척하고 관리하는 등 직원들에게 새로운 일상 업무를 부여한다. 더 중요한 점은, 거리 두기 프로토콜 때문에 공장이나 물류 창고, 터미널과 같은 시설의 생산성이 감소할 수 있다는 것이다. 대부분은 더 많은 교대 팀이 필요할 것이다. 직원 밀도를 줄인다는 것은 일반적으로 교대 팀 하나당 직원 수가 적어짐을 의미하기 때문이다.

그러나 감염을 우려하는 이 시대에, 소매업체는 자신의 공간에 안전 구역을 만들어 경쟁 우위를 점할 수 있다. 나는 이를 (거의 모든 일에서 그러하듯) 아내에게서 배웠다. 25년간 아내는 인기 있는 동네 미용사의 단골이었다. 하지만 그 미용실이 자신의 안전을 충분히 진지하게 여기지 않는다는 걸 알고는 실망했다. 예를 들어 이 미용실은 아직도 헤어드라이어를 사용해 머리를 말렸다. 호흡기 분비물과 바이러스 입자를 밀폐된 공간 안에 퍼지게 하면서 말이다. 원장은 이런 아내의 걱정을 덜어주려 하지 않았다.

이들의 안전 의식 부족 때문에 아내는 새 미용실을 찾아 나섰다. 보스턴의 뉴베리 거리 주변에는 8개 블록에만 50개 이상의 미용실이 있다(교차로에는 훨씬 더 많다). 당연히 경쟁이 치열하다. 아내가 찾은 새 미용실은 그녀가 다른 손님이 없는 아주 이른 아침에 이용할 수 있는, 그러니까 유일한 손님이 될 수 있는 곳이었다. 게다가 이 미용실은 일주일 내내 하루 16시간 문을 여는 대신 한 번에 소수의 고객에게만 제한적으로 서비스를 제공했고, 엄격한 살균 과정을 도입했다. 알고 보니 새로운 미용사의 솜씨도 아내의 머리 스타일에도 훨씬 잘 맞았다. 아내는 결코 예전 미용사에게 돌아가지 않을 거다. 25년간의 개인적·전문적 관계를 잘라 버리는 건 쉬운 일이 아니다. 이는 안전을 염려하는 고객에게 안전 구역을 제공할 때의 이점을 행동으로 보여 주는 사례일 것이다.

물론 미용업이 안전을 두고 경쟁하는 유일한 비즈니스는 아니다. 야외 테이블을 광고하는 식당부터 투명 아크릴 가림막을 홍보하는 체육관까지, 모든 서비스 중심 기업은 '가장 안전한 구역'이 되고자 경쟁하고 있다. 그러나 항공사들은 비행 안전을 두고 절대 경쟁하지 않는다. 이들은 대중의 마음속에 비행 안전에 대한 의구심을 일으키는 것이 전체 업계를 해칠 수 있다는 점을 이해한다. 하지만 팬데믹 동안 (칸막이가 있는 큰 좌석에 대한 광고처럼) 안전함을 광고하는 것과 편안함을 광고하는 것의 경계가 모호해졌다. 예컨대 델타 항공은 자사가 비행기 중간 좌석의 예약을 차단한다는 사실을 광고하며, 알래스카 항공

Alaska Airlines이나 제트블루 항공JetBlue도 마찬가지다. 이들 항공사는 중간 좌석의 예약을 차단함으로써 사람으로 가득찬 비행기를 걱정하는 잠재적 승객 사이에서 경쟁 우위를 점할 수 있다고 자신한다.

회사의 (혹은 지역사회의) 코로나19 환자 수는 이들의 바이러스 억제 성과를 측정하는 점수판과 같으며, 이는 이해 관계자들의 신뢰를 높이는 데 유용하다. "충분히 많은 국가가 이 질병을 통제할 수 있다면, 우리는 전 세계적 규모의 2차 발병을 억제할 수 있을 겁니다." 오스트리아 정부의 고문이자 빈 의과대학 이사인 마르쿠스 뮐러Markus Müller 교수의 말이다.[62] 더 많은 감염과 폐쇄 조치의 위협을 극복하는 것은 분명 케인스가 말한 '야성적 충동'을 만족시켜 세계 경제를 더 활발하게 만들 것이다.

멋진 재택 사무실

Cool Home Offices

자택 대기 명령과 거리 두기 제한의 조합은 사무실 업무가 이루어 지는 방식과 장소를 완전히 뒤집어 놓았다. 바이러스는 사람들이 평상 시 작업장에서 벗어나 이런저런 방식으로 집에 임시 사무실을 꾸리게 했다. 직원들이 커뮤니케이션하고, 공유하고, 협업할 수 있는 애플리 케이션이 새로 주목받았다. 예컨대 서로 모여 새로운 시스템을 개발하 며 각자의 아이디어를 테스트하고 협업하는 엔지니어들 곁에는 항상 커다란 화이트보드가 있었다. 많은 회사가 이를 원격으로 할 수 있도 록 온라인 세션에서 작동하는 반응형 화이트보드 애플리케이션을 개 발했다.[1]

일부 직원은 재택근무를 좋아했고, 회사도 재택근무가 일부에게 비용 효율적인 전략일 수 있음을 깨달았다. 그러나 인력 관리를 포함 한 여느 것과 마찬가지로, 이런 변화는 복잡한 장단점과 우선순위 문제를 수반한다. 기업은 직원들이 생산적이고, 동료들과 사회적으로 뒤섞이며, 일과 삶의 균형에 만족하도록, 그럼으로써 회사가 숙련된 직원과 전문성을 유지할 수 있도록 애썼다.

재택근무
Working from Home

미국 연방 준비은행의 자료에 따르면, 미국이 폐쇄 조치를 내리면서 재택근무가 (2019년 10월 7%에서 2020년 3월 41%로) 여섯 배 가까이 증가했다.[2] 마찬가지로 세계 경제 포럼의 조사에서도 기업의 40%가 코로나19 사태 동안 직원을 보호하기 위해 재택근무를 의무화한 것으로 나타났다.[3] 인력을 재택 사무실로 옮기려는 노력을 한계까지 밀어붙인 회사들도 있었다. 예컨대 보험 회사인 네이션와이드Nationwide는 직원 2만 7천 명의 98%를 재택근무로 전환했다.[4] 팬데믹이 채찍질한 결과였다. 팬데믹 이전에 네이션와이드의 재택근무 직원 비율은 20%였다.

코로나19는 여러 기술적 변화 자극했고, 이에 따라 재택근무로 전환하는 속도가 더욱 빨라졌다. VPN과 클라우드 저장소, 영상 채팅 애플리케이션, 온라인 협업 도구 등의 기술이 빠르게 보급되면서 많은 화이트칼라 직원이 사무실 근무에서 재택근무로 신속히 전환할 수 있었다. "코로나19는 우리의 일과 삶 모든 측면에 영향을 주었습니다." 마이크로소프트의 CEO인 사티아 나델라Satya Nadella는 말을 이어갔다. "2년치에 해당하는 디지털 전환이 2개월 만에 일어나는 걸 목도했죠."[5]

5G 통신망[6]이나 Wi-Fi 6[7] 같은 최신 통신 표준은 '어디서나 일하기' 시나리오를 더 빠르게 실현해 줄 것으로 보인다(14장, 239쪽 참조). 이 무선 기술들은 범위가 상대적으로 작고 사용자와 기지국 사이에 장애물이 있을 경우 방해받기 쉽다는 등 단점이 있긴 하지만, 밀리미터파를 사용한 매우 빠른 속도를 보장한다.[8] 물론 이러한 기술을 위해선 새로운 네트워크 인프라와 최종 사용자 장치 등에 투자할 필요가 있다. 하지만 코로나19로 가정과 기업 모두의 고속, 고용량 서비스 수요가 증가했다.[9] 이는 팬데믹이 기존 추세를 더 빠르게 만든 또 하나의 사례다.

이러한 동향은 다른 제품의 판매에도 박차를 가했다. 재택근무, 재택 학습, 홈쇼핑, 홈 트레이닝, 가상 채팅으로의 전환은 웹캠과 모니터, 책상, 장난감, 게임, 피트니스 장비와 같은 제품 전체에서 상당한 수요를 창출했다. 월마트 전자 상거래 서플라이 체인 및 재고 관리 담당 임원인 데니스 플린Dennis Flynn은 이렇게 말했다. "제일 먼저 상승하기 시작한 것 중 하나는 스포츠용품이었습니다. 사람들이 헬스장 다니는 걸 그만두고 있었으니까요. 헬스장도 문을 닫고 있었고 말입니다. 우리가 가진 운동용품과 피트니스 장비의 재고가 거의 매진되었습니다."[10] 마찬가지로 사람들이 가정용 컴퓨터를 업그레이드하면서 인텔의 매출도 급증했다.[11] RV나 트레일러를 사는 직원들도 있었다. 산만하지 않은 재택 사무실 공간이자, 코로나19로부터 안전하게 여행하기 위한 수단이라는 두 가지 임무를 맡기기 위해서였다.

그렇지만 사람들이 정말 일을 할까?

But Are People Working?

근로자와 고용주는 많은 업무가 책상에 묶여 있어야만 생산성이 높아지는 게 아니란 걸 알게 되었다. 네이션와이드의 CEO인 커트 워커Kirt Walker는 "10가지 핵심 성과 지표에 따라 직원들은 자기 일일 업무를 모니터링할 수 있고, 그들의 상사도 마찬가지입니다"라고 설명했다. 이러한 접근 방식은 근로자의 노동 투입(업무 시간)이 아니라 그 산출물(업무 결과)을 데이터 중심으로 평가하는 트렌드와 결을 같이한다. "우리는 사람들이 일에 얼마만큼의 시간을 들였는지를 설명하라고 하지 않습니다. 대신 성과 지표에 따라 자신이 얼마나 좋은 성과를 냈는지를 설명하라고 합니다"라고 워커는 말한다.[12]

데이터는 재택근무가 많은 이에게 성공적이란 사실을 증명했다. "핵심 성과 지표를 모두 살펴봤지만, 아무런 변화도 없었습니다." 워커는 말했다. "직원들에게서 '회사가 전부 집에서 일하라고 하지 않았다면, 우린 아무것도 몰랐을 겁니다'라는 말을 계속 듣고 있습니다." 많은 기술 회사가 재택근무 정책을 연장했다. 페이스북Facebook, 구글, 트위터는 최소 1년이나 그 이상 재택근무를 시행할 계획이다.[13]

플렉스의 린 토렐도 워커의 생각에 동의한다. "줌Zoom 회의와 정기통화, 조율된 커뮤니케이션과 함께하는 재택근무 환경에서 얼마나 효율적으로 일할 수 있는지 모두가 잘 알게 되었다고 생각합니다. '당신이 일하는 걸 볼 수 있도록 8시부터 5시까지 사무실에 있어야 해'라는 관점은 바뀔 수 있습니다. 이로 인해 재택근무나 원격 근무에 대한 인식도 바뀔 것으로 생각합니다."[14]

다른 회사들은 재택근무의 생산성 차이에 주목했다. 애플의 CEO
인 팀 쿡Tim Cook은 "회사의 어떤 영역에 속한 사람들은 훨씬 더 생산적
일 수 있습니다. 일부 다른 영역에서는 생산성이 떨어지기도 합니다.
즉 역할이 무엇이냐에 따라 달라집니다"라고 말했다.[15] 예컨대 NCR과
뉴발란스가 나와의 인터뷰에서 밝히길, 기술자와 엔지니어는 기술에
정통한 지식 근로자일지라도 업무를 위해 전문 설비와 실험실 장비를
사용하고, 시제품 워크숍에 참여하고, 제조 시스템에 접근해야 할 때가
많다.

글로벌 워크플레이스 애널리틱스Global Workplace Analytics의 사장인 케
이트 리스터Kate Lister에 따르면, "지난 20년간 원격 근무의 가장 큰 걸림
돌은 직원을 신뢰하지 않는 중간 관리자였다."[16] 직원을 불신하는 이들
관리자 가운데 일부는 직원의 컴퓨터 화면을 캡처하거나 의심스러운
단어를 모니터링하거나 직원이 방문하는 웹 사이트나 앱을 추적하는
이른바 태틀웨어tattleware*의 도입을 주장하기도 했다. 심지어 어떤 회사
들은 직원을 감시하기 위해 상시 웹캠과 여러 번의 일일 업무 체크가
필요하다고 주장하기까지 했다.[17] 시간이 지나면 이러한 관행이 더 보
편화될지, 관리자들이 재택근무 형태에 익숙해지면서 신뢰 격차가 점
차 해소될 것인지 알 수 있을 것이다.

사무실에 오는 것은 대체로 고용주와 직원 모두에게 큰 비용이 든

---

* 직역하자면 '고자질쟁이' 소프트웨어. 우리나라에서는 대개는 그냥 직원 감시 프로그램이라 부
르거나 보스웨어bossware란 표현을 더 많이 사용하는 편이다.

제3부. 적응이 필요하다

다. 글로벌 워크플레이스 애널리틱스는 생산성 향상, 부동산 비용 감소, 결근율과 이직률 감소, 재해 대비 개선 등으로 인해, 업무 시간의 절반을 원격으로 근무하는 직원 한 명당 고용주가 연간 1만 1천 달러를 절감할 수 있을 것으로 추정한다. 또한 업무 시간의 절반을 재택에서 근무하는 직원은 출퇴근, 주차, 식비(가계비 순액)를 절감하여 연간 2천 5백에서 4천 달러를 절약할 수 있다고 추정한다. 나아가 직원들은 하루 평균 한 시간의 출퇴근 시간도 절약할 수 있다.[18]

여러 조사와 이야기가 재택근무의 장밋빛 그림을 보여 주긴 하지만, 이들 분석의 토대를 이루는 가정 역시 100% 확실하진 않다. 첫째, 사무실을 떠난 후 직장을 잃을지도 모른다는 피해망상이 생길 수 있고, 관리자와 동료 직원에게 일하는 모습을 보이고 싶어 하는 직원도 있을 수 있다. 둘째, 회사는 근로자들이 서로 직접 만나는 일이 거의 없다면 조직 문화가 응집력을 잃는 것은 아닐지 걱정할 수 있다. 마지막으로, 기업은 (비록 현재와 같은 클라우드와 커뮤니케이션 기술이 보편화되기 전이지만) 전에도 이런 시도를 해본 적이 있다는 걸 기억하자. 뱅크 오브 아메리카Bank of America와 IBM, 애트나Aetna, 특히 야후Yahoo 등의 기업은 한동안 재택근무를 도입했다가 다시 직원들을 사무실로 불러들였다.[19]

괴로운 나 홀로 집에
A Crazy Time to Be Home Alone

내향적인 사람은 집에서 평화롭게 일하면서 행복해하고, 외향적인 사람은 일상적인 대인 접촉이 부족하면 괴로워한다는 식의 농담은 고정관념에 따른 것일지도 모른다. 하지만 이는 팬데믹이 근로자의 심리적 안녕에 미치는 영향의 차이에 관한 힌트를 준다. 이 책의 인터뷰에서 임원들은 말하길, 일부 직원은 실제로 재택근무를 선호한다. 업무에 집중할 수 있고, 일과 삶의 균형을 맞출 수 있으며, 출퇴근 시간을 절약해 주기 때문이다. 하지만 집에서 일하기 싫어하는 직원들도 있다. 이들은 사회적 참여, 일상생활의 리듬, 시설 등을 위해 하루빨리 사무실로 돌아가고 싶어 한다. 바스프의 부쉐는 "이제는 사무실에 있을 필요가 있는 [사람이] 몇 명이나 될지 고민하고 있습니다"라고 말했지만, 또한 다음과 같이 덧붙였다. "직원들이 집에서 일하거나 모바일로 일할 때가 많아질수록, 사회적 팀워크가 절실하다는 심각한 징후를 보이는 사람도 많아졌습니다."

코로나19는 지금까지 많은 사람이 일과 가족, 복잡한 삶을 대했던 일상적 절차와 의례를 뒤엎었다. 이 뉴 애브노멀에서는 가정 내에서 직업 정신과 조직 문화, 사회적 유대를 촉진하는 새로운 일상적 절차와 의례가 나타날 것이다. 예를 들어 일상적 업무 절차를 모방하기 위한 한 가지 작은 팁은 작업복을 (아니면 최소한 화상 회의를 위한 멋진 셔츠를) 입는 것이다.[20] 가족에게 지금이 일하는 시간임을 알릴 수도 있고 말이다. 일부 기업은 브레이크룸Breakroom이나 워크어바웃Walkabout같은 새 플랫폼을 이용하기 시작했다. 비디오 게임처럼 사무실의 가상 복제본을 만들어 원격 근무자에게 '근무 중'이라는 느낌을 주는 한편, 책상이나 회의실에서 동료 직원의 아바타를 볼 수 있도록 하기 위함이다.[21]

사라진 동료애를 가상 소셜 이벤트로 채우려 한 기업들도 있다. 플렉스의 토렐의 말을 들어 보자. "팀에 피로가 쌓이는 것이 점점 걱정되기 시작했습니다. 그래서 월요일에 실제로 휴식 시간을 만들었습니다. 월요일 4시마다 게임을 했는데, 팀원들이 돌아가면서 작은 게임들을 주관했죠. 제가 일을 너무 많이 하거나 일 얘기를 너무 많이 하면, 팀원들은 게임에서 저를 못살게 굴었죠." 다른 여러 조직도 픽셔너리Piction-ary나 스캐빈저 헌트scavenger hunt 같은 게임을 하는 모임을 매주 만들었다. 그러나 재택근무 기간이 길어지면서 이런 모임도 점차 드물어졌다. 온라인 게임이 주었던 처음의 흥분과 새로움이 사라졌기 때문으로 보인다.

이처럼 근본적으로 새로운 환경과 코로나19에 대한 우려로, 만성적인 불안과 우울이 전례 없이 높아졌다.[22] 근로자의 스트레스를 줄이기 위해 구글 등의 회사는 7월 4일 미국 독립 기념일 전후로 직원들에게 회의 없는 업무일과 추가 휴가를 주었다. 존슨앤존슨의 전 세계 소비자 건강 서플라이 체인과 배송 담당 임원인 메리 스티븐스은 이렇게 했다. "존슨앤존슨는 모든 직원이 메모리얼 데이 전후 금요일부터 월요일까지 이메일은 물론 아무것도 신경쓰지 말고 쉬어야만 한다고도 발표했습니다. 이 소식에 전 세계 모든 직원이 기뻐했죠."[23] 세계 경제 포럼이 2020년 봄 시행한 조사에 따르면, 47%의 기업이 직원을 돕고자 정신 건강에 관한 조언을 제공했고, 39%는 팬데믹 동안 직원에게 자발적인 무급 휴가를 제안했다.[24]

어디서든 살아보기

Living Wherever

"전 20년이 지나도록 한 세대가 계속 같은 도시에 얽매여 있진 않으리라 예상했습니다… 멀리 떨어진 곳에서 일하며, 어디서든 살아갈 수 있다는 사실을 사람들이 깨달을 거라고요." 에어비앤비Airbnb의 CEO인 브라이언 체스키Brian Chesky는 말을 이어갔다. "하지만 그런 일이 두 달 만에 일어나게 될 줄은 전혀 몰랐습니다."[25] 실리콘 밸리처럼 물가가 비싼 지역의 기술직 근로자에게 있어 재택근무는 과도한 임대료와 감당할 수 없는 부동산 가격, 지겨운 출퇴근에서 벗어날 수 있는 좋은 방법으로 여겨진다. 한 기술자는 "여기에 머무를 이유가 없는 이상, 이 정도 집세를 계속 낸다는 건 말이 안 되는 일이죠"라고 말했다.[26] 이들은 하와이, 새크라멘토, 미시건, 미국 시골 지역, 그밖에 세계 어디로든 이사할 수 있다. 전 세계를 망라하는 새로운 위성 광대역 서비스의 출시로 원격 근무는 훨씬 더 쉬워질 것이다.[27]

전체 근로자의 약 37%는 재택근무를 할 수 있으며, 사무 지원직 등의 몇몇 직무 범주에서는 67%가 원격 근무를 할 가능성이 있다.[28] 원격 근무는 직원의 거주지 선택에 더 큰 자유를 주며, 부부 중 한 명이 멀리 있는 새 직장을 얻었을 때 이를 따라가기 위해 다른 한 명이 자기 직업을 포기해야 할지 더는 걱정할 필요가 없게 해준다.

또한 이 새로운 재택근무 역량은 최고의 인재가 어디 있든 기업이 그를 활용할 수 있게 해준다. 더 중요한 것은, 전 세계적으로 증가하는 민족주의와 관세, 무역 제한에도 불구하고, 이런 새로운 기술 역량과

제3부. 적응이 필요하다

회사의 원격 근무 프로세스는 노동력의 새로운 세계화로 이어질 수 있다는 점이다. 언론 대부분은 미국과 유럽의 제조업이 리쇼어링reshoring* 할 것으로 예상하지만, 이는 어디까지나 제한된 규모로만 일어날 것이다(17장, 270쪽 참조). 동시에 고임금의 화이트칼라 직장인들은 전 세계 어디서든 높은 삶의 질을 제공하는 장소를 찾을 수 있다.

이런 트렌드는 높은 급여를 받는 첨단 기술직 근로자에게 어필하려는 국가의 관심을 끌고 있다. 바베이도스는 1년 비자를 발급하고 소득세를 면제해 주는 '웰컴 스탬프Welcome Stamp' 프로그램을 시작했다.[29] 에스토니아도 사람들이 오랫동안 기다린 '디지털 유목민Digital Normad' 비자 프로그램을 시작했다.[30] 독일과 조지아, 코스타리카 등은 프리랜서를 위한 비자 프로그램을 제공하고 있다.[31] 사람들의 관심이 커지면서, 포르투갈의 '황금 비자golden visa'** 프로그램의[32] 신청 건수는 2020년 5월 거의 세 배 증가했다.[33]

---

* 해외에 진출한 제조 기업이 다시 국내로 돌아오는 것을 말한다. 인건비 등의 문제로 공장을 해외로 옮기는 오프쇼어링offshoring과 반대되는 개념이다.

** 부동산 등에 일정 금액을 투자하고 일련의 조건을 만족하면 시민권을 발급한다. '투자 이민'이란 이름으로 미국, 영국, 호주 등에서 오래 유지된 정책이며, 재정 위기를 겪은 그리스, 포르투갈, 스페인 등의 국가에서도 외국인 투자자 유치를 위해 시행한 바 있다.

결코 예전 같지 않을 고등 교육

Higher Education May Never Be the Same

교실 교육은 코로나19를 비롯한 병원균을 퍼뜨리기에 맞춤 제작된 것 같다. 교실 교육은 다른 가정에서, 종종 전 세계에 온 많은 사람이 같은 방에 한 시간 동안 모여 있다가, 또 다른 가정에 온 많은 수의 사람이 모여 있는 방으로 가기 위해 흩어지는 것을 특징으로 하기 때문이다. 수업 외에도 학생들은 점심을 먹거나 특별 활동을 하면서 더 많은 사람과 어울리며, 대학생이라면 사람으로 꽉 들어찬 기숙사에 살며 밤새 파티를 즐기기도 한다. 비유컨대, 어린아이의 부모라면 누구나 알겠지만, 아이들은 숙제 말고 다른 것도 집에 가져온다.

기술자들은 수십 년간이나 컴퓨터에 의한 원격 교육이라는 비전을 제시해 왔지만, 코로나19가 온라인 학습이란 이 틈새 아이디어를 주류 현실로 바꾸는 데는 불과 몇 주밖에 걸리지 않았다.

원격 교육이란 아이디어는 무크MOOCs, 즉 대규모 온라인 교육 과정massive open online courses*이나 인터넷보다도 먼저 나타났다. 초기 개념은 19세기 중반 미국 우정청Postal Service이 믿을 만한 장거리 서신 왕래를 가능하게 하면서 등장했다. 여기엔 학생과 교수 사이에 오고 가는 교육용 서신에 의존하는 영리 목적의 '통신 대학' 개념도 포함되어 있었다.[1] 최초의 공식적인 통신 학교인 가정교육 장려 협회Society to Encourage Home Studies는 현재 미국에서 원격 교육의 선구자로 인정받는 안나 엘리엇 티크너Anna Eliot Ticknor가 보스턴에서 설립했다. 1971년에는 영국 노동당 정부가 TV와 통신망으로 학위 교육을 제공하는 개방 대학Open university을** 출범했다.[2]

1990년, MIT 교수였던 팀 버너스리Tim Berners-Lee가 월드 와이드 웹을 개발하며 현재와 같은 온라인 세계가 형태를 갖췄다. 최초의 무크는 보통 유타 주립대학교의 데이비드 와일리David Wiley가 개설한 과정으로 본다. 누구에게나 개방된 이 과정에는 8개국에서 50명의 온라인 학생이 등록했다. 최초의 성공적인 무크는 2011년 스탠퍼드 대학교의 세바스찬 스런Sebastian Thrun과 피터 노빅Peter Norvig이 연 '인공지능'이란 이름의 강좌였다. 이 강좌는 전 세계에서 16만 명 이상의 학습자를 끌어모았다.

온라인 교육의 선구자 중 하나인 펜실베이니아 주립대학교는

---

* 일반적으로는 온라인에서 무료로 들을 수 있는 대학 수업 강의를 의미한다. 다만 관련 플랫폼이 늘면서 TED 같은 일회성 강의나 유료 교육 강의 등을 무크로 취급하기도 한다. 2015년 국가평생교육진흥원은 한국형 K-무크mooc를 출범하기도 했다.

** 이 명칭은 본문에서 언급하는 최초의 통신 대학 이름이자, 그와 같이 원격 교육 등을 통해 교육 시기, 나이, 장소, 학습 방법에 제한을 두지 않는 종류의 대학 전체를 가리키는 말이기도 하다. 실제로 한국방송통신대학Koea National Open University도 영문 표기에서는 같은 표현을 사용한다.

1998년 최초로 완전한 온라인 프로그램을 시작했다. 현재 펜실베이니아 주립대학교의 월드 캠퍼스Wold Campus에서는 온라인 자격증과 준학사 자격증은 물론, 100개 이상의 학부 학위와 대학원 학위를 온라인으로 취득할 수 있다.

온라인 서플라이 체인 교육

Supply Chain Education Online

MIT 트랜스포테이션&로지스틱스 연구 센터(CTL)는 MIT가 제공하는 온라인 교육 일부를 개척했다. 2014년 가을, 크리스 캐플리스 Chris Caplice 박사는 최초의 비동기형 무크를 개발하고, 녹화하고, 제공했다. 서플라이 체인 관리 입문 과정이었다. 마케팅 예산이 없었음에도 이 과정에는 4만 명 이상의 학습자가 참여하며 CTL과 MIT를 놀라게 했다. CTL은 2015년 가을 서플라이 체인 설계에 대한 후속 과정을 만들어 제공했다.

2015년 10월, MIT는 디지털 시대를 위한 새로운 학력 인증제로서, 서플라이 체인 관리에 관한 '마이크로마스터스MicroMasters'를 발표했다.[3] 이 인증을 받으려면 한 학기 분량의 과정과 종합 시험을 성공적으로 이수해야 했다. CTL은 마이크로마스터스 과정 세 개를 더 개발하여 다섯 개 과정을 한 커리큘럼으로 만들었다.

마이크로마스터스 프로그램에는 중요한 특징이 하나 더 있었다. 우수한 마이크로마스터스 졸업생들은 MIT에 초청되어 한 학기 동안 서플라이 체인 관리 석사 학위 과정을 마칠 수 있었다. 다시 말해 이 학생들에게 마이크로마스터스 온라인 과정은 무크와 MIT 캠퍼스 내 대면 강의가 결합한 '혼합형' 프로그램을 통해 MIT 학점을 취득하는 과정인 셈이었다.

마이크로마스터스 프로그램은 2020년까지 192개국에서 35만 명의 학습자를 모으며 빠르게 성공을 거두었다. 혼합형 프로그램의 후반부인 기숙형residential* 과정에서 탈락한 학생들이 반발할 것을 우려하여, MIT는 마이크로마스터스 수료 인증을 받아주는 수십 개의 다른 대학을 모아 학생들이 그곳에서 단기간 내에 학위를 취득할 수 있게 했다.

2018년 1월 MIT는 마이크로마스터스 프로그램을 성공적으로 마친 학습자들을 포함한 첫 번째 혼합형 강좌를 승인했고, 이들은 캠퍼스에서 공부를 시작했다. 이는 새로운 프로그램이었기에 CTL과 독립적인 MIT의 교육 연구소는 학생들이 'MIT 자질'을 갖췄는지 확인하고자 이들의 성과를 분석했다. 이를 위해 연구소는 기존 서플라이 체인 관리Supply Chain Management[SCM] 프로그램 학생들과 혼합형 SCM 과정 학생들이 MIT 대학에서 다른 MIT 학생들과 공유하는 모든 과목을 찾아 그 성과 데이터를 수집했다. 그 결과 혼합형 과정 학생들이 모든 MIT 학과 학생보다 더 나은 결과를 낸 것으로 나타났다.

SCM 강의자들이 연구 전부터 어렴풋이 눈치채고 있었을 이 결과

---

* 기숙형 또는 주거형 대학(RC)은 기본적으로 모든 학생이 캠퍼스 기숙사 등에 함께 모여 생활하면서 학위 과정을 마칠 수 있도록 하는 형태의 대학이다. 즉 앞서 언급한 개방 대학과 정반대의 개념으로, 주거 서비스와 캠퍼스 내 대면 강좌를 기본으로 한다. 학업과 생활을 통합하며, 이를 위한 봉사활동, 문화 체험, 기숙사 내 팀 단위 프로젝트 등을 제공하기도 한다. 미국이나 영국 등에선 기본적인 대학 형태였고, 우리나라도 2006년 연세대학교 국제캠퍼스를 시작으로 몇몇 대학이 이를 도입하였다.

는 중요한 의미를 지녔다. 첫째, 다섯 개의 MIT 과정을 (일부는 정규직으로 일하는 동안) 마치려면, 혼합형 과정 학생들이 MIT에 입학하기 전부터 그러했듯이, 많은 노력과 헌신이 필요하다. 앞선 평가는 이러한 자질의 중요성을 입증한 것이다. 헌신, 학습에 대한 갈증, 끈기와 같은 중요한 특성은 온라인 세상에서는 잘 나타나지만, 성적표나 표준 시험 점수에서 항상 드러나진 않는다. 훨씬 더 중요한 두 번째 결론은 무크 과정을 마치고 기숙형 과정에 참여할 학생을 결정하기 위해 입학 위원회가 검토한 데이터는 성적이나 표준 시험 결과, 추천서를 넘어 훨씬 풍부했다는 사실이다. 온라인 마이크로마스터 과정에서는 (시스템이 각 키 입력을 기록하기 때문에) 각 학생의 성취에 관한 데이터를 모을 수 있었고, 이는 분석할 수 있는 수백만 개의 데이터 포인트를 생성했다.

더욱이 교육자들은 이 모든 데이터를 사용하여 무크의 품질을 지속해서 개선할 수 있다. 강사는 수업을 진행하면서 각 학생의 활동, 이해, 성과를 추적할 수 있다. 학생의 성과를 분석하는 피드백 루프는 무크의 커리큘럼을 미세 조정하는 데도 도움을 준다. 즉 너무 많은 학생이 같은 개념을 같은 방식으로 오해한다면, 문제는 학생이 아니라 커리큘럼에 있는 것이다. 결국 커리큘럼과 교육 과정은 시간이 지남에 따라 더욱 개선된다.

많은 학교가 팬데믹과 관련한 필요성 때문에 온라인 학습을 채택하고 있지만, MIT의 서플라이 체인 관리 프로그램은 온라인 학습이 그 자체로 많은 이점이 있음을 시사한다. 전 플로리다주 주지사이자 교육 우수성을 위한 재단Foundation for Excellence in Education의 설립자인 젭 부시Jeb Bush는 《월스트리트 저널》 논평란을 통해 "이제 원격 학습을 받아들일 때이며, 이는 단순히 코로나바이러스 때문이 아니다"라고 주장했다. MIT 교육의 미래에 대한 2014 MIT-와이드 태스크 포스MIT-wide task force 역시, "온라인 교육과 훈련 도구의 혁신은 궁극적으로 비용을 낮추고 효율성을 높이며, 모든 나이와 기술 수준에 적합한 교육 서비스의 접근성을 (심지어 매력까지도) 높일 것입니다"라고 주장했다.[4]

마이크로마스터스 과정이 지닌 또 하나의 이점은 MIT 기숙형 교육 프로그램의 개선이다. 현재 MIT 서플라이 체인 관리 프로그램의 여러 강좌는 '역전형' 학습 방식으로 제공된다. 학생들은 집에서 영상으로 강의를 듣고, 온라인으로 퀴즈를 풀고, 직접 만나 상호 작용할 준비를 마친 상태로 수업에 온다. 이때의 상호 작용은 현재 벌어지는 사건에 관한 토론, 사례 연구, 초청 강연 등에 초점을 맞추며, 학생들은 영상에서 봤던 원리를 수업 토론에서 다루는 문제에 적용해야 한다.

팬데믹 때문에 사람들이 집에 머무를 수밖에 없게 되자, 온라인 프로그램의 학습자 수는 더 늘어났다. 원격 수업이 계속된다면 그것에 더 많은 자원을 할애하는 것이 불가피하며, 온라인 상호 작용은 갈수록 더 좋아질 수밖에 없고, 더 많은 학생과 교수가 이 매체에 익숙해질 수밖에 없다. 온라인 강의는 미래의 대학 교육에서 더 큰 비중을 차지하게 될 것이다.

대학의 미래
The Future of Universities

수백만 명의 대학생이 기숙사와 강의실을 경험하는 대신 코로나

19와 부엌 식탁에 놓인 작은 화면을 경험하게 되면서, 미국 대학들은 실존적 물음에 직면했다. 유럽 등지에 있는 대다수 대학과 달리, 미국 명문 대학은 거의가 사립 기관이다. 즉 많은 학교가 수익을 정부의 지원보다는 등록금에 의존한다. 《디 애틀랜틱 The Atlantic》이 학생들에게 원격 교육을 위해서 같은 등록금을 낼 의향이 있는지 묻자, 한 학생의 대답은 이랬다. "비욘세 Beyoncé 공연 제일 앞자리에 7만 5천 달러를 냈는데, 온라인 스트리밍만 보면서 만족할 수 있겠어요?"[5]

기술은 많은 산업에 영향을 주었다. 영화와 TV 프로그램을 만들어 배급하고 가격을 매기는 전체 시스템은 이제 구식이 되어 버렸다. 넷플릭스, 아마존 프라임 Amazon Prime, 훌루 Hulu, 디즈니+ Disney+를 비롯한 수십 개의 디지털 미디어 제공업체가 수상 경력에 빛나는 독자적인 콘텐츠를 만들며 수많은 구독자를 빠르게 끌어모으는 이 시대에, 영화관은 시대착오적인 듯하다.

대학의 죽음을 예상하는 것은 2010년대에는 흔한 일이었다. 2018년 고故 하버드 경영대학원 교수 클레이튼 크리스텐슨 Clayton Christensen 은 미국 내 모든 대학의 50%가 10~15년 안에 파산하거나 문을 닫을 것으로 예측했다.[6] 파괴적 혁신에 관한 주요 저작을 집필한 크리스텐슨은 온라인 교육이 인쇄기 이후 나타난 교육의 첫 번째 파괴적 혁신이며, 많은 대학의 사망으로 이어질 수 있다고 주장했다. 많은 사람이 그의 생각을 비웃으며, 대학은 다른 기업들과 다르다고 주장했다. 그러나 미국 대학 상당수는 심각한 재정난에 처해 있고, 코로나가 시작된 이후 여러 대학이 통폐합되면서 그 속도가 더욱 빨라지고 있다.

코로나19 시대는 명성을 쌓지 못한 여러 고등 교육 기관에 최후의 일격을 가할 수 있다. 수백만 명의 학생이 온라인 학습을 시도함에 따라, 부모들은 기존의 비싼 대학 학위의 가치에 심각한 의문을 제기할 수 있다.[7] 대학 간의 '군비 경쟁', 즉 호화로운 기숙사를 짓거나 (대개 교직 요건이 없는) '스타' 교수에게 많은 돈을 지급하기 위한 비용은 점점 커지고 있다. 동시에 대학 전체의 입원 정원은 줄고 있으며,[8] 2026년부터 18세 인구수가 자연 감소함에 따라 더 줄어들 것으로 보인다. 경쟁을 위해 많은 대학은 기업들이 발버둥 치며 사용했던 방법을 그대로 따랐다. 가격을 할인한 것이다.

물론 이런 경향은 미국 200개 명문 대학 다수에는 영향을 미치지 않을 것이다. 그들은 후한 기부금과 부유한 졸업생들의 지원을 받으며, 특히 더 중요한, 다른 대학이 제공하지 못하는 사회적 명성과 네트워크를 가지고 있다. 나아가 연구 활동을 통해서도 상당한 수익을 얻고 있다. 하버드 대학교의 기부금 (2019년 기준) 400억 달러는 팬데믹으로 인해 상당히 줄어들 가능성이 있다. 예산의 3분의 1 이상이 기부금으로 채워지기 때문이다. 그러나 이러한 기부금은 오히려 하버드가 코로나바이러스와 관련한 비용 증가와 경기 침체로 인한 수익 감소를 버틸 수 있게 해준다. 예일, 스탠퍼드, MIT 등도 마찬가지로 상당한 기부금을 받고 있다.

케빈 캐리Kevin Carey는 2015년 널리 알려진 그의 책《대학의 미래: 어디서나 닿을 수 있는 열린 교육의 탄생The End of College: Creating the Future of Learning and the University of Everywhere》*에서 학부생들의 형성기 경험은 캠퍼스

---

* 이 한국어 제목은 2016년 지식의 날개에서 발행한 번역서를 참조한 것이다.

바깥에서 이어질 것이며, 온라인 과정과 함께 다양한 자격증과 인턴십, 부트 캠프, 기타 학점 수여 과정이 고등 교육을 구성할 것이라 주장했다.[9] 물론 캐리의 예측은 실현되지 않았었다. 비싼 비용과 커지는 학생 부채에도 불구하고, 학생과 부모들은 기존의 기숙형 대학 모델을 체념한 채 받아들인 듯했다. 그러나 어쩌면 캐리의 예측이 너무 빨랐던 것일 수도 있다. 이는 지금처럼 온라인 커뮤니케이션 도구가 정교해지고, 원격 학습을 강제로 경험하기 이전에 나온 것이기 때문이다.

팬데믹은 캠퍼스에서 학생들이 얼굴을 마주할 기회를 빼앗았고, 이로 인해 학생과 부모들의 마음이 바뀌었을지도 모른다. 우리가 알던 기존 캠퍼스 대학에서의 경험이 종말을 고했다는 것은 추측이나 이론적 주장이 아니라 엄연한 현실이다. 그토록 풍부하게 서로를 주고받던 사회 환경, 얼굴을 맞대고 밤낮으로 이어지던 상호 작용은 팬데믹 동안 사라져 버렸다. 남은 것은 비싼 등록금뿐이다. 이런 상황을 경험한 부모와 학생들이 이전의 통합형 대학으로 다시 돌아가려 할까? 대학이 캠퍼스 내 수업과 온라인 수업을 조합하여 제공하는 방식으로 변할까? 유년기에서 성인기로 이행하는 경험을, 예컨대 국가 복무처럼 성인기에 이르는 다른 길을 포함한 경험을 대학이 새로이 만들어 낼까?

변화가 계속 일어나는 와중에 그것이 어떻게 끝날지 알기는 어렵다. 팬데믹은 다른 많은 산업과 마찬가지로 고등 교육의 기존 트렌드를 더 빠르게 만들 것이다. 교육 산업이 소매, 출판, 오락, 언론, 심지어 국방과 의료에서까지 큰 변화를 불러온 기술의 힘에서 어떻게든 벗어나는 일은 일어나기 힘들어 보인다.

일부 고등 교육 기관이 폐교하고 일부가 통합되면서, 온라인 경쟁은 점점 더 치열해질 것이다. 더 많은 학생을 끌어모으는 과정은 더 나은 데이터를 수집할 것이며, 이를 통해 교육 과정을 개선하고 그에 대한 투자를 정당화하는 더 높은 수익을 확보할 수 있을 것이다. 새로운 3D 게임 개념과 증강 현실 수단은 온라인 학습을 향상시키고, 더 몰입할 수 있는 콘텐츠를 제공하며, 더 나은 결과를 불러올 가능성이 크다. 꾸준히 증가하는 생산 가치는 (그리고 더 많은 생산 예산은) 훨씬 더 풍부한 교육을 창출할 테지만, 결국에는 가장 많은 청중을 끌어모을 수 있는 소수의 교육 기관만이 호응을 얻을 것이다. 언제가 되었든, 지루한 교수 한 명과 지루한 30명의 학생으로 이루어진 기존의 강의 모델이 백만 명의 온라인 학습자에게 발표하는 눈부신 슈퍼스타이자 노벨상 수상자와 경쟁하긴 어려울 것이다.

온라인 교육과 대중의 미래
Education.com and the Future of the Public Mind

6,710억 달러 규모의 미국 고등 교육 산업은[10] 시간이 지나며 더 많은 기업의 관심을 끌 것으로 보인다. 고등 교육은 잠재적 수익이 너무나 크기에, 구글, 아마존, 마이크로소프트, 페이스북과 같은 회사들, 또는 실리콘 밸리의 새로운 스타트업들이 이 시장에 뛰어들지 않을 리 없다. 당연히 이 기업들은 학생들로부터 단순한 등록금 이상을 얻을 것이다. 이들은 온라인 학습자로부터 수집한 데이터로 수익을 창출할 뿐만 아니라, 독점적인 소셜 네트워크(하버드에서 시작된 페이스북), 수업 관련 보조 매체(아마존), 경력 관리 서비스(마이크로소프트 소유의

링크드인(LinkedIn)와 같은 상품과 서비스를 마케팅하며 미래의 고소득 청소년들에게 소비자 브랜드를 직접 선택하라고 광고할 것이다.

이로부터 하나의 혹은 소수의 기업이 지배하는 '사회적 교육 네트워크'를 상상해 볼 수 있다. 이는 수천 개의 학습 모듈을 제공하고, AI가 큐레이팅하며, 각 학생의 학습 목표와 스타일, 능력에 따라 개별적으로 맞춤화될 수 있다. 아니면 기업이 기존의 4년제 학위 프로그램을 대체하는 더 세분화한 인증 프로그램을 제공할 수도 있다. 예컨대 구글은 업무에 필요한 기초 기술을 교육하고자 6개월짜리 온라인 프로그램인 구글 경력 인증서Google Career Certificates를 만드는 중이다. 구글의 글로벌 업무 담당 임원인 켄트 워커Kent Walker는 "채용 과정에서 우리는 이 새로운 경력 인증서를 관련 직무에 대한 4년제 학위와 동등하게 취급할 것입니다"[11]라고 말했다.

이 새로운 발전 모두에는 많은 이점이 있다. 그것은 더 큰 포괄성, 대중을 위한 양질의 교육 역시 수반한다. 그러나 불행히도 두 가지 결점이 있어 보인다. 인문 교육의 감소, 그리고 불평등의 증가이다.

더 많은 기업이 교육 시장에 진출하고 부모와 학생들이 비싼 대학 교육의 가치에 의문을 제기함에 따라, 대학 전공의 선호도가 바뀔 것이다. 교육의 공급과 수요 모두 급여가 좋은 직업을 위한 실용적인 학위, 기본적으로 화이트칼라 직업과 관련한 교육에 더 집중될 가능성이 있다. 이러한 변화는 한동안 이어졌던 것이지만, 팬데믹으로 인해 속도가 더 빨라졌다. 그 결과 인문 교육은 훨씬 더 빨리 쇠퇴할 것이다. 많은 소규모 인문 대학은 이미 문을 닫고 있고, 다른 이들도 그 뒤를 따를 것으로 보인다. 대형 종합 대학의 인문학부 역시 계속해서 등록자 수가 감소할 것이다. 그러나 지난 수년간 보았던 것처럼, 인문 교육의 전통적인 특징인 비판적 사고와 효과적인 정보 분석은 오늘날 그 어느 때보다도 중요해졌다.

두 번째 결점은 아마도 두 가지 현상 때문에 나타나게 될 불평등의 증가이다. 소수의 엘리트 기관은 부유하고 재능 있으며 기꺼이 돈을 내려는 학생들에게 기존의 기숙형 교육을 계속 제공할 것이다. 이 대학들에서 학생들은 그들만의 배타적인 소셜 네트워크를 구축하고, 삶 전반에 걸쳐 사적으로든 직업적으로든 그 혜택을 누릴 것이다. 비용이 적게 드는 온라인 학위 프로그램에 의존하는 다른 사람들은 (훨씬 개선된 미래 기술을 활용하더라도) 이러한 소셜 네트워크를 발전시킬 기회가 부족할 수 있다. 온라인 프로그램이 전통 대학의 소셜 네트워킹 요소를 구현할 수 있을지는 더 두고 볼 문제다.

더 심각한 또 하나의 불평등은 이미 팬데믹 동안 모습을 드러냈다. 어떤 학생들은 적절한 컴퓨터와 광대역 통신망을 사용하지 못하며, 또 어떤 학생들은 가정 환경상 학습이 어렵기도 하다. 이는 교육 외 디지털 경제에 대한 참여에도 영향을 미치는 더 심각한 격차의 일부분이다 (13장, 214쪽 참조). 문제를 바로잡기 위해 엄청난 노력을 기울이지 않는 한, 이 학생들은 완전히 뒤처지게 될 것이다.

벌어지는 사회, 경제, 정보 격차

Wider Social, Economic, and Information Gaps

코로나19의 영향을 가장 적게 받은 이들을 간단히 표현하자면 건강하고, 부유하고, 똑똑한 이들이라고 할 수 있다. 건강한 이들은 이 질병으로 사망할 확률이 낮았다. 부유층은 건강할 가능성이 더 컸고,[1] (그리고 더 나은 치료를 받을 여유가 있었다) 질병에 도출되지 않은 자원을 더 많이 가지고 있었으며, 코로나19의 경제적 효과에 의해 영향을 덜 받았다. 마찬가지로 똑똑한 (즉 대학 학위를 가진) 사람들은 코로나19에 내성이 있는 직업을 가지고 있을 확률이 높았고, 바이러스에 견딜 수 있을 만큼 건강할 가능성이 컸다. 요컨대 코로나19는 교육받은 부유한 사람들보다 가난한 사람들에게 더 큰 영향을 미쳤다.

이러한 불평등은 코로나19 발생 기간과 그 이후 적어도 네 가지 방식으로 서플라이 체인에 영향을 미친다. 첫째, 불평등은 누가 얼마나 돈을 쓸 수 있는지, 즉 소비에 영향을 미친다. 둘째, 멀리 떨어진 직원이 고용될 수 있고 생산적일 수 있다는 점에서, 불평등은 생산성과 고용에 영향을 미친다. 셋째, 국가 차원에서 가난한 국가는 더 심하게, 더 오래 고통받을 가능성이 크다. 이들은 단기적으로나 장기적으로나 더 많은 사망자, 더 낮은 경제 성장을 경험할 것이다. 마지막으로 불평등은 사회적 불안과 정치적 혼란을 초래하며, 그 지역의 비즈니스에 위험과 비용을 가중한다.

부익부 빈익빈

The Rich Get Richer

"그리하여 결국," 콜롬비아 경영대학원의 마크 코헨Mark Cohen 소매학부장은 말을 이었다. "'가진 자'는 더 많이 갖게 되었고, '못 가진 자'는 더 적게, 혹은 아무것도 갖지 못하게 되었습니다. 이 안에 위기가 도사리고 있습니다."[2] 팬데믹과 관련한 실직은 가난한 자들에게 훨씬 더 많이 일어났다. 바이러스 확산으로 식당, 불필요한 소매업, 미용실, 청소업 등에서 수백만 개의 서비스 일자리가 사라졌기 때문이다. 연방 준비제도 이사회의 자료에 따르면, 2020년 3월 소득이 4만 달러 이하인 가구의 40%가 실직했다. 이는 소득이 4만에서 10만 달러 사이인 가구의 실직률 19%보다 두 배 이상 높은 수치이며, 소득 10만 달러 이상인 고소득 가구의 실직률 13%의 세 배에 달하는 수치이다.[3]

175개국으로부터 과거 다섯 개 팬데믹의 데이터를 분석한 결과, 코로나19가 전반적인 소득 불평등을 증가시키고 교육 수준이 낮은 이들의 실업률을 악화시킬 것으로 보였다.[4] 이런 결과는 팬데믹이 전 세계를 휩쓸고 부유층과 빈곤층의 경제 모두를 강타할 때 나타났다. 특히 걱정스러운 것은 팬데믹이 자산 축적을 방해하고 새로운 빈곤층을 만들어 내는 방식이다. 유엔의 한 연구는 팬데믹이 4억 2천만 명에서 5억 8천만 명의 사람을 다시 가난으로 몰아넣을 수 있다고 추정했다.[5] 이는 전 세계 빈곤을 감소시킨 지난 10년에서 30년간의 진전을 무효로 만들 것이었다. 유엔 세계식량계획World Food Programme의 선임 디렉터인 데이비드 비슬리David Beasley는 "우리가 전 세계적인 의료 팬데믹만이 아니라 전 세계적인 인도주의적 재앙도 마주하고 있음을 강조하고 싶습니다"라고 말한다.[6]

국가 차원에서도 결과는 마찬가지였다. 독일, 미국, 영국과 같은 나라는 헝가리, 그리스, 이탈리아보다 (GDP 대비) 몇 배 더 큰 재정 부양책을 감당할 수 있었다.[7] 부유한 국가는 조세 기반이 튼튼하고 세계 자본 시장에 대한 접근성이 양호하였기에, 많은 부양책을 통해 자국 경제를 지탱할 수 있었다. 아프리카, 남미, 아시아 최빈국들의 상황은 최악이었다. 이들 지역 대다수의 의료 시스템은 팬데믹 이전부터 불충분했고, 코로나19로 인해 큰 타격까지 입었다.[8] 가정과 국가 차원 모두에서, 가난한 이들의 회복탄력성이 떨어지고 만 것이다.

거리 두기는 사치품이다
Distancing Is a Luxury Good

재택근무의 기회는 모든 근로자에게 동등하게 주어진 것이 아니었다. 연방 준비제도 이사회의 자료를 보면, 2020년 4월 대졸자는 63%

가 온종일 재택에서 근무했지만, 고졸자 이하는 단 20%만이 재택에서 근무한 것으로 나타났다.[9] 게다가 부유층은 집에 더 많은 공간을 마련할 수 있었고, 집에 갇힌 생활을 더 살 만하게 해주는 많은 가전제품, 기술, 장난감을 살 수 있었다. 이들은 음식이나 식료품, 기타 제품을 배달받는 등 더 많은 서비스를 누릴 수 있었고, 따라서 공공장소에 나가지 않아도 되었다. 부유한 사람들은 자동차가 있을 확률이 높았기에 대도시에서 외출하더라도 대중교통을 피할 수 있었다. 요컨대 부유층은 돈을 사용해 코로나19로부터 자신과 자신의 가족을 보호함으로써 건강을 유지할 수 있었다.

똑같은 패턴이 전 세계에서 나타났다. 재택근무를 할 수 있는 능력이 국가의 경제 구성에 따라 결정되는 것이다.[10]

지식 기반 산업(예컨대 금융 서비스, 제약)이 경제 전반을 차지하는 스위스에서는 약 45%의 인구가 재택근무를 할 수 있다. 이와 대조적으로 관광업(예컨대 그리스와 스페인)이나 제조업(예컨대 슬로바키아)에 의존하는 다른 유럽 국가에서는 인구의 3분의 1 미만이 재택근무를 할 수 있다.

또한 부자들은 자원도 더 많았고, 코로나19 발생 지역을 벗어날 기회도 많았다. 부유한 뉴욕 시민들은 2020년 3월 맨해튼을 떠나 햄튼, 코네티컷, 플로리다에 있는 두 번째 집과 고급 리조트를 찾았다.[11] 그 결과 맨해튼의 부동산 가격이 폭락했다.[12] 부유하고 인맥을 지닌 중국 시민들은 여행 금지를 피할 방법을 찾아내어 코로나19 발생 지역을 벗어날 수 있었다.[13] 마찬가지로 부유한 미국 시민들도 다른 나라의 시민권과 두 번째 여권을 발급받아 코로나19 때문에 왕따가 된pariah 미국

을 벗어날 수 있었다.[14]

초고속 통신망이 만든 디지털 슬럼
Digital Slums by the Information Superhighway

"사람들이 집에 은둔하다 보니," 공유 앱 회사인 스냅Snap의 CEO 에반 슈피겔Evan Spiegel은 말을 이었다. "커뮤니케이션, 상업, 오락, 피트니스, 학습 등 삶의 모든 측면에서 디지털 행위에 눈을 돌리는 경우가 늘고 있습니다. 이는 많은 비즈니스에 걸쳐 디지털 전환을 가속할 것이며, 오늘날의 고조된 활동은 시간이 지남에 따라 디지털 경제의 지속적인 확장으로 이어질 것이라 생합니다."[15] 이는 디지털 경제에 대한 장밋빛 전망이다. 그러나 이 모든 새로운 디지털 행위와 함께 취업, 상업, 교육, 오락 등과 관련한 기회를 누리려면, 괜찮은 광대역 인터넷에 접속할 수 있어야 한다. 이는 비용이 많이 들 수 있고, 가난한 사람들이 접근하기 어려울 수 있다.

미국에서는 약 4천 2백만 명의 미국인이 광대역 통신망을 사용하지 못한다.[16] 통신사들은 모든 시골 지역과 빈곤 지역에 서비스를 제공할 수 있게끔 초고속 네트워크를 구축하지 않았다. FCC미국 연방통신위원회는 열악한 지역의 광대역 서비스를 보조하려 노력하고 있지만, 수년은 더 걸릴 것이다. 설령 통신사가 인프라를 구축한다고 하더라도, 여전히 가정용 컴퓨터 장비의 구매 비용과 월 접속료는 가난한 가정에 문제가 될 것이다.

특히 문제가 되는 이들은 인터넷에 전혀 접속하지 못하는 970만

제3부. 적응이 필요하다

명의 미국 학생들이다. 코로나19 시대에 대면 수업을 대체하거나 줄이기 위한 온라인 교육을 들으려면 인터넷 접속이 필수적이다. 온라인 교육 시스템을 동등하게 사용할 수 없다면, 가난한 아이들은 부모들보다 더 가난해질 가능성이 크다. 로스앤젤레스에서 고등학생의 13%는 학교가 임시 폐교된 후 3주 동안 연락이 닿지 않았고, 고등학생의 3분의 1은 온라인 수업에 참여하지 않을 때가 많았다.[17]

정보 격차는 전 세계에 걸쳐 있다. 전 세계 인구의 3분의 2(66%)가 휴대폰을 갖고 있지만, 스마트폰을 가진 사람은 절반(45%)도 안 되며,[18] 전 세계 78억 인구가 사용하는 광대역 통신망 연결은 2017년 기준 10억 개에 불과하다.[19]

터프츠 대학교 플레처 스쿨Fletcher School의 연구진이 분석한 바에 따르면, 나라마다 인터넷 인프라 품질도 상이했다.[20] 연구진은 집에서 일하고, 쇼핑하고, 학습하는 디지털 환경에서 필요한 필요한 세 가지 기술적 속성, 즉 핵심 디지털 플랫폼의 견고성, 트래픽 급증에 대한 인터넷 인프라의 복원성, 거래를 촉진하는 디지털 결제 옵션의 확산성에 대해 분석했다. 미국과 영국, 네덜란드, 노르웨이와 같은 부유한 국가는 모든 면에서 높은 점수를 받았다. 인도와 인도네시아, 칠레 등 가난한 국가는 세 가지 면에서 모두 뒤처졌다.

EU의 여러 국가는 노후한 인터넷 인프라 때문에 디지털 급증에 대한 복원성이 평균치보다 낮았다. 코로나19가 사람들을 집으로 보내 인터넷 사용량이 하늘을 찌르자, EU 당국은 넷플릭스나 유튜브, 아마존 프라임과 같은 비디오 스트리밍 서비스에 대역폭 소비를 낮춰달라고 요청했고, 업체들은 이에 응했다.[21] 스트리밍 엔터테인먼트 서비스가 사치처럼 보일지도 모르겠다. 하지만 같은 전자 인프라를 통해 첨단 비즈니스와 서플라이 체인은 화상 통화, 협업 도구, 사물 인터넷(IoT) 감지, 가상·증강 현실, 인터넷을 통한 리치 미디어^{rich media}* 전자 상거래 등을 활용할 수 있다. 따라서 광대역 통신망으로의 연결이나 충분한 대역폭을 확보하지 못한 가정이나 기업, 국가는 첨단 전자 상거래와 재택근무, 집약적인 서플라이 체인 가시성을 확보하기가 더 어려울 것이다.

인종 격차

Race Gap

이상의 모든 격차는 소수 민족에게 더 불리하게 작용했다. 연방 준비제도 이사회의 제롬 파월 의장은 "실업률은 소수 민족, 그리고 소득 스펙트럼의 최하위층에서 훨씬 빨리 증가하는 경향을 보였습니다"라고 말한다.[22] 소수 민족은 팬데믹 동안 임금이 삭감된 저임금 서비스업 직종에서 일하는 경우가 많았고, 집에서 할 수 없는 현장 노동직에서 일할 가능성도 컸다.

코로나19 감염률과 사망률도 인종에 따라 달랐다. 예일 대학과 피츠버그 대학 연구진이 어떠한 설명 변수도 통제하지 않고 통계 수치를

---

* 전자 상거래 용어로서 평범한 텍스트나 정적인 이미지를 벗어나 고객의 시각적, 정서적 관심을 끌 수 있도록 진보된 기술을 적용하여 설계된 모든 형태의 콘텐츠를 말한다. 고해상도 제품 이미지, 영상 스트리밍, 3D 그래픽과 모델, 상호 작용이 가능한 웹페이지, 가상 현실, 증강 현실 등을 모두 포괄한다.

비교하여 밝혀낸 바에 의하면, 흑인은 백인보다 코로나19로 사망할 확률이 3.5배 이상이었고, 라틴계 역시 백인보다 바이러스로 인해 사망할 확률이 두 배 이상이었다.[23] 물론 이러한 사망 가운데 상당수는 동반 질환과 관련이 있다. 미국 국립보건원National Institutes of Health이 모든 사망 원인의 사망률을 조사한 결과, 네 가지 동반 질환(비만, 당뇨, 만성 신장 질환, 고혈압)을 통제하면 아프리카계 미국인과 사망 위험 사이에 유의미한 통계적 연관성이 나타나지 않았다.[24] 따라서 장기적인 과제는 더 나은 교육과 더 나은 식단, 더 나은 의료 접근성, 관련 이니셔티브를 통해 동반 질환을 막는 것이다. 가난한 소수 민족 가정은 광대역 통신망의 사용률도 낮았다.[25] 전 세계 국가의 소수 인종과 소수 민족에서 모두 유사한 패턴이 나타났다.[26]

발 빠짐에 주의하십시오
Mind the Gap

전반적으로 증가하는 자원 격차는 단순히 불평등을 보여 주는 사례 그 이상의 것이다. 역사를 통틀어 팬데믹과 그로 인한 경제적 여파는 사회 불안, 심지어 무력 충돌을 유발했다.[27] 팬데믹은 질병의 원인에 대한 음모 이론과 투쟁의 수사학을 낳았고, 이는 소수 민족과 이민자, 당국, 다른 나라에 대한 공격으로 이어졌다. 마찬가지로 실업과 경제 불황은 잠재했던 사회적 분노를 끓어오르게 하며, 그로 인한 국지적 사건은 국가적 불안을 불러올 수 있다. "지금 당장 조치를 취하지 않는다면, 우리는 분쟁과 기아, 빈곤이 현저히 증가하는 상황을 맞게 될 겁니다." 유엔 인도지원조정실Office for Coordination of Humanitarian Affairs 사무국장인 마크 로콕Mark Lowcock의 말이다.[28] 그는 팬데믹 자체보다 그것이 초래한 경제적 파산이 더 많은 사람을 죽일 수 있다고 경고한다.

서플라이 체인의 미래

SUPPLY CHAINS FOR THE FUTURE

"이런 위기에서 자동화와 디지털화는 큰 장점입니다.
80% 정도 자동화된 우리 공장 하나는 가벼운 수준의 생산량 손실만 겪었습니다."

— 군터 베이팅거Gunter Beitinger, 지멘스Siemens의 제조 담당 임원[1]

코로나 19가 발생하기 전에도 서플라이 체인 관리자들은 몇 달 동안 밤잠을 이루지 못했다. 미국과 중국의 무역 긴장, 브렉시트, 오랜 페르시아만 사태, 끊임없이 몰려오는 태풍과 허리케인, 기타 지역의 수많은 극적인 사건이 더해졌기 때문이었다. 대다수 소비자는 현대 소비 경제의 풍요로움을 확신하며, 즉 아침이면 상점과 슈퍼마켓에서 모든 것을 구할 수 있다고 생각하며 단잠을 잤지만 말이다. 그러나 공급과 수요 양측에 미친 팬데믹의 파괴적인 영향은 대중이 서플라이 체인의 역할에 눈 뜨게 만들었다. 기자, 소비자, 정치인들은 갑자기 그간 당연히 여겼던 모든 상품이 대체 어디서 나타난 건지 궁금해하기 시작했다. 이들을 공급하는 데 있어 자국이 중국에 과도하게 의존하는 걸 알게 된 사람들은 대개 뻔한 반응을 보였다.

이렇게 팬데믹 드라마가 펼쳐지는 동안, 기업은 자사 서플라이 체인을 더 빨리 자동화하기 위해 애썼다. 서플라이 체인에서 디지털 기술이 크게 필요해진 데는 수많은 요소가 복합적으로 작용했다. 서플라이 체인은 소비자 구매 습관의 급격한 변화에 대응해야 했고, 대면 접촉을 비롯하여 사무실과 공장, 물류 창고의 직원 밀도를 줄여야 했다. 불황으로 인해 비용을 억제할 필요성도 높아졌다. 사물 인터넷(IoT)과 모바일 인터넷, 로봇 공학, 클라우드 컴퓨팅, AI 등 핵심 기술의 지속적인 발전 역시, 자동화를 통해 더 빠르고 효율적인 서플라이 체인을 구축하려는 상업 인프라의 조용한 혁명을 도왔다.

제14장

모든 것을 보되 만지진 않는 미래

An All-Seeing, No-Touch Future

팬데믹은 심각한 불확실성을 불러왔고, 출장은 물론 사무실조차 갈 수 없는 상황을 만들었다. 그 사이에서 기업과 관리자는 자사의 글로벌 서플라이 체인 곳곳에 무슨 일이 일어나는지를 파악하고자 (특히, 가시성을 확보하고자) 했고, 데이터를 통해 모종의 통제력을 되찾으려 했다. 이 화물은 어디에 있는가? 저 부품은 언제 다시 입고되는가? 그 고객 업체가 정말로 필요한 제품은 얼만큼인가? 신규 공급업체의 품질은 그들 주장만큼 훌륭한가? 그들이 기한 내에 약속한 수량을 맞출 수 있을까?

컴퓨터 시대에 데이터는 언제나 경쟁 우위의 원천이었다. 머크 Merck의 구매 책임자인 요하킴 크라이스트Joachim Christ의 말을 들어 보자. "기술과 디지털화를 통해 서플라이 체인 전반에 걸쳐 전체적인 가시성을 확보할 수 있습니다. 위험 분석을 선제적으로 실행하고 위기가 닥쳤을 때 신속하게 대응하려면, 이러한 가시성을 (이상적으로는 실시간으로) 확보하는 것이 매우 중요합니다."[1]

코로나19가 대면 모임을 제한하면서, 데이터와 그에 대한 분석은 훨씬 더 중요해졌다. 사람들은 그 어느 때보다도 사실과 거짓, 실제와 공포를 구별해야 했다. 따라서 서플라이 체인에서 실제로 무슨 일이 일어나고 있는지 알기를 원했으며, 또 알아야만 했다. 서플라이 체인의 더 많은 부분으로부터 더 많은 데이터를 모으려는 이런 경향은, 넓게 보면 디지털 기술을 통해 서플라이 체인을 더 많이 제어하려는 경향에 속한다고 할 수 있다. 그러한 기술은 직접적인 접촉을 배제한 서플라이 체인 운영을 가능하게 한다. 즉 자칫 감염될 수도 있는 표면을 직원이 만지거나, 다른 직원에게 다가가지 않을 수 있다. 이들이 프로세스를 개선할 수 있는 데이터 흐름을 생성한다는 점 역시 중요하다.

더 나은 운송 가시성

Better Shipment Visibility

UPS나 페덱스 같은 특급 소포 배송업체는 발송자와 수령자에게 운송 이동 경로를 거의 실시간으로 제공한다는 자부심을 지니고 있다. 이들 배송업체는 경로상의 인계 지점마다 모든 상자를 스캔함으로써 일정 간격으로 고객에게 자기 운송물의 진행 상황을 보여 줄 수 있다. 안타깝게도 기업 간의 대규모 일반 화물 운송은 그와 같은 가시성을 간단히 제공하지 못하는 게 보통이다. 예컨대 UPS는 소포 전달과 관련한 거의 모든 시설과 탈것, 사람을 처음부터 끝까지 직접 통제할 수 있다. 하지만 대부분의 화물 운송, 특히 세계 무역에서는 그럴 수 없다.

세계 무역의 각 운송 과정은 보통 별개의 배송업체와 중개업자가 관리하는 일련의 독립적인 트럭, 철도, 해양 이송을 포함한다. 또한 화물은 항구 컨테이너 야적장에서 세관의 승인이나 다음 이동 과정이 시작되길 기다리며 잠시 대기할 수도 있다. 그 결과 대부분의 업체는 화물을 해외 공장에서 목적지까지 연속적으로 추적할 수 없다.

송화인(제조업체나 소매업체, 유통업체, 병원 등 화물의 실제 소유자)과 배송업체(운송 자산의 소유자와 운영자)는 기술을 활용해 운송의 가시성을 개선하고자 힘쓰고 있다. 스마트폰은 모든 사람의 호주머니 속에 인터넷에 연결된 광학 코드 스캐너, 머신 비전machine vision 카메라, GPS 위치 탐색기를 넣어준다. 화물을 스캔하면, 이미지가 처리되고, 현재 위치가 업로드된다. 해당 데이터를 실시간에 근접한 운송 위치 정보로 활용하거나, 사후 분석을 위해 저장할 수도 있다. 기업은 클라우드에 이런 데이터를 계속 축적하고, 사용자는 어디서나 연관 데이터는 물론 그와 관련된 전문 애플리케이션을 이용할 수 있다. 보통 이 가시성 애플리케이션은 사건 관리 시스템의 한 부분을 이루며, 이 시스템은 일반적인 (또는 계획된) 운송 및 이동 패턴을 벗어나는 회사에 알림을 보내도록 설계되어 있다.

드넓은 서플라이 체인의 세계는 기술 수용에 있어 특별한 도전에 직면해 있다. 운송 가시성을 위해선 상품 이동의 가시성을 연속적으로 확보해야 한다. 따라서 통합 배송업체(UPS, 페덱스, DHL, TNT, 우편 서비스)의 경우와 달리, (아시아 공장에서 미국 소매업체로의 운송에서조차) 둘 이상의 회사가 그에 필요한 센서와 기타 하드웨어, 소프트웨어를 모두 보유해야 한다. 게다가 서플라이 체인 가시성을 위해선 그에 참여하는 모든 (적어도 충분히 많은) 이가 관련 자료를 사용할 수 있어야 하므로, 모두가 호환 가능한 기술을 채택하고 일련의 표준에 동의해야 한다.

제7장(122쪽)에서 언급한 것처럼, 많은 기업은 자사의 인바운드 서플라이 체인을 지도화하지 않았으며, 심지어는 직접(1차) 공급업체의 제조·유통 시설의 물리적 위치조차 알지 못한다. 물론 서플라이 체인과 자재를 다루는 관리자가 원하는 것은 단순히 1차 공급업체에서 자사 공장으로의 인바운드 운송 가시성을 확보하는 것 그 이상이다. 이들이 진정 바라는 것은 서플라이 체인 어디서든 (운송 지연, 품질 문제, 운송품 파손, 세관 지연 등의) 문제가 생긴다면, 가능한 한 빨리 이를 알아차리고 그에 대응할 시간을 버는 것이다. 이를 가능하게 하려면 1차 공급업체를 넘어서 자사 심층 서플라이 체인에 대한 가시성이 필요하다(그림 7.1을 떠올려 보자).

심층 서플라이 체인에 대한 가시성은 지금까지 거의 모든 제조업체와 소매업체가 풀지 못한 오랜 난제다. (표준 충돌과 비협력적 소프트웨어 플랫폼이 도움을 주는 건 아니지만) 기술적인 이유는 많지 않다. 오히려 제7장(125쪽)에서 언급한 것처럼, 문제는 기업 대부분이 자사의 심층 공급업체들이 누구인지 모른다는 데 있다. 1차 공급업체들은 **그들의** 공급업체(OEM의 2차 공급업체)의 정체를 영업 기밀로 간주한다. 그리고 설령 OME이 심층 공급업체들이 누구인지 알더라도, OEM 자체는 이 심층 공급업체들의 고객이 아니므로, 그들에게 아무런 영향력도 없고 데이터를 공유해 달라고 강요할 수도 없다. 게다가 어떤 심층 공급업체가 만든 부품은 여러 업체와 업계에 종사하는 다양한 상위 공급업체에 전달될 수 있다. 그 결과 OEM이 특정 부품을 만드는 심층 공급업체를 정확히 찾아내는 것이 불가능할 수 있다.

어떤 회사들은 소매업과 소비자 부문의 가시성을 얻기 위해 더 많은 기술을 활용하고 있다. 예컨대 공황에 빠졌던 소비자들이 코로나19 사재기 동안 구매한 물건으로 대체 무얼 하고 있는지 모르는 회사가 많다. 하지만 프록터 앤드 갬블은 알고 있다. 이 회사에 따르면, 사람들은 타이드Tide 세제와 같은 제품을 그저 비축하기 위해 사 모은 것이 아니다. 실제로 소비자들은 팬데믹 동안 빨래를 더 많이 하고 있다. P&G는 선별된 표본 고객의 세탁기로부터 데이터를 직접 수집함으로써 이 사실을 알게 되었다.[2]

P&G는 고객이 자사 제품을 어떻게 사용하는지에 대한 가시성을 높이고자 오랫동안 노력을 아끼지 않았다. 이들의 마케팅 기조는 제품에 관한 두 번의 '결정적 순간moments of truth'에 근간한다. 첫 번째 순간은 고객이 소매 환경에서 한 제품을 다른 경쟁 제품 가운데 선택하는 순간이다. 두 번째 순간은 고객이 구매한 제품을 실제로 사용하는 순간이다. P&G는 인터뷰, 닐슨Nielsen 데이터, 판매 시점 데이터를 통해 첫 번째 결정적 순간을 모니터링한다. 예전에는 두 번째 결정적 순간을 이해하고자 선별한 고객 집단에 자사 제품에 대한 사용 경험을 일지로 기록해 달라고 요청했었다. 하지만 이제는 종이 없이 기술을 활용해 해당 과정을 진행하고 있다. "세탁을 언제 하는지, 세탁물은 얼마나 되는지, 어떤 종류의 세탁물인지 등등을 정확하게 알려 주는 장치를 세탁기와 건조기에 장착할 수 있습니다. 그런 상황에서 세탁 일지를 살펴볼 이유가 있을까요?" 프록터 앤드 갬블의 소비자 기조와 통찰 담당 책임자 마이클 랭커Michael Lancor는 말한다.[3]

P&G 사례는 코로나19에 의해 더욱 빨라진 또 하나의 트렌드를 보여 준다. 끊김과 접촉을 배제한 이런 종류의 디지털 데이터 수집은 전문 센서, 저가 컴퓨터 칩, 가정용 와이파이나 휴대폰 네트워크 등 유비쿼터스 무선 네트워킹을 결합한 사물 인터넷에 의해 가능하다. 이들 기술이 점점 더 정교하고 저렴해지면서, 어디에나 센서를 설치하여 데이터를 측정하고 수집한 뒤 이를 활용할 수 있는 분석가와 관리자에게 계속 전송할 수 있게 되었다.

운송 가시성 문제에 도전하기

모든 자동차에는 한 대당 평균 3만 개의 부품이 들어 있으며, 이들은 전 세계에 흩어진 수천 개의 부품 공급업체에서 만들어진다. 부품들은 공급업체로부터 온갖 이동 방식과 수백 개의 이동 수단을 거쳐 자동차 조립 공장에 도착한다. 이들의 이동을 조정하려는 자재 담당 관리자는 언제 어떤 부품이 공장에 도착할지를 알아야 한다. 실제로 이들은 그러한 부품 도착 일정을 미리 잡아야 할 때가 많다. 공장에 들어온 트럭이 화물을 하역하는 장소를 관리해야 하기 때문이다.

상업 기업에 서비스를 제공하는 운송업체는 자신들의 운송 수단이 상점이나 물류 창고, 병원 등에 도착하는 예상 시간을 송화인에게 알려줄 수 있다. 하지만 이것만으로 운송과 자재를 담당하는 관리자의 요구를 충족하진 못한다. 그들이 정말 알고 싶은 것은 특정 시간에 특정 제품을 만드는 데 필요한 특정 부품들이 언제 도착하느냐다. 즉 부품을 운송하는 수백 대의 트럭과 철도 차량, 해양 선박 또는 비행기 각각이 어떤 부품을 싣고 있는지도 알아야 한다.

2014년, 포드의 전 자재 관리 매니저이자 연쇄 창업가*인 론 다넬 Lorne Darnell이 프레이트베리파이FreightVerify Inc.를 출범했다. (자사 탈것의 위치에 대한) 운송업체의 정보와 (운송 내용물에 대한) 공급업체의 데이터를 병합하고, 이 데이터를 송하인의 SKU 번호 체계에 교차 연결하는 난제에 도전하기 위해서였다. 시작부터 그는 가장 난해한 인바운드 운송 문제 가운데 하나인 자동차 산업에 집중했다. 그로부터 2017년, 그의 회사는 하나의 클라우드 플랫폼을 내놓았다. 차량 관리자는 이 플랫폼에서 언제든 임의의 SKU 번호를 조회하여 그에 들어갈 모든 부품이 어디서 이동하고 있는지 찾을 수 있다. 예컨대 어떤 부품은 공장 야적장에 있는 트럭에 실린 채 하역을 기다리고, 다른 부품은 몇 시간 떨어진 곳에서 공장을 향하는 트럭 안에 있으며, 다른 부품은 아직도 며칠이 걸리는 철도 차량에, 그 밖의 다른 부품은 이제야 항구에서 하역 중이라는 식이다. 프레이트베리파이는 부품을 받는 공장이 이 모든 정보를 확인할 수 있도록 부품들의 (나아가 특정 트레일러, 철도 차량, 선박, 비행기, 부품을 실은 컨테이너의) 위치 데이터를 운송 수단으로부터 직접 수집하고 자사 플랫폼으로 계속 전송한다. 또한 이 소프트웨어는 부품 번호와 이를 옮기는 운송 수단의 위치 등 핵심 정보를 제공하는 것 외에, 도로 혼잡과 기상 지연, 고속도로 건설, 국경 통과 문제 등을 반영해 도착 시간을 매우 정확하게 예측한다. 각 화물은 대다수가 여러 정거장과 중계 지점을 거치는 복잡한 경로를 따르기 때문에, 돌발

---

* 일반적인 창업가가 하나의 아이디어를 가지고 사업을 시작하여 이를 오랜 기간 계속 밀고 나가는 것과 달리, 새로운 아이디어를 기반으로 끊임없이 새로운 사업을 창업하는 이들을 가리킨다.

요소를 고려하는 플랫폼의 실시간 계획에 기반하여 이동한다.

당연히 기업들은 이 플랫폼을 비즈니스 인텔리전스business intelli-gence*의 원천으로도 사용하며, 이를 통해 운송업체의 실적을 평가하고 장기적인 병목 현상을 찾아낸다. 2019년 제너럴 모터스는 이 소프트웨어를 채택하여 자사 조립 공장으로의 모든 부품 이동은 물론 완성 차량과 소모품 시장의 부품 이동을 추적했다. 포드가 그 뒤를 따랐으며, 곧 프레이트베리파이는 다른 자동차 회사와 제조업체, 나아가 병원에도 서비스를 제공하기 시작했다.

프레이트베리파이는 운송 가시성을 운송물 추적 그 이상으로 확장했고, 이를 기반으로 제조사는 상당한 비용을 지출하는 긴급 화물 운송을 최소화할 수 있었다. 이들의 플랫폼은 OEM 자동차 공장의 일일 생산 일정과 그에 필요한 모든 부품의 재고 수준에 대한 가시성을 제공한다. 제조업체가 날마다 이런저런 부품의 재고 부족 문제에 시달리는 것은 흔한 일이다. 프레이트베리파이의 소프트웨어가 주어진 생산 일정과 가용 재고로부터 부족한 부품을 발견하면, 이동 중인 수만 대의 트럭을 OEM의 시스템상에서 실시간으로 스캔한다. 소프트웨어는 각 트럭의 내용물을 알고 있기에 필요한 각 부품이 어디 있는지 찾아낼 수 있고, 경로를 우회하거나 부품을 넘기기에 최적인 트럭을 선택할 수 있으며, 최종적으로 다른 트럭을 예약하거나 우회시켜 부품을 가져올 수 있다. 그것도 시스템상의 다른 공장에서 새로운 재고 부족 문제

---

* 조직이 여러 정형·비정형 데이터를 수집하고 특별한 목적하에 설계된 도구를 통해 분석하여 의사 결정과 전략 개발에 활용하는 방법이다.

가 발생하지 않도록 하면서 말이다. AI를 포함한 최적화 소프트웨어가 전체 프로세스를 관리하면서 인력 소모와 고가의 긴급 화물을 대폭 줄여 준다. 그 결과 필요한 부품을 항공편으로 공급업체에 긴급히 보내야 한다거나, 전문화된 (즉 비싼) 운송업체의 트럭에 실어 공장에 보내야 한다는 요구가 훨씬 줄어들게 된다.[4]

프레이트베리파이는 SKU의 운송 추적과 실내 추적 역시 통합했다. 이들은 차세대 센서를 이용해 다양한 시설 내부의 물품 이동을 추적한다. 자동차 회사는 OEM 공장 등에서 이 플랫폼을 활용해 공급업체로부터 회수 가능한 이동 컨테이너(엔진, 변속기, 가스탱크, 기타 트럭 내부의 대형 부품을 운반하는 견고한 컨테이너)를 추적했고, 재고 축소**로 인한 손실을 상당히 줄일 수 있었다. 병원 시스템의 경우에는 공급업체에서 환자의 병상으로 공급되는 물자를 추적할 수 있었다.[5]

팬데믹으로 운송의 신뢰성에 관하여 일대 혼란이 일어나면서, 운송 가시성은 그 어느 때보다 중요해졌다. 더욱이 이런 능력은 향후 기업이 비용을 절감하면서 서비스를 개선할 수 있게 해줄 것이다.

만반의 대비 = 가시성 + 투명성

Preparedness = Visibility + Transparency

공급업체의 제품 사기(제7장, 127쪽 참조)나 소매업체가 소비자

** 　제품의 생산 시점과 판매 시점 사이에 손상, 분실, 도난 등으로 인해 기록된 재고 목록보다 실재고가 적어지는 현상을 뜻한다.

의 구매욕구를 실제보다 높게 잡아버리는 현상(제8장, 142쪽 참조)과 같은 서플라이 체인 문제는 유의미한 서플라이 체인 가시성을 확보하려면 서플라이 체인 당사자들 사이에 투명성이 필요하다는 점을 보여준다. 즉 공급업체와 고객 업체는 정확한 데이터를 시기에 맞게 상대 회사와 기꺼이 공유할 수 있어야 한다. 공급업체 측의 투명성이란 자사의 역량, 핵심 재료의 위탁, 심층 공급업체 등, 공급업체가 정시에 제공할 수 있는 품질과 수량에 영향을 미칠 수 있는 필수 데이터를 공유한다는 것을 뜻한다. 고객 업체 측의 투명성이란 공급업체가 생산을 계획할 수 있도록 하위 재고와 판매 패턴을 공유한다는 것을 뜻한다.

투명성은 비용 효율적인 회복탄력성을 가능하게 한다. 계획되지 않은 상황을 바로잡으려면 다중성과 유연성을 모두 지닌 자산과 인력, 프로세스 형태의 물리적 자원이 필요하다. 계획에서 벗어난 사건을 다루는 능력 또한 그에 대한 사전 경고가 어느 정도였는지, 즉 마비에 대한 데이터를 받은 시점부터 그 마비로 인해 영향을 받는 시점까지 얼마나 시간이 있었는지에 상당 부분 좌우된다. 이 시간 동안 회사는 화물을 전용하고, 대체 공급원을 찾고, 고객 업체에 경고하는 등의 일을 할 수 있기 때문이다. 그런 경고를 받을 수 없는 회사는 재고 부족과 생산 마비, 납품 지연, 최악의 경우 고객을 잃는 일을 막기 위해 대규모의 다중 재고를 계속 유지해야만 한다. 투명성은 아주 훌륭한 사전 경고를 제공해 준다.

기본적으로 가시성과 투명성은 서플라이 체인의 눈과 귀, 입을 제공하며, 물리적 자원은 서플라이 체인의 근육을 제공한다. 이들이 갖춰지면 조직의 두뇌가 투명한 감각 기관을 회복탄력성을 지닌 근육과 연결할 수 있다. 이때의 두뇌란 사람과 기술을 모두 포함한다(제15장,

245쪽 참조).

고객 업체와 공급업체 간의 신뢰
Trust Between Customers and Suppliers

투명성에는 신뢰가 필요하다. 기업이 자사의 민감한 데이터 일부를 주요 거래 당사자에게 공유해야 하기 때문이다. 일반적으로 위기 상황은 구매자와 판매자가 맺은 신뢰의 유대를 시험한다. 신뢰는 '상대의 의도나 행동이 긍정적이길 기대하며, 그로 인해 생기는 위험을 감수하려는 의지'로 정의할 수 있다.[6]

그림 14.1은 이 정의에 따라 신뢰의 두 가지 차원, 즉 위험성과 결과에 대한 기대치를 보여 준다. 가장 위험한 사분면은 상대방이 자기 의무를 이행하고 계약을 지킬 거란 기대치는 낮고, 위험성은 높은 곳이다(낮은 기대치/높은 위험성).

그림 14.1 신뢰의 위험성과 기대치

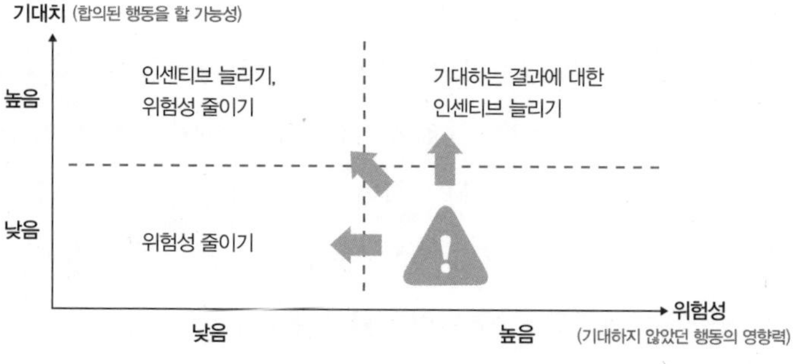

제14장. 모든 것을 보되 만지진 않는 미래 233

신뢰 높이기

Increasing Trust

신뢰를 높이는 두 가지 주된 방법은 기대하는 결과에 대한 인센티브를 늘리거나, 위험성을 줄이는 것이다(또는 둘 다 하거나). 회사는 공급업체로부터 필요한 것을 얻어낼 확률을 높이고자 더 나은 실적에 대해 더 높은 비용을 지급하거나, 실적 저하에 대한 불이익을 주거나, 향후 거래량을 늘릴 기회를 약속할 수 있다. 한편 회사는 위험을 줄이기 위해 다양한 공급원이나 다중 재고를 보유할 수 있다. 이를 통해 신뢰할 수 없는 공급업체의 부족분을 보충할 수 있기 때문이다.

공급업체에 대한 신뢰는 광범위한 다중 공급업체 플랫폼상에서 전자 상거래 사업을 하는 엣시Etsy와 같은 회사(이들은 장인들이 소비자에게 직접 판매하도록 한다)에 특히 어려운 문제일 수 있다. 고객은 제품 설명과 공급업체의 신빙성에 대한 확신을 필요로 한다. 엣시의 CEO인 조슈아 실버맨Joshua Silverman은 "신뢰를 주제로 아주 많은 이야기를 나눴습니다. 신뢰 팀은 더 구매자들이 많은 리뷰, 더 길고 풍부한 리뷰를 남기도록 열심히 노력했습니다"라고 말한다.[7]

공급업체는 선급금을 요청하여 신뢰 문제를 완화할 수 있다. 비용을 조기 지급하면 공급업체의 위험이 감소하며, 특히 그 지급액이 원자재 비용과 작업 비용으로 사용된다면 더 그렇다. 또한 조기 지급은 주문을 처리하도록 고객 업체가 제공하는 인센티브가 된다. 주문에 대한 (그 일부 혹은 전체의) 값을 이미 치렀기 때문이다.

위기 상황에서 거래 당사자는 의무를 이행하지 않을 수도 있다. 예

제4부. 서플라이 체인의 미래

를 들면 수준 이하의 제품을 보내거나, 제때 (혹은 아예) 비용을 지급하지 않거나, 주문을 취소하고 공급업체가 원자재 재고를 떠맡게 내버려 둔 채 빠져나갈 수 있다. 위기 상황은 '불가항력' 조항에 호소하는 것을 포함하여 의무 불이행에 대한 손쉬운 변명거리가 된다. 위기 상황은 또한 지속적인 관계가 없는 일회성 거래를 많이 생성하여, 기대했던 결과가 나왔을 시의 인센티브를 낮춘다. 이와 달리, 일상적인 비즈니스에서의 위험은 제한적이다. 공급업체와 고객 업체 사이에 거래가 계속 이루어지며, 양측 모두 그런 관계를 끊고 싶어 하지 않기 때문이다.

부가 가치 관계 구축하기

코로나바이러스 위기가 낳은 결과의 하나는 기업이 장기간 쌓아 온 신뢰의 중요성을 더 깊이 인식하였다는 것이다.

거대 계약 제조업체 플렉스의 구매 및 서플라이 체인 책임 임원 린 토렐의 말을 들어 보자. "공급업체와 몇 차례 에스컬레이션* 통화가 오간 뒤 전화를 받으면, 꼭 중요한 요구 사항을 듣게 됩니다. 제가 수년간 알고 지낸 사람일 때가 많죠. 누군가와 힘든 협상을 거치고 나면 좋은 데서 같이 저녁을 먹으면서 시간을 보내고, 여러 행사에서 늘 만남을 이어갑니다. 이런 사적인 측면, 특히 시간이 흐르며 쌓이는 관계와 신뢰가 중요하다고 생각합니다."[8]

존슨앤존슨의 전 세계 소비자 건강 서플라이 체인과 배송 담당 임

---

* 특정 주제를 다루거나 문제를 해결하기 위해 상급자나 타부서, 타 회사의 참여가 필요한 상황을 말한다.

원인 메리 스티븐스도 마찬가지다. 그녀는 공급업체와 존슨앤존슨 사람들 간에 맺은 신뢰의 중요성을 강조하며 설명했다. "판도를 뒤집는 일이죠. 판도를 말이에요. 사실 정말 흥미로운 건, 1년 전 현 부서에 들어와서 하려 했던 가장 중요한 일 중 하나가 우리와 주요 공급업체의 게임 수준을 끌어올리는 것이었단 점입니다. 우린 사업하는 방식을 완전히 바꾸었습니다. 전략적 대화를 훨씬 더 많이 나누었죠… 회사의 영업팀은 소매업체, 유통업체, 병원 등의 고객 업체와 함께 일하면서 상업적 관계를 좀 더 솔직하고 자연스러운 것으로 만들었습니다."[9] 서플라이 체인 관계 속에 신뢰가 존재한다는 것은 고객 업체가 위기 상황에 대한 위험성을 줄이기 위해 새로운 공급업체를 찾거나 추가 지출을 할 필요가 없음을 의미한다. 공급업체 역시 미지급 위험을 보완하기 위해 조기 지급을 요구하거나, 가격을 올릴 필요가 사라질 것이다.

이러한 관계 구축은 멀리 있는 국가 간의 비즈니스 접촉에서 특히 더 중요할 수 있다. 신뢰는 무역 상대국 간에 문화적, 지리적, 언어적 차이를 극복하는 데 있어 핵심적이다. 그런 신뢰를 낳는 사적 관계의 가치를 화상 통화로 따라잡는 건 힘들 수 있다. 따라서 사업가들은 앞으로도 신뢰를 낳는 사적 관계를 쌓기 위해 계속 비행기를 타고, 호텔에 머물며, 먼 곳의 공급업체나 고객 업체와 함께 식사를 나눌 것이다.

물론, 현 코로나19 세계의 디지털 데이터 원격 수집과 가상 회의가 계속 살아남고, 많은 직장과 비즈니스 관계를 괴롭히는 대면 모임, 시간만 낭비하는 출장이 사라질 수도 있다. 온라인 협업 플랫폼은 계속 개선될 것이고, 마찬가지로 사람들이 가상 회의실을 활용해 비즈니스를 처리하고 일상적인 운영 업무를 수행하는 능력도 계속 향상될 것이다.

하지만 비즈니스 관계를 구축하는 데 있어 사적인 접촉을 대체할 방법은 아직 없으며, 가까운 미래에 이 사실이 변할 것 같지도 않다. 플렉스의 토렐은 이렇게 덧붙였다. "우린 직접 움직여야만 하는 비즈니스를 하고 있습니다. 현장에 가고, 공급업체나 고객 업체와 협력해야 합니다. 하지만 직접 움직이는 일이 줄어들 수는 있다고 봅니다. 재택근무도 효율적일 수 있다는 걸 모두가 알게 되었으니까요."

건드리지 않고 건네주기

Making Hand-Offs That Are Hands-Off

"우리는 여전히 그들[운전자들]에게 종이 고지서를 건네고, 서명하고, 교환하고 있죠." 플로리다에서 감자를 재배하는 티파니 파커Tiffany Parker가 말을 이어갔다. "피할 수 있는 접촉이 여전히 많이 남아 있습니다."[10] 코로나19는 파커 프로듀스Parker Produce Co.와 같은 소규모 운송업체와 미국의 350만 트럭 운전사가 종이 업무를 없앨 방도를 찾게 만들었다.

코로나19 이전에 사람들은 키패드를 만지거나, 클립보드에 서명하거나, 신용카드나 신분증을 계산원이나 로비 경비원에게 건네는 것을 아무렇지도 않게 생각했다. 사스-코브-2 바이러스가 사물 표면에서 수 시간 동안 (어떨 때는 며칠 동안) 생존할 수 있다는 사실은 서플라이 체인에서 종이를 없애라는, 더 나아가 접촉 자체를 없애라는 압력을 가했다. 비록 많은 전자 통신과 전자 문서가 서플라이 체인에서 사용되지만, 일부 단계, 특히 이송과 수입/수출 거래에서는 종이 문서가 여전히 필요하다. 이 두 가지 활동은 모두 상품이 이동할 때 서로 다른 당사자가 자세히 검토하고 서명해야 하는 법적 문서나 정부 문서, 예컨대 구매 주문서, 선하 증권, 검사 증명서 등을 포함한다.

아직도 종이 형태를 유지할 때가 많은 서플라이 체인 문서의 대표적인 사례가 바로 거래된 상품의 법적 기록인 선하 증권이다. 모든 화물에 함께하는 이 문서(3부)는 운송업체의 운전사와 수화인이 (구매 주문서의 정보와 선하 증권의 정보를 대조한 후) 반드시 서명해야 한다. 19세기 기술로 21세기 회사를 수년간 운영해 온(선하 증권은 실제로는 16세기부터 있었다)[11] 거의 모든 하역장과 물류 창고, 관리 사무소가 이제 종이 문서를 디지털 문서로 대체하려 하고 있다.

종이를 (그리고 접촉 자체를) 완전히 없애려는 시도가 어려운 한 가지 이유는 모든 당사자가 표준화된 전자 문서 시스템을 보편적으로 채택해야 한다는 점이다. 여기엔 최소한 공급업체, 운송업체(들), 수화업체, 정부 당국이 포함된다. 국제 운송이라면 양측의 은행과 다수의 운송업체를 포함하여 세관, 수출 통제, 수입 검사 등을 맡은 여러 정부 기관이 더해질 수 있다.

디지털화를 위해선 이 모든 당사자가 올바른 문서에 접근하고, 데이터를 입력하고, 법적 구속력을 지닌 서명을 할 수 있어야 하며, 그러면서도 해당 문서의 기본 정보를 함부로 변조할 수는 없어야 한다. 수조 달러의 무역을 관리하고 경쟁 당사자와 이에 참여하는 모든 정부가 수용할 수 있어야 하기에, 이 시스템은 또한 완벽하게 안전해야 한다. 다양한 기업이 개발하여 테스트 중인 방식으로는 (비트코인 등) 암호화폐로 대중화된 블록체인 기술을 활용해 안전하고 변조가 어려운 분산 데이터베이스를 구축하는 방식이 있다. 블록체인 기반 시스템은 중앙 관리 권한이 필요하지 않으며, 그것 없이도 거래의 무결성을 보장할 수 있다.[12]

직접 접촉과 대면 상호 작용이 필요한 또 다른 서플라이 체인 활동의 전형은 기업이 공급업체와 신제품을 개발, 개선, 제조할 때 일어난다. 고객 업체와 공급업체의 대표 담당자는 제품 설계를 발표하거나, 원자재를 검수하거나, 시제품을 검사하거나, 제조 샘플을 평가하기 위해서 비행기에 몸을 싣는다. 코로나19는 이 모든 여정에 즉각 종말을 고했으며, 샘플의 긴급 항공 운송조차 비싸고 믿을 만하지 못한 과정으로 만들어 버렸다.

코로나19 이전부터 가상 제품 개발을 시도하려는 움직임은 있었다. 팬데믹은 이를 크게 앞당겼다. 가상 제품 개발은 출장이나 긴급 소포 대신 디지털 파일, 3D 모델, 고해상도 영상을 통해 협업한다. 팬데믹 이전에도 일부 회사는 (특히 의류 회사들은) 속도 향상을 위해 가상 제품 개발을 채택해 왔다. 개발 시간이 짧을수록 회사가 변덕스러운 시장 동향에 더 잘 대처할 수 있기 때문이다. 디지털 설계 프로세스는 전 세계, 24시간의 빠른 개발을 가능하게 한다. 아시아에 있는 공급업체나 혁신 센터가 (미국의 본사는 한밤중인) 낮에 신제품을 설계하여 디지털 결과물을 보내면, 본사는 이른 아침에 이를 검토할 수 있다. 검토를 맡은 마케팅과 영업, 고객 담당자 등의 직원이 온종일 취합한 하루 간의 최종 피드백을 공급업체는 (현지 시각으로) 이른 아침에 받아볼 수 있다.

소매업은 접촉을 배제한 거래를 원하는 또 다른 분야다. 아마존의 고Go 식료품점 한 곳으로 들어가면, 마치 차분하고 여유로운 약탈 소동에 휘말린 느낌이 든다. 사람들은 진열대에서 물건을 꺼내 가방에 넣은 다음, 돈을 내지 않은 채 나가 버리는 것처럼 보인다. 그러나 그것이 바로 아마존이 고객에게 바라는 바다. 안내문에는 이렇게 쓰여 있다. "들어올 때 앱을 사용하세요. 가방에 물건을 챙기세요. **그냥 나가세요.**"[13] 고객이 스마트폰을 입구에서 스캔하면, 이를 식별하여 청구서를 보낼 수 있다. 매장 전체의 카메라와 센서가 모든 것을 기록하고, 컴퓨터 비전을 이용해 누가 무엇을 가져갔는지 (또는 되돌려 놓았는지) 정확히 알 수 있다. 아마존의 이런 매장은 계산대도, 계산원도, 포장원도 필요로 하지 않는다.

원격 제어 서플라이 체인

Remote Control Supply Chains

양방향 데이터 흐름은 원격 가시성과 원격 제어를 모두 가능하게 한다. 계약 제조업체 플렉스가 만든 '플렉스 펄스Flex Pulse'가 그 예다. 이는 소프트웨어 기반 시스템이자, 서플라이 체인 가시성을 이용해 서플라이 체인의 성능을 관리하고 개선하는 물리적 '컨트롤 타워' 시설의 네트워크이다. 이 소프트웨어를 통해 6천여 명의 사용자가 자신의 컴퓨터, 노트북, 모바일 기기에서 실시간 가시성을 확보하고, 서플라이 체인을 제어할 수 있다.

전 세계의 플렉스 펄스 센터 9곳에는 거대한 반응형 터치스크린 벽이 있다. 이는 사용자가 선택 가능한 광범위한 정보를 표시하는데, 그 예로는 서플라이 체인 마비에 관한 실시간 뉴스, 소셜 미디어 흐름,

이동 중인 글로벌 화물 지도, 재고 수준에 대한 화상 지도, 수익률 원그래프, 이례적 상황 지도, 조달 기간 그래프, 기타 서플라이 체인 데이터 등이 있다. 각 플렉스 펄스 센터는 네트워크 운영 센터로서 기능한다. 사용자의 개인 컴퓨터에서도 운영 정보를 이용할 수 있으므로, 이는 사용자가 팬데믹 동안 벌어지는 일을 파악하는 데 큰 도움을 주었다. 플렉스의 토렐과 그녀의 동료들은 플렉스 펄스를 활용해 코로나19 위기 상황에서 서플라이 체인을 관리했다. 그녀는 이렇게 말했다. "우린 코로나19를 다루는 몇몇 특수 대시보드를 만들었습니다. 이를 통해 피해가 생길 가능성이 있는 곳을 고객 수준에서, 현장 수준에서, 부품 번호 수준에서 이해할 수 있었죠."[14]

코로나19와 관련한 물리적 거리 두기, 한정된 출장, 그룹 모임의 제한은 관리와 제어를 위한 원격 현장 기술* 활용의 확산세를 더 빠르게 만들었다. 예컨대 월그린Walgreens은 팬데믹 이전부터 매장 내 센서를 사용해 9,500개 미국 지점을 모니터링했다. 이는 주로 보안을 위해서였다. 하지만 현재는 다른 중요한 상황에서도 이 시스템을 활용하고 있다. 예를 들어 전력 센서가 정전 위험을 알리면 월그린은 재빨리 전력 회사에 연락하거나, 예비 발전기를 공급하거나, 냉장 트럭을 보내 신선품의 재고를 보호할 수 있다. 관리자는 고화질 카메라로 재고를 모니터링하고, 직원이 고객에게 더 신속히 서비스를 제공하게끔 관리한다. AI 기반의 영상 인식 시스템은 카메라의 영상 신호를 입력받아 정상적으

---

* 일정 매체가 만들어 낸 환경 속에 있는 사용자가 그 가상 환경을 실제와 유사하게 느끼거나, 실제와 동일시 할 수 있는 인지적 몰입 상태를 제공하는 기술, 간단히 말해 원격 사용자가 마치 현장에 있는 듯한 경험을 할 수 있게 해주는 기술을 뜻한다.

로 반복되는 활동의 동향을 살피거나, 주의해야 할 이상 징후를 찾아낼 수 있다. 징후로는 5번 통로의 물걸레, 하역장 문 옆에 널브러진 팰릿, 막힌 컨테이너 벨트, 앞으로 30분간 더 많은 계산대가 필요하다는 전조로서 주차장에 도착하는 고객의 급증 등이 있다.

또한 비디오카메라와 센서는 직원이 집과 공장, 물류 창고, 상점에 동시에 있을 수 있게 해준다. 다음 단계는 간단한 시설 기능의 원격 제어이며, 이는 원격으로 운영되는 로봇, 심지어 완전 자동화되어 스스로 운영되는 '비밀 기지dark facility'이란 공상 과학 개념으로까지 이어진다 (제15장, 246쪽 참조).

이제 의사가 당신을 '보실' 겁니다
The Doctor Will "See" You Now

코로나19 위기가 발생하자 모든 분야와 업계에서 접촉을 배제한, 물리적으로 거리를 둔 상호 작용이 늘어났다. 하지만 의료 분야에서 그 증가는 가히 폭발적이었다. 바이러스를 퍼뜨리지 않고 (혹은 감염되지 않고) 환자를 치료하기 위해 의사와 간호사들은 가정 왕진을 다시 시작했다. 하지만 현대적인 변형이 있었다. 인터넷을 통한 원격 진료는 의사가 환자를 물리적 접촉 없이 집에서 볼 수 있게 해주었다. 환자는 가정으로 배달되는 표본 키트를 써서 체액 표본을 수집하고, 실험실에서 분석하도록 보낼 수 있었다. 새로운 코로나19 검사 역시 이제는 환자들이 집에서 완료하여 보내면 실험실에서 분석할 수 있게 되었다.

환자들은 주요 건강 지표를 측정하기 위해 혈압 측정기, 맥박 산소

포화도 측정기, 포도당 측정기, 온도계, 심박수 측정기 등을 구매하여 사용했다. 이 장치 가운데 다수는 인터넷이나 스마트폰 혹은 전화선과 연결되어 있어, 의료 업체의 검토를 위해 자동으로 데이터를 업로드할 수 있다. 게다가 미국인의 21%가 사용하는 스마트워치와 피트니스 장비는 1년 365일, 24시간 내내 건강 관련 데이터를 수집할 수 있다.[15] 이러한 웨어러블 디지털 장치(개인용 IoT)는 매일의 물리적 활동과 심박수 패턴을 추적하고, 에너지 소비 수준, 신체 안정성, 심장 건강, 기침과 재채기 등의 변화를 찾아낼 수 있다. 이들 데이터는 의료 기록의 하나로 빠르게 자리 잡고 있다. 의사에게 환자에 대한 가시성을 제공하고, 적시에 진단과 치료를 시작할 수 있도록 하기 위함이다.

보안을 유지하는 온라인 건강 포털을 통해 환자는 언제든 간호사와 의사, 검사 결과, 의료 정보에 접근할 수 있다. 또한 이를 통해 환자는 처방전도 이용할 수 있다. 실제로 코로나19는 제약업의 전자 상거래가 크게 성장하는 자극제였다.[16] 원격 의료 서비스를 이용하는 대다수 환자는 대체로 이에 만족하는 것처럼 보인다. 미국 성인의 거의 절반이 코로나19가 시작된 후 원격 진료를 받았으며, 주로 편리함을 누리고 감염 위험에 대한 우려를 덜기 위해서였다.[17]

의료의 디지털화는 개인, 질병, 치료, 결과, 그리고 인구 건강 동향에 대한 데이터를 폭발적으로 증가시킨다. 코로나19는 의료 분야의 예측, 선별, 접촉 경보, 빠른 진단, 자동 배송, 신약 개발에 있어서 빅데이터와 AI의 사용을 가속했다.[18] 예컨대 AI 플랫폼 블루닷BlueDot은 "빅데이터 분석을 통해 세계에서 가장 위험한 전염병의 확산을 추적하고 예측하여," 2019년 12월 31일 이전에 의뢰인들에게 코로나19 발생을 경고할 수 있었다.[19] 블루닷의 창립자인 캄란 칸Kamran Khan은 이렇게 말한다. "한편으로, 질병이 빠르게 나타나고 확산하면서 세상은 급속히 변하고 있습니다. 다른 한편으로, 우리가 사용할 수 있는 데이터에 접근할 기회도 늘어나고 있습니다. …우리는 데이터를 활용해 통찰력을 얻고, 이를 질병 자체보다 더 빠르게 전파할 수 있습니다."[20]

이 책에 언급한 수많은 기술과 마찬가지로, 원격 진료는 코로나19보다 수십 년 앞서 나타났다. 하지만 환자와 의료 기관 모두에게 동기를 제공한 팬데믹이 없었다면, 원격 진료가 지금처럼 널리 받아들여지진 않았을 것이다. 팬데믹은 사람들에게 새로운 습관을 강요했으며, 그 가운데 일부는 바이러스가 사그라들어도 계속 유지될 가능성이 크다. 한편 이 책에 언급한 수많은 기술과 마찬가지로, 원격 진료도 여전히 더 발전할 필요가 있다. 자신이나 자녀, 노부모 때문에 진료 일정 등을 조정하려 해본 미국 환자라면, 서로 다른 의료 시설 간에 통합이 이뤄지지 않아 좌절했던 경험이 누구나 있을 것이다.

제15장

자동화의 증가

Automation Increases

　로봇은 물리적 거리를 두거나 마스크를 쓰거나 휴식을 취할 필요가 없다. 회사는 로봇이 아플까 걱정하지 않아도 된다. 직원 건강에 대한 염려와 거리 두기 요건, 코로나19 발생으로 인한 시설 폐쇄의 위험, 여기에 다른 사람이 손댄 물품의 살균 여부를 걱정하는 고객까지, 이 모든 게 기업이 자사 비즈니스를 자동화하는 방법을 모색하는 동기가 된다.

　이와 마찬가지로, 코로나19와 그것이 물리적 소매업에 준 영향 때문에 갑작스레 능숙한 전자 상거래가 생존 필수품이 되었다(제22장, 353쪽 참조). 전자 상거래 경쟁은 예전부터 속도 향상을 위해 기업이 자동화를 진행하게끔 몰아붙이고 있었다. 이틀, 하루, 네 시간, 두 시간 등등 점점 짧아지는 고객의 배송 요구 앞에서, 자동화는 회사가 주문을 효율적인 비용으로 처리할 수 있는 유일한 방법이다.

로봇이 업계를 뜨겁게 달구다

Industry Gets Hot for Bots

타이슨 식품Tyson Foods은 코로나19 발생과 폐쇄 조치, 거리 두기 요건이 초래한 생산성 저하로 타격을 입은 육가공 기업 가운데 하나다. "우리 업계는 사람에 대한 의존도가 무척이나 높습니다." CEO인 노엘 화이트Noel White는 말을 이어갔다. "하지만 우리 회사는 가공 공장에서 가장 어려운 작업을 자동화하기 위해 적극적으로 투자하고 있습니다."[1] 2019년 회사는 타이슨 제조 자동화 센터Tyson Manufacturing Automation Center를 신설했다. 지난 5년간 자동화와 로봇 공학에 2억 1천 5백만 달러를 투자한 결과 중 하나였다.[2] 이들은 이물질 감지, 뼈 제거, 포장, 펠릿 운송 등을 자동화하려고 노력했다.

"자동화는 정말 많은 것을 제공합니다. 하지만 무엇보다 유연성을 강조하고 싶습니다." 타이슨의 사장*인 딘 뱅크스Dean Banks가 말했다.[3] 타이슨은 소고기나 돼지고기 같은 제품을 위해 멀티백Multivac의 포장 시스템을 일부 사업체에 설치했는데, 이는 사람의 손길이 닿지 않고 가공 과정을 진행할 수 있게 해주었다. 뱅크스는 덧붙이길, "제품을 업소용에서 소매용으로 재빨리 전환할 수 있는 능력은… 매우 유익했습니다." 화이트는 자동화가 갈수록 더 늘어날 것으로 예상한다며 말했다. "우리 회사만이 아니라고 믿습니다. 제 생각에 이 업계는 계속해서 자

---

* 　보통은 한 사람이 사장과 CEO를 겸직하곤 하지만, 서로 다른 사람일 경우 CEO는 최고 의사 결정권자를, 사장은 그가 맡은 직책/직급의 의미가 강하다.

　제4부. 서플라이 체인의 미래

동화를 통해 해결책을 모색할 겁니다."[4]

외부에서 보면, BMW 자동차 공장은 낡고 평범한 상자들에 자동차 부품을 담아 한쪽으로 들여보내면, 다른 한쪽으로 매끈한 새 차량이 나오는 거대한 건물이다. 내부에서 본 공장은 자동차의 하위 구성품을 직원이 (그리고 로봇이) 조립하는 설비 장소로 꽉 찬 혼잡한 도시와도 같다. 이들 장소는 부품에서 하위 구성품, 완성된 자동차로 흘러가는 전체 노선을 따라 연결된다. 최고 수준의 작업 효율성과 품질을 위해, 공장 직원과 로봇 각각은 작업에 필요한 특정 부품을 자신이 있는 곳으로 계속 '배달받을' 필요가 있다. 게다가 BMW의 독일 고객 주문 가운데 99%는 맞춤 제작이기에, 직원은 각 고객의 자동차 설계 옵션에 따라 그 고유한 구성에 맞는 정확한 부품을 전달받아야 한다.

"결국, 가능한 자동차 구성이 엄청나게 많다는 사실이 BMW 그룹의 생산에 문제가 되었습니다. 세 가지 기본 영역, 즉 컴퓨팅, 물류 계획, 데이터 분석에서요." BMW의 수석 물류 담당 부사장인 위르겐 미델Jürgen Midel의 말이다.[5] 이를 해결하기 위해 BMW는 다섯 종류의 로봇을 개발했다. 스플릿봇SplitBot은 부품 팰릿을 풀고, 플레이스봇PlaceBots은 선반 위에 물품을 싣고, 픽봇PickBots은 필요에 따라 부품을 모았으며, 소트봇SortBots은 재사용을 위해 빈 컨테이너를 관리했다. 그리고 자율 주행하는 두 가지 크기의 스마트 운반 로봇Smart Transport Robots(STR)이 부품 컨테이너와 바퀴 달린 부품 운반대를 이곳저곳으로 옮겼다.[6]

이 모든 하드웨어는 스마트 제어 시스템이 있어야 작동할 수 있다. 각 유형의 봇은 머신 비전과 AI를 활용해 매우 다양한 컨테이너와 부품을 집고, 옮기는 방법을 '학습'한다. 이 학습 훈련은 공장에서 각 봇이 다루어야 하는 모든 컨테이너, 부품, 받침대, 선반, 그 외 기타 재원의 이미지를 사용한다. BMW는 스플릿봇이 450개의 서로 다른 부품 컨테이너를 다루도록 훈련했고, 픽봇은 5만 개의 서로 다른 부품을 다루는 방법을 학습할 수 있었다. BMW는 부품 컨테이너의 고유 QR코드를 활용하여 종이와 접촉을 배제한 시스템을 개발하고, 모든 것을 추적했다. 직원들은 내장 스캐너가 달린 장갑을 착용하며, 화면을 통해 각 컨테이너에 무엇이 들어 있는지 살펴볼 수 있다.

육가공 공장과 자동차 공장은 서로 다른 유형의 공장이다. 하지만 둘 다 직원들이 서로 가까이서 일하는 혼잡한 시설이며, 따라서 코로나19가 부과하는 제약이 따른다. 그러니 제조 업계가 자동화를 통해 수작업 의존도를 낮추려는 노력을 배가하는 것도 놀라운 일은 아니다.

골라내고, 포장하고, 배송하고

Pick-It, Pack-It, Ship-It

"만약 전 세계 식료품 의회란 게 있다면, 두 가지 의제가 최우선으로 다뤄질 겁니다. 코로나19, 그리고 성공적인 온라인 기능을 구축하는 방법입니다." 잡화점의 전자 상거래 풀필먼트 센터용 로봇을 만드는 오카도 솔루션Ocado Solutions의 CEO인 루크 젠슨Luke Jensen의 말이다. 팬데믹 이전부터 전통 소매업체들은 아마존을 비롯한 온라인 소매업체와의 경쟁에서 살아남기 위해 온라인 판매를 늘리려는 노력을 계속하고 있었다. 2019년 전자 상거래는 미국 전체 소비 판매의 16%를 차지했으며,[7] 전통 소매점은 9,300개 이상이 문을 닫았다.[8] 코로나19로 이런 경향은 더욱 심화했다. 팬데믹으로 인한 불황 때문에 2020년 4월 전체 소비자 지출이 13% 가까이 감소했지만, 같은 기간 전자 상거래는 2019년 대비 49% 성장했다. 2020년 미국 소매점의 폐업은 두 배 이상 증가해 2만에서 2만 5천 개에 이를 것으로 예상된다.[9]

처리해야 하는 전자 상거래 주문의 양적 증가와 함께, 소매업체는 빠른 배송을 바라는 소비자의 채울 수 없는 갈증도 해소해야 한다. 코로나19 이전부터 알리바바Alibaba나 아마존 같은 회사는 소비자에게 무료 배송, 파손의 염려가 없는 배송, 빠른 배송 서비스를 약속하며 경쟁 우위를 강화했다. 당일 배송, 심지어 2시간 내 배송이 흔해지고 있는 세상에서 익일 배송을 약속하는 것은 더는 소비자에게 감흥을 주지 못한다. 비용의 증가 없이 공정과 배송 속도를 높이도록 자동화가 도움을 줄 수 있을 것이다.

영국 앤도버에 있는 오카도의 온라인 식료품 풀필먼트 센터는 체스판과 벌집, 불가해한 블록 쌓기 퍼즐의 교집합이다.[10] 거대한 시설의 서까래 가까이 체스판 격자를 이룬 레일이 있다. 세탁기 크기의 로봇 천 대 이상이 격자를 타고 동서남북으로 움직이며, 인접한 트랙 위의 다른 로봇들과 아슬아슬하게 스쳐 지나간다. 이동하지 않는 로봇은 각자 어떤 구역 위에 멈춰서서 마치 알을 낳는 육각형 새 마냥 쪼그리고 앉아 있다. 물론 로봇은 알을 낳는 대신 몇 가지 식료품이 든 상자를 내려놓거나 들어 올리는 중이다. 어떤 상자에는 라즈베리 초콜릿 바가, 다른 상자에는 케첩이나 옥수수 캔, 그 밖에 식료품점에 배송할 어떤 것이라도 들어 있을 수 있다. 이 격자를 위에서 내려다보면, 각 구역이 17개의 상자가 들어가는 정말 깊은 구멍이란 걸 알 수 있다.

고객 업체가 오카도에 주문을 넣으면, 컴퓨터는 경로를 초당 3백만 번 계산하여 로봇 무리를 내보낸다. 로봇들은 격자 위에 흩어져 고객 업체가 찾는 SKU를 담은 상자를 모두 회수하는 경주를 펼친 뒤, 회수한 상자를 '피킹 스테이션picking stations'으로 가져간다. 필요한 물품을 집을 수 있는 흡착판 집게가 달린 다른 로봇이 포장 제품 대부분을 골라내고 스캔하여, 고객의 주문에 맞춰 트럭으로 배송할 수 있도록 두 번째 상자에 담는다. 좀 더 섬세한 상품을 담은 상자는 사람이 있는 피킹 스테이션으로 간다. 이러한 로봇 무리 시스템은 단 5분 만에 평균 50개의 품목을 모두 회수하고, 골라내고, 포장할 수 있다.

이 로봇들은 복도를 이리저리 돌아다녀야 하는 사람보다 훨씬 빠를 뿐만 아니라, 휴식을 취하지도, 코로나19를 걱정하지도, (아마존이 유럽과 미국에서 경험한 것처럼) 열악한 작업 환경에 대해 항의하지도 않는다. 가끔 나타나는 컴퓨터 바이러스를 빼면 전염성 질병에 면역이며, 접촉자 추적과 검사, 검역, 살균으로 야단법석을 벌일 일도 없다.

사람은 속도, 정확성, 지구력에 있어서 오늘날의 로봇을 당해낼 수 없다. 하지만 손재주에 있어선 사람이 기계를 압도한다. 창고 로봇은 콩 통조림을 하나 가져오는 일은 무척이나 잘 해낼 수 있다. 하지만 잘 익은 아보카도를 가져오라고 하면 온통 멍든 과일을 들고 올 것이다. 부서지기 쉬운 물건들은 여전히 사람의 운동 기능, 아니면 불필요한 완충재 등을 필요로 한다. 하지만 이런 상황도 변하고 있다. 예를 들어 MIT에서는 사람 손과 비슷한 더 부드러운 소재와 더 나은 촉각 센서를 활용해 로봇의 손재주를 높이는 작업을 진행 중이다. MIT 연구진은 와인 잔이나 과일처럼 섬세한 물건을 조작할 때 필요한 미세한 운

동 신경과 부드러운 손길을 로봇에게 주려 하고 있다.[11]

물류 업계에서 로봇은 물류 창고를 자동화하려는 전 세계적인 움직임의 중심을 이룬다. 선도 기업들은 자동화에 수십억 달러를 투자하면서, 지상이나 공중의 드론을 활용해 재고를 끊임없이 추적하거나, 골라내고 포장하는 작업을 더 효율적으로 수행하는 로봇을 개발하는 데 앞장서고 있다.[12]

예를 들어, 2018년 중국 전자 상거래 및 물류 거대 기업인 징둥닷컴JD.com은 상하이 외곽에 자동화된 물류 창고를 신설했다. 이 시설은 하루 20만 건의 주문을 처리하지만, 고용된 직원은 단 4명뿐이다. 알리바바 계열사인 차이냐오Cainiao는 (역시 상하이 외곽에 있는) 우시에 풀필먼트 시설을 운영하고 있다. 이 시설에서는 700대의 자동화된 운반 차량이 소포를 골라내고, 이를 대기 중인 차량에 전달한다. 중국은 전 세계 전체 설비의 36%를 점유하는 세계 최대의 로봇 시장이다.[13]

국제로봇연맹International Federation of Robotics에 따르면, 전문용 서비스 로봇의 판매는 2018년 92억 달러로 32% 증가했고, 그중 물류 시스템 관련 판매가 41%를 차지했다. 2022년까지 전 세계 물류 창고 및 물류 로봇 시장은 네 배 성장할 것으로 추정된다. 물건을 골라내고, 스스로 찾아내고, 다른 곳으로 옮기는 로봇을 만드는 페치 로보틱스Fetch Robotics의 CEO 멜로니 와이즈Meloney Wise는 이렇게 말한다. "지금 당장 비즈니스적으로 필요한 일입니다. 그러니 더 빠르고 쉽게 진행될 수 있겠죠."[14]

기계들의 행진

Machines on the March

어쩌면 눈에 띄지 않게 보도 위를 달리는 바퀴 달린 상자가 도시 내 최종 구간 배달*의 미래일지도 모른다. 팬데믹 동안 전자 상거래와 식당의 음식 배달이 모두 폭증하자, 소비자와 배달원 모두에게 더 안전하고 더 거리를 둔 상품과 식품의 최종 구간 배달이 필요해졌다.

바로 여기서 스타십Starship 등이 만든 자율 보도 로봇이 등장한다.[15] 스타십은 현재 여러 곳에 지점을 운영하며, 2021년 여름까지 이를 100개 지점으로 확장할 계획도 세웠다.[16] "어떤 지역에 코로나바이러스 봉쇄 조치가 내려지자, 하룻밤 사이에 실적이 두 배로 증가했습니다"라고 스타십의 사업 개발 수석 부서장인 라이언 토우히Ryan Touhy는 말한다.[17] 고객은 앱을 사용해 음식이나 기타 상품을 주문하고, 원하는 배달 장소를 지도에 표시한다. 앱을 통해 자신의 주문이나 배송 로봇의 진척 상황을 실시간으로 확인할 수도 있다. 로봇은 도착하면 주문자에게 알림을 보내고, 주문자는 앱을 사용해 로봇의 화물칸 문을 잠금 해제하여 배송물을 회수한다.

다만 보도 로봇은 여러 해결책 중 하나로, 인구 밀집 지역의 단거리 배송에 적합하다. 도시, 교외, 시골 지역 및 장거리 화물 운송 수요는 승합차나 트럭 등 기존의 배송 차량을 대신하여 도로를 달리는 것

---

* 제조사나 공급업체, 풀필먼트 센터들 사이에서 이루어지는 배송이 아닌, 배송받은 상품을 사용하거나 소비하는 최종 고객에게로의 상품 배송을 말한다. 유통과 물류의 마지막 단계이며, 실제 고객과의 접점이란 점에서 중요시된다.

이 법적으로 허용된 자율 주행 차량이 맡을 수 있다. 이러한 대형 고속 차량이 안전한 전천후 자율 주형 성능을 더 높은 수준으로 갖추려면, 향후 수년에 걸쳐 추가적인 공학 기술 개발이 (그리고 규정 승인이) 필요할 것이다.

아마존, UPS 등이 개발하고 있는 소형 항공 배송 드론은 분초를 다투는 제품들을 더 빨리 배송할 수 있는 잠재력을 지니고 있다.[18] 미국 기업인 집라인Zipline은 120km까지 날 수 있는 소형 항공 배송 드론을 이용해 백신, 의약품, 혈액 제제 170종을 르완다와 가나 전역 2,500개 의료 시설에 전달하고 있다.[19] 집라인은 다른 여러 국가로의 확대 방안을 모색하고 있으며, 2020년 5월 노반트 헬스Novant Health와 유통 협약을 맺고 노스캐롤라이나에서 장거리 드론 배송에 대한 FAA 조건부 승인을 받았다.[20] 또한 2020년 9월에는 월마트와 협력하여 월마트 매장에 주문 제품을 배송하기로 했다.[21]

대형 항공 화물 드론은 긴급 배송 상황과 인도적 원조를 위한 배송 상황 모두에서 수백 킬로미터에 걸쳐 수백만 톤을 운반할 수 있을 것이다.[22] 승합차 크기의 모선이 배송지 근처까지 이동한 다음, 여러 대의 보도 로봇이나 항공 드론을 파견해 최종 구간을 이동하는 방법을 제안한 회사들도 있다.[23] 그러나 이러한 항공 로봇을 배송 과정에 일반적으로 사용하기까지는 아직 풀어야 할 문제가 많다. 예컨대 도시 지역에서 드론 함대를 안전하게 관리할 수 있는 방법을 정해야 한다.

로봇 프로세스 자동화(RPA)

Robotic Process Automation(RPA)

복잡하게 얽힌 서플라이 체인 안에는 수백만 명의 고객을 위한 수백만 개의 제품에 들어가는 수백만 개의 물리적 부품이 이동 중일 수 있고, 동시에 그보다도 훨씬 많은 데이터도 이동 중일 수 있다. 이런 데이터에는 주문서, 송장, 상태 메시지, 이 모든 활동과 관련한 보고서 등이 포함된다. 상품을 골라내고, 놓고, 정리하고, 이동하는 로봇과 자율 주행 차량이 서플라이 체인 내 공장의 업무를 자동화하는 것처럼, 화이트칼라의 지식 기반 업무 또한 자동화할 수 있다. 로봇 프로세스 자동화Robotic Process Automation(RPA)는 사무실 직원이 컴퓨터나 모바일 기기에서 일상적으로 수행하는 업무를 모사하여 자동화하도록 설계한 소프트웨어이다. RPA는 스크립트 동작과 간단한 규칙으로 구성된 소프트웨어 봇을 포함하며, 이를 통해 송장 승인이나 주간 보고서를 위한 데이터 수집, 알람 전송, 재공급 주문 등 반복적인 사무실 업무를 처리할 수 있다. 직원이 키보드와 마우스로 여러 번 반복할 수 있는 업무라면 무엇이든 RPA의 처리 대상이 될 수 있다.

선도적인 금융 회사와 보험 회사들은 RPA를 성공적으로 채택했다. 취리히 보험 그룹Zurich Insurance Group은 RPA를 활용해 표준 문안 증서의 계약 인수를 처리함으로써 상용 보험 계약자들이 더 복잡한 증서에 시간을 할애할 수 있게 했다.[24] 중국의 민생 은행Minsheng Bank도 마찬가지의 방법으로 길고 복잡하며 수동적인 대출 신청 절차를 간소화하여, 코로나19에서 살아남기 위해 대출을 찾는 조직이 불필요한 시간을 낭비하지 않도록 했다. 민생 은행은 이 문제를 해결하고자 RPA에 많은 투자를 하였고, 온라인 신청서 검토, 검증, 온라인 대출, 자동 승인을 포함하도록 자사 대출 애플리케이션을 자동화했다. 이에 대출은 승인 절차가 30분으로 줄었고, 매력적인 기업 상품이 되었다.[25]

물리적 로봇과 마찬가지로 RPA봇도 속도에 있어선 사람보다 우월하다. 하지만 인간의 지적 재간을 따라오진 못한다. 따라서 보통 RPA봇이 반복적인 업무를 처리하는 동안 사람은 예외적인 업무를 처리하며, 단순히 프로세스를 실행하기보다는 이를 개선하는 업무를 맡는다.

RPA의 채택은 사람들이 자신의 업무를 보는 관점의 변화를 수반한다. 존슨앤존슨의 메리 스티븐슨은 코로나19가 어떻게 RPA와 같은 디지털 도구의 사용에 관한 사고방식을 바꾸었는지 다음처럼 설명했다. "만약 1분 안에 천 개의 결정을 내려야 하는데, 디지털의 도움 없인 그렇게 할 수 없다면, 아주 많은 [제조] 라인을 관리할 수 있다는 자부심에 더는 얽매일 필요가 없습니다. 고객을 위해 제품을 계속 공급하고 있다는 사실만으로도 충분히 자부심을 가져도 됩니다." 그러면서 그녀는 덧붙였다. "더 빠른 의사 결정의 필요성, 여러 통찰을 얻어야 하는 필요성 때문에 사람들은 새로운 업무 방식을 받아들일 수밖에 없었습니다. 그리고 예전으로 되돌아가는 일은 결코 없을 겁니다."[26]

RPA는 본질상 그것을 만들고 사용하는 직원의 가상 부하 직원이다. 인터뷰에 응한 회사 한 곳에선 RPA봇을 HR이 관리했다. 봇을 직원으로 대하기 때문이다. HR은 사람 직원에게 하듯이 봇의 작업 성과를 추적하고, 접근 자격을 관리한다.

이상의 내용은 서플라이 체인을 자동화할 수 있는 몇 가지 예에 불과하다. 2021년, 서플라이 체인은 극도로 불확실한 세계에서 우여 곡절을 헤쳐 나가야 할 것이며, 그 운전대를 잡은 (아니면 키보드 위에 놓인) 손은 사람의 것이 아닐 가능성이 커 보인다.

적시 생산 조율하기

Just-in-Time Gets Just-a-Tweak

의약품의 부족과 부분적인 식량 품절, 미국 등지의 산업 공장의 임시 폐쇄가 이어지자 많은 언론은 희생양을 찾았고, 그중 여럿이 적시 just-in-time(JIT)* 제조 시스템을 원인으로 지목했다. 오스트레일리아 방송협회Australian Broadcasting Company는 "코로나바이러스 팬데믹이 '적시' 경제의 치명적인 결점을 드러냈다"라고 선언했다. 이들은 JIT가 비용을 낮추기 위해 재고와 물류 창고를 줄인다고 보았고, 업계는 혹시 모를 사태에 대비해 재고를 많이 보유하는 쪽으로 방향을 선회해야 한다고 제안했다.¹ 이런 외침은 여러 반향을 일으켰다. 예컨대《더 컨버세이션 The Conversation》은 기사에서 "우리가 평생 의존하는 이 시스템에 더 많은

---

* 보통은 생산 방식과 관련하여 사용하는 용어로, 이때는 필요한 제품을 필요할 때 필요한 만큼 생산하는 방식을 뜻한다. 그만큼 재고는 줄어들며, 재고 관련 비용 역시 감소한다. 도요타의 핵심적인 생산 개념으로 많은 제조업에 확산되었다.

다중성과 완충재, 방화벽을 구축해야 한다"라고 주장했다.[2]

재고: 좋은 놈, 나쁜 놈, 비싼 놈
Inventory: The Good, the Bad, and the Costly

깊이 들여다보면, 재고는 서플라이 체인의 각 프로세스를 분리하여 (혹은 고립시켜) 각각이 그에 최적화된 비율이나 배치batch* 크기에 맞춰 운영할 수 있게 해준다. 예를 들어 초대형 원유 운반선a very large crude oil carrier(VLCC) '슈퍼 탱커supertanker' 선박은 2~3개월마다 3억ℓ의 원유를 정유 공장으로 보낼 수 있다. 원유는 정유소가 하루에 1천만ℓ의 휘발유를 꾸준히 생산하는 동안 저장 탱크에 보관된다. 휘발유 역시 주유소로 한 번에 4만ℓ를 배달하는 트럭이 올 때까지 다른 저장 탱크에 보관된다. 주유소에서, 연료는 한 번에 20~50ℓ씩 구매하는 차들을 기다리며 지하 탱크에 보관된다. 마지막으로 연료는 엔진이 시간당 약 3ℓ의 가스를 천천히 소비하는 동안 차의 연료 탱크에서 보관된다. 각 탱크에 담긴 재고는 각 프로세스가 필요할 때 시작되거나 중단될 수 있게 해주며, 다른 프로세스에 비교적 독립적일 수 있게 해준다. 원유 선박, 정유소, 연료 트럭, 주유소 펌프, 자동차 엔진은 각 프로세스를 분리하는 다양한 재고를 보유하며, 이를 통해 자신에게 알맞은 비율이나

---

*　프로세스의 한 단계의 작업이 끝나면 그 즉시 해당 결과물이 다음 단계로 이행하는 실시간 처리와 달리, 일정 수의 결과물이 모였을 때 이들을 한 번에 다음 단계로 이행하는 처리 방식을 말한다. 이때 중요한 것은 결과물이 얼마나 모이면 다음 단계로 이행할 것인지, 즉 배치 크기를 어떻게 설정할 것인지이다.

배치 크기만큼 휘발유를 생산하고, 옮기고, 사용한다.

서플라이 체인의 각 계층에 보관된 전체 재고량은 세 가지 유형의 재고가 더해진 것이다. 앞선 사례는 이른바 **주기 재고**의 역할을 보여준다. 이는 운영 중인 정유소로 대형 유조선의 원유가 정기적인 배송 주기에 따라 효율적으로 이동할 수 있게 해준다. **계절 재고**seasonal stock는 수요의 계절 주기 혹은 정기적 주기로부터 (예컨대 여름철 높아지는 가스 수요로부터) 꾸준하고 지속적인 공급원을 (예컨대 정유소를) 분리하는 데 도움을 준다. 즉 정유소는 겨울에 휘발유 탱크에 재고를 축적하여 여름철 휘발유 수요에 대비함으로써 여름에도 문제없이 운영을 이어갈 수 있다. **안전 재고**safety stock는 휘발유 소매업체가 예정된 (아마도 마비될) 휘발유 배송을 예기치 못한 (예컨대 다가오는 폭설로 휘발유가 바닥나는 등) 수요 급증으로부터 분리하는 데 도움을 준다. 이세 가지 재고의 총합은 제품이 서플라이 체인 내 어떤 부분에서도 소진되지 않도록 보장해 주는 양과 양과 같다.

JIT를 사용하는 기업은 자사의 프로세스 각각을 최적화된 비율로 실행하는 대신 프로세스를 조정해서 일부 재고를 제거하려 한다. 이에 따라 일부 프로세스를 덜 최적화된 비율로 (예컨대 트럭이 탱크를 반만 채워서 이동하는 식으로) 운영할 수 있지만, 전반적인 비용은 낮출 수 있다. 재고 수준을 줄일 수 있고, 아래 설명할 것처럼, 덜 눈에 띄지만 훨씬 중요한 다른 절감 효과도 있기 때문이다.

JIT에 대한 비판의 초점은 그것이 팬데믹처럼 중대한 사건에 대비하여 안전 재고를 갖추지 않는다는 데 있다. JIT를 활용하는 기업이라도 주기 재고와 계절 재고보다는 약간 더 많은 재고를 유지하는 게 보통이다. (예기치 못하게 급증할 수 있는) 예측 불가한 수요 패턴, (홍수, 파업, 사고 등 무수한) 공급업체 문제, (국경 통과, 날씨 지연, 사고 등) 이송 문제 때문이다. 그러나 이들이 보유하는 안전 재고량은 프로세스의 예기치 않은 (그러므로 알지 못하는) 변동 확률에 관한 회사의 추정치, 재고 보유의 경제성, 회사의 서비스 목표에 따라 달라진다

올바른 안전 재고 수준에 도달하는 방법의 하나는 재고 운반에 드는 비용과 판매 손실이나 고객 손실의 비용, 혹은 상품 배송 불가로 인한 불이익의 균형을 맞추는 것이다. 이 비용들은 계산하기 어렵다. 따라서 대다수 회사는 자사가 '허용할 수 있는' 서비스 수준을 선택한다. 이를테면 서비스 수준이 95%라는 것은 한 회사가 고객에게 서비스를 제공할 수 없는 경우가 전체의 5%에 불과하다는 것을 의미한다. 예기치 못한 사고의 통계 분포가 주어지면, 회사는 특정 서비스 수준을 달성하는 데 필요한 안전 재고 수준을 계산할 수 있다. 코로나19처럼 큰 사건을 포함해 모든 만일의 사태에서 100%의 서비스 수준을 달성하려면, 일반적인 양에 몇 배에 달하는 막대한 재고 수준이 요구된다. 그 결과 회사는 '골디락스 재고', 즉 서플라이 체인 중단과 예측 불가한 고객 수요를 처리하기에 충분하지만, 비용이 너무 많이 들거나 위험하진 않은 재고 수준을 유지하려 한다.

모든 〈호더스Hoaders〉* 에피소드가 보여 주듯이, 너무 많은 재고는 문제가 될 수 있다. 더 많은 재고는 재고에 묶여 있는 자본금과 이를 서

---

* 2009년부터 2013년까지 미국 A&E 방송국이 방영한 리얼리티 프로그램. 물건에 비이성적으로 집착하며 강박적으로 물건을 사 모으는 사람들의 어려움과 치료 과정을 다룬다.

비스하고, 관리하고, 저장하는 데 드는 운영비를 수반한다. 그러나 더 많은 재고를 유지하는 데서 발생하는 문제는 비용만이 아니다. 재고는 재고 상품이 낡거나, 파손되거나, 팔리지 않을 수 있다는 위험 부담을 늘린다. 또한 여분의 재고는 제7장(121쪽)에서 언급한 것처럼 생산 품질에도 해로운 영향을 미친다.

플렉스의 토렐은 자사와 재고의 애증 관계를 이렇게 묘사했다. "혹시 모를 시나리오에 대비하면서 무턱대고 모든 걸 비축할 수는 없습니다. 서플라이 체인이나 이윤이 그런 식으로 움직일 때가 아니라면 말이죠." 1월 말 코로나19로 첫 번째 폐쇄 조치가 내려지자, 플렉스는 우려 속에서 불확실성 때문에 재고를 늘려야 하는지를 활발히 논의했다. 토렐의 말에 따르면 이는 "얼마나 빠를지, 잠재적인 손상이 어느 정도일지, 공장들이 어떻게 폐쇄될지, 얼마나 폐쇄될지, 언제 생산을 증가해야 할지 예측할 수 없는 상황[코로나19]에 대처해야 하는" 엄청난 과제였다. "재고 관리에 집중해야 한다는 걸 어떻게 우리가 알 수 있고, 생산을 늘리기로 했을 때 필요한 부품이 공장에 있다는 걸 어떻게 확신할 수 있을까요? 플렉스는 불가피한 마비 위험에 대처하기 위해 재고를 늘렸지만, 실제 수요 변화를 이해하기 전까지는 밀어내기pushout**를 중지했다. 이후 세계 일부 지역에서 질병과 폐쇄 조치의 첫 물결이 잦아들고 좀 더 예측할 수 있는 환경이 조성되자, 플렉스는 언제, 어디서부터 비용 효율적인 낮은 재고 수준으로 돌아가야 할지를 더욱 치열하게 토론했다.[3]

** 과거 주문과 수요 예측을 기반으로 생산 계획을 세우고 이에 따라 제품을 생산하여 재고를 확보한 뒤, 고객 업체의 수요가 뒤따르길 기대하는 프로세스. 대량 생산을 통해 규모의 경제를 실현할 수 있으나, 수요 예측이 빗나가면 대량의 재고가 발생한다.

JIT 제대로 평가하기

Doing Justice to Just-in-Time

JIT로 인해 식료품점의 품절 사태가 일어났다는 비판은 사실 아이러니하다. 도요타가 1950년 JIT를 개발한 이유는 재료 부족을 피하기 위해서였고, 이를 위해 모방한 것이 미국 슈퍼마켓이었기 때문이다. 그 전의 도요타는 다음 조립품이나 완성 차량의 배치를 키우고자 했고, 따라서 조립 라인의 다음 단계에 보내는 자동차의 부품과 하위 구성품의 배치 크기가 큰 대량 생산 방식을 사용했다. 일부 배치가 다른 배치에 비해 뒤처지면 월초에 일부 부품의 부족 현상이 나타나곤 했다. 뒤처졌던 배치 생산 프로세스가 나머지 프로세스를 월말에 모두 따라잡으면, 토요타는 목표를 달성하기 위해 정신없이 자동차를 조립해야 했다.

도요타는 미국 슈퍼마켓에서 교훈을 얻었다. 도요타 생산 시스템 Toyota Production System을 만든 오노 다이이치Ohno Taiichi가 쓰길, 슈퍼마켓의 소비자들은 "(1) 필요한 것을, (2) 필요할 때, (3) 필요한 만큼" 쇼핑했고, 자주 구매했다.[4] 그의 통찰은 도요타 직원들이 당장 생산에 필요한 부품만 사용하고 부품의 제조사는 그 수요에 대응하여 자신들의 '슈퍼마켓'을 보충하는 시스템으로 이어졌다.

JIT가 재고와 재고 관련 비용을 줄인 것은 분명했지만, 도요타 생산 시스템(TPS)을 이루는 이 요소들은 사실 성과 향상이라는 전체 빙산의 일각에 불과했다. 소량의 부품만을 적시에 만들고 공급함으로써, 부품 또는 그 생산에서 일어나는 실수나 품질 문제를 불량 부품이나 자동차가 만들어지기 전에 발견하고 즉시 해결할 수 있었다. 적시 생산

제4부. 서플라이 체인의 미래

은 부품과 생산을 끊임없이 개선했고, 고품질의 자동차를 생산할 수 있게 해주었다. 이에 따라 JIT는 발견하지 못한 결함, 폐기해야 하거나 불필요한 부품, 재작업, 보증 수리 등으로 인한 낭비와 비용을 줄였다. 도요타는 비용과 품질의 일반적인 상충 관계를 근본적으로 혁신했다. 즉 TPS는 품질을 높일 때 보통 필요한 비용을 들이지 않으면서도 고품질 자동차를 생산할 수 있게 해주었다.

JIT가 회복탄력성을 낮춘다는 주장과 반대로, 실제 TPS는 생산 시스템을 더 유연하게 만듦으로써 서플라이 체인의 회복탄력성을 높였다. '예정에 따른' 대규모 배치 생산을 '필요에 따른' 작은 생산으로 대체한다는 것은 수요 변화에 따라 공장이 다른 생산품으로 쉽게 생산을 전환할 수 있음을 의미한다. 다른 주문형 제품이 부족할 때 JIT 시스템은 불필요한 제품의 대규모 배치 생산을 끝마칠 필요 없이 수요 변화에 맞춰 수량을 좀 더 유연하게 변경할 수 있다.

또한 JIT는 공급업체와 제조업체, 고객 업체 간의 긴밀한 관계를 조성하고, 회사 간, 노사 간 지속적인 커뮤니케이션을 촉진하며, 직원의 권한 강화로 이어진다. 이는 모두 모여 실수를 방지하고, 품질의 향상을 돕는다. TPS와 JIT는 거의 모든 업계가 시행하는 관리 개념, 예컨대 린 제조lean manufacturing, 카이젠Kaizen, 식스 시그마Six sigma 등으로 파생되었고, 그게 아니라도 일정한 관련을 맺고 있다. 종합적으로 보면 TPS는 역사상 가장 중요한 제조와 서플라이 체인 혁신 가운데 하나며, 막대한 이점을 지니고 있다. 극히 예외적인 파괴적 사건에 취약하다는 약점이 있음에도, 결국 이 방식은 여전히 사라지지 않았다.

혹시 모를 사태에 대비하기

Adding Just-in-Case to Just-in-Time

이 모든 이점에도 불구하고, JIT는 팬데믹이 초래한 의료 위기, 휴지 제품 사재기, 소비자의 식품 쇼핑 패턴 변화 등 비정상적으로 높은 수요를 충족하는 데 명백히 실패했다. 식품 부족을 외치는 헤드라인들이 대단히 과장된 것인 반면(제1장, 제2장 참조), 개인 보호 장비의 부족은 미국과 다른 나라들에서 실제로 나타난 현상이다. 이 우려할 만한 공급 부족은 의료 (그리고 식품) 서플라이 체인이 질병 발생처럼 혹시 모를 사태에 대비하는 '예비just-in-case' 재고를 갖춰야 한다는 요구를 촉발했다. 그러나 품질과 유연성, 낭비 감소와 같은 적시 운영의 이점은 포기하기에는 너무나 중요하다. 따라서 문제는 주요 산업에 종사하는 회사가 어떻게 JIT의 이점을 누리는 동시에, 혹시 모를 재난에 대비하는 재고를 충분히 확보할 수 있는가이다.

존슨앤존슨은 펜타곤과 계약을 맺으면서 이 문제에 부딪혔다. 긴급한 군사적 필요에 대응하기 위한 재고 비축량을 유지한다는 계약이었다.[5] 의약용품의 주 공급업체인 존슨앤존슨은 많은 병원과 약국에 서비스를 제공하고 있었다. 독감, 꽃가루 알레르기나 감기의 유행은 물론, 다양한 질병 발생에 따라 존슨앤존슨 제품의 수요는 요동친다. 따라서 이들은 필요할 때 호출할 수 있는 여러 물류 창고에 재고를 보관하며, 이러한 안전 재고는 불안정한 수요 예측과 불안정한 공급업체 실적에 대해 완충재 역할을 한다. 그러나 재고가 이런 결함을 상쇄할 수 있다는 것은, 뒤집어 말해 대규모 재고는 더 큰 결함을 수정하지 않거나 무시하기 쉽게 만든다는 뜻이다. 즉 너무 많은 재고가 부주의로 인한 결과를 무의미하게 만듦으로써, 관리가 허술해진다.

존슨앤존슨가 펜타곤과의 계약 의무를 이행하기 위해선 두 가지 문제를 풀어야 했다. 하나는 어떻게 이 여분의 재고 비축량을 최신 상태로 유지할 것인지였고, 다른 하나는 어떻게 이 여분의 재고가 존슨앤존슨의 프로세스에 스며들어 자칫 값비싼 품질 문제로 이어지는 태만함을 일으키지 못하게 할지였다. 존슨앤존슨는 이 문제를 '하나 팔고 하나 비축하기sell-one-stock-one'(SOSO) 재고 보충 정책으로 해결했다. 이 정책은 기본적으로 회사가 비축량을 유지하면서, 판매된 재고품을 판매 시점에 다시 보충하도록 한다.[6] SOSO 전략 아래 존슨앤존슨는 펜타곤의 재고가 전용 창고에서 서서히 썩어 가도록 제쳐놓는 대신, 존슨앤존슨의 나머지 재고와 병합했다.

계약을 지키기 위해 존슨앤존슨는 펜타곤이 요구한 여분의 재고 비축량을 자사 재고 소프트웨어의 '적색' 재고 수준으로 설정했다. 펜타곤이 승인한 주문만이 이 적색 수준 이하의 재고에 접근할 수 있었다. 규칙적이고 일상적인 주문은 오직 적색 수준 이상의 재고만 이용할 수 있었다. 적색 수준 아래로 내려가려면 펜타곤의 명시적 승인이 필요했기에, 존슨앤존슨는 일상적인 변동이나 프로세스 결함을 보완하기 위해선 이 재고를 이용할 수 없었다.[7]

펜타곤이 승인한 주문만이 이 비축량을 이용할 수 있다는 요구 조건은 미국 전략 비축유US Strategic Petroleum Reserve를 방출하려면 미국 대통령의 지시가 필요하다는 요구 조건과 유사하다. 양자의 요구 조건은 모두 관리자가 일상적인 동요를 해결하기 위해 관련 재고를 사용하지 못하도록 한다.

존슨앤존슨의 이야기는 기업이 어떻게 하면 JIT의 이점을 유지하면서도, (수요가 매우 높고 대체 공급업체나 대체 제품이 없는 상황에서) 고객에게 충분한 서비스를 확실히 제공할 수 있는지 보여 준다. 이 전략의 핵심은 완제품과 부품의 재고를 충분히 유지하는 동시에, 모든 측면에서 JIT를 이어 가는 것이다. 비결은 첫째, 해당 재고를 계속 순환시켜 최신 상태를 확실히 유지하며, 둘째, 일반적인 생산과 서플라이 체인 장애를 보완하기 위해 그 재고를 사용할 수 없도록 특별 허가를 요구하는 것이다.

빨리! 더 빨리!

Faster! Faster!

마지막으로, 식품 등 주요 산업의 핵심 품목에 있어선 사실 JIT가 **더욱** 필요하다. 추천 건강식품 순위에서 1위를 차지한 신선과일이나 채소 대부분은 쉽게 부패하며, 이 때문에 JIT가 필수적이다. 양상추 등 신선한 재료를 키우고, 따고, 포장하고, 배송하는 적시 시스템이 없다면, 소비자는 신선한 샐러드를 매주, 아니 일주일에 한 번도 먹지 못할 것이다. 실제로도 서플라이 체인에 있는 신선식품의 재고가 적을수록 소매업체의 진열대 위나 소비자의 집에 있는 제품의 '신선함'이 더 오래가며, 부패하거나 유통 기한이 지난 폐기 상품도 줄어든다.

대체로 서플라이 체인은 변화하는 공급과 수요 조건에 더 잘 대응하기 위해 계속해서 더 빠르게, 더 민첩하게 바뀌고 있었다. 코로나19

는 이런 트렌드에 힘을 보탰으며, 이는 필요한 일이었다. 허니웰의 회장 겸 CEO인 다리우스 아담치크는 이렇게 말한다. "비용이나 현금 투자를 관리하기 위해서 민첩한 서플라이 체인 프로세스를 갖추는 것이 그 어느 때보다 중요해졌습니다. 이에 우리는 영업과 재고, 운영 계획 프로세스를 기존 월 단위에서 주 단위로 단축했습니다."[8] 마찬가지로 미국 CFO를 대상으로 한 PwC 설문 조사에 따르면, 72%가 자사 기업이 앞으로 더 민첩해질 것으로 생각했다.[9]

제17장

중국 문제

The China Question

중국이 코로나바이러스 사태의 진원지가 되자, 많은 사람은 중국에서 일어나는 일이 중국에 남아 있기를 바랐다. 하지만 그렇지 않았다. 게다가 경제적 파장은 바이러스보다 더 빨리 퍼졌다. 우한과 중국 내 감염 지역 제조업체의 폐쇄 조치는 전 세계에 충격적인 여파를 미쳤다. 마비된 중국 공급업체에서 나오는 자동차 부품이 전체의 (예컨대) 단 1%일지라도, 99%만 완성된 자동차를 제조사가 만들어 팔 수는 없다.

기업과 국가는 자신들이 중국에 얼마나 의존하고 있었는지 깨달았다. BBC의 분석 기사 〈코로나바이러스는 세계화를 역전시킬까?〉는 유럽 부흥개발은행European Bank for Reconstruction and Development의 수석 경제학자인 베아타 자보르치크Beata Javorcik 교수의 말을 인용했다. 그녀는 사스 에피데믹이 일어난 2003년 코로나19 팬데믹이 일어난 2020년 사이에

제4부. 서플라이 체인의 미래

전 세계 생산량에서 중국이 차지한 비율이 4%에서 16%로 급성장했다는 데 주목했다. 그러면서 "이는 중국에서 일어나는 일이 무엇이건 전 세계에 훨씬 큰 영향을 미친다는 것을 의미합니다"라고 말했다.[1]

중국은 미국에 아주 많은 제품과 부품을 수출한다. 예컨대 미국은 자국 의류의 40%, 신발류의 65%, 액세서리의 80%를 중국에 의존한다.[2] 물론 이런 의존성에 대해선 "그게 뭐 어때서?"란 의문만 생길 뿐이다. 신발이 부족해서 발생하는 국가 비상사태란 건 생각하기 어려우니 말이다. 그러나 걱정스러운 것은 의약품과 관련한 중국의 역할이다. 여기엔 미국에서 만들지 않는 150가지에 달하는 주요 약품과 의약용품도 포함되어 있다. 인도가 26가지 약품 성분의 수출을 제한하고[3] 코로나19 팬데믹 동안 사람들이 이런 의존성에 주목하기 시작하면서, 미국이 자급자족할 수 있어야 한다는 요구가 더욱 고조되었다.

일부 언론 매체는 중국에서의 기업 이탈이 이미 시작됐다고 보도했다. 예컨대 CNBC는 상당수 기업이 중국 밖으로 사업을 이전하고 있다는 보도를 전했다. 한 논평가의 주장에 따르면, 장난감과 카메라 생산은 멕시코로, 개인용 컴퓨터 제조는 대만으로 이동 중이었고, 자동차 제조업체는 태국, 베트남, 인도에서 새로운 보금자리를 찾고 있었다.[4] 《포브스》에 따르면, "새로운 데이터는 미국 기업이 분명 중국을 떠나고 있음을 보여 준다."[5] 특히 《포브스》의 다른 논평가는 "현 팬데믹 이후의 중국은 결코 이전 같지 않을 것이다"라고 주장했다.[6]

더 저렴한 해안가를 찾아 떠나다

Leaving for Cheaper Shores

중국에서 사업을 하겠다는 결정을 내리려면 여러 사항을 고려해야 한다. 실제로 많은 기업이 팬데믹 발생 훨씬 이전에 중국을 떠났다. 2011년부터 2016년까지 중국의 인건비는 64% 증가했다.[7] 이는 2016년부터 2020까지 다시 30% 증가했고,[8] 결국 10년 만에 인건비는 두 배로 늘어났다. 미국이 중국산 수입품에 관세를 부과하기 전부터, 노동 의존적 기업은 이 나라를 떠나고 있었다. 특히 의류 제조업체는 스리랑카나 방글라데시와 같은 나라로 대거 이동 중이었다. 이들 나라의 인건비는 2020년 기준 중국의 7분의 1 수준이다.

의류 제조업체는 노동 집약적이지만, 그에 필요한 기술과 직원 교육은 비교적 단순하다. 게다가 의류업은 다른 산업보다 덜 자본 집약적이다. 결과적으로 의류 사업체가 중국이 아닌 지역으로 옮기는 것은 복잡하지도, 비용이 많이 들지도 않는다. 실제로 많은 중국 의류업체도 다른 아시아 국가로 회사를 옮겼으며, 이런 추세는 적어도 2010년 이후부터 뚜렷하다.[9] 이렇게 이전된 공장에서 만든 옷의 상당수는 전 세계 다른 나라는 물론 중국으로도 재수출된다.

다른 업계의 회사들도 미국과 중국 사이의 무역 관계 악화에 대응하고자 일부 사업체를 중국 외부로 이전했다. 이런 추세는 두 나라의 2018~2020년 무역 전쟁 동안 회사가 관세 인상과 추가적인 무역 차질의 위험을 피할 방법을 찾으면서 탄력을 받았다.

미국 행정 당국은 팬데믹에 뒤이은 리쇼어링을 희망적으로 관측

했었다. 상무부 장관인 윌버 로스Wilbur Ross는 "회사가 자사 서플라이 체인을 검토할 때 고려해야 할 사항이 하나 더 생긴 것입니다… 따라서 일자리가 북미로 되돌아오는 속도가 더 빨라지리라 봅니다"라고 말했다.[10] 일본 정부도 생산 라인 일부를 중국에서 동남아로 옮기는 기업이나 다시 일본으로 돌아오는 기업에 보조금을 지원할 것이라고 발표했다.[11]

국가 단위의 자급자족은 불안한 시대일수록 거스를 수 없는 매력을 느끼게 하지만, 중국에 관한 실제 이야기는 훨씬 더 복잡하다.

중국의 빠른 회복

China's Fast Recovery

중국은 제일 먼저 코로나바이러스에 감염된 나라이고, 제일 먼저 초기 대응을 망친 나라이며, 제일 먼저 감염 지역을 (아주 엄격하게!) 봉쇄한 나라이다. 중국 공급업체의 가동 중단이 일으킨 충격과 그 뒤를 이은 중국의 자원 민족주의로 인해, 서플라이 체인 관리자와 언론인, 정치인은 기업에 중국을 벗어날 것을 요청했다. 그러나 중국은 제일 먼저 질병 확산을 억제한 나라이고, 제일 먼저 바이러스를 통제하면서 자국 경제와 공장을 재개한 나라이다. 중국의 고압적인 폐쇄 조치는 중국이 다른 많은 나라보다 더 신뢰할 만한 공급원임을 보여 주었다. (다른 나라가 여전히 폐쇄 조치를 이어가거나 힘들게 발버둥 치고 있을 때, 이 조치는 빠른 경제 재개로 이어졌다.) 데이터 스토리지 회사인 씨게이트 테크놀로지의 CEO 데이브 모슬리Dave Mosley는 "중국과 대만, 한국을 포함한 전 세계 일부 지역의 우리 서플라이 체인은 완전히 복구되었습니다"라고 전했다. 2020년 9월 11일 현재 미국의 1인당 코로나19 사망자 수는 중국의 181배이다(미국 환자와 사망자는 계속 가파르게 증가하고 있다).[12]

월스트리트 분석가들은 중국 경제의 단기적인 마비가 중국 공급업체에 대한 기업 의존도에 실질적인 장기적 영향을 미칠 거란 관측에 대하여 회의적이었다. "기술 판매업체는 코로나19 쇼크 이후 중국의 생산량이 증가하는 속도에 고무되었으며, 대량 생산 제품의 생산지를 중국에서 찾는다는 믿음이 더욱 강해졌습니다. 이로 미루어 중국은 이들 제품의 대형 제조 거점으로 남을 것이 확실합니다." 4월 말 모건 스탠리Morgan Stanley의 케이티 휴버티Katy Huberty가 남긴 말이다.[13] 2020년 3월 중국 주재 미국 상공회의소가 조사한 기업의 70% 이상은 팬데믹 때문에 제조업체나 서플라이 체인, 소싱을 중국 밖으로 이전할 계획이 없다고 밝혔다.[14] 기업 대부분이 중국에 머무르는 것은 중국의 강력한 공급 기반, 그리고 계속 늘어나는 거대한 소비자 인구 때문이다.

중국: 단순한 저가 공급업체 이상의 그 무엇

China: More Than Just a Low-Cost Supplier

중국의 마을 장자이Zhuangzhai에 대한 《이코노미스트》의 이야기는 중국 산업이 저가 공급업체에서 벗어나 대체하기 어려운 그 무언가로 진화했음을 보여 준다.[15] 20여 년 전, 10만 명이 살던 이 마을은 일본에 수출하는 관의 부품을 만들기 시작했다. 당시 중국 인건비는 일본의 10

분의 1도 되지 않았다. 노동 거래로 시작된 이 사업은 중국의 관 제작 업체가 목재를 덜 사용하고 운송하기도 쉬운 조립형 관을 혁신적으로 개발하면서 달라지기 시작했다. 이 작은 마을은 2020년까지 일본에서 사용한 모든 관을 절반 가까이 공급했다.

수년간 중국의 인건비가 오르자, 일본의 구매 업체 가운데 일부는 더 값싼 동남아 쪽에서 공급업체를 구하려 했다. 하지만 결국 되돌아올 수밖에 없었다. "가격과 솜씨 면에서 이곳은 상당히 앞서 있습니다." 현지 최대 업체인 운룽 목공Yunlong woodcarving을 세운 56세의 창립자 리 루치Li Ruqi는 말한다. 인건비가 비쌀지라도 공방과 공급업체로 이루어진 생태계는 이 마을을 경쟁력 있는 공급업체로 만들어 주었다. 장자이는 다른 공장 위치와 비교해 두 가지 자연적 이점도 지니고 있었다. 성장이 빠른 토종 오동나무는 일본이 선호하는 가벼운 미색 목재를 생산했고, 지역의 적당한 습기도 목공에 알맞았다. 단순해 보이는 산업일지라도 특정 지역에 경쟁 우위를 부여함으로써 다른 곳으로 이전하기 어렵게 만드는 일련의 관계, 자산, 지식이 존재한다. 비슷한 패턴은 물론 첨단 기술 제품에서도 나타난다.

평판 디스플레이는 많은 제품에 사용된다. 전화, 태블릿, 자동차, 카메라, 컴퓨터, TV, 가전제품, 심지어 인공호흡기까지. 이 유비쿼터스 부품의 기본적인 제작 방식은 수많은 반도체 칩과 신형 화학 물질을 종이처럼 얇은 유리판과 다른 물질 사이에 끼워 넣는 것이다. 반도체 제조사들이 최대한 작은 칩에 더 많은 부품을 넣으려고 경쟁하는 것처럼, 디스플레이 제조사들도 최대한 크고 얇은 유리판에 더 많은 부품을 넣기 위해 경정한다. 2019년까지 중국은 전 세계 평판 디스플레이의 46%를 생산했고, 2023년에는 (모든 지역보다 네 배 이상인) 62%의 시장 점유율을 달성할 것으로 예측된다.[16]

패널 생산을 중국 밖으로 이전하는 것은 상당한 작업이 될 것이다. 최신 세대의 평판 디스플레이 공장을 새로 세우는 데 들어가는 투자 비용만 60억 달러에 이르지만, 이건 시작에 불과하다. 이 공장은 대형 유리판, 편광 필름, 백라이트 시스템, 디스플레이 구동 칩, 고속 디지털 신호를 디스플레이에 있는 수백만 픽셀에 전송하는 플렉서블 전자회로 등을 만드는 정밀 공급업체들의 원조가 필요하다. 즉 리쇼어링은 독자적인 노하우와 규모를 지닌 공장과 공급업체, 하위 공급업체의 생태계를 복제한다는 것을 의미할 수 있다.

성장 시장으로서의 중국
China as a Growth Market

많은 회사의 리쇼어링은 사실상 회사를 소비자에게서 더 멀어지게 한다. 중국은 잃어버리기에는 너무나 중요한 시장이다. 2019년 중국 소비자가 구매한 승용차는 2,070만 대 이상으로,[17] 2019년 1,700만 대를 구매한 미국 소비자,[18] 1,580만 대를 구매한 유럽 소비자를 쉽게 앞지른다.[19] 중국은 세계에서 GDP가 두 번째로 높으며, 세계 생산량의 약 20%를 소비한다. 2020년 세계 부호 상위 10%에 속한 중국인의 수는 미국인의 수를 넘어섰으며, 이는 부유층 상품을 마케팅하는 기업에 있어 중국이 극히 매력적인 시장임을 의미한다. 따라서 많은 기업은 중국에 머물며 14억 명의 소비자와 관련한 성장 기회를 엿볼 것이다.

물론 많은 기업이 미국이나 유럽처럼 성숙한 시장에 만족할지도 모르지만, 다른 기업들은 중국이나 인도, 기타 성장 국가들을 또 하나의 커다란 성장 기회로 보고 있다. 이러한 목표를 달성하기 위해, 특히 중국이 갈수록 민족주의적으로 변함에 따라, 이들은 중국 현지에 머물기를 원한다. 상업적 측면에서 본다면, 지리적 면적이 클수록 기업은 더 많은 공급업체, 더 많은 소비자, 더 많은 경험을 접할 수 있다. 전 세계에서 점점 더 많은 사람이 중산층과 부유층으로 합류하고 있기에, 미국은 심지어 미국 기업에 있어서도 그 중요성이 점점 줄어들고 있다.

현지 생산이 다시 유행하다

Being Local Comes Back in Fashion

중국에 머물러야 하는 앞선 이유에도 불구하고, 어떤 기업들은 코로나19 이전부터 다양한 이유 때문에 미국이나 EU 등으로 리쇼어링을 하고 있다.[20] 이들 기업은 해외 임금, 관세, 물류 비용의 상승이 위탁 제조의 해외 운임 비용을 증가시켰다는 점을 알게 되었다. 또 한편으로 리쇼어링은 속도도 개선했다. 시장 및 소비자와의 근접성은 서플라이 체인의 지연 시간을 단축하고 시장 출시 시간을 더 빠르게 해주었다. 마지막으로, 일부 기업은 리쇼어링을 통해 제품과 자재를 더 잘 관리하고자 했다. 하지만 이것이 모든 것을 리쇼어링해야 한다는 의미는 아니다.

예를 들어 스페인의 패스트 패션fast-fashion* 소매업체인 자라는 (제조, 유통, 자사 상점과 온라인에서의 판매가) 수직적으로 통합되어 있다. 이들은 유럽 의복 제조를 두 부문으로 나눠 역외+현지offshore-plus-local 혼합 전략을 수립했다. 첫 번째 부문은 기본적인 다년생 품목(속옷, 티셔츠, 청바지 등)으로, 변화가 잦지 않고 전체 판매를 비교적 정확하게 예측할 수 있다. 상대적으로 수요가 안정적이며 조달 기간이 길어도 별문제가 되지 않기 때문에, 이들은 중국이나 기타 동남아 지역에서 만들어진다. 두 번째 부문은 젊은 고객층의 변화무쌍한 취향에 따라 달라지는 탓에 판매를 예측하기 어려운 패션 품목들이다. 이 제품들은 유럽이나 터키 연안에서 현지 생산된다.

또 다른 혼합 전략은 지연이라고도 알려진 늦은 맞춤 제작으로, 각 제품의 제조 프로세스를 저비용, 역외, 대량 생산 부분과 고속, 현지, 맞춤 제작 부분으로 분할하는 것이다.[21] 예를 들어 카페프레스CafePress는 지연 전략을 사용해 온라인 시대이자 재택 시대에 걸맞은 궁극의 기념품 가게가 되었다. 이들의 전자 상거래 전용 매장은 10억 개 이상의 다양한 제품을 의류, 액세서리, 실내 소품, 용기, 문구, 심지어 안면 마스크 등 수십 개 카테고리에 걸쳐 제공한다. 고객은 각 제품을 인터넷 밈이나 브랜드 로고, 인기 있는 재미난 이미지, 명언, 또는 자신이 디자인한 그림이나 단어 등 다양한 그래픽 디자인과 이미지 배열을 사용해 꾸밀 수 있다.

---

* 패스트 푸드처럼 저가에 짧은 주기로 대량 생산, 판매를 지향하는 패션 상표나 사업체를 뜻한다. 우리나라에서는 '스파Speciality retailer, Private label, Apparel(SPA)'라는 표현이 더 익숙하다.

카페프레스는 있을 수 있는 모든 디자인과 제품을 생산하거나 재고를 축적한다는 불가능한 시도를 하지 않는다. 대신 이들은 범용 제품에 디자인을 입히는 최종 제조 단계를 지연시킨다. 이로써 카페프레스는 저비용의 해외 공급업체를 활용해 민무늬 티셔츠, 물병, 해변용 샌들, 공책 등의 범용 제품을 대량 제작할 수 있었다. 이들은 어디에다 가든 위탁 생산할 수 있으며, 저렴하고 느린 운송 수단을 통해 회사 물류 창고로 이송할 수 있다. 마지막 제조 단계는 고객이 '주문하기'를 클릭할 때, 비로소 미국의 대외 무역 지대인 (따라서 일정한 세금 혜택을 받는) 켄터키주 루이빌의 산업 단지에서 진행되며, 이렇게 맞춤 제작된 물품은 UPS의 루이빌 월드포트Worldport 거점에서 고객에게 발송한다.

지연 전략의 주요 이점은 기업이 한 제품의 다양한 변형군을 효과적으로 처리할 수 있다는 데 있다. 물론 이러한 변형군의 증가는 각각의 변형군(예컨대 티셔츠의 그래픽, 스웨터의 색상, 고객이 주문할 수 있는 PC 정확한 부품 구성 등)에 대한 수요를 예측하기 어렵게 만든다. 이 문제를 해결하기 위해 제조업체는 예측에 관한 두 가지 자명한 이치를 결합할 수 있다. 첫째, 부분의 합에 대한 예측은 항상 부분에 대한 예측보다 정확하다. 둘째, 단기적인 변화에 대한 예측은 장기적인 변화에 대한 예측보다 더 정확하다.

카페프레스가 해외에서 범용 제품을 가져올 수 있었던 것은 범용 제품의 수에 대한 예측이 고객이 주문할 수 있는 모든 변형군의 예측치를 합한 것이기 때문이다. 여기서 나타나는 근본적인 현상을 가리켜 '위험 합산risk pooling'이라 한다. 어떤 디자인 변형 제품의 수요는 높고 다른 변형 제품의 수요는 낮은 상황에서, 이들은 서로를 상쇄할 가능성이 있다.[22] 결과적으로 범용 제품의 수요는 안정적이며, 사전에 충분히 예측할 수 있다.

예측에 대한 또 하나의 자명한 이치는 단기 예측이 장기 예측보다 정확하다는 것이다. 지연 전략에 따라 시장 동향을 파악한 판매 시즌 직전에 최종 맞춤 제작 단계를 진행하거나, 카페프레스처럼 주문이 완료되었을 때 진행할 수 있다면, 완성 제품에 대해 예측할 필요성 자체를 배제할 수 있다.

여행 버블과 무역 장벽
Of Travel Bubbles and Trade Barriers

미국과 중국의 무역 긴장, 미국과 EU의 무역 긴장, 브렉시트, 기타 지역 분쟁은 서플라이 체인에 위험을 가중하고 비용을 더했다. 징벌적 관세의 맞대응은 여러 산업에 임의의 부수적 피해를 준다. 예를 들어 미국과 중국의 무역 전쟁은 중국 내 제조업 활동을 감소시켜 아프리카 경제에 악영향을 주었고, 이는 아프리카의 상품 수요가 감소하는 결과로 이어졌다.[23] 이러한 무역 전쟁은 또한 기업이 무역 전쟁과 관련한 두 곳 모두에서 투자 대상이나 공급업체를 찾지 않게 만든다. 그 결과 전쟁 중인 나라 사이에서 거래하는 기업은 위험이 가중되었고, 당사자가 아닌 나라의 기업은 무역 장벽을 오가는 중립자로서 관세를 피해 새로운 기회를 얻었다(제18장, 299쪽 참조).

이처럼 자유로운 무역 지역과 조금 덜 자유로운 무역 지역이 뒤섞인 세계 지도에 코로나19가 더해졌다.

2020년 5월 5일, 기념비적인 회의가 열렸다. 뉴질랜드 총리인 저신다 아던Jacinda Ardern은 이 (가상) 회의에서 호주 내각과 만나 '태즈먼해 횡단 여행 버블Trans-Tasman travel bubble' 협정을 논의했다.[24] 이는 (초기 협상 당시에는) 바이러스 확산을 성공적으로 억제한 두 이웃 국가 사이에 자유로운 여행과 무역을 허용한다는 것이었다. 이러한 협정은 여행 금지와 여행자 검역 규정을 완화하려는 움직임 가운데 하나였지만, 팬데믹 통제가 잘 이루어지지 않은 나라는 참여할 수 없다는 핵심 단서를 달고 있었다. 따라서 예컨대 EU는 6월 말 15개국에 국경을 개방했지만, 미국이나 브라질, 러시아 등은 제외했다.[25] 당시 미국의 1인당 코로나19 환자 수는 EU보다 거의 일곱 배 많았다. 8월 초 호주의 빅토리아주에서 코로나19 사태가 발생하면서 '태즈먼해 횡단 여행 버블' 역시 보류되었다.

코로나19 여행 버블은 어느 나라가 어느 나라에 불공평한가 하는 일반적인 지정학적 다툼을 넘어, 새로운 종류의 무역 패턴 분열을 일으켰다. 설령 어떤 상품이 코로나19가 만연한 국가로부터 큰 감염 걱정 없이 (이 바이러스는 여행에서 하루나 그 이상 살아남지 못한다) 이동할 수 있더라도, 그 제품을 팔고, 배송하고, 점검하는 데 필요한 판매원, 설비 기술자, 지원직 근로자 등은 이동하지 못할 수 있다. 팬데믹이 심각한 나라의 제조업체가 고객 업체가 있는 나라에 갈 수 없다면, 그리고 고객 업체 역시 팬데믹이 심각한 장소에 가는 것을 꺼린다면, 팬데믹이 심각한 나라의 제조업체는 경쟁 우위를 잃게 될 것이다. 따라서 미국, 브라질, 인도 등의 국가는 팬데믹을 더 잘 통제하는 나라의 공급 업체에게 시장 점유율을 빼앗길 수 있다.

중국+1 혹은 +2, +3, …

China+1 or More

일부 기업은 자사 공장과 공급업체를 중국 외 최소 1개 이상의 다른 국가로 다각화하는 '중국+1' 전략을 검토 중이다.[26] 중국의 임금이 오르자 이들 회사는 아시아 지역에서 비용이 낮은 다른 나라를 찾으면서도, 중국에서 철수하려 하진 않았다.

이 장 앞부분에서 언급했듯이 의류업계는 한동안 이런 일을 해오고 있다. 이들은 노동 집약적인 재단이나 봉제 사업부를 방글라데시나 스리랑카처럼 비용이 낮은 다른 남아시아 국가로 이전했다. 그 결과 중국의 의류 관련 수출 점유율은 2010년 37%에서 2018년 31%로 줄어들었다. 그러나 기계 집약적인 섬유 생산 등은 여전히 중국에 남아 있다. 같은 기간 전 세계의 (의류로 만들지는) 섬유 수출에서 중국이 차지하는 비중은 30%에서 38%로 증가했다. 결국 '중국산' 라벨이 붙은 완제품은 줄어들었지만, 의류업계의 중국 의존도는 더 높아졌다. 요컨대 여전히 전 세계 제조업체는 유럽이 만드는 차량에 들어가는 전기 배선 장치, 브라질이 만드는 휴대폰에 들어가는 전자 부품 등, 중국의 중간 생산재에 의존하고 있다.

여러 회사는 중국+1 전략을 차세대 자본 투자 계획을 수립하는 방법으로 언급한다. 이들은 중국 사업부를 구성하는 공급업체와 하위 공급업체의 생태계를 전부 다른 곳으로 옮길 생각은 하지 않는다. 플렉스의 린 토렐이 말한 것처럼, "이 서플라이 체인은 수십 년 동안 구축된 것이다." 대신 이들 기업은 새로운 자본 투자를 고려하면서 중국이

제4부. 서플라이 체인의 미래

아닌 인근 아시아 국가를 검토 중이다.

기업이 서플라이 체인의 위험 균형risk-balancing을 생각함에 따라, 일부 기업은 미국이나 유럽으로 리쇼어링할 것이다. 그러나 대부분은 '인접 리쇼어링near reshoring' 방법을 모색할 것이다. 즉 미국은 인접한 멕시코에, EU는 인접한 동유럽과 터키에 공급업체를 둘 것이다. 위험 균형을 맞추기 위해 미국이나 EU의 사업부 일부를 다른 곳으로 이전하는 회사도 있을 것이다. 물론 팬데믹이 여전히 힘을 발휘하는 동안 실질적인 투자가 이루어질지는 확실하지 않다. 모건 스탠리의 케이티 휴버티는 2020년 4월 말 "인도와 베트남, 멕시코, 대만 등의 경제권으로 서플라이 체인 다각화가 일어나겠지만, 현재 기업은 현금 보존과 비용에 초점을 맞추고 있습니다. 따라서 단기적으로 이 같은 다각화는 제한적으로만 진행될 것입니다"라고 말했다.[27]

회복탄력성을 지닌 실질 역량 네트워크

Resilient Networks for Virtual Capacity

이미 자사의 글로벌 입지 포트폴리오를 최적화한 기업들은 리쇼어링에 참여하지 않을 가능성이 크다. "중국에서의 생산은 중국이나 아시아를 위한 것이기에, 우리는 중국에서 생산할 것입니다." 바스프의 글로벌 서플라이 체인 전략과 관리 담당 임원인 랄프 부쉐의 말이다.[28] 부쉐는 일반적으로 바스프가 서플라이 체인 상류에 있는 (공통으로 쓰이는 주요 화학 성분 물질을 대량으로 만드는) 공장을 (원유나 천연가스와 같은) 원자재 공급원 근처에 배치한다고 설명했다. 이는 원자재의 이송 비용을 최소화한다. 이어서 바스프는 서플라이 체인 하류에 있는 (부가 가치를 지닌 복잡한 화학 물질을 만드는) 공장을 고객 근처에 배치하여, 서비스 수준과 배송 속도를 극대화한다. 이 같은 원자재와 고객을 위한 최적의 장소는 전 세계 여기저기 흩어져 있기에, 바스프는 이처럼 조심스럽게 전 세계에 공장 네트워크를 배치한다.

이러한 설비 네트워크는 공장이 전 세계 여러 곳에 있다는 데서 기인하는 다중성을 통해 회복탄력성을 제공한다. 바스프는 변화하는 니즈나 마비로부터의 회복을 지원하기 위해 네트워크 역량을 재배치할 수 있다. 월마트의 유통 네트워크는 이러한 회복탄력성 네트워크 전략 구조를 가능 자원들을 관리함으로써 만들 수 있음을 보여 준다. 월마트는 150개 이상의 유통 센터를 운영하며,[29] 이들은 자사 점포 4,756개에 서비스를 제공한다.[30] 때로는 자연재해가 한 지역의 유통에 영향을 미치기도 한다. 예를 들어 시설이 피해를 보거나, 재해 전후에 수요가 급증하기도 한다.

마비를 처리하기 위해, 월마트는 이웃이 이웃을 돕는neighbors-helping-neighbors 패턴, 즉 영향을 받지 않은 부분의 유통 네트워크가 영향을 받은 부분에 역량을 나누는 방식으로 매끄럽게 전환한다. 영향을 받은 유통 센터는 그에 바로 이웃한 유통 센터가 보완하고, 이들에 바로 이웃한 유통 센터는 자신들의 역량을 마비 상황을 처리하는 데 가장 많이 관여한 이웃들에게 나누어 준다. 결국 기본적으로 모든 유통 센터의 서비스 지역이 영향을 받은 지역 쪽으로 이동하게 된다. 이 전략은 월마트가 최소한의 (초과 근무 활동 혹은) 유휴 생산력만 확보하면 된다는 걸 의미한다. 유통 센터 전체의 역량을 조금씩 쪼개서 네트워크의 마비된 부분을 보완하는 것이기 때문이다.

　팬데믹과 민족주의 무역 정책, 지역 재해가 각기 다른 시기에 각기 다른 장소를 덮쳐 상품의 생산과 공급, 소비를 방해하는 두더지 게임 속 세상에서, 어떤 공급원이건 한 곳에 두는 것은 안전하지 않다. 다국적 입지 네트워크는 지역 진출을 통해 현지 고객에게 서비스를 제공할 수 (그리고 현지 정부의 요구를 들어줄 수) 있을 뿐만 아니라, 역량 마비 위험을 관리하는 데 필요한 회복탄력성도 확보할 수 있다. 슈나이더 일렉트릭Schneider Electric의 모라드 타무드Mourad Tamoud 글로벌 서플라이 체인 부사장은 이렇게 말한다. "우리가 배운 교훈 중 하나는, 더 강력한 비즈니스 연속성 계획을 개발하고, 수요 지점과 더 가까운 지역에서 더 짧은 서플라이 체인을 운영하는 것의 중요성입니다."[31]

정치와
팬데믹

OF POLITICS AND PANDEMICS

"현 위기의 성격을 고려할 때,
 모든 이의 손을 모아야 하고, 가능한 모든 수단을 동원해야 합니다."
— 크리스틴 라가르드Christine Lagarde, 유럽 중앙은행European Central Bank 총재[1]

팬데믹은 정부가 바이러스와 싸우고 시민과 기업, 기관에 미치는 영향을 완화하기 위한 대규모 조치를 취하게 했다. 전례 없던 규제로 여행이 제한되었고, 사업장이 문을 닫았으며, 수출이 금지되었다. 또 소비자 금융 계약이 수정되었으며, 개인의 자유도 제한되었다.

정부의 부양 지출로 소비자의 지갑과 흔들리는 기업, 금융 시장에 수조 달러가 유입했다. 여러 가지 면에서 정부는 엄청난 힘과 자원을 보여 주었고, 이는 미래에 대한 새로운 기대를 품게 했다. 미국 연방 준비제도의 기업 부채 직접 매입과 회사채 시장 지원 계획, 즉 "연방 준비제도 사상 최초의 비정부 채권 매입"[2] 등이 좋은 예이다.

코로나19는 서플라이 체인의 현재와 미래에 영향을 미칠 많은 사회적, 경제적 결과를 낳았다. 팬데믹은 빈자와 부자의 불평등을 심화했다. 사람들의 실소득에 영향을 주었으며, 집에서 일하거나 쇼핑하거나 공부하는 데 필요한 기술로의 접근성에 감춰진 불평등을 드러냈다. 전 세계적으로 팬데믹은 경제 민족주의를, 특히 의료 관련 제품 영역에서 강화했으며, 세계 무역 패턴이 지속해 온 움직임을 가속했다. 현 위기는 또한 기후 변화, 빈곤, 불평등, 부정부패, 식량 안보, 식수 확보, 종교적 갈등처럼 시급한 사회적 문제들로부터 모든 관심과 재원을 빼앗았다. 끝으로 팬데믹이 초래한 높은 비용과 규정 변동은 세제와 인플레이션, 사업 규제에 장기적으로 영향을 미칠 것이다.

제18장

어리석은 무역 전쟁과 경제 민족주의

The Folly of Trade Wars and Economic Nationalism

미국 노동통계국US Bureau of Labor Statistics의 사전 예측에 따르면, 2020년 2분기 동안 미국의 GDP는 계절 조정치를 반영한 전기 대비 성장률에서 33%라는 충격적인 내림세를 보였다.[1] 코로나19에 대한 소비자의 반응과 정부의 코로나19 발생 억제 조치는 전례 없는 폐업과 아찔한 실업률 증가를 초래했다.

전 세계 정부는 이 위기를 이용해 무역 장벽을 세우고 '제조업이 본국으로 돌아오게' 하려 했다. 워싱턴의 '미국산 제품 사기Buy America' 캠페인, 오타와의 '캐나다산 제품 사기Buy Canada' 캠페인, 런던의 '영국산 제품을 살 시간Time to Buy British' 캠페인 등, 예전부터 정부는 자국민에게 현지 제품을 사도록 독려해 왔다. 그러나 코로나바이러스로 이런 구호들은 더 강경해졌고, PPE와 의약품의 부족 사태는 사람들에게 그런 행동을 '사회화'하는 것을 거들었다.

보호 무역주의의 유혹

The Siren Song of Protectionism

팬데믹에 뒤이은 정부의 보호 무역주의 조치는 진부한 대본에 따른 것이었다. 역사 내내 많은 정부는 외국 상품에 높은 관세를 매기거나 쿼터제를 실시하는 등 수입품 유입을 막아 국내 경제 문제에 대응했다. 목적은 언제나 국내 생산업체의 침체를 막고, 그로부터 해당 업계의 고용을 유지하거나 증가시키는 것이었다.

아, 그러나 보호 무역주의는 결국 대부분 의도와는 정반대의 효과를 불러온다. 1930년 6월 17일 통과된 악명 높은 스무트-홀리 관세법Smoot-Hawley Tariff Act이 이를 입증한다.[2] 이 법은 국내 산업과 고용을 보호하고자, 안 그래도 높았던 미국의 수입품 부과 관세를 평균 40% 인상하는 것이었다. "대공황 초기에 허버트 후버Herbert Hoover 대통령이 스무트-홀리 관세를 승인하고 나서야 알게 된 것처럼, 활발한 국제 무역은 경제 회복의 핵심 요소입니다. 무역을 방해하는 것은 재앙을 낳습니다." 아칸소의 주지사인 에이사 허친슨Asa Hutchinson은 이렇게 말한다.[3]

스무트-홀리가 1929년 가을의 주식 시장 붕괴를 유발하지 않았을 수도 있다. (많은 경제학자가 주식 시장은 후버의 관세 계획이 초래할 결과를 한발 앞서 예상했기에 하락했다고 주장하지만 말이다.) 그러나 그것은 분명 대공황의 주요 기폭제였고, 다른 나라도 관세를 인상하고 이를 다시 보복하는 상황이 이어지며 경제적 고통을 전 세계로 확산시켰다. 국제 무역은 50% 이상 급감했고, 실업률은 25%까지 치솟았으며, 전 세계 GDP는 15%가 감소했다.[4] 경제적 고통은 오래 이어졌고,

1940년 후반까지도 미국의 실업률은 15% 아래로 떨어지지 못했다.

세계 무역은 1934년 상호 무역협정법Reciprocal Trade Agreements Act으로 비로소 회복되기 시작했다. 이 법은 미국 대통령에게 관세와 양국 무역 협정을 협상할 수 있는 권한, 그리고 관세율을 조정할 수 있는 권한을 부여한다. 이는 시간이 흐를수록 관세를 줄이는 효과를 낳았고, 1947년 관세 및 무역에 관한 일반 협정General Agreement on Tariffs and Trade(GATT)에서 정점을 찍으며 대공황을 빠르게 벗어나는 데 도움을 주었다.[5]

심각한 불황과 함께 미국 양 정당 모두가 경제 민족주의를 외치는 2020년 가을의 상황은 1920년대 말 상황과 아주 유사하다. 국내 제약 회사가 생산한 백신을 사재기하고, 자국민을 우선해 백신을 사들인다는 2020년 중반 국가 계획에서 이미 이러한 민족주의를 감지할 수 있다.[6] 팬데믹을 극복하려면 국제 협력이 필요하다. 몇몇 정치 지도자가 언급했듯이 백신은 '공공재'다.[7] 하지만 1차 백신의 생산 물량이 부족할 경우 정치인들은 유감스럽게도 '자국을 우선'하는 입장으로 되돌아갈 가능성이 크다.

이런 사재기는 어제오늘 일이 아니다. H1N1 독감 바이러스의 백신이 개발된 후, 서방 국가들은 백신 물량을 사실상 전부 사들였다. 미국 서플라이 체인의 코로나19 대응 책임자인 피터 나바로Peter Navarro는 이렇게 말한다. "코로나바이러스와 2009년 돼지 독감 H1N1 에피데믹에서 배운 게 있다면, 안면 마스크부터 백신에 이르기까지, 필요한 물품을 공급하기 위해 다른 나라, 심지어 가까운 동맹국에도 의존할 수 없다는 사실입니다."[8]

코로나바이러스 팬데믹의 첫 몇 달 동안 국가들이 보여 준 행동은 이를 입증한다. 전 세계적으로 PPE가 부족해지자, 중국과 유럽 국가들, 미국은 자국의 일선 의료 관계자들을 위해 방독 마스크와 의료용 마스크, 장갑 등을 사재기했다. 팬데믹 첫 넉 달 동안 EU와 70개 이상의 국가는 현지 의약용품의 수출을 통제했다.[9] EU는 회원국 간의 물자 이동은 장려했지만, 연합 밖으로의 수출은 특별 허가를 받아야 했다.[10] 2020년 6월 미국은 최초의 코로나19 치료제 중 하나인 렘데시비르 물량을 사실상 모두 사들였고, 이에 나머지 세계 대부분 지역은 석 달이나 빈손으로 기다려야 했다.[11] 이런 모든 행위는 전 세계 상황을 악화시켰고, 다른 나라들도 자국 물자를 사재기하게 했으며, 결국 부족 사태를 심화하고 가격 상승을 초래했다.

이런 환경에서 세계무역기구World Trade Organization(WTO)는 세계 무역 분쟁의 조정자로서 팬데믹 이전에 가지고 있던 영향력을 상실했다. 팬데믹 관련 변화를 반영하여 개정한 무역 규정집[12]으로 이 기구가 다자간 관세 인하를 주도할 가능성은 거의 없었다. 결과적으로 세계 대표가 부재하고 각국이 근린 궁핍화beggar-thy-neighbour* 정책을 펴고 있는 상황에서, 많은 이는 세계 자유 무역의 지속적인 악화를 예상했다. 유엔 보고서는 2020년 2분기 세계 무역이 28% 감소하고,[13] 해외 직접 투자는 40% 감소할 것으로 내다봤다.[14]

2020~2021년과 그 이후를 살펴보기에 앞서, 다음 두 절에서는 무역이 경제에 좋은 이유를 설명할 것이다.

---

* 직역하면 '이웃을 거지로 만드는' 정책. 말 그대로 다른 나라의 경제를 희생하여 자국의 이익을 추구하는 경제 정책을 말한다.

우리가 무역을 하는 이유

Why Trade? - The Theory

17세기와 18세기 동안 많은 나라는 중상주의 무역 전략을 실천했다. 이 전략은 보조금을 통해 수출을 극대화하는 동시에, 관세를 통해 수입은 최소화한다. 현대 경제학의 아버지인 애덤 스미스Adam Smith는 중상주의가 동시에 모든 나라의 경제를 성장시킬 수 없음을 알아차렸다. 한 나라의 보조금을 받은 수출은 다른 나라에는 관세가 부과된 수입과 같기 때문이다. 그는 1776년 저서 《국부론The Wealth of Nations》에서 절대 우위 개념을 도입하여, 모든 국가가 자국의 절대 우위에 초점을 맞추고 자유 무역을 실천하면 모두가 함께 부유해질 수 있다고 설명했다.[15]

그의 주장을 이해하기 위해, 미국의 비옥한 농장은 영국의 농장보다 노동 시간당 더 많은 밀을 생산할 수 있고, 잘 발달한 영국의 섬유 공장은 미국의 그것보다 노동 시간당 더 많은 직물을 생산할 수 있다고 해보자. 만약 노동 임금이 두 나라에서 같다면, 미국이 두 나라를 위한 모든 밀을 생산하고 영국은 모든 직물을 생산하여 양국이 이들을 자유롭게 거래하는 것이 좋다. 두 나라는 각자가 애써 자립하려고 비효율적으로 일부 상품을 생산할 때보다 (가장 생산적인 활동에 고용된 유급 직원들과 낮은 가격을 누리는 소비자들로 인해) 더 부유해질 것이다.

물론 현지 대체품이 없다면 무역은 자연스레 증가한다. 원유 매장량이 적은 일본은 사우디아라비아로부터 원유를 수입한다. 마찬가지로 지역 내 현지 수요를 충족할 만큼의 구리가 없는 중국은 칠레 구리를 수입한다. 알루미늄, 강철, 금, 밀, 과일 등등도 마찬가지다.

그러나 절대 우위는 무역 이야기의 절반에 불과하다. 어떠한 제품에서도 절대 우위를 지니지 못하는 (모든 제품이 비싼) 나라도 있고, 많은 제품에서 절대 우위를 지닌 (제품 대부분이 저렴한) 나라도 있기 때문이다. 이에 대한 익숙한 시나리오는 한 나라의 임금은 높고 다른 나라의 임금은 낮을 때이다. 직관적으로 보면 절대 우위를 전혀 지니지 못한 나라는 모든 것을 수입하고 아무것도 수출하지 않으며, 절대 우위를 많이 지닌 나라는 아무것도 수입하지 않고 모든 종류의 제품을 수출할 것처럼 보인다. 하지만 이러한 직관은 틀렸다. 비교 우위, 즉 지역 간 무역에서 설령 한 무역 당사자가 다른 당사자보다 더 적은 자원으로 모든 상품을 생산할 수 있을지라도, 어떻게 양자 모두에게서 가치를 창출할 수 있는지 해명해 주는 효과 때문이다. 비교 우위는 특정 나라가 다른 나라보다 모든 제조에 있어 더 (혹은 덜) 효율적일지라도, 여전히 각 나라가 제조와 관련해 상대보다 더 낫거나 더 못한 것이 있다는 사실을 가리킨다.

비교 우위는 영국의 정치경제학자 데이비드 리카도David Ricardo의 개념으로, 그는 1817년 저서 《경제학과 과세의 원칙에 관하여On the Principles of Economy and Taxation》에서 영국과 포르투갈을 대표적 사례로 들었다.[16] 리카르도는 포르투갈이 포도주와 직물을 영국보다 더 싸게 생산할 수 있지만, 상대적인 생산 비용은 두 나라에서 다를 것이라고 가정했다. 리카르도가 든 사례를 보면, 영국은 직물을 적당한 비용으로 생산할 수 있지만 포도주는 아주 높은 비용으로만 생산할 수 있고, 반대로 포르투갈은 포도주와 직물은 모두 아주 저렴하게 생산할 수 있다.

이러한 상대적인 생산 비용 구조로 인해, 포르투갈은 이익이 높은 영국 수출용 포도주를 더 많이 생산할수록 이득을 얻는다. 그것이 비록 자국 내 직물 생산을 희생하고, 비싼 영국 직물을 수입한다는 것을 의미하더라도 말이다. 즉 포르투갈 경제는 아마밭과 목화밭, 양 사육장을 포도원으로 바꾸고 가장 많은 이익을 내는 수출품을 생산하는 편이 더 낫다. 그러므로 포르투갈이 영국보다 더 저렴하게 직물을 생산할 수 있더라도, 포르투갈은 포도주를 더 많이 생산하고 이를 영국의 직물과 교환하는 편이 더 이득이다. 영국 또한 이득을 본다. 직물을 생산하는 비용이 달라지진 않지만, 포도주를 직물과 비슷한 더 낮은 가격에 구할 수 있기 때문이다. 이 예에서 알 수 있듯이, 각 나라는 비교 우위가 있는 상품을 전문화하고 이를 다른 이들과 교환함으로써 이득을 볼 수 있다.

다음의 수치 예제는 작가 매트 리들리Matt Ridley가 제안한 것이다[17] (여기서는 다른 맥락에서 사용되었다). 잭과 질은 각각 식사를 준비한다. 잭은 빵 한 덩이를 만드는 데 30분이 걸리고, 오믈렛을 만드는 데 40분이 걸린다고 해보자. 반면 질은 빵 한 덩이를 만드는 데 20분, 오믈렛을 만드는 데 10분밖에 걸리지 않는다고 하자. 이 두 가지 요리로 한 끼 식사를 만들려면 잭은 70분을, 질은 30분을 쓸 것이다. 생산성 수치가 이렇다면 질은 두 요리 모두에서 절대 우위를 지니지만, 잭에게서 빵을 얻는 것은 여전히 득이 된다. 그녀는 오믈렛 두 개를 만드는 데 20분을 쓸 수 있고, 잭은 빵 두 덩이를 만드는 데 60분을 쓸 수 있다. 이제 질과 잭이 서로 빵 한 덩이와 오믈렛을 교환하면, 둘 다 이득을 본다. 교환을 통해 질은 자기 식사를 위해 (30분이 아닌) 20분만 쓰면 되고, 잭은 70분이 아니라 60분만 쓰면 된다.

왜 관세가 끔찍한가
Why Tariffs Are Terrible

관세는 경제 민족주의의 전형이다. 이 정부 정책은 외국의 제품에 불이익을 주거나, 국내 생산업체의 제품에 보조금을 준다. 한 나라가 관세를 부과하면 당연히 다른 나라도 보복으로 그 나라에 관세를 부과하며, 결과적으로 수출이 줄어든다. 이는 관세와 역 관세로 계속 이어지면서 무역 붕괴와 불황을 심화할 수 있다. 관세에 반대하며 자유 무역을 지지하는 논증에는 여러 가지가 있다.

규모
만약 엄격한 관세와 수출입 한도 속에서 어떤 기업을 운영한다면, 기업의 판매는 국내 시장이 소화하는 작은 규모로 크게 제한될 것이다. 반대로 완전한 자유 무역이 가능하다면, 각각의 국내 제조업체는 전 세계를 대상으로 삼아 훨씬 큰 규모로 제품을 판매할 잠재력을 얻는다. 많은 기업에서 생산량이 증가할수록 단위당 평균 생산 원가는 감소한다.[18] 더 많은 무역은 회사의 단위당 원가와 소비자 가격을 낮추는 결과를 가져오며, 이는 더 높은 생활 수준으로 이어진다.

규모의 주요 이점 중 하나는 기업이 더 다양한 제품을 만들 수 있다는 것이다. 소량 판매되는 새로운 틈새 제품으로는 기업이 필요한

ROI투자 수익률나 최소 회수 단위를 충족할 만큼 신제품을 내놓을 때 들어가는 고정비(예컨대 R&D, 전문 장비, 제조 전환, 마케팅, 그리고 간접비)를 회수할 수 없다. 그러나 규모가 커질수록 소량 제품도 더 많이 성공할 수 있다. 이는 다양한 예산과 취향, 국제 시장을 만족하는 다양한 제품을 출시함으로써 소비자의 선택을 풍요롭게 한다.

규모 증가의 특히 중요한 이점은 연구와 개발에 투자할 수 있는 능력의 향상이다. 투자 비용이 많은 제품에 분산되어 더 많은 혁신을 끌어낼 수 있고, 제품의 다양성도 증대하기 쉬워진다.[19] 결국 관세가 없는 나라의 소비자들은 국내만이 아닌 전 세계 모든 생산자가 일구어 낸 새로운 혁신을 만나볼 수 있다. 민족주의자들은 세계 규모의 경제와 세계 혁신의 원천에 자국민이 접근할 수 없게 함으로써 이들을 피폐하게 만든다.

경쟁의 미덕

경제 민족주의와 관세가 내세우는 목적 가운데 하나는 외국과의 경쟁으로부터 국내 산업을 보호한다는 것이다. 그러나 경쟁하지 않는 기업은 현실에 안주하며 비효율적으로 변하고, 수준 이하의 제품과 서비스를 제공할 수 있다.[20] 많은 정부 서비스나 우편 서비스와 같은 독점 서비스가 그러하듯이 말이다.

예컨대 스마트폰을 둘러싸고 애플이나 삼성, 그 외 기업이 벌이는 경쟁은 이들 두 선도 기업은 물론 다른 경쟁자들 사이에 끊임없는 혁신을 몰고 온다. 이는 더 나은 제품은 물론, 휴대폰 시장을 비롯하여 관련 제품과 서비스 시장의 엄청난 성장을 이끌었다. 2019년 세계은행

World Bank은 전 세계 인구의 70%만이 화장실 등 기본적인 위생 시설을 이용할 수 있지만, 휴대폰 가입자 수는 전 세계 인구의 거의 97%에 이른다고 보고했다.[21]

새로운 범주의 제품이나 서비스를 다루는 기업가라면 누구나 알고 있듯이, 시장에서 새로운 유형의 제품이나 서비스에 대한 니즈를 (소비자와 투자자 모두에게서) 검증하려면, 둘 이상의 회사가 필요하다. 이 치열한 싸움에 동참하는 기업이 많을수록 시장에 제공되는 제품에 관한 인식이 더 높아지고, 승리와 성장도 더 잘 관리된 회사에 돌아간다. 거의 모든 혁신 제품이 그러하다. 경쟁이 치열할수록, 인지도가 높아진다. 동시에 경쟁은 가격을 억제하고 생산성을 계속 증가시켜 시장이 성장할 수 있도록 한다. 반대로 경제 민족주의는 시장을 파편화하고 기업가가 얻을 수 있는 전체 기회를 줄임으로써, 신제품 분야에서 일어날 수 있는 혁신을 저해한다.

관세는 시민에 대한 세금이다

"경제학자들에게 있어서, 관세는 곧 세금이다. 상품의 소비자 가격을 올리고, 일자리를 만들긴커녕 사라지게 만들 때가 많다." 경제학자 테레사 길라두치Teresa Ghilarducci의 트윗이다.[22] 적절한 예로 EU이 미국 공화당 상원 원내 대표인 미치 매코널Mitch McConnell에게 보내는 메시지로서, (다른 품목과 함께) 켄터키 버번Kentucky bourbon 생산업체에 부과한 보복 관세를 들 수 있다. 켄터키 증류 협회Kentucky Distillers' Association의 회장은 이렇게 언급했다. "25%의 세금 인상입니다. 의심할 여지 없이, 관세는 세금입니다."[23]

게다가, 관세가 부과된 수입 상품의 높은 가격은 소비자가 자신의 지출을 제한해야 한다는 것을 의미한다. 이것이 경제학자들이 말하는 관세 '세금'이다. 연방 준비제도 이사회 전 의장인 앨런 그린스펀Alan Greenspan이 말했듯이, "뭐든 간에 세금이 붙으면, 줄어들기 마련이다." 관세가 높으면, 무역이 줄어든다.[24] 이로 인한 도미노 효과로 총소비량이 적어진다. 유럽 소비자들이 관세가 붙어 켄터키 버번을 더 비싼 가격에 사든, 아니면 (아마도 더 비싼) 유럽산 증류주로 바꾸든, 이들 소비자가 다른 상품에 지출할 수 있는 재량 소득은 줄어들며, 결국 관세로 인해 생활 수준이 더 낮아질 것이다.

표준

국제 협력의 부재가 미치는 장기적 영향의 하나는 제품과 무역에 대한 국제 표준 개발이 피해를 본다는 것이다. 국제 표준의 중요성을 보려면, 세계 무역에 결정적인 활력을 불어넣은 해상 컨테이너를 떠올려 보라. 다른 사례로는 수입업자와 수출업자가 거래 조건을 이해하도록 양자 간의 거래를 정의하는 국제 상거래 조건International Commerce Terms,(Incoterms인코텀스)도 있다. 이 조건의 각 세부 조항은 수행할 업무, 비용, 시기, 위험 배분, 그리고 누가 무엇을 책임지는지 등을 포괄한다. 인코텀스는 수출업자의 시설에서 수입업자의 시설로 품목이 이동하는 과정 전체를 포괄하는 셈이다.

표준은 상품과 서비스의 구매자에게 자신이 기대하는 품질과 안전 사양을 판매자가 이해했다는 확신을 준다. 또한 표준은 상품과 서비스가 제공하거나 그에 요구되는 속성에 대해 구매자와 판매자가 커뮤니케이션할 수 있는 언어를 제공한다. 국제적 협력이 후퇴함에 따라 개발되고 유지되는 표준이 줄어들 것이며, 이는 향후 수년간 무역을 방해할 것이다.

국내 기업의 경쟁력 약화

휴스코 인터네셔널HUSCO International은 위스콘신에 본사를 둔 4억 5천만 달러 규모의 민간 기업으로, 상용 차량과 오프로드 차량 산업을 위한 다양한 유체 동력 밸브와 호스 피팅의 엔지니어링, 개발, 제조 회사다. (이 회사의 이름은 유압 유닛 전문 업체Hydraulic Unit Specialty Company의 약자다.) 이들은 중국을 포함해 전 세계 9곳에 판매와 제조 거점을 두고 있다 2020년 7월, 블룸버그 웹 세미나에서 CEO인 오스틴 라미레즈Austin Ramirez는 중국 자동차 부품에 미국이 부과한 25%의 관세가 자사와 미국 자동차 업계에 어떤 피해를 주고 있는지 설명했다.[25]

예컨대, 단기적으로 이 관세는 부품들의 가격이 상승한다는 걸 의미했다. 휴스코는 경쟁력을 유지하기 위해 공급업체에 가격을 낮추라는 압력을 가하고, 자사 이윤을 낮췄으며, 증가한 비용 일부를 고객에게로 돌렸다. 그러나 라마레즈가 진짜 걱정하는 것은 장기적인 영향이었다. 미국의 관세는 경쟁자인 일본과 독일의 자동차 부품 제조업체와 자동차 제조업체가 중국산 부품을 더 싸게 구매할 수 있으며, 세계 무대에서 더 경쟁력을 갖춘다는 것을 의미했다. 이는 결국 미국의 일자리 감소에 영향을 줄 수 있었다. 즉 이들 경쟁사의 제품이 자동차 업계를 일단 장악하면 미래의 자동차와 중장비 설계도 이들을 중심으로 구체화될 것이므로, 미국인의 일자리가 사자질 것이었다.[26]

보복

일단 관세를 부과하면, 다른 나라 역시 보복할 가능성이 크다. 예컨대 트럼프 대통령이 캐나다산 철강과 알루미늄에 추가 부담금을 부과했을 때의 캐나다 반응이 그랬다. 이들은 미국의 갖가지 금속 제품에 25%의 관세가 부과했다. 게다가 맥주, 위스키, 오렌지 주스 등 250개 이상의 미국산 상품에도 10%의 관세를 부과했다.[27]

2019년 말 중국과 미국이 직접 보복으로 서로 맞대응한 사례도 있었다. 중국은 트럼프 행정 당국의 중국산 상품에 대한 관세에 대응하여, 750억 달러어치의 미국산 상품에 5~10%의 관세를 2019년 9월 1일과 12월 15일 두 차례에 걸쳐 부과했다. 이는 트럼프 행정부가 중국 상품에 대한 관세를 발효하기로 한 바로 그 날짜였다. 중국은 또한 12월 15일부터 미국산 자동차에 25%, 자동차 부품과 구성 요소에 5% 관세를 추가하기로 했다.[28]

이보다 앞서 일어났던 미국과 중국의 무역 전쟁으로 인해 미국산 농산물의 중국 수출은 2017년 158억 달러에서 2018년 58억 달러로 줄었으며, 2019년까지도 부진한 상태였다.[29] 미국이 2019년 캐나다산 알루미늄과 철강에 관세를 부과해 이들 수입품의 가격이 오르자, 농민들은 이중으로 고통받았다. 농민들이 사용하는 차량과 설비, 다른 금속 제품의 가격도 함께 올랐기 때문이다. 트럼프 행정부는 이 관세를 폐지했다가 2020년 8월 다시 부과하기로 했지만, 캐나다가 동등한 액수의 보복 관세를 부과하는 결과만 불러왔다. 캐나다 부총리인 크리스티아 프리랜드Chrystia Freeland는 "캐나다와 미국 근로자들에게 가장 필요하지 않은 것은 제조업체와 고객 업체의 비용을 높이고, 자유 무역의 흐름을 방해하며, 지역 정부와 주 정부의 경제에 악영향을 주는 새로운 관세입니다"라고 이야기했다.[30] 9월 16일, 트럼프 행정부는 이들 관세를 철회했다.[31]

보복은 무역 의존도와 연관된 상호 수출 금지를 통해서도 일어날 수 있다. 트럼프 행정부는 2020년 4월 방위 물자 생산법Defense Production Act을 발동하고, 미국 기업 쓰리엠이 캐나다와 멕시코로 인공호흡기를 수출하지 못하게 금지하겠다고 위협했다. 캐나다는 미국 기업들이 의료용 마스크와 가운을 생산하는 데 쓰는 병원용 등급 펄프의 수출을 중단하는 것으로 맞설 준비가 되어 있었다. 또한 미국 환자들의 치료에 절대적으로 필요한 캐나다 간호사와 병원 직원들이 미시건 주로 가지 못하게 국경을 막을 수도 있었다. 멕시코 역시 미국 기업들이 인공호흡기를 만들 때 필요한 모터와 기타 부품의 공급을 끊어버릴 수 있었다. 백악관은 이러한 잠재적 위험성을 몰랐던 듯했다. 트럼프 행정부는 자신들의 행동이 불러올 대가를 깨닫고 결국 물러섰다.[32]

관세는 자기 강화 순환을 일으킬 수 있다. 즉 관세가 일단 부과되면, 국내의 정치적 상황으로 인해 잇따른 보복이 일어나는 것을 멈추기 어려울 수 있다. 결국 무역은 급감하고, 모든 국가의 상황이 악화된다.

개발 도상국의 일자리

대중 언론에는 탐욕스러운 다국적 기업이 가난한 나라의 가난한 근로자를 착취하는 일화가 가득하다. 서구 소비자들을 위한 값싼 제품을 생산하기 위해 낮은 임금을 지급하고, 열악한 근로 환경을 강요하며, 아동 노동까지 활용한다. 전미 경제연구소National Bureau of Economic

Research가 발표한 실증 연구는 철저한 분석을 바탕으로 이런 인상을 반박한다. 실제로 연구진은 데이터가 정반대의 사실을 보여 준다고 주장한다. 이들에 따르면, "외국인 소유권은 노동 생산성을 높이고 생산 규모를 확장함으로써 임금을 높이며, 근로 환경을 개선한다. 나아가 외국계 기업은 노동 단체나 민주적 제도 등을 활용해 자사 공장 운영의 효율성을 개선한다는 증거도 있는 것으로 보인다."[33]

이러한 경험적 발견에 뒤따르는 결론은, 다국적 기업이 개발 도상국을 떠나면 경제에 공백이 생긴다는 것이다. 다시 말해 기업이 떠나면서 그 나라의 사람들이 다시 구하기 힘들 수 있는 취업 기회도 함께 사라져 버린다. 다른 일자리를 찾는 것이 제한적이거나 힘든 여성을 고용하는 (예컨대 직물) 산업일 경우 특히 더 그러하다. 이처럼 개발 도상국에서 부유한 서구 국가로의 리쇼어링은 결과적으로 많은 사람을 직장에서 내쫓고, 개발 도상국의 빈곤과 착취를 증가시킬 수 있다.

이 모든 미친 짓

관세의 불리함과 의도치 않은 결과의 예를 찾는다면, 알래스카산 연어를 떠올리자. 알래스카는 미국의 다른 어떤 주보다 많은 해산물을 가공하고 판매한다. 미국 슈퍼마켓에서 팔리는 냉동 야생 연어를 손질할 때는 우선 뼈를 발라낸 후 고기 안에 '떠다니는' 작은 가시를 제거해야 한다. 후자는 손으로 해야 하는 섬세한 과정이며, 따라서 매우 노동 집약적이다. 중국의 가공 센터는 규모가 있고 인건비가 낮아, 이 작업을 하기에 적합하다.

알래스카산 냉동 연어의 가장 큰 두 시장은 중국과 미국 본토 48개

주이다. 따라서 뼈를 발라낸 냉동 알래스카산 연어는 가공 작업을 위해 중국으로 운송되며, 이후 소비를 위해 다시 미국으로 돌아온다. 중국 상품에 대한 미국의 관세에 대응하기 위해, 불행히도 중국은 알래스카산 해산물에 30~40%의 보복 무역 관세를 부과했다. 하지만 알래스카 연어에 대한 중국인들의 선호로 시장은 고작 총수입 10% 감소 선에서 거의 그대로 유지되었다. 물론, 중국에서 가시까지 모두 제거하고 미국으로 돌아온 알래스카산 연어는 미국 종합 관세율표Harmonized Tariff Schedule of the United States(HTSUS) 상에서 다른 제품으로 취급된다. 결과적으로 이들은 중국 제품으로 취급되어 미국의 무역 관세를 적용받는다. 따라서 미국인은 중국 소비자보다 알래스카산 냉동 해산물 더 비싸게 사게 된다.

세계화는 회복탄력성을 높인다
Globalization Increases Resilience

코로나19 팬데믹은 중국에서 사업하는 것이 나쁘거나 위험하다는 것을 증명하지 못했다(제17장, 271쪽 참조). 그것이 실제로 증명한 것은 기업이 모든 공급 달걀을 한 바구니에 담지 말아야 한다는 것이다. 다시 말해 세계 어느 곳이든 팬데믹이나 자연재해, 무력 충돌, 어리석은 정부 정책으로 인해 접근이 어려워질 수 있다. 기업은 팬데믹 이후에 대비하여 공급 네트워크를 업데이트하면서, 전 세계에 자사 시설과 공급업체의 입지를 넓혀 가고 있다. "글로벌 서플라이 체인은 회복탄력적인 서플라이 체인입니다." 휴스코의 라미레즈는 말을 이었다. "휴스코는 지금보다 더 글로벌해야 합니다."[34]

실제로 많은 회사가 중국으로부터 사업을 이전하고, 중국 이외의 공급업체로부터 더 많은 것을 사고 있다. 서플라이 체인 전체에 걸쳐 회복탄력성을 구축하는 조치로서, 팬데믹 이전부터 무역 긴장과 중국의 인건비 증가로 인해 빨라지던 변화에 더욱 박차를 가한 것이다. 이런 움직임의 주요 수혜자는 베트남과 대만, 말레이시아를 비롯한 다른 동남아시아 국가, 그리고 인도와 멕시코, 동유럽, 터키 등이다. 이 나라들과 미국 간의 낮은 관세는 상대적으로 낮은 가격을 통해 지리적 회복탄력성을 높여 준다.

미국 기업은 중국에서 코로나19가 발생한 후에도 중요한 비즈니스를 미국으로 다시 가져오지 않았다. 이들은 중국에 투자하지 않는 대신 제조처와 조달처를 전 세계로 확장했다. 게다가 이러한 다각화의 움직임은 미국이 아닌 다른 지역에 자본을 투자함으로써 미국 자체에 대한 의존도를 낮추기도 했다. 마찬가지로, 많은 중국 공급업체가 회복탄력성을 높이고자 (그리고 관세를 피하고자) 중국 외부에 제조 거점을 세우고 있다. 제17장(272쪽)에서 언급한 것처럼, 기업이 대거 중국을 떠나는 일은 일어나지 않았다. 중국 내 공급업체가 제공하는 고유한 역량과 광범위한 제조 생태계, 그리고 거대하며 계속 성장 중인 시장 때문이다.

이들과 달리, 팬데믹 동안 명백해진 경제 민족주의의 효과, 즉 관세 증가와 무역 감소, 백신을 사재기한 나라에 쏟아지는 격렬한 분노는 회복탄력성을 향상시키지 못한다. 자급자족은 국내라는 바구니에 모든 것을 담는 위험한 전략이다. 이기적인 경제 민족주의는 인류가 직면한 또 다른 문제들, 예컨대 기후 변화와의 싸움에서도 도움이 되지 않는다.

세계화의 그림자

The Downside of Globalization

"이론상으로, 이론과 실제는 같지만, 실제로는 차이가 있다. 알베르트 아인슈타인Albert Einstein부터 리처드 파인먼Richard Feynman에 이르기까지 많은 학자가 한 말이다.[35] 세계화와 자유 무역을 비판하는 많은 이들도 문제는 개념이 아닌 실행에 있다고 주장한다. 즉 악마는 디테일에 있다는 것이다. 현실 세계가 상정하는 인센티브와 행동, 결과는 자유 무역 지지자들이 제시한 이론적 이상과 일치하지 않는다. 이런 결함을 이해하는 것은 세계화를 거부한다는 표현이 아니다 . 단지 그런 결점을 완화하는 지도자와 기관들이 필요하다는 것을 의미할 따름이다.

노동 이동(불가)성

전통적인 자유 무역 이론들은 외국인 경쟁자에 의해 쫓겨난 근로자가 새로운 직업으로 이동할 수 있다고 가정했다. 나아가 근로자는 (무역 제한으로 보호받았던) 생산성 낮은 일자리에서 쫓겨나, 경쟁적으로 전 세계를 시장으로 삼아 성장 기업의 생산성 높은 일자리로 이동함으로써 이득을 볼 것으로 예상했다. 이론상으로, 자유 무역 개방으로 인한 실업률은 오래가지 못하며, 더 좋은 기회가 찾아오면서 균형을 맞추게 된다.

　　　　　　　　　　　　　　제5부. 정치와 팬데믹

실제로는, 노동 이동성은 그렇게 수월하지도 않고, 그렇게 일반적이지도 않다. 애덤 스미스와 데이비드 리카도가 처음으로 무역의 근본적인 이점을 근로자의 생산성 극대화 측면과 연계하여 설명했을 때보다, 일자리는 훨씬 더 전문화되었다.

경쟁 산업에 종사하는 현대 기업들은 자기 업계 내의 노련하고 숙련된 직원을 고용하려 하지, 사양 산업에 종사하던 미숙한 직원을 고용하려 하진 않는다. 사양 산업에서 높은 임금을 받는 고령의 근로자는 업종 전환 시 신입 수준의 임금을 받아들여야 한다는 반갑잖은 현실에 직면한다. 그 결과 구조적 실업이 나타난다.

노벨상을 수상한 경제학자 조지프 스티글리츠Joseph Stiglitz는 실업률이 높으면 많은 근로자가 새로운 일자리를 말 그대로 어디서도 구할 수 없으며, 따라서 자유 무역은 더 높은 실업률로 이어진다고 주장했다. 그에 따르면, 이는 불평등을 더욱 가중하는 결과를 낳는다. 기업은 이익을 낼 수 있을지라도, 근로자들은 타격을 받는다. 이런 맥락에서 스티글리츠가 강조하길, 기업은 실제로 자유 무역의 혜택을 받지만, "낙수 경제는 신화일 뿐이다."[36]

바닥으로의 규정 경쟁

기업은 전 세계적으로 일관성 있는 규정 프레임워크와 표준의 부재를 자주 한탄하곤 한다. 일관성 없는 제품 규정은 글로벌 판매에 비효율성을 가져오며, 일관성 없는 생산 규정은 해외 기업과의 경쟁을 기울어진 운동장에서 치르게 만든다. 이론상으로, 전 세계에 걸쳐 튼튼한 사업 환경과 사회 정의, 노동 보호 기준을 두는 것은 모든 관여자에게 요긴하다. 소비자는 자신들이 원하는 보호막을, 기업은 자신들이 주장하는 동등한 경쟁의 장을 얻는다.

강력한 규정이 없다면 기업은 자사의 천연자원 소비와 운영, 오염이나 탄소 배출, 환경 악화, 수명이 다한 제품의 유독성 폐기물 등 부산물로 인한 모든 비용을 부담하지 않을 것이다. 부정적 외부 효과라고도 알려진 이 비용은 사회가 부담한다. 세계화되지 않고 엄격히 지역화된 경제에서, 이런 비용은 어느 정도 제한적일 수 있다. 지역 소비자와 유권자, 투자자, 정치인 등은 각 회사의 현지 생산에 드는 사회적 비용을 직접 경험하고, 그 비용이 치를 만한 가치가 있는 것인지 결정할 수 있기 때문이다. 반대로 세계화는 공급과 제조, 관리, 투자, 소비가 일어나는 장소를 서로 멀리 떨어뜨릴 수 있고, 이로 인해 각 지역의 의사 결정권자들은 모든 부정적 외부 효과를 직접 경험하진 않는다.

실제로는, 스티글리츠가 주장하길, "모든 곳의 규정을 최고 표준에 따라 공고히 하면 물론 규정의 통일을 이룰 수 있다. 그러나 규정 통일을 외치는 기업들이 진짜 바라는 건 바닥으로의 경쟁이다."[37] 해외 직접 투자를 분석한 여러 연구는 국가나 기업이 오염 발생 활동을 규정이 느슨한 나라에 위탁한다는 이른바 오염 피난처 가설을 뒷받침해 준다.[38] 이런 사실은 결국 삐뚤어진 인센티브를 유발한다. 즉 해외 투자를 유치하려는 개발 도상국들은 느슨한 규정을 두고 경쟁하게 된다.

따라서 규정이 최고 표준에 따라 통일되지 않은 세계에서의 자유무역은, 튼튼한 사업 환경과 건전성, 안전성, 최저 임금, 노동 보호, 기타 관련 규정이 있는 나라에서 그렇지 못한 나라로 일자리를 강제 이동시키는 것과 다름없다.

자유 시장은 그렇지 않다

자유 무역 이론에 숨겨진 의문스러운 가정은 노동 이동성과 규정만이 아니다. 더 중요한 것은 세계 경제가 최선의 제품을 최적의 가격에 제공한다는 기초 위에서, 공정한 경쟁이라는 순수한 시장의 힘으로 움직인다는 가정이다. IBM의 오랜 경영자인 랄프 고모리Ralph Gomory와 저명한 노동 경제학자 윌리엄 보멀William Baumol은 소비자는 그런 이상적인 세상에 살지 않는다고 주장한다.[39] 이론과 달리 기업은 최선의 제품과 가격을 통해 공정하게 경쟁하지 않으며, 도리어 자유 시장과 자유 무역 이론들이 예견하는 훨씬 나은 가격(과 훨씬 나은 임금)이란 이상향을 저해하는 반경쟁적 전략을 추구할 수 있다.[40]

결국 국가가 무역을 제한할 수 있는 다른 수단이 있는 상황에서, 관세 철폐를 주장하는 건 무의미하다. 현실 세계에는 다음과 같은 수단들이 (이외에도 많은 것이) 있다.

- 수출에 유리하도록 국가 차원에서 자국 환율 조작하기
- 저렴한 가격으로 경쟁업체를 시장에서 몰아낼 수 있게, 국영 기업이나 정치적으로 선호하는 기업을 지원하기
- 수입품의 가격 인상을 위해 비관세 무역에 안전 · 보건 검사 및 국가 안보 조항 적용하기
- 법적 판결에서 외국 기업보다 국내 기업 편들기
- 해외 기업이 국내 기업과 합병하도록 강요하고, 그럼으로써 이들의 지적 재산과 기술을 미래의 잠재적 경쟁자에게 이전하기

시장이 조작되는 세상에서, 앞선 주장에 따르면, 시장을 조작하거나 무역 장벽을 세우지 않는 나라는 불리해진다. 그리고 당연히 한번 시장 조작이 일어나고 그에 대한 반작용이 일어나기 시작하면 이를 멈추기 어렵다. 결국 모든 이가 지게 된다.

신흥 시장 지원하기

독일계 미국인 경제학자 프리드리히 리스트Friedrich List는 1841년에 신흥 시장을 지원하기 위해 일부 관세가 부과할 여지가 있다고 주장했다.[41] 그의 주장은 개발 도상국이 GDP가 낮은 농업 사회에서 GDP가 높은 산업 사회로 탈바꿈할 수 있도록 도와야 한다는 것이다. 이를 위해 개발 도상국이 선진국과 대등하게 경쟁할 수 있기 전까지 초창기 산업 활동을 보호하고자 일시적으로 상업을 제한하는 것이 정당화된다. 리스트는 역사적으로 자신들이 필요할 때는 보호 무역주의를 주장하다가도, 개발 도상에 있는 경쟁자들이 어느 정도 보호가 필요할 때는 자유 무역을 강제하려 한 선진국들의 위선을 비난했다.

리스트는 개발 도상국이 자신의 생활 수준을 (그리고 산업을) 선진국 수준이 끌어올 수 있도록 돕고자 했으며, 그의 이런 윤리는 칭찬받을 만하다. 물론 실제로는 여기에도 나름의 문제가 있다. 특히 새로운 중진국이 언제 보호 무역주의에서 벗어나야 하는지, 어떻게 그들을 설득할 (혹은 강제할) 것인지 결정하는 문제가 그렇다. 리스트의 19세기 저작들은 여러 면에서 오늘날의 중국과 신흥국의 행동에 적용할 수 있다.

미래를 향해

앞선 예들은 자유 무역이 국제 사회라는 목욕물을 더럽히는 방식을 보여 주긴 하지만, 그렇다고 이들 모두를 포기해 버리는 것은 근시안적이다. 자유 무역은 이에 참여하는 나라들에 분명한 이점을 제공하며, 이는 앞서 기술한 어두운 면도 상쇄할 수 있다. 자유 무역은 한 나라의 이득을 다른 나라의 이득과 서로 교환함으로써 참여자 모두의 바람을 충족한다. 지도 위에 제멋대로 선을 긋고 무역을 제한하는 것은 전 세계에서 구할 수 있는 모든 혁신과 새로운 제품, 최적의 가격 등에 시민이 접근하지 못하게 막는 일이며, 전 세계 소비자에게 국내 기업이 접근하지 못하게 막는 일이다.

제대로 성사된 무역은 기업의 이익만이 아니라 평화도 불러올 수 있다. 1795년 임마누엘 칸트는 이렇게 주장했다. "상업 정신은… 조만간 모든 국가에서 우위를 차지할 것이며, 이는 전쟁과 양립할 수 없다."[42] 1999년 토머스 프리드먼Thomas Friedman이 더 직접적으로 말하길, "맥도날드가 있는 두 나라는 각 나라에 맥도날드가 진출한 이후에는 서로 전쟁을 치른 적이 없다."[43] 경제적 유대 관계는 사람들을 하나로 묶는다. 즉 양측은 최선의 거래를 위해 서로에 관하여 많은 것을 배워야 한다. 서로 간의 지속적인 교류와 함께, 갈등이 아닌 상호 의존과 안정을 우선시하게 된다. 무역을 통한 상호 간의 이익은 상호 간에 평화를 위한 인센티브를 제공하는 셈이다.

세계화로 미국이나 다른 서구 국가의 불평등이 늘어난 것은 맞지만, 그로 인해 국가 간 평등이 상당히 증가한 것도 사실이다. 중국과 다른 아시아 국가에서 세계화는 수입 억 명의 사람을 빈곤층에서 중산층으로 끌어올리는 결과로 이어졌다. 미국의 중위 소득은 2008년에서 2013년 사이 4% 증가하는 데 그쳤지만, 중국과 베트남의 중위 소득은 두 배 이상, 태국과 인도는 각각 85%와 60%가 증가했다. 코로나19 팬데믹으로 이런 현상은 더욱 심화할 것이다. 중국과 다른 아시아 경제가 미국이나 유럽보다 팬데믹으로 인한 불황을 더 잘 빠져나올 가능성이 크기 때문이다.[44]

세계 무역의 명백한 이점과 명백한 것처럼 보이는 단점은, 세계화와 완전히 고립된 지역화 사이에 있는 무언가가 필요함을 시사한다. 미숙한 경제를 보호하자는 주장, 사람들을 빈곤에서 구해야 할 필요성, 뒤처진 이들의 급격한 변화에 드는 사회적 비용, 규제되지 않은 과잉 개발이 불러오는 환경 비용 등은 모두 상충하는 단기 인센티브에 맞서 상호 유익한 장기적 결과를 창출하는 균형 잡힌 프로세스의 필요성을 암시한다. 더 나아가 이는 논쟁을 중재하여 양측에 동등한 만족을 줄 수 있는, 최소한 마지못해 받아들이도록 만들 수 있는 신뢰할 만한 기관과 리더십이 필요함을 보여 준다.

제2차 세계대전이 끝난 후 수십 년간, 미국은 일련의 무역 규칙 형성과 이를 집행하는 기관을 주도했다. 불행히도 이런 시스템은 여러 가지 이유로 해체되고 있다. 예컨대 전 세계적으로 포퓰리즘이 증가하고, 이에 동반해 WTO처럼 핵심적인 초국가적 기관의 영향력이 감소했다. 팬데믹으로 혼란이 가중된 지금, 세계는 현재 새로운 지도자를 기다리고 있다.

제19장

의료 서플라이 체인 강화하기

Strengthening the Medical Supply Chain

사회는 거대한 코로나19 팬데믹에 적응하려 애쓰고 있다. 이 과정에서 가장 비극적인 장면 중 하나는 환자들의 생명을 구하는 이들의 생명을 구하고자, 마스크와 보호복을 간청하는 일선 의료 관계자들의 모습이었다. 코로나19와 함께 마스크와 검사기, 면봉, 검사 시약, 검사 장비, 인공호흡기, 중환자실 병상이 부족하다는 이야기가 계속 이어졌다. 그 모든 이야기 이면에서 실제로 병원은 위독한 환자를 돌보는 데 필요한 수천 가지 물품이 부족한 상황에 빠져 있었다.

빈디야 바킬은 미국의 서플라이 체인 위험 관리 소프트웨어 회사인 레질링크의 CEO다. 미국 내 1차 감염이 최고조에 달했을 때, 그는 의료 서플라이 체인이 1만 5백 종의 물품 부족에 맞닥뜨렸다고 논평했다. 그러나 부족한 물품과 수량은 병원마다 모두 달랐고, 이에 레질링크는 병원 간 교환 플랫폼을 구축했다. 그녀의 설명을 들어 보자. "교환 플랫폼을 병원이 가입할 수 있는 모종의 유사 데이트 도구처럼 구축했습니다. 제공하는 물건과 요청하는 물건을 게시하면 시스템이 만남을 주선했고, 병원들은 서로 직접 문자를 주고받으며 교환을 진행할 수 있었습니다."[1]

하지만 어떤 물품은 모든 곳에서 공급이 부족해 의료 기관 간의 교환이 불가능했다. 의료 등급 보호용 마스크(예를 들어 N95 마스크), 의료용 가운, 눈 보호 장비와 같은 개인 보호 장비를 비롯해, 인공호흡기 같은 의료 장비가 그러했다. 국가 차원에서 구매력을 모으려던 유럽과 미국 등지의 리더십이 무너지면서, 병원과 지역 정부는 PPE와 인공호흡기를 위한 잔혹한 경쟁에 내몰렸다. 이 경쟁은 판매 회사가 부과하는 가격을 올렸고, 조달 프로세스를 예측 불가하게 만들었으며, 비양심적인 공급업체가 엉터리 PPE를 판매할 수 있게 했다. N95 마스크 기준은 공기 중 입자의 95%를 걸러내는 것이지만, 실험 결과 일부 마스크는 고작 35%를 걸러냈고, 단 15%만 걸러내는 마스크도 있는 것으로 드러났다.[2] "이것이 국가가 주도하는 대응이 필요한 이유입니다"라고 버지니아 주지사인 랄프 노섬Ralph Northam는 말한다.[3]

미국이 (혹은 어떤 나라이든) 같은 일을 반복하는 것을 막기 위해선, 정부가 팬데믹에 대한 준비 태세를 정비할 필요가 있다. 정상 범위의 수요에서 가장 비용 효율적인 방식으로 의료품과 서비스를 제공하도록 설계된 서플라이 체인은, 글로벌 의료 위기와 관련한 긴급 수요의 증가 앞에선 힘겨울 수밖에 없다. 그러므로 정부는 재고와 제조, 노동력의 국가 비축물에 투자해야 하며, 글로벌 팬데믹의 압박을 처리할 수 있는 의료 배송 시스템과 이를 결합해야 한다.

전략적 의료 재고

Strategic Medical Inventories

원유의 순 수입국이었던 시절, 미국은 1970년대 아랍의 원유 수출 금지 조치에 대응하면서 전략 비축유를 만들었다. 일상 에너지를 얻기 위해 사용하는 원유를 국가가 수입하거나 생산할 수 없는 위기에 대비하여, 원유를 저장하기 시작한 것이다. 코로나19는 미국과 그 외 대부분 나라가 글로벌 팬데믹 상황에서 생명을 살리는 데 필요한 의료 물자를 충분히 조달하거나 만들 수 없다는 점을 고통스럽게 증명했다. 많은 제조업체가 그런 물품 가운데 일부를 만드는 쪽으로 전환할 수는 있지만, 이 역시 시간이 걸린다. 따라서 각 나라는 제조업체와 유통업체, 병원이 일상적으로 유지하는 일반적인 재고량을 보완해 줄 수 있도록, 중앙이 관리하는 의료품 재고를 여러 곳에 대규모로 유지할 필요가 있다.

미국은 의료 물자에 대한 (국가)전략비축물자Strategic National Stockpile (SNS)를 보유하고 있지만, 코로나19 위기에서 이 비축물은 형편없이 부족했다. 이들은 클린턴 행정부가 1998년 10월 "질병통제 예방센터의 약품과 백신 비축 활동을 위해"[4] 예산을 승인하면서 비축하기 시작한 것이었다. 조지 부시 행정부는 비축물을 위한 자금을 더 확보했고, 이를 대폭 강화했다. 불행히도 오바마 행정부나 트럼프 행정부에서는 보충이 제대로 이뤄지지 않았고, 이는 2020년 부족 사태로 이어졌다. 다른 나라에서도 부족 현상은 뚜렷했다. 예컨대 수년간 프랑스는 주로 예산상의 이유로 PPE와 같은 필수 자원의 비축에 소홀했고, 결국 관련

재고가 없는 상태로 코로나19에 대처해야 했다.[5]

이들을 비축하는 데 있어 생기는 문제는 거의 모든 의료품의 유통기한이 제한적이며, 이를 넘으면 더는 안전하거나 효과적이지 않을 수 있다는 점이다. 안면 마스크와 같은 단순한 제품도 시간이 지나면서 성능이 떨어진다. 끈은 탄력이 떨어지고, 특수 처리된 직물 필터는 수년에 걸쳐 입자 포획 효과를 잃게 된다.

제16장(264쪽)에서 자세히 설명한 것처럼, 존슨앤존슨은 펜타곤과 긴급한 군사적 필요에 따른 의료품 비축량을 유지한다는 계약을 맺으면서 이 오래된 재고 비용 문제에 직면했다.[6] 핵심은 민간 사용을 위한 일상적인 JIT 재고 관리와 비상시에 대비하는 예비 비축 재고 관리라는 두 가지 매우 다른 목표를, 어느 한쪽도 희생하지 않으면서 달성하는 것이었다. 앞서 언급한 것처럼 해결책은 '하나 팔고 하나 비축하기'(SOSO) 재고 원칙, 즉 비상 비축량을 민간 사용을 위한 물자와 물리적으로 병합하여 일상적인 물자 소모를 통해 대규모 재고를 최신 상태로 유지하는 것이었다. 재고 관리 시스템에 설정된 디지털 '적색' 수준은 존슨앤존슨가 펜타곤의 승인 없이 비축량을 사용하지 못하게 막았다. 펜타곤이 승인한 주문만이 이 비축량을 이용할 수 있다는 요구 조건은 미국 전략 비축유를 방출하려면 미국 대통령의 지시가 필요하다는 요구 조건과 유사하다. 양자의 요구 조건은 모두 관리자가 일상적인 동요를 처리하기 위해 관련 재고를 사용하지 못하도록 한다.

미국 의료 서플라이 체인의 구조는 여러 대형 유통업체를 포함한다. 존슨앤존슨가 맡은 역할처럼, 이들도 (국가)전략비축물자를 유지하는 수호자가 될 수 있다. 유통업체는 병원의 일상적인 니즈를 관리하므로, 전략 비축물을 유지하는 임무도 수행할 수 있다. 재고의 운반 비용은 정부가 부담할 수 있고, 정기적인 주문으로 판매한 재고를 보충함으로써 이를 최신 상태로 유지할 수 있다. '적색' 수준 이하로 재고를 사용하는 것은 대통령의 승인 하에서만 허용된다. 이런 절차를 통해 회사는 품질 프로세스를 훼손하지 않으면서 안전 재고를 확보할 수 있다. 기존의 상용 의료품 유통 네트워크에서 국가 비축물을 관리하면, 수천 개의 국내 의료품 제조업체와 의료 시설 간에 자연스럽게 확립된 채널을 활용할 수 있다는 추가적인 이점도 있다.

분산 재고

Distributed Inventory

뱅크 런bank runs*이나 제품 사재기의 근본적인 원인은 똑같다. 고객은 은행이나 공급업체가 예금 혹은 제품을 제공하지 못할 수 있다는 두려움에 빠져, 은행이나 공급업체로 각각 달려가 당장 예금이나 제품을 찾게 된다. 만약 공급업체가 향후 고객의 수요를 충족할 수 있다고 믿지 못한다면, 기본적으로 고객은 통제력을 확보하고자 자신이 필요하다고 생각한 만큼의 재고를 당장 구하려 할 것이다. 수많은 고객이 갑자기 이런 행동을 취하면, 그에 따른 수요 자체로 인해 해당 예언이 실현된다. 즉 공급업체가 주문을 처리하지 못하거나 재고 부족을 겪는 데

* 은행의 예금 지급 불능 상태를 우려한 고객들이 대규모로 예금을 찾아가는 상황을 말한다. 본문이 설명하듯 주변의 불안감을 유도해 모두가 은행으로 달려가게 만드는 전염성이 강하다. 이 때문에 뱅크 런은 특정 금융 회사의 차원을 넘어 금융업 전체와 경제에 심각한 영향을 미칠 수 있다.

대한 고객의 우려가 현실화된다.

금융 정책 입안자들은 이러한 자기 파괴적 군중의 역동성을 오래 전부터 알고 있었다. 뱅크 런은 거의 은행 자체만큼이나 오래되었다. 지난 한 세기 동안 정부는 뱅크 런이 일어날 가능성을 줄이기 위해 두 가지 해결책을 개발했다. 첫째는 은행 예치금 요건이다. 규제 당국은 각 은행이 예금자의 인출 변동과 대출 채무 불이행에 대비하여 충분한 현금 재고를 유지할 것을 요구한다. 두 번째는 은행에 대한 직접 대출 과 예금 보험 형태로 정부가 자금 지원을 보장하는 것이다. 이 두 가지 정책은 은행의 돈이 어디론가 사라지진 않는다고 고객이 안심하는 데 도움이 된다.

의료 물자의 국가 비상 재고는 정부의 자금 지원 보장책에 비유할 수 있다. 이에 상응하여 병원 역시 의료 위기에 대비하는 일선 방어책 으로서 핵심 물자를 자체적으로 비축할 필요가 있다. 따라서 각 병원은 물자와 장비의 자체 SOSO 재고를 유지해야 한다. 그러한 국지적 비축 물은 국가 비축물을 두 가지 방식으로 늘려 준다. 첫째, 국지적 완충 물 량은 당국과 상업 파트너(유통업체와 제조업체)가 재공급을 조정할 시 간을 준다. 둘째, 국지적 완충 물량은 물류 보급 과정에서 자연재해 혹 은 물류 능력 부족으로 인해 발생하는 모든 마비 상황을 처리하는 데 도움을 준다.

코로나19 2차 감염 사태에 대비하면서, 2020년 여름 동안 90% 이 상의 병원과 보건 시스템이 약 20개 주요 의약품의 안전 재고를 구축 했다. 또한 절반 이상은 팬데믹이 한창일 때의 사용량을 기준으로 진정 제와 진통제의 한 달 제조 분량을 설정했다. 수요 증가로 인해 유통업체들은 일부 의약품에 대해 주문한 물량 일부만 이행하는 할당제를 적용하고 있다(제8장 138쪽 참조).[7]

2008년 금융 붕괴 이후, 금융 당국은 단순한 은행 비축분과 예금 보험만으로는 충분치 않다는 걸 깨달았다. 제도적인 금융 위험이 시사하는 바는 설령 각 은행이 자체적으로 충분히 건실하더라도, 대규모 마비 사태로 인해 많은 은행이 파산하는 연쇄 반응이 발생할 수 있다는 점이다. 그리하여 금융 규제 당국은 은행의 스트레스 테스트 프로토콜을 만들어 부과했으며, 은행은 이에 따라 자사가 불황이나 주식 시장 폭락, 부동산 침체, 자연재해 등의 파괴적 시나리오를 무사히 헤쳐 나갈 수 있음을 보여 주어야 한다.[8]

마찬가지로 정부는 병원의 운영 허가 과정에 스트레스 테스트 요건을 포함해야 할 것이다. 일반적으로 그러한 테스트는 몇 가지 긴급 시나리오를 해결하고, 조직의 대응력을 검증하는 작업을 수반한다. 이 과정에서 병원은 자신들의 허점을 발견하고, 비상시에 대비한 훈련을 진행할 것이다. 이를 통해 병원 측은 만반의 대비와 더 뛰어난 회복탄력성을 갖출 수 있고, 큰 사건을 다루는 보건 시스템 전체에 대한 신뢰도 전체적으로 향상될 것이다(제9장, 151쪽 참조).

의료 제품 제조
Medical Products Manufacturing

"현 위기 상황에서는 더 이상 필수 제품의 다른 공급지를 찾을 수 없습니다." 전 프랑스 국방 및 안보 사무국장French General Secretariat for Defense and National Security인 루이 고티에Louis Gautier의 경고다.[9] 코로나19 위기가 보여 준 것처럼, 글로벌 의료품 서플라이 체인이 아무리 방대하더라도 질병이 전 세계로 확산할 때 모든 나라에서 동시에 증가하는 필수 의료품 수요를 처리할 수는 없다.

많은 이가 보기에 이러한 PPE 부족은 시장의 실패였다. 영리 병원이나 의료품 공급업체 어느 쪽도 팬데믹 동안에 대중에게 서비스를 제공할 만한 재고와 역량을 갖추지 못한 것으로 드러났기 때문이다. 그런만큼 정부가 나서야 한다는 목소리가 높았다. 게다가 오래전부터 정부는 국익에 부합한다고 여기는 특정 산업이나 프로젝트를 촉진하기 위해 개입해 왔다. 친환경 기술이나 반도체 설계 및 제조 등 전략 산업에 대한 정부의 지원,[10] 미국 무기 산업 R&D와 제조에 대한 펜타곤의 지원 등이 그 예이다.

각 나라는 코로나19에 대응하면서 의료품의 내수 제조에 자원을 쏟아붓고 있다. 예를 들어 사노피Sanofi는 프랑스 정부의 도움을 받아 백신 생산지와 새 연구 센터를 프랑스에 건설 중이다. 프랑스만이 아니다. EU의 외교안보정책 고위 대표인 조셉 보렐Joseph Borrell은 EU이 의약품 서플라이 체인을 다각화하여 다른 나라에 대한 의존도를 줄일 것이라 발표하면서 다음과 같이 언급했다. "이는 실제로 중요 자산을 비축할 것이란 뜻입니다. 유럽이 예컨대 1mg의 파라세타몰조차 생산하지 않는다는 건 정상적이지 않습니다."[11] 백신 연합 GAVI세계백신면역연합의 이사회 의장이자 나이지리아의 전 재무장관인 응고지 오콘조–이웨알라Ngozi Okonjo-Iwala도 코로나19 팬데믹 동안의 의료 물자 부족에 관하여 언급했다. "현 상황은 약품과 의료 물자, 장비를 자국에서 생산하려는 민족주의의 급증으로 이어질 것입니다. 기존에 이런 영역과 무관했던 나라들조차 같은 방식의 발전을 추구할 것입니다."[12]

그러나 자급자족이란 세이렌의 노래는 사람들이 생각하는 것보다 더 암담한 미래로 이어질 수 있다. 제17장(274쪽)에서 제조 리쇼어링이 직관과 달리 회복탄력성을 높이지 못하는 이유를 자세히 살펴보았다. 실제로 팬데믹이 의료품의 국내 생산을 저해하는 그 시점에 내수가 급증할 가능성이 크다는 사실만으로도 회복탄력성이 악화된다는 걸 알 수 있다. 또한 각 제품의 모든 재료를 제조하는 데 필요한 전문 산업 생태계는 자급자족을 힘들고 비용이 많이 드는 일로 만든다. 국내 생산품의 수출을 제한하는 무역 정책은 상호 간에 근린 궁핍화 반응을 일으켜 관련 역량이 가장 필요한 시기에 결국 전 세계 생산품을 감소시키고 말 것이다. 이에 비해 멀티 소싱은 훨씬 더 탄탄한 기반을 제공한다.

OECD는 전 세계 마스크 생산의 공급과 수요를 심층 분석하여, 생산 관련의 문제의 규모와 그 한계를 밝혀냈다. 이 연구는 팬데믹 이전의 정상적인 전 세계 마스크 수요를 하루 약 4,800만 개로 제시했다. 이 양은 팬데믹 동안 중국의 필수 인력을 보호하기 위해서만 하루 2억 4천만 개까지 증가했다. (게다가 이 수치는 소비자 수요를 제외한 것이다.) 인구수에 대해 정규화하면 이 수치는 팬데믹 동안 마스크 소비가 평상시의 27배였고, 전 세계 마스크 생산 능력을 10배 이상[13] 초과했음을 암시한다. 심지어 전 세계 마스크의 41%를 제조하는 중국조차도 우한의 의료 종사자들을 보호하기 위한 마스크를 충분히 만들지 못했다.[14]

다시 말해 전 세계가 단 1년간 코로나19에 맞서려면 통상 수요의

27년 치에 해당하는 PPE 비축량이 필요하다. 게다가 이는 팬데믹이 단 12개월만 지속된다고 가정한 수치다. 마스크는 27년 동안 기능을 지속할 수 없으므로, 이런 비축량을 유지하는 데는 상당한 비용이 들 것이다.

하지만 코로나19에 대한 전 세계 기업의 대응은 국가가 팬데믹 전체를 아우르는 엄청난 양의 마스크 비축분을 유지할 필요가 없음을 보여 준다. 제3장(64쪽)에서 자세히 살펴본 것처럼, 심각한 부족분을 메우기 위해 마스크나 의료품 산업과 무관했던 여러 기업이 생산 시스템의 용도를 변경했다. 오트쿠튀르 의류업체, 신발업체, 티셔츠 생산업체 등이 마스크를 제작했다. 자동차 생산업체는 인공호흡기를 만들었고,[15] 증류소는 손 소독제를 만들었다.[16]

OECD는 마스크 서플라이 체인을 지도화하여 마스크, 특히 선호도가 높은 N95 마스크의 생산을 저해하는 병목 현상을 밝혔다. 마스크는 대부분 다양한 산업의 다양한 공급업체에서 널리 찾아볼 수 있는 단순한 재료와 제조 단계를 거쳐 생산된다. 진짜로 공급이 부족했던[17] 한 가지 핵심 재료는 폴리프로필렌 정전기 용융 부직포였다.[18]

폴리프로필렌 생산 자체에는 병목 현상이 없었다. 매년 전 세계는 이 다용도 플라스틱을 지구상 남자와 여자, 어린이 한 명당 7.2kg에 해당할 만큼 대량으로 생산한다.[19] 이는 병, 요거트 컵, 시리얼 포장, 심지어 자동차에도 사용된다. N95 마스크의 생산이 제한된 것은 용융 부직포 생산 시스템과 고압 처리 시스템 때문이었다. 이들은 초미세 입자를 정전기로 가두는 통기성 필터층을 만드는 데 필요한 과정이다.

정부가 과도한 액수를 들여 비싸고 사용이 드문 마스크를 막대하게 비축한다는 것은 넌센스다. 그 대신, 정부는 방대한 자유 소비재 글로벌 생산 시스템을 유연하게 활용해 팬데믹 대응 전략을 짤 수 있고, 그러한 유연한 사용을 독려할 수 있다. 정부는 특정 재료나 마스크 생산 단계가 일으키는 병목 현상을 해결할 수 있도록 주요 기계와 공급 마스크를 일정 규모 이상으로만 비축하면 된다. 이는 정부가 유연한 대응을 활성화하는 몇 주 혹은 몇 달 동안의 PPE를 충당할 수 있는 양이면 충분하다. (이 양은 정부가 역학자의 말에 귀를 기울여 PPE 부족 사태에 미리 대비한다면 더 적어질 것이다.)

국가 의료 예비군

Medical National Reserve Labor

전쟁이 일어나면 많은 나라는 평화 시보다 더 많은 병력이 필요하다. 이를 위해 국가에서는 다양한 제도로 예비군을 활용한다. 예를 들어 군 복무나 경찰 복무를 마친 한국 남성은 자동으로 7년 동안 국가 예비군에 등록된다. 핀란드에서 모든 남성은 60세까지 예비군에 속한다. 이스라엘에서 군 복무를 마친 모든 시민은 자동으로 남성 54세, 여성 38세까지 예비군에 속하게 된다. 예비군은 정기적으로 훈련을 받으며, 필요할 시 복무를 위해 소집된다. 미국은 육해공군에 예비군을 두고 있으며, 육군과 공군에는 주 방위군도 두고 있다. 미국 예비군은 한 달에 한 번 주말에, 일 년에 두 번 일주일씩 훈련을 받으며, 전쟁에 났을 때 소집될 수 있다.

무기와 탄약의 비축 자체만으로는 전쟁 상황에 대응할 수 없다. 예비군은 그러한 비축 무기를 사용할 수 있는 인력을 제공한다. 마찬가지로, 의료 장비와 물자의 재고 자체도 이를 사용할 수 있는 간호사, 기술자, 훈련받은 기타 의료진이 없다면 별 소용없다. 따라서 국가의 장기적인 팬데믹 전략의 핵심은 새로운 예비군, 즉 국가 의료 예비군이 될 것이다.

국가 의료 예비군의 구성원은 팬데믹에 필요한 기본적인 간호 혹은 의료 기술 직무를 훈련받은 지원자들이다. 그러한 의료 예비군은 현지 의료 자원을 압도할 위험이 있는 팬데믹과 기타 국가 재난 상황에서 훈련된 인력을 제공한다. 이는 국토안보부, 연방 재난관리청Federal Emergency Management Administration, 아니면 새로 창설한 팬데믹 대응 조직에 속할 수 있다. 구성원은 한 달에 한 번 주말에 (아니면 병원의 요구에 따라) 정기적으로 병원에서 일하며 새 장비를 훈련받고, 의사와 간호사, 기술자 등을 따라다니며 가능한 도움을 제공할 수 있을 것이다. 미국은 주말 전사들*에 걸맞은 주말 치료사들이 필요하다.

더 튼튼한 보건 시스템을 구축하기 위한 지금까지의 내용은 세부 사항과 원칙을 구체화하는 입법 과정을 요구할 수 있다. 예컨대 종합병원 허가 규정을 어떻게 바꾸어야 할지, 비축 물자는 어떤 방식으로 할당할지, 국가 의료 예비군의 지원자는 어떻게 관리하며, 어떤 보상을 줄 것인지 등이다. 새롭거나 확대된 정부 프로그램이 극단적으로 보일 수도 있으나, 코로나19 팬데믹과 같은 글로벌 위기는 기존 관행이 불충분하다는 명백한 위험 신호일 것이다.

---

* 앞서 언급한 것처럼 독립적으로 구성된 미국 예비군은 정기적으로 주말에 훈련을 받는다. 이 때문에 미국 예비군을 '주말 전사들weekend warriors'이란 별칭으로 부른다.

제20장

경제 회복에 밀린 녹색 환경

Green Takes a Back Seat to Recovery

프랑스 대통령 에마뉘엘 마크롱Emmanuel Macron의 전 보좌관이자 경제학자인 장 피사니 페리Jean Pisani-Ferry는 기후 변화와 관련한 최근의 논쟁을 이렇게 요약했다. "완고한 녹색 환경 운동가들이 당연하다고 생각하는 게 있습니다. 코로나19 위기는 기후 변화에 긴급히 조치를 취할 필요성을 다시 보여 주었을 뿐이라고 말입니다. 그런데 완고한 사업가들도 당연하다고 생각하는 게 있습니다. 피폐해진 경제를 복구하는 것보다 우선시할 일은 없으며, 필요하다면 엄격한 환경 규제도 보류해야 한다고 말입니다. 전투가 시작되었습니다. 이 결과가 팬데믹 이후의 세상을 정의할 겁니다."[1]

코로나19와 맞서 싸우는 정부의 노력은 세계적인 기후 변화를 억제하려는 노력과 공통점이 많다. 양자 모두에서, 사회는 크고 중대한 위험에 직면해 있다. 또한 양자 모두에서, 기본적인 대응 방법은 경제 활동을 줄여 경제 성장과 위험 완화의 균형을 맞추는 것이다. 마찬가지로 양자 모두에서, 사회적 불평등을 줄이는 것이 과제이다. 가난한 이들은 이미 더 큰 고통을 받고 있으며, 앞으로도 더 큰 고통을 겪게 될 것이기 때문이다. 나아가 양자 모두는 세계적 과제이지만, 각국 정부가 '나 먼저'의 자세로 후퇴하면서 세계적인 규모로 '공유지의 비극'*이 나타나고 있다.

정부와 기업, 소비자가 코로나19 팬데믹과 싸우거나 이를 모면하기 위해 취한 조치로 전 세계 온실가스greenhouse gas(GHG) 배출량은 크게 줄어들었다. 한 동료 평가 연구에 따르면, 전 세계 배기가스는 2020년 4월 17%나 급감했다.[2] 그러나 이 연구의 저자 중 한 명이자 스탠퍼드 대학의 교수인 로버트 잭슨Robert Jackson은 다음과 같이 말한다. "역사는 이 역시 일시적인 현상임을 시사합니다… 2008년 [금융] 위기로 전 세계 배기가스는 일 년간 1.5% 줄어들었다가, 2010년 다시 5%나 증가했습니다. 마치 아무 일도 없었던 것처럼요."[3] 실제로 초기 지표로서 중국의 석탄 산업은 봉쇄 조치 해제 이후 6주 만에 팬데믹 이전 수준으로 돌아갔다.[4] 결국 세계는 여전히 기후 변화 문제에 직면해 있으며, 현재의 보건 위기가 지나가더라도 마찬가지일 것이다.

"우리는 오늘날 이미, 그리고 사실상 매일 기후 변화의 영향을 경험하고 있습니다"라고 바스프의 회장 마틴 브루더뮐러Martin Brudermüller

---

* 1830년대 경제학자 윌리엄 포스터 로이드William Forster Lloyd가 처음 사용하고, 1968년 개릿 하딘 Garrett Hardin이 쓴 기사를 통해 유명해진 개념으로, 모든 사람이 이용할 수 있는 개방적인 자원을 개인 (들)이 사적 목적으로 제한 없이 이용할 때 자원의 고갈 및 기타 부작용이 나타나는 현상을 가리킨다. 소수로 인해 발생하는 비용을 그 자원을 이용하는 다수가 부담해야 한다는 특징이 있다.

는 말한다.[5] 사람과 관련한 활동이 대기를 온실가스로 가득 채웠으며, 그중 대부분이 이산화탄소(CO_2)이고, 이것이 지구의 기후 변화를 초래했다는 점에는 의심할 여지가 거의 없다. 1988년 유엔은 기후 변화에 관한 정부간 협의체Intergovernmental Panel on Climate Change(IPCC)를 설립했다. 이 과학적 협의체는 기후 과학 지식을 검토하고, 기후 변화의 사회적·경제적 영향을 평가하며, 대응 전략 권고안을 개발하고, 기후에 대한 향후 국제회의를 계획한다.[6] 수년간 IPCC는 다섯 개의 평가 보고서assessment reports(ARs)을 발행했으며, (이 책을 쓸 때) 가장 최근 보고서는 2015년의 AR5였다(AR6은 2022년 발행을 준비 중이다). 이 보고서의 헤드라인 문구는 이랬다. "인간은 기후 시스템에 명백한 영향을 미치고 있다. 최근 배출된 인위적 온실가스의 양은 관측 이래 최고 수준이다. 최근의 기후 변화는 인간계와 자연계에 광범위한 영향을 주고 있다."[7] 이 헤드라인은 기후 변화에 맞설 때 생기는 문제와 주요 장애물을 모두 함축하고 있다. 현 상황은 대단히 심각하지만, 배출량은 여전히 계속해서 증가하고 있다.

배기가스 제한의 장애물

The Difficulty in Curbing Emissions

기후 변화의 증거가 늘어나고 그것이 초래한 결과도 커지고 있지만, 환경 보호에 관한 약속은 그에 관한 행동으로 이어지지 않고 있다. 팬데믹 이전에도 마찬가지였다. 대부분 소비자와 기업, 정부의 행동은 사소하고 미미한 변화만 보였을 뿐이다. 게다가 약속했던 변화란 설령 실제 행동으로 이어졌을지라도 기껏해야 아무 실효성이 없는 것들이었으며, 최악의 경우 이 행성이 파멸의 길로 계속 향한다는 걸 확인시켜 줄 뿐이었다.

2016년 파리 협정이 체결되었지만, 2018년까지 전 세계 CO_2 배출량은 4.3% 증가했다.[8] 뒤이은 2019년 마드리드 기후 회의에서는 포괄적 합의조차 이루지 못했다. 소비자 행동과 경제 발전의 행보로 인해 앞으로도 배기가스는 계속해서 증가할 것이다.

진짜 불편한 진실: 소비자의 무관심

지속 가능성sustainability과 관련하여, 소비자의 (그리고 시민의) 말과 행동은 서로 일치하지 않는다.[9] 닐슨의 조사에서 전 세계 소비자의 66%는 지속 가능성을 위해 더 많은 돈을 낼 의향이 있다고 답했다.[10] 그러나 매장에서의 실제 소비자 구매 행동을 연구한 결과 5~12%의 소비자만이 지속 가능한 제품을 선택한 것으로 나타났으며,[11] 이는 일반적으로 작은 가격 차이에도 불구하고 그러했다. 이 같은 사실은 내가 2019년 학생들과 함께 뉴잉글랜드에 있는 슈퍼마켓 네 곳에서 실시한, 슈퍼마켓 통로에서 소비자들이 제품을 선택하는 순간을 '관찰한 뒤 간단히 인터뷰하는' 방식으로 진행했던 연구에서도 확인되었다.[12]

대다수 소비자는 투표함 앞에서도 자신의 (녹색이 아닌) 본색을 드러낸다. 배기가스를 줄일 수 있는 가장 효과적인 방법의 하나는 탄소세로, 이는 경제적 인센티브와 지속 가능성 인센티브 간에 균형을 맞춰준다. 그러나 탄소세 도입은 미국의 가장 진보적인 주 가운데 하나인 워싱턴주에서 2018년 두 번째 부결되었다.[13] 호주인들은 야당이 '세금을 철폐하라' 캠페인을 벌이자 노동당 정부를 내쫓고 탄소세를 폐지했다.[14] 대다수 소비자는 근본적으로 지금 좋은 직장, 지금 저렴한 제품, 지금 아이들에게 더 나은 삶을 바라는 것처럼 보인다. 이들은 과학을 믿지 않거나, 아니면 미래 세대와 이 행성을 위해 최소한의 희생도 감수할 의지가 없는 듯하다.

현실 세계를 선택한 소비자들은 기후 관련 문제에 있어 정부의 손을 묶고 있다. 반대하는 기후 정책을 투표로 몰아낼 수 없다면, 소비자들은 피켓을 들고 거리로 나선다. 파리와 다른 프랑스 도시에서 몇 달간 지속된 폭력 시위는 1ℓ당 고작 4센트 정도(약 2%)에 불과한 탄소세 도입으로 인해 촉발한 것이었다.[15]

기업이 주도할 수는 없을까?

기업은 정부보다도 훨씬 빡빡한 상황에 놓여 있다. 기업은 명목 화폐를 인쇄할 수 있는 기기도 세금 징수원의 강인한 팔도 지니지 못했기에, 지속 가능성을 위한 자금을 조달하기 어렵다. 만약 자사 친환경 녹색 제품의 가격과 성능을 소비자들이 좋아하지 않는다면, 회사는 시민들이 본국이나 정치 지도자를 바꾸는 것보다 훨씬 쉽게 공급업체를 바꿀 수 있다. 따라서 기업은 무관심한 소비자와 정치적 강요에 묶인 정부가 남긴 기후 변화 문제를 해결할 능력이 오히려 더 떨어진다.

대다수 기업은 소리 높여 항의하는 녹색 소수자를 달래기 위해 가시성은 높으나 상대적으로 미미한 개선만을 이어가며 '지속 가능성 연극'을 할 따름이다. 식당은 플라스틱 빨대 사용을 중단했다. 이런 조치는 환경 효과가 거의 없으며,[16] 종이 빨대는 (플라스틱 빨대와 달리) 재

활용할 수도 없다.[17] 호텔은 투숙객에게 매일 새 수건을 사용하지 말아 달라고 요청한다(하지만 요금을 청구하진 않는다). 소매업체는 환경을 위하는 선택이 아님에도 일회용 봉투 사용을 피한다.[18] 이 모든 것이 지속 가능성이란 '명목' 아래 이루어진다. 이들 기업은 자사가 탄소 발자국과 기타 환경 영향을 줄이는 데 헌신한다고 선전하지만, 사실 이런 이니셔티브는 대개 녹색 마케팅의 허울을 쓴 비용 절감 계획에 불과하다. 시장에서 인기 있는 이 같은 점진적 해법은 실질적인 조치가 부족한 기업과 정부를 가리는 무화과 잎이 될 때가 많다.

기업의 지속 가능성 연극이 어떻게 상연되는지 보고 싶다면, 예컨대, 이 책 집필 당시 세계에서 가장 큰 자금 운용 회사인 블랙록BlackRock의 CEO가 한 발언을 생각해 보라. 블랙록은 발전용 석탄 생산으로부터 수익의 25% 이상을 얻는 회사에서 투자금을 회수할 것이라고 밝혔다.[19] 그러나 자세히 검토해 보면, 이 정책도 '그린워싱greenwashing'에 불과하다는 걸 알 수 있다. (왜 25% 이상인가? 예컨대 10%는 안 되나? 0%는?) 게다가 블랙록은 이 정책을 1조 8천억 달러 규모의 '액티브 펀드'에만 적용한다. 결과적으로 회수금은 블랙록의 전체 자산 7조 달러의 극히 일부(0.007%)인 5억 달러에 그칠 것이다.[20] 마지막으로 2020년 5월 17일 《파이낸셜 타임스Financial Times》 보도에 따르면, 블랙록은 호주 원유 회사들의 환경 결의안을 거부했다. 헤드라인은 〈블랙록, 기후 변화에 관한 위선으로 비난받다〉였다.[21]

개발 도상국

선진국 소비자들이 갑자기 배기가스 제한 조치를 환영하게 된다고 해도, 세계은행에 따르면 전 세계 인류의 절반 가까이는 여전히 하루 5.5달러 미만으로 생활 중이다.[22] 전 세계의 절반을 차지하는 이 가난한 이들에게 있어 환경의 지속 가능성은 사치에 불과하다.

　게다가 빈곤층은 장기적으로 삶을 개선하고자 노력하면서 콘크리트 건물에서 생활하고, 에어컨을 사용하고, 가전제품을 소유하고, 고기를 더 많이 먹고, 차를 운전하길 바랄 것이다. 이러한 변화는 단기적으로 불가피하게 GHG 배출량을 증가시킨다. 석유·가스 부문 거대 기업인 엑슨모빌Exxon Mobil의 CEO인 대런 우즈Darren Woods는 "현재의 불확실성이나 변동성과 무관하게, 우리의 비즈니스를 지지하는 토대는 여전히 건재합니다"라면서 이렇게 덧붙였다. "어떻게 이렇게 말할 수 있냐고요? 향후 수십 년 안에, 현재 인구 70억 명은 2040년경 90억 명 이상으로 증가할 것입니다. 수십억 명이 중산층에 진입할 것이고, 에너지가 필요한 생활 방식과 제품을 찾을 것입니다. 경제는 다시 한번 확대될 겁니다."[23]

　'중국의 기적'은 이런 급격한 발전에서 인간이 이득을 얻고 값은 환경이 치른다는 것을 보여 주었다. 중국은 1978년 극단적 빈곤율 99%에서 2014년 극단적 빈곤이 사라지는 상황에 이르렀다. 그러나 산업화와 수억 명의 중산층 편입으로 중국의 CO_2 배출량은 1978년과 2017년 사이 2,000% 이상 급증했다. 2018년 1월 《뉴욕 타임스》는 〈중국의 배기가스는 미국과 유럽을 더한 것보다 많고, 여전히 증가 중이다〉를 보도했다.[24] 인도 정부는 '앞으로 수십 년간' 화력 발전을 계속할 계획이다. 2017년에는 석탄 생산 증가를 위한 아홉 가지 계획을 발표하고, 3억 4천만 명에게 추가로 전력을 공급한다는 목표를 세우기도 했다.[25]

코로나19 이후의 지속 가능성

Post-Covid-19 Sustainability

코로나19와 맞서기 위한 세계 경제의 폐쇄 조치는 많은 환경 지표를 극적으로 개선했다. 깨끗한 공기, 공해와 소음 감소, 등등. 인도 델리의 거주민들은 평소의 뿌연 잿빛 하늘이 맑고 푸른 지평선으로 바뀐 것에 놀라 소셜 미디어에 사진을 올렸다.[26] 국제 에너지 기구International Energy Agency(IEA)는 폐쇄 조치로 인해 2020년 전 세계가 6%의 에너지를 덜 사용할 것이라고 이야기했다.[27] 이는 인도 전체 에너지 수요와 맞먹는다. 그러나 이러한 절감은 막대한 경제적 손실과 맞바꾼 것이었다.

경제 불황 vs 환경 개선

OECD 보고서와[28] 유럽 위원회European Commission의 보고서는[29] 코로나19가 유럽 경제에 애초 생각보다 더 심각한 불황을 초래할 것이라고 결론 내렸다. OECD 보고서의 결론에 따르면, 일자리 감소는 2008년 글로벌 금융 위기 첫 달 동안의 일자리 감소 폭보다 10배나 컸고, 빨라도 2022년 이전에 유럽과 미국 등 선진국의 경제가 코로나19 이전 수준으로 되돌아갈 가능성은 매우 낮았다. OECD 고용·노동·사회국장인 스테파노 스카페타Stefano Scarpetta는 "2008년 금융 위기가 끝난 후 노동 시장에서 달성한 성과가 코로나19 위기 몇 달 만에 모두 사라져 버렸습니다"라고 말한다.[30]

정책 입안자와 언론, 정책 연구소, 학자들은 팬데믹 이후의 세계에 관한 토론을 이어가고 있다. 유럽 위원회 의장인 우르술라 폰데어라이 앤Ursula von der Leyen은 2020년 4월 EU의 친환경 목표가 "경제 회복의 원동력"이 될 것이라고 말했다.[31] 그녀는 이렇게 덧붙였다. "유럽의 녹색 뉴딜 정책은 경제 재건에 투자하는 수십억 유로에 관련한 것입니다. 오래되고 오염된 습관으로 되돌아가서는 안 됩니다."[32] 17명의 유럽 환경부 장관은 "녹색 딜로 EU의 회복을" 이끌고, "코로나19 퇴치와 생물다양성의 손실, 기후 변화를 연결하는 가교 역할을" 할 것이란 성명서를 발표했다.[33]

2020년 7월 14일, 미국 대통령 후보였던 조 바이든Joe Biden도 이른바 녹색 뉴딜 정책의 요소 대부분을 포함하는, 비슷한 광범위 기후 정책의 윤곽을 발표했다. 향후 4년간 2조 달러를 투자하여 미국의 온실가스 순 배출량을 0으로 줄이기 위해 노력하고, 친환경 인프라와 산업에 투자하며, 대중교통과 고속 전철을 확장하고, 무탄소 에너지 발전의 연구 개발을 위한 연방 정부 지원을 늘릴 것을 촉구한다는 등의 내용이었다.[34]

이런 성명은 선의에서 나온 것이긴 하지만, 정책 시행에 있어 가장 큰 장애물, 즉 더 많은 실업자, 증가하는 빈곤층, 늘어나는 회사 파산, 정부 재원의 부족을 간과하고 있다. 킹스 칼리지 런던King's College London의 유럽정치학과 교수인 아난드 메논Anand Menon의 판단은 이렇다. "앞으로 정치에서의 가치 충돌은 환경주의 세력과 경제 성장을 선호하는 세력 사이에서 발생할 것입니다. 두려운 것은, 결국 경제 논리가 승리하리라는 점입니다." 전 EU 관계자인 스테판 레네Stefan Lehne도 논평에서 메논의 예측을 지지한다. "위원회에는 시멘트부터 플라스틱, 자동차 업계에 이르기까지, 영향력 있는 산업 단체들로부터 배출가스 기준과 규제의 완화가 필요하다는 탄원서가 끊이질 않고 있습니다."[35]

미래 협력? 글쎄

코로나19 최종 백신에 대한 각국의 행동은 기후 변화의 개선 과정이 어떻게 흘러갈지 미리 짐작케 한다. 제18장(288쪽)에서 언급한 것처럼, 압박 속에서 각 나라는 '나 먼저' 행위로 되돌아가는 중이다. 기후 변화의 해결과 마찬가지로, 전 세계에 백신을 공급하려면 세계적인 협력이 필요함에도 말이다.

백신이 나오고 처음 몇 달간 각 나라가 벌일 행위는 잘 알려진 게임 이론 개념인 죄수의 딜레마와 비슷할 것이다. 두 사람이 하는 게임에서 승리하려면, 이기적인 전략을 택해야 한다. 두 참가자 전체로 보면 협력이 최선의 결과를 내놓더라도 그렇다. 코로나19 백신이 나오면 각국도 비슷한 게임을 하게 될 것이다. 다른 나라가 협력하지 않을 거란 두려움에 각 나라는 백신과 다른 주요 물자를 사재기할 것이다. 정치권에 대한 시민의 압박, 백신 공유의 이점에 대한 이해의 어려움을 감안하면, 이런 결과는 사실상 불가피하다.

그로 인해 국가 간 분노와 비난이 오래 이어질 것이며, 이는 기후 변화란 서사적 도전에 맞서는 국제 협력을 수년간 방해할 가능성이 크다. 기후 변화가 세계적인 문제이며, 이를 해결하는 것이 진정 모두에게 이익임에도 그럴 것이다. 지금까지 그랬던 것처럼, 각 나라는 자국의 성장을 방해하는 유의미한 변화를 도입하길 거부할 수 있다. 다른 나라들도 자신과 똑같이 할 것이라고 믿지 않을 것이기 때문이다.

제5부. 정치와 팬데믹

부주의한 말들

환경 운동가와 선의의 연구자, 정책 입안자들은 멸망의 날에 관해 말한다. 어쩌면 그런 말들이 많은 완화 계획이 실패한 원인일 수 있다. 그런 끔찍한 경고는 친환경 이미지를 쇄신하려는 정치인들의 좋은 먹잇감이다. 예를 들어 조 바이든은 자신의 기후 정책을 개괄하는 연설에서 "피해를 돌이킬 수 없게 되기까지 이제 9년 남았습니다"라고 선언했다.[36] 이는 IPCC 특별 보고서《지구 온난화 1.5℃》[37]의 결론인 "인류가 2100년까지 평균 온난화 상승 폭을 1.5℃로 제한하려면 2030년까지 전 세계 이산화탄소 배출량을 40~50% 줄여야 한다"를 잘못 이해했던 미국 하원의원 알렉산드리아 오카시오코르테즈Alexandria Ocasio-Cortez의 실수를 반복한 것이다.[38] 거기에 이 행성이 섭씨 1.5℃ 이상 따뜻해진다고 해도 재앙은 일어나지 않을 가능성이 크다. 기후학자인 지크 하우스파더Zeke Hausfather는 "기후 변화는 정도의 문제이지, 임계치가 있는 문제가 아닙니다"라고 설명한다.[39]

2030년이 지나도 기후로 인한 재앙이 일어나지 않고 인류가 여전히 살아남는다면, 언론 매체의 헤드라인은 또 무엇이 될는지 알 수 없다. 극렬 환경주의자를 제외한 대다수 대중의 신뢰가 증발하고, 진지한 녹색 뉴딜에 세계인의 힘을 모으는 일은 더욱 어려워질 것이다.

줄어드는 관심

코로나19로 인한 경제 위기로, 경제적 성장이 팬데믹 이후 세계의 중심에 자리 잡을 가능성이 크게 높아졌다. 재정적 어려움을 겪는 소비자들은 저렴한 제품에 몰려들 것이고, 그 제품이 어떻게 만들어지는지에는 관심을 덜 기울일 것이다. 회사의 우선순위는 수익의 증대, 비용의 억제, 위험 관리, 회복탄력성이 될 것이다. 지속 가능성은 숭고한 성명 발표와 상관없이 세 손가락 안에도 들지 못할 것이다. 정부는 경제를 되살리고 코로나19 위기가 초래한 막대한 적자와 부채를 메꾸는 데 몰두할 것이다(제21장, 347쪽 참조). MI5 영국 정보청 보안부의 전 최고 책임자인 존 소어스John Sawers는 이를 멋지게 표현했다. "제 안의 냉혹한 현실주의자는 우리가 더 분열되고, 더 무능해지며, 더 가난해질 것이라고, 이에 따라 수년, 수십 년 후에야 나타날 문제에 정부가 투자하려는 의지가 줄어들 것이라고 말합니다." 그러면서 그는 "정부는 기후 변화에 관심을 덜 기울이리라 봅니다"라고 결론지었다.[40]

낙관할 여지가 (조금은) 있을까?

Room for (Some) Optimism?

지금까지 써온 글에서 나는 항상 기후 문제의 해결책이 결국 기술에 근간을 둔다고 주장해 왔다. 일부 기술, 특히 재생 에너지는 이미 결실을 보고 있다. 2019년 국제재생에너지기구International Renewable Energy Agency는 "2019년 추가된 재생 에너지 설비의 절반 이상이 신규 화력발전소보다 낮은 발전 비용을 달성했다. 새로운 태양력과 풍력 프로젝트는 가장 저렴한 화력 발전소보다도 비용이 낮았다"라고 보고했다. 그러나 빠른 성장과 별개로 2018년 미국에서 소비한 전체 에너지 가운데 태양 에너지와 바람 에너지는 고작 4%에 불과하다.[41]

소비자를 교육하고 설득하려는 환경 운동의 수십 년에 걸친 노력은 제한적이나마 성공을 거두었다. GDP 달러당 CO_2 배출량은 여러 나라에서 감소했다. 그러나 동시에 전 세계 GDP는 매우 빠른 속도로 상승하고 있다. 여기에 새로 중산층에 진입한 개발 도상국 인구 수십억 명을 더하면, 어떠한 기후 완화 노력도 헛일이 되고 만다. 앞으로의 기술적 해결책은 배출률을 완화하거나 줄이는 것을 넘어서는, 즉 대기 중의 탄소를 빼내어 기후 변화의 영향을 반전시키는 기술에 초점을 맞춰야 할 것이다. 이러한 방법에는 생물 에너지 탄소 포획과 저장, 직접 공기 포획과 저장, 식물 기반 포획과 저장 등 여러 가지가 있다.[42]

전 세계가 코로나19 팬데믹에서 얻은 경험은 네 가지 측면에서 향후 기후와의 싸움을 도와줄 것이다. 각각 (1) 기술의 역할 보조, (2) 가용 자금의 확보, (3) 국제 협력의 촉진, (4) 과학적이고 전문적인 예측의 역할 강화이다.

기술의 역할

코로나19 위기는 힘든 상황에 빠진 세계를 구하는 건 기술적 해결책을 개발하는 과학자와 엔지니어라는 사실을 입증할 것이다. 팬데믹 동안 분명해진 것처럼, 성서 시대부터 사용된 정책들, 즉 환자의 식별과 격리, 봉쇄 조치 등을 위해선 지속 불가능한 경제적 비용을 치러야 한다. 전 세계는 이제 백신과 치료제를 개발하기 위한 기술로 눈을 돌렸다. 앞서 언급한 것처럼, 기후 변화에 맞서 경제의 탄소 집약도를 줄이고 대기 중의 탄소를 제거하려면 획기적인 기술의 역할이 매우 중요하다. 코로나19 백신과 치료제를 성공적으로 개발하고 도입하는 것은 기술의 힘을 다시 한번 입증해 줄 것이며, 기후 변화에 맞서는 새로운 기술 개발이 충분한 자원을 확보하도록 도울 것이다.

돈은 문제가 안 된다

코로나19의 경험이 준 두 번째 교훈은 사회가 명백한 위험에 처한다면 이에 대처하기 위해 막대한 재원을 모을 수 있다는 것이다. 정부와 기업은 바이러스를 이해하고, 전염 양상을 알아내고, 검사와 백신, 치료제를 개발하기 위해 수십억 달러를 쓰고 있다. 전 세계가 대피한 와중에도 전 세계 수천 명의 과학자는 정신없이 일하고 있다. 정부와 비정부 기구는 출시된 백신을 곧바로 생산할 수 있도록 생산 능력과 서플라이 체인 관리 능력을 갖추는 데도 수십억 달러를 지출하고 있다. 마지막으로 정부는 훨씬 더 많은 (수조 달러의) 비용을 지출하며, 팬데믹을 억제하고자 사회적, 경제적 활동을 중단시킨 조치의 경제적 결과를 경감하고 있다.

준비가 부족했던 정부들은 바이러스가 거의 아무런 제약 없이 지역사회에 퍼지도록 방치했고, 팬데믹이 불러온 결과를 완화하기 위해 막대한 비용을 치러야 했다. 많은 정부는 위험하다고 예측된 확산 추세보다 아픈 증상을 보이는 소수 환자와 초기 사망자에 너무 많은 관심을 쏟았다. 이들은 바이러스가 재앙 수준으로 퍼지게 놔두었고, 재앙 수준의 인적, 의료적, 경제적 대가를 초래했다. 여기서 얻을 수 있는 교훈은 과학자들의 경고에 따라 준비하고 시기에 맞게 대응하는 비용이 사건 발생 이후의 완화 조치 비용보다 훨씬 낮다는 것이다. 벤처 투자자이자 정치경제학자인 닉 하나우어Nick Hanauer는 "병원균은 피해갈 수 없지만, 그것이 팬데믹으로 변하는 일은 피할 수 있습니다"라고 말한다.[43]

제5부. 정치와 팬데믹

국제 협력

정부 차원의 경제 민족주의에도 불구하고, 코로나19 시기에 과학적 협력은 몇 가지 중요한 조짐을 나타냈다. 전 세계 연구진과 의료 전문가들은 연구의 기술적인 세부 사항과 프로세스를 공유했으며, 나아가 일부 국가는 협력에 관한 태도를 바꾸기도 했다. 예를 들어 백신 개발에 상당한 금액을 지출하고 있는 중국은 다음과 같이 발표했다. "중국이 개발한 백신은 접종 준비가 되면 '전 세계의 공공재'가 될 것이며, 개발 도상국의 접근성과 합리적 가격을 보장하기 위해 계속 노력할 것입니다."[44]

IMF의 수석 경제학자인 기타 고피나트Gita Gopinath는 "이 바이러스는 국경을 존중하지 않습니다. 국경 너머로 퍼집니다. 그것이 맹위를 떨치는 곳이 전 세계에 어느 한 곳이라도 있다면, 모든 이가 영향을 받습니다. 따라서 이 문제를 해결하려면 전 세계의 협력이 필요합니다"라고 말했다. 마찬가지로 이산화탄소 역시 국경을 존중하지 않는다. 세계 어느 한 곳의 배기가스는 모든 이에게 영향을 미친다. 팬데믹에 맞서는 것과 마찬가지로, 기후 변화는 과학자와 엔지니어들의 세계적 협력을 필요로 한다. 일부 정부가 자기 역할을 하지 않을 때도 말이다.

특히 희망적인 조짐은 유럽 회복 기금European Recovery Fund일 것이다. 몇몇 회원국의 반대에도 불구하고, 독일 앙겔라 메르켈 총리와 프랑스 마크롱 대통령의 주도로 2020년 7월 말 유럽 지도자들은 관련 협상에 도달할 수 있었다. 이 기념비적인 합의로 브뤼셀은 금융 시장에서 수천억 유로를 빌려 큰 타격을 입은 회원국에 분배할 수 있는 전례 없는 힘을 갖게 되었다.[45] 본래 팬데믹이 미친 경제적 영향의 완화를 돕고자 했던 것이지만, 이로써 EU는 "더욱 가까운 연합"을[46] 향한 한 걸음을 내디뎠다. 이 회복 기금으로 유럽은 상호 위험을 분담하게 되었고, 중앙 세금 징수를 시작할 수도 있다.[47] 이 모든 진전은 EU가 위기에서 벗어나 더 강해지고, 더 응집력 있고, 더 강력해질 수 있음을 의미한다.

예산 협상의 일환으로 유럽 녹색 딜의 자금이 삭감되긴 했지만, 이는 팬데믹 억제 이후에는 회복될 것으로 보인다. 기후 변화 이니셔티브에 대한 유럽인들의 열망에 유럽 회복 기금이 대표하는 새로운 재정적 능력이 더해진다면, 유럽은 상호 국가 방위부터 기후 변화에 이르는 다양한 문제에 앞으로 더 단호하고 응집력 있게 대처할 가능성이 크다.

전문가에게 귀 기울이기

지구 온난화에 적용할 수 있을 팬데믹의 마지막 교훈은 과학자의 경고를 의사 결정권자들이 심각하게 받아들여야 한다는 것이다. 2003년 이래 《타임Time》의 일부 표지는 과학적 보고에 근거한 예측 경고를 실었다.

- 2003, 〈사스의 진실: 중국의 은폐, 얼마나 두려워해야 하는가?〉
- 2004, 〈조류 독감: 아시아에서는 인류의 다음 팬데믹이 부화하고 있는가?〉
- 2005, 〈조류 독감: 죽음의 위협〉
- 2009, 〈H1N1: 얼마나 더 나빠질까? 오는 9월 학생들이 등교하면 수백만 명이 돼지 독감에 걸릴 수 있다〉

- 2009, 〈마스크를 다시 써야 하는 이유: 세계는 이번엔 치명적인 독감 팬데믹을 피했지만, 항상 이런 운이 따르진 않을 것이다〉
- 2017, 〈경고: 우리는 다음 팬데믹을 맞을 준비가 되지 않았다〉

경고를 보낸 다른 사례로는 빌 게이츠의 2015년 테드TED 강연, 미국 정보 공동체Intelligence Community의 2019년 《세계 위협 평가 보고서 Worldwide Threat Assessment》가 있다. 코로나19 사태의 발생까지 일 년도 채 안 남았을 때, 이 정보 보고서는 다음과 같이 썼다. "미국과 세계는 다음번 팬데믹이나 전염성 질병의 대규모 발생에 여전히 취약하며, 이는 엄청난 사망률과 장애율로 이어지고, 세계 경제에 막대한 영향을 미치며, 국제 자원을⋯ 압박할 수 있다."[48]

지구 온난화의 위협에 대한 인식이 점차 커지면서 전문가들의 경고를 듣지 않았던 후회가 수면 위로 드러나고, 팬데믹과 싸우며 소모한 막대한 비용이 새로운 지출 선례가 될지도 모른다. 그러면 의사 결정권자들은 기후 문제에 관한 입장을 재고할 수밖에 없을 것이다. 전 세계적 위협에는 전 세계적 협력으로 맞서야 한다는 코로나19의 교훈도 형세 역전에 도움을 줄 것이다. 결정적으로 이러한 태도 변화는 기후 변화를 극복하려는 우리의 가장 큰 희망인 기술적 돌파구의 원동력이 될 수 있다.*

---

* 탄소중립, 환경 지속가능성, ESG경영에 대한 추가적인 내용이 필요하면, 저자의 책 《밸런싱 그린》과 MIT 트랜스포테이션·로지스틱스 연구센터에서 최근 발간한 《State of Supply Chain Sustainability 2021》 보고서 참고를 권고한다.

제21장

정부와 코로나19 이후의 경제

Government and the Post-Covid-19 Economy

전 세계가 경험한 코로나19는 인류가 나아가는 길에 있어 하나의 변곡점이 (거의 확실히) 될 수 있을 것이다. 이러한 변곡점은 종종 사람들이 자기 주변의 세계를 인식하는 방식을 바꿔 놓는다. 대공황도 그런 중대한 사건의 하나였다. 대공황은 뉴딜[1]로 알려진 일련의 프로그램으로 이어졌으며, 제2차 세계대전을 일으킨 파시즘과 나치가 부상한 이유 가운데 하나였다.[2] 제2차 세계대전 자체는 새로운 다국적 조직, 예컨대 유엔, 국제통화기금International Monetary Fund, 북대서양 조약기구 North Atlantic Treaty Organization 등을 "규칙에 근거한 국제 질서"[3]의 상징으로서 탄생시켰다.

대규모 사건은 구불구불한 역사의 원호에서 많은 변곡점을 만들어 냈다. 두 개의 거대 종교, 즉 예수의 죽음 이후 나타난 기독교와 무함마드를 이은 이슬람교의 부상은 현대 시대에 광범위한 영향을 주었다. 종교의 또 다른 전환점인 개신교 개혁은 가톨릭교회의 쇠퇴와 자유 사상의 부흥을 알렸다. 미국 혁명 역시 자유의 전파자로서, 평등과 공정함이란 신념이 확산하는 데 중요한 역할을 했다. 구텐베르크의 인쇄기는 대중에게 학식을, 그리고 그와 함께 독립적인 사고를 전해 주었다. 2020년은 또 하나의 변곡점으로 이어질 가능성이 크며, 미래의 역사가들은 21세기를 BC와 AC로 나눌 것이다. '코로나19 이전Before Co-vid-19'과 '코로나19 이후After Covid-19'로.

큰 정부가 돌아왔다
Big Government Is Back

빌 클린턴 대통령은 1996년 국정 연설에서 "큰 정부의 시대는 끝났다"라고 선언했다. 사실 미국이 다른 주요 나라보다 '큰 정부'를 가진 적은 한 번도 없지만, 정부 시스템에 가해진 여러 번의 커다란 충격으로 미국 정부는 수년간 그 역할을 확대해 왔다. 예컨대 대공황은 사회 프로그램의 성장을 자극했고, 제2차 세계대전으로 국방부가 창설되었으며, 냉전은 각 주를 가로지르는 고속도로 시스템 건설을 촉발했다. 9/11 테러는 국토안보부 신설로 이어졌고, 2008년 금융 위기에서는 연방 준비제도가 (그리고 다른 중앙은행이) 금융 붕괴에 맞서면서 막대한 적자를 떠안았다.[4]

코로나19 팬데믹도 다르지 않았다. 바이러스의 경제적 영향에 맞서, 미국 의회는 사상 최대규모의 정부 지출 프로그램에 수조 달러를 책정했다. 연방 준비제도 이사회는 훨씬 더 많은 유동성을 주입하기 위해 금융 시장에 일련의 개입을 시작했다. 새로운 법률은 임대료 미납으로 인한 퇴거 조치를 일시적으로 금지하고, 담보 대출 납부를 유예할 수 있는 권한을 제공했다.[5]

　물론 미국만이 전례 없는 규모의 자금을 경제에 쏟아부은 것은 아니었으며, 이들의 원조 정책이 가장 후한 것도 아니었다. 2020년 6월 기준 일본 정부의 경기 부양책은 GDP의 21.1%, 캐나다는 15%이지만, 미국은 '고작' 13.2%에 불과하다.[6] 대다수 정부는 특히 새로운 코로나19 환자가 발생하거나 새로운 폐쇄 조치가 발표됨에 따라 경제를 지원하기 위한 부양책 지출이 늘어날 것으로 예측됐다. 모든 나라의 주와 현지 당국도 자금을 더 제공했다. 또한 앞서 언급했듯이, 유럽의 지도자들은 심각한 타격을 입은 유럽 경제를 재건하기 위해 7,500억 유로의 유럽 회복 기금을 조성했다.

정부를 향한 기대치의 상승

Increased Expectations of Governments

　전 세계 정부는 어마어마한 재정 부양책을 아주 빨리 개발하고 실행했다. 하지만 팬데믹 동안 정부의 행동력이 빨라진 분야는 그 외에도 있다. 에마뉘엘 마크롱이 프랑스가 '전쟁 중'이라고 선언했을 때, 그만이 이 비유를 사용한 국가 지도자는 아니었다. 정치 지도자들은 전시 상황에서 하듯이 수년간 사회를 좀먹는다고 생각했던 사회 문제를 해결하고자 신속히 움직였다. 예를 들어 런던은 한 번의 서류 서명으로 노숙자 문제를 해결했다. 이에 필요한 호텔 방 1,400개를 전부 무료로

제공한 것이다.[7]

이토록 빠른 개입은 대체 왜 이런 조치가 진작 시행되지 않았는지 의문을 불러왔다.[8] "지금은 예외적인 상황"이라는 런던의 주장은, 핀란드가 팬데믹 이전부터 비슷한 프로그램을 시작한 바 있다는 점을 생각하면 설득력이 없다. 핵심은, 확보한 목표와 의지가 있다면 정부는 많은 것을 빠르게 성취**할 수 있다**는 것이다.

주요 변경책을 시행한 부작용은 유권자가 정부에 더 많은 것을 기대하게 된다는 것이다. 그 결과 이른바 톱니 효과가 나타난다. 즉, 위기 상황에서 급증한 정부의 지출은 위기가 끝나도 이전 수준으로 줄어들지 않는다.[9] 마찬가지로 위기 상황에서 제정된 단기적 규제 역시 삶이 정상으로 돌아간 이후에도 계속 남아 있는 경우가 많다.

퓨 리서치 센터Pew Research Center의 2019년 조사에 따르면, 사람들은 광범위한 일련의 정부 프로그램을 유지하거나 늘리는 것을 대체로 지지했다.[10] 심지어 '작은 정부'를 지향하는 공화당 지지자 사이에서도 응답자의 절반 이상이 제대 군인의 지원, 인프라, 교육, 국방, 대테러 활동 등에 대한 지출 확대를 원하는 것으로 나타났다.[11] 이는 시민들이 삶의 여러 영역에서 정부에게 그야말로 더 많은 것을 기대할 것임을 의미한다.

단기적인 문제를 해결하기 위해서라도 정부가 일단 지출을 늘리면, 한 번 열린 수도꼭지를 잠그기가 쉽지 않다. 긴축 정책이 지지를 받는 일은 거의 없으며, 어떤 기관이건 자진해서 예산을 축소하는 일도 매우 드물다. 시장의 힘에 영향을 받지 않는 정부는 지출이 소득을 초과하는 것과 무관하게 계속해서 몸집을 늘릴 수 있다.

변화를 부르는 정책과 규정

Transformative Policies and Regulations

앞서 기술한 코로나바이러스 대응은 정부의 막강한 권력과 필요성을 입증했다. 정부는 시민의 생활, 국경 폐쇄, 검역 시행, 검사 의무화, 시민 추적과 감시를 강화했다. 많은 정부는 팬데믹이 억제된 후에도 이 새로운 힘과 능력을 포기하지 않으려 할 것이다.[12] 중국을 따라서 많은 나라가 얼굴 인식을 활용해 사람들의 이동을 추적할 것이다. 건강 모니터링과 안전 요건을 넘어서, 어쩌면 더 불법적인 정치적 목적이 이를 정당화할 수도 있다. 더 크고, 더 많이 간섭하는 정부의 시대는 모든 나라에서 나타날 테지만, 한국이나 일본처럼 사생활 규제에 관대하면서 수준 높은 기술과 능력을 지닌 나라에서 가장 먼저 나타날 수 있다.

정부가 더 많이 관여하게 될 또 다른 영역은 산업 정책 수립이다. 세계무역기구의 안타까운 상황은 각국 정부가 해외 제조 의존도를 낮추기 위해 관세와 수출 제한이란 '근린 궁핍화' 정책을 이어갈 가능성이 크다는 뜻이다. 예를 들어 일본은 23억 달러의 자금을 지원하여 기업이 중국을 떠나도록 하고 있다.

정부는 핵심적이라고 판단한 산업에 보조금을 지급하거나 '현지 구매' 요건을 강화하는 등, 구매와 재고 정책에도 더 강하게 개입할 가능성이 크다. 이런 정책 가운데 일부는 예전부터 있었지만, 국가 안보에 필수적인 것으로 분류되는 제조업의 범위가 훨씬 넓어질 것이다.

팬데믹은 서구 사회 대부분에서 숨겨져 있던 불평등을 드러냈고(제13장, 210쪽 참조), 이에 차후 수년간 사회 서비스 확대 자금을 확보하기 위해 세금이 오를 가능성이 크다. 정부는 많은 변화를 동반하는 광범위한 이니셔티브를 채택했으며, 다시 물러서는 것은 힘든 일인데다가, 사람들은 더 많은 것을 기대할 것이다. 항상 그렇듯이 새로운 지출이 정부의 세수보다 앞설 것이며, 따라서 적자는 2020년 수준을 넘어서 우후죽순처럼 늘어날 것이다.

팬데믹은 미국에서 국가 정부와 지방 정부 간에 구별된 역할과 책임을 부각했다. 후자에는 국가의 하위 정부(주 정부)와 카운티, 시 정부 등이 포함된다. 주지사와 시장은 건강, 안전, 교육, 기타 모든 필수 서비스에 집중한다. 팬데믹 동안 이들의 역할이 여러 측면에서 늘어난 것은 사업체와 기관이 현지 규칙과 규정, 예컨대 폐쇄하거나 개방하는 장소의 종류, 입주 제한, 거리 두기 요건 등을 준수해야 했기 때문이다. 게다가 현 위기 동안 연방 정부는 팬데믹 대응을 관리하는 책임을 주 정부에게 맡기는 정책을 취했다.

늘어나는 규정의 거미줄
The Growing Web of Regulation

정부는 지출만이 아니라 많은 면에서 거대해졌다. 예를 들어 미국에서는 규정 법률이 꾸준히 늘어나면서 비즈니스에 점점 더 많은 제한과 의무를 부과하고 있다. 예를 들어 셔먼독점금지법Sherman Antitrust Act(1890), 공정근로기준법Fair Labor Standards Act(1938), 청정대기법Clean Air Act(1963), 산업안전보건법Occupational Safety and Health Act(1970), 소비자제품 안전 증진법Consumer Product Safety Act(1972), 식품 안전 현대화법

Food Safety Modernization Act(2011) 등이 그러하다. 이러한 법률과 기타 수많은 규정 활동으로 미국 연방 규정의 전체 분량은 1950년 1만 쪽에서 2019년 18만 6천 쪽으로 늘어났다. 새로 변경된 규정 분량도 매년 불어나 1950년 연간 1만 쪽에서 2019년 연간 7만 쪽을 넘어섰다.[13]

다른 정부들도 크게 뒤지지 않는다. 1957년 로마 조약에서 (EU의 전신인) 유럽 경제 공동체를 창설한 이후,[14] EU는 지침, 규정, 결정을 포함하는 10만 개 이상의 법령 입안을 채택했다.[15] 이는 각 회원국과 관할권이 추가로 채택한 부가적인 국가적 또는 국지적 규정을 제외한 수치다. 예컨대 덴마크는 아기 이름을 규제하여 사전 승인된 7천 개의 목록에서 하나를 골라야만 한다.

규정이 늘어나는 추세는 약해질 기미를 보이지 않는다. 미국 연방 정부의 규정은 지난 69년 중 55년 동안 증가했다. 트럼프 행정부는 규제 철폐를 골자로 유세를 펼쳤지만, 임기 첫 3년 동안 20만 쪽에 가까운 규정을 새로 썼고, 2019년 말의 규정집 총 분량은 2017년 오바마 행정부 말기보다 적지 않다. 이러한 규정 시스템의 규모는 팬데믹 대응과 국가의 위기 상황 극복에 따라 2020년 더 늘어날 수밖에 없을 것이다.

코로나19와 그로부터의 회복 문제에 관련한 더 많은 규정 외에도, 향후 비즈니스에 영향을 미치는 규정은 고객 데이터 보호, 자율 주행 차량(지상과 공중 모두), 무역, 사이버 보안, 긱 이코노미gig-economy* 근

---

* 기업과 근로자가 고용 계약을 맺지 않고, 프로젝트 단위나 시간 단위로 필요에 따라 임시 계약직 혹은 프리랜서로서 일하며 그에 대한 대가를 주고받는 경제 형태를 가리킨다. 수요에 따라 노동력을 유연하게 공급하며, 서비스를 매개하는 플랫폼 경제나 노동력 공유 경제 등과 관련이 깊다.

로, 환경 등의 영역에서도 나타날 수 있다. 무역이나 환경 등 미래의 규제 가운데 일부는 각기 다른 나라에서 정반대의 방향과 성격을 취할 수 있으며, 미국 역시 2020년 대선 여파에 따라 그럴 수 있다. 기술과 비즈니스, 세계적 사건이 갈수록 더 복합적으로 변하면서, 규제도 더 복합적인 특성을 지닐 가능성이 크다.

위태로운 정부 재정

Calamitous Government Finances

"경제 활동과 재정 수익의 급격한 위축은 상당한 재정 지원과 함께 공공 재정을 더욱 늘렸으며, 전 세계 공공 부채는 올해 GDP의 100% 이상에 달할 것으로 전망된다." IMF가 2020년 6월 《세계 경제 전망 수정》에서 밝힌 내용이다. 2020년 5월 중순 기준 G10 국가와 중국은 15조 달러 규모로 추정되는 경기 부양책과 대출 보장책을 발표했고, 코로나19가 되살아날 조짐을 보이면서 더 많은 경기 부양책이 가시화되고 있다.[16] OECD 국가의 평균 금융 부채는 GDP의 109%에서 2020년 말까지 137%로 증가할 것으로 예상된다.

결국 많은 정부가 '녹색 뉴딜'이나 새로운 사회 보장, 군사력 증강 등 야심 찬 지출 계획을 세우긴 했지만, 이를 실행할 만한 돈이 없을 수 있다. 특히 세계는 코로나19를 진압하는 동안 다른 질병과의 싸움을 뒤로 미루었다. 여기엔 그간 방치되었거나 다시 나타나고 있는 수많은 열대성 질병(예컨대 주혈흡충증, 포충증, 리슈만편모충증, 수면병)이 포함된다.[17] 가장 당혹스러운 것은 인류가 통제하고 있던 질병의 재발이다. 여기엔 (전 세계에서 연간 150만 명이 사망하는) 결핵, HIV, (연간 100~130만 명이 사망하는) 말라리아 등이 포함된다.[18] 자원은 이러한 질병을 억제하는 데도 투입되어야 한다.

일부 정부는 더욱 심각한 재정 압박에 직면해 있다. 미국의 주 정부와 지방 정부는 지출 증가와 세금 감소를 감당하기 위해 돈을 빌릴 수 없다.[19] 대다수는 예산 균형을 맞춰야 하므로 위기 상황에선 결국 세금과 수수료를 올리거나 지출을 줄일 수밖에 없다. 마찬가지로 개발 도상국은 코로나19가 들이닥치기 전부터 높은 수준의 국가 부채로 압박에 시달렸다.[20] 기존 부채를 상환하느라 팬데믹에서 벗어나기 위해 이들이 할 수 있는 건 제한적이었고, 장기적인 재정 안정성도 피해를 볼 수 있었다.

정부 부채는 결국에는 세금이나 인플레이션, 채무 불이행을 통해 사라져야 한다. 이 세 가지 전략은 모두 향후 경제 성장에 부정적인 영향을 미칠 수 있다. 설령 각국이 부채를 만기 없이 상환하기로 한다고 해도, 정부가 내는 이자는 결국 누군가로부터 거두는 돈이며, 다른 유익한 용도로 사용할 수 없는 돈이 된다. 따라서 팬데믹 이후 전 세계의 성장이 더딘 시기가 오리라 예측할 수 있다. 아마도 유일하게 '긍정적인' 측면은 한동안 탄소 배출량이 줄어들 것이란 점이리라. 히타치의 전무 나카니시 히로아키Hiroaki Nakanishi는 《파이낸셜 타임스》와의 인터뷰에서 이렇게 전했다. "우리의 경제 전략은 상당한 돈을 사용하고 있으며, 솔직히 말해 이는 앞으로 큰 재정 문제를 일으킬 것입니다."[21]

세계는 코로나19 위기가 만들어 낸 불확실성에 대처하고, 공공 보건과 경제적 생존 사이에서 균형을 잡기 위해 고군분투하고 있다. 불행

히도 팬데믹 이후 펼쳐진 길은 흙투성이, 아니 아마도 바위투성이 길이
다. 사회는 팬데믹의 파급 효과는 물론, 코로나바이러스 폭발 이전부터
존재했던 세계적 규모의 다양한 문제와도 씨름해야 하기 때문이다.

새로운
기회

THE NEXT OPPORTUNITIES

"역사를 돌아보면, 1918년 독감 이후 광란의 20년대*가 찾아왔습니다.
그때와 마찬가지로 우린 이겨낼 수 있습니다.
사람은 역경을 극복하며 더 강해질 수 있습니다."

— 브라이언 니콜, 치폴레 멕시칸 그릴의 CEO[1]

앤드류 사비카스Andrew Savikas는 (기업 교육을 위해 비즈니스 서적을 요약해 제공하는 업체인) 겟앱스트랙트GetAbstract의 수석 전략 책임 임원이다. 그는 팬데믹이 "우리가 일하고, 살아가는 방식을 근본적으로 되짚어볼 수 있는 매우 드문 기회"가 되길 희망한다. 그의 바람에는 "차 안에서 보내는 시간을 줄이고, 공해를 줄이며, 사람들이 유연성을 되찾아 더 나은 일과 삶의 균형을 얻는" 것도 포함된다.[2] 가까운 미래에 나타날 이런 변화 속에서, 어떤 기업은 생존을 위협받고, 어떤 기업은 새로운 성장 기회를 얻을 것이다.

*   서언 11쪽 각주 참조.

제22장

더 많은 전자 상거래

More E-Commerce

"전자 상거래는 이미 대세였습니다. 식료품의 가정배달은 이미 일어나고 있었고, 재택근무도 [일부에선] 이미 이루어지고 있었습니다." 앤드류 사비카스는 이렇게 말했다.[1] 그는 팬데믹이 이 모든 변화를 더 빠르게 만들었다며 덧붙였다. "5년 동안 겪을 변화를 5주 만에 겪은 셈이니까, 멀미가 좀 날 수 있겠습니다."[2]

감염에 대한 두려움 때문에 벽돌과 회반죽으로 세워진 오프라인 상점에 가지 못한 사람들은 온라인에서 자택 대기 생활에 필요한 모든 필수품을 (그리고 사치품을) 구매했다. 채찍 효과(제2장, 54쪽 참조)로 인해 전자 상거래 기술을 공급하는 업체는 더욱 빠른 변화를 목격했다. 모바일 결제 회사인 스퀘어Square도 그중 하나였다. 회사의 전자 상거래 책임자인 데이비드 루센코David Russenko는 이렇게 말했다. "하룻밤 사이에 대면 비즈니스라는 선택지가 사라지면서 모든 사람이 온라인으로 몰려들었습니다. 도입 주기가 3년에서 3주로 단축되는 걸 두 눈으로 보게 되었죠."[3]

2020년 8월 3일, 미국에서 가장 오래된 백화점이 파산 보호를 신청했다. 1826년 영국 이민자 사무엘 로드Samuel Lord와 조지 워싱턴 테일러George Washington Taylor는 맨해튼의 로우어 이스트 사이드에 의류 · 직물 매장 로드 앤 테일러Lord & Taylor를 설립했다. 이 회사는 체인으로 성장했고, 1914년 뉴욕 5번가에 거대한 플래그십 매장을 열었다.[4] 수십 년 동안 혁신의 선두주자로서 소매업체 최초로 런치 카운터lunch counter*를 도입했고, 크리스마스 시즌 동안 애니메이션 윈도 디스플레이를 선보였으며, 직원을 회사 주주로 받아들였고, 새로운 미국 디자이너를 소개했다. 파산을 발표한 이 회사는 만약 인수자가 없다면 청산 절차를 밟을 것이라고 밝혔다.[5]

업계 분석가들은 현 팬데믹이 많은 오프라인 소매업체의 관에 마지막 못질을 했다고 말한다. "전통적인 소매업 부문은 수년간 어려움을 겪었고, 현재 가해진 극심한 충격으로 인해 더 많은 회사가 벼랑 끝으로 내몰리고 있습니다." S&P 글로벌S&P Global의 소매 및 식당 부문 수석 분석가인 사라 와이어스의 말이다.[6] 2020년 4월 S&P 글로벌은 소매업체의 30%를 (채무 불이행 확률이 최소 50%라는 의미의) '부실' 등급으로 분류했으며, 이는 팬데믹 시작 이래로 두 배 증가한 수치다.[7] 특히 백화점은 20년째 하락세를 보이고 있었다. 1999년 3월과 2020년

---

* 식탁 대신 조리 과정을 볼 수 있는 카운터 테이블에 앉아 조리사에게 직접 주문하고 식사를 하는 식당이다.

제6부. 새로운 기회

2월 사이 미국 백화점의 수익은 70% 감소했다.[8] 그런 사황에 코로나19가 들이닥친 것이다.

2020년 중반까지 미국에서 파산한 주요 소매업체로는 니먼 마커스Neiman Marcus, 브룩스 브라더스Brooks Brothers, 제이 크루J. Crew, J. C. 페니 J. C. Penney, 피어 1 Pier 1 등도 있다.[9] 부채가 높고 현금 수준이 낮았던 이들은 팬데믹이 초래한 수익 저하에서 살아남아, 늘어난 온라인 판매에 적응할 재원이 부족했다. 게다가 이들은 팬데믹 초기에 발생한 희생자일 뿐이었다. 일반적으로 파산은 회사들이 약해지고 어려움을 겪기 시작한 시기에서 10개월 후 최고조에 달한다.[10] 다시 말해 2020년 미국 소매업체의 파산은 대부분 파산법 11조에 해당하는 유형, 즉 회사가 조직 개편을 시도하고 최고 실적 매장 일부를 개장하며 자산을 활용해 자금을 만들 방법을 알아보는 동안, 채권자들로부터 회사를 보호하기 위한 파산이었다.

옴니채널 소매

Omnichannel Retail

옴니채널 소매는 디지털 소매와 관련하여 물리적 매장이 있는 소매업체의 자산을 활용하기 위한 주요 전략 가운데 하나다. 예컨대 상하이에 본사를 둔 린칭슈엔Lin Qingxuan은 중국 전통 허브로 만든 화장품을 판매하는 소매업체로, 300개의 매장을 가지고 있다. 중국의 춘절은 소매업체에 중요한 쇼핑 시즌이지만 코로나19가 강타하면서 린칭슈엔은 연휴 시작과 동시에 지점의 40%를 폐쇄해야 했고, 이로 인해 오프라인 매장의 매출 90%가 감소했다. 회사는 파산 위기에 처했다. 창립자인 쑨라이춘Sun Laichun은 다음과 같이 말한다. "코로나바이러스 발생으로 갑자기 더는 기존 비즈니스 환경을 이용할 수 없었습니다. 선택의 여지가 없이, 새로운 디지털 경로로 이동해야 했습니다."[11]

많은 점포가 문을 닫은 가운데, 회사는 핵심 소매 자산인 100여 명의 매장 내 미용 안내사를 재배치했다.[12] 이들은 위챗, 딩톡DingTalk, 타오바오Taobao 라이브 스트리밍과 같은 디지털 도구를 활용해 집에 있는 소비자들과 함께하는 온라인 이벤트를 열었다.[13] 밸런타인데이 전의 온라인 이벤트는 전년 대비 45% 더 높은 수익을 냈다. 온라인 판매는 우한에서 전년 대비 세 배 증가했고, 3월 초 열린 국제 여성의 날 행사에서는 다섯 배 증가했다.[14] "이제 우리는", 라이춘은 말을 이었다. "새로운 디지털 경로에서도 비즈니스가 가능하단 걸 깨달았습니다."[15]

어떤 소매업체들은 가상 버전의 피팅 룸fitting rooms과 제품 테스트를 만들어 코로나19 사태에 (그리고 전자 상거래에) 적응했다. 미국 내 슈빌에 본사를 둔 사바스Savas는 맞춤형 가죽 재킷을 전문으로 했지만, 코로나19로 인해 그런 인간적 접촉을 통해 매장 내 경험을 제공할 수 없게 되었다. 회사는 고객이 직접 사용하는 치수 측정 도구와 직물 견본, 화상 상담이 포함된 가상 피팅 패키지를 만들었다.[16] 미용 제품 소매업체인 세포라Sephora는 '가상 아티스트Virtual Artist'라는 앱과 웹사이트를 만들고, 화장품 고객이 얼굴 사진을 활용해 다양한 메이크업과 속눈썹 등을 시험해 볼 수 있도록 했다.[17] 이와 비슷하게 이케아IKEA의 증강 현실 앱은 고객의 집에서 이케아의 가구가 어떻게 보일지를 미리 알 수 있게 해준다.

'옴니채널'이란 용어는 고객이 물리적 채널이나 전자 채널(매장, 웹, 전화, 모바일 앱, 문자 메시지, 화상 등)을 통해 소매업체와 상호작용하면서, 물리적 채널(매장 진열대, 갓길 테이크아웃, 가정배달, 택배 수령 등)에서 제품을 구매(혹은 반품)할 수 있는 통합적 소매 커뮤니케이션과 풀필먼트 전략을 가리킨다. 월마트의 CEO인 더그 맥밀런은 2020년 1분기 실적 발표에서 "현 위기 상황과 향후 고객의 요구에 부응하기 위해 마련된 저희의 옴니채널 전략을 통해, 고객은 매끄럽고 원활하며 유연한 방식으로 쇼핑할 수 있습니다"라면서, 회사의 전자 상거래가 74% 증가했다고 알렸다.[18] 다른 유력 소매업체들도 마찬가지로 전자 상거래가 크게 늘었다고 보고했다. 예를 들어 타겟의 2020년 4월 디지털 판매는 2019년 4월보다 282% 증가했다.[19]

이론상으로, 옴니채널은 고객에게 전자 상거래와 오프라인 구매의 장점을 결합한 매끄러운 구매 경험을 제공한다. 실제로는, 그러한 매끄러운 구매 경험을 만들고자 다양한 고객 대면 기술과 그 뒤에 자리한 물리적 풀필먼트 시스템을 총동원하는 건 소매업체로서 쉽지 않은 일이다. 월마트의 전자 상거래 서플라이 체인 및 재고 관리 담당 임원인 데니스 플린은 옴니채널 소비자에게 서비스를 제공할 때 필요한 제품 흐름이 얼마나 복잡한지 설명했다. 플린은 전자 상거래 판매와 일부 제품의 전반적인 수요가 급증하자 월마트는 "매장에서의 배송이든, 풀필먼트 센터를 통해서든, 아니면 제조사가 고객에게 직접 배송하는 이른바 DSV(위탁 판매 배송drop ship vendors)를 늘리든, 어떻게든 제품을 전달하는 창의적인 방식"을 모색했다고 설명했다.[20]

옴니채널 물류를 관리하려면 총체적인 재고 관리가 필요하다. 즉 모든 곳에 있는 재고에 대한 가시성을 확보하고, 주문을 어디서 어떻게 처리하는 것이 최선인지 결정하는 최적화 알고리즘을 갖춰야 한다. 이 점이 다른 소매업체들의 발목을 잡았지만, 아마존과 경쟁해야 했던 월마트는 관련 기반 기술을 다수 개발한 상태였다.

위와 같은 재고 관리가 얼마나 복잡한지 그려 보기 위해, 미국 보스턴에 있는 한 고객이 지역 소매점에 스웨터를 주문하는 간단한 상황을 한번 생각해 보자. 소매업체는 이 주문을 가장 가까운 보스턴 매장에서 처리하도록 할 수도 있고, 전국 체인에 속한 다른 상점이나 가장 가까운 지역 풀필먼트 센터, 예를 들어 코네티컷 센터에서 처리하도록 할 수도 있다. 아니면 전국에 있는 다른 풀필먼트 센터, 혹은 스웨터 제조업체에서 직접 처리하게 할 수도 있다. 이때 고려할 사항에는 남은 재고량이나 이송 거리만이 아니라 다양한 지점의 상대적 판매율과 같은 요소들도 있다. 예를 들어 만약 이 스웨터가 미국 북동부에서는 잘 팔리지만 캘리포니아에선 그렇지 않다면, 회사는 나중에 안 팔린 스웨터를 할인하느니 캘리포니아에서 보스턴으로 스웨터를 실어나른다는 결정을 내릴 수 있다. 보스턴의 정가 판매에서 나오는 순수익에서 캘리포니아로부터의 이송비를 뺀 금액이, 캘리포니아의 할인 판매에서 발생하는 불확실한 이익을 상회할 수도 있다.

만약 주문이 여러 상품을 포함한다면 문제는 훨씬 커진다. 게다가 보스턴 매장에서 고객이 수령할 예정인지, 아니면 집으로 직접 배송할 예정인지에 따라서도 결정은 달라진다. 전자라면 매장으로 향하는 다른 품목과 함께 보냄으로써 이송비를 낮출 수 있다. 후자라면 개별 택배를 고객의 집으로 보내야 하기에 이송비가 증가하며, 따라서 지역 유통 센터나 매장을 활용하는 쪽으로 결정이 기울어질 것이다.

BOPIS(온라인 구매, 매장에서 수령 Buy Online, Pick In Store)는 유명한 옴니채널 풀필먼트 방식이다. BOPIS는 코로나19 폐쇄 기간에 세 배 이상 증가했으며, 2020년 6월 미국 경제가 재개되었을 때도 2019년 수준의 두 배 이상을 유지했다.[21] 상대적으로 적은 약간의 추가 인건비와 매장 내 공간을 차지하긴 하지만, BOPIS는 최종 구간 배달비를 절감해 준다. 또 BOPIS는 분명 직접 접촉이 적은 거래 방식이지만, 동시에 추가적인 매장 내 쇼핑을 장려한다. 쇼핑객의 85%는 BOPIS 수령을 이용하던 중 매장에서 제품을 추가로 구매한 적이 있으며, 15%는 '어느 정도 자주' 그렇게 한다고 답했다.[22]

또 다른 디지털 판매 방식으로는 BOSFS(온라인에서 구매하면, 매장에서 배송하는 것 Buy Online, Ship From a Store)가 있다. 이는 월마트처럼 대형 오프라인 매장 네트워크를 보유한 소매업체가 대중화한 것으로, 아마존 등 온라인 유통업체와의 싸움에서 물리적 매장을 경쟁 우위로 활용하는 방안이다. 이런 매장은 유통 센터와 달리 고객과 가까운 도시나 마을에 있기에, 더 빠른 배송이 가능하다.[23] 이런 위협에 대응하고자 아마존은 미국 최대의 쇼핑몰 운영사인 사이먼 프로퍼티 그룹 Simon Property Group과 쇼핑몰 내 버려진 매장 공간을 인수하는 방안을 논의 중이다.[24] 아마존의 의도는 이 공간을 전진 풀필먼트 센터로 활용하여 배송 시간을 더 단축하겠다는 것이다.

온라인 쇼핑은 누가 하는가

Who Shops Online

2020년 5월과 6월에 MIT 트랜스포테이션&로지스틱스 연구 센터는 미국의 식료품 쇼핑 습관을 조사했다.[25] 조사는 두 개의 CTL 내 연구실, 즉 에이지랩AgeLab과 지속 가능한 서플라이 체인Sustainable Supply Chains에 소속된 리사 디암브로시오Lisa D'Ambrosio 박사, 알렉시스 베이트먼 Alexis Bateman 박사가 주도했다. 《코로나19 세대 간 생활 방식 연구》의 일부인 이 조사는 1,320명을 대상으로 했다. (이하는 사전 출판물의 내용이며, 이 책의 집필 당시 동료 평가를 거치지 않았었다.)

이들의 설문 조사는 구매 행위에 초점을 맞췄으며, 매장에서의 구매와 다양한 온라인 쇼핑 방식(가정배달, BOPIS, 택배함 수령, 갓길 수령, 쇼핑 대행)을 구별했다.

그림 22.1 코로나19 이전과 코로나19 기간의 가정배달 이용 비율

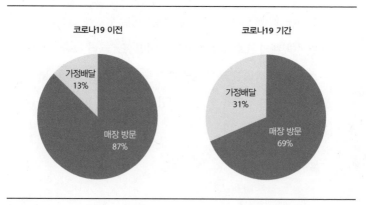

코로나19 이전

가정배달 13%
매장 방문 87%

코로나19 기간

가정배달 31%
매장 방문 69%

그림 22.1에서 볼 수 있듯이, 전체 쇼핑에서 가정배달의 점유율은 13%에서 31%로 증가했다. 표 22.1이 보여 주듯이, 대도시에서는 팬데믹 이전부터 가정배달을 이용하는 경향이 더 컸고, 팬데믹 기간의 증가량도 다른 이들보다 훨씬 많았다. 밀집도가 높은 도시 지역에는 가정배달 서비스를 이용할 수 있는 곳이 더 많고, 팬데믹 기간에 매장에서 쇼핑하는 것도 훨씬 위험했기 때문일 것이다.

표 22.1 식료품 쇼핑객이 사는 곳이 온라인 쇼핑에 미치는 영향

	코로나19 이전	코로나19 기간
대도시	26.0%	60.1%
대도시 근교	8.2%	19.9%
소도시나 마을	2.7%	10.3%
시골	1.7%	6.9%

그림 22.2가 보여 주듯이, 쇼핑 행위는 세대에 따라서도 달랐다.

그림 22.2 세대별 온라인 쇼핑

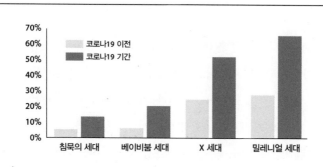

코로나19 시기에 모든 세대에서 온라인 쇼핑이 두 배 이상 늘었다. 세대 간 패턴이 변한 것은 아니었다(즉 코로나19 이전이나 코로나19 기간 모두 젊은 층이 노년층보다 온라인 쇼핑을 많이 했다). 여기서 쓰인 각 세대의 정의는 퓨 리서치 센터가 사용했던 것으로, 침묵의 세대는 1945년 이전에 태어난 이들, 베이비붐 세대는 1946~1964년에 태어난 이들, X 세대는 1965~1980년에 태어난 이들, 밀레니얼 세대는 1981~1996년에 태어난 이들이다.

그림 22.3 새로운 쇼핑 방식을 유지할 것인가?

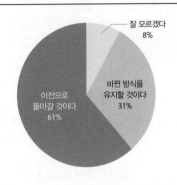

설문 조사는 다른 질문에서 '고착도'를 조사했다. 즉 쇼핑 방식을 바꾼 이들은 팬데믹 이후에도 바뀐 쇼핑 방식을 그대로 유지할 것인가, 아니면 이전 방식으로 돌아갈 것인가? 쇼핑 방식을 바꾼 사람의 3분의 1 가까이(31%)가 새로운 쇼핑 방식을 계속 사용할 거라고 답했다.

그림 22.3에서 볼 수 있듯이, (쇼핑 방식을 바꾼 가장 큰 그룹인) 매장 쇼핑에서 가정배달로 전환한 이들 중 31%가 계속해서 가정배달

제6부. 새로운 기회

을 이용할 것이라 응답했다.

이는 가정배달 업무와 관련한 모든 긱 근로자에겐 희소식이지만, 가정배달로 전환한 사람들은 전체의 18%에 불과하다는 점에 유의하자. 즉 코로나19로 인해 늘어난 가정배달 쇼핑객의 비율은 장기적으로 보아 약 5.6%에 그칠 수도 있다.

작은 기업을 위한 큰 플랫폼
Big Platforms for the Little Guys

기술은 온라인을 통해 제품을 소비자에게 직접 판매하려는 소규모 공급업체의 진입 장벽을 낮추고 있다. 상표 없는 "안면 마스크 50팩"이 아마존 판매 순위 1위에 오르는 동안, 좀 더 멋을 찾는 소비자들은 엣시로 눈을 돌렸다. 270만 장인과 판매자가 만든 수공예 안면 마스크를 사기 위해서였다. "CDC가 지침을 바꿨을 때… 우리 웹사이트에 감당할 수 없을 만큼 많은 수요가 갑자기 몰렸습니다." 엣시의 CEO인 조슈아 실버맨이 말했다. "자고 일어나니 갑자기 사이버 먼데이*가 된 것 같았지만, 전 세계 모든 사람이 원한 건 단 한 가지 제품뿐이었죠. 기본적으로 2주 전만 해도 없었던 제품을요."[26]

엣시와 같은 온라인 플랫폼은 유동적이고 유연한 소매 채널을 제공하며, 변동성이 크고 예측하기 어려운 환경에서의 판매를 지원한다.

---

*　11월 넷째 주 목요일인 추수감사절 다음 주 첫 번째 월요일을 뜻한다. 추수감사절 다음 날인 블랙 프라이데이Black Friday의 연장선상으로, 연중 미국 최대 온라인 쇼핑 할인 행사가 진행된다.

소비자는 무엇이든 검색할 수 있고, 검색 데이터는 (소비자가 무엇을 클릭했는지, 클릭하지 않았는지, 무엇을 구매했는지에 관한 데이터와 함께) 수요에 대한 강력한 가시성을 실시간으로 제공하며, 완전히 새로운 제품의 수요 역시 마찬가지로 제공한다. 엣시는 코로나19와 관련한 검색 행동의 변화를 수 시간 내에 파악하고, 핼러윈 마스크나 실내 장식용 부족 마스크가 아닌 보호용 마스크에 대한 새로운 관심을 중심으로 자사 시스템을 조정했다. 회사 또한 안면 마스크 제조사를 모집하고, 이들에게 고객의 배달 기대치를 교육하고, 소수 판매자에게 너무 집중되지 않도록 수요를 할당했다. 5월 실적 발표까지 엣시는 6만 개 상점에서 안면 마스크를 판매했으며, 4월 한 달 동안만 1,200만 개를 팔아 (엣시의 총 상품 거래액의 최소 10%에 달하는) 1억 3,300만 달러의 매출을 기록했다.[27]

"왜 제가 마스크에 대해 이렇게 자세히 말하고 있을까요?" 실버맨은 투자자들을 향해 말했다. "마스크가 앞으로 몇 달간 계속 인기 있는 품목일 거라고 확신하기 때문만은 아닙니다." 그는 말을 이어갔다. "제가 마스크에 관해 이야기한 것은 그것이 엣시 모델과 우리 판매자들의 역동성을 가장 잘 보여 준다고 생각했기 때문입니다."[28] 이 신제품 카테고리가 급상승하면서 마스크가 아닌 카테고리의 매출도 4월에 79% 성장했다. 그간 큰 인기를 얻었던 결혼 관련 제품과 파티 관련 제품이 심각하게 부진했음에도 그러했다.

일각에서는 코로나19가 아마존, 월마트, 타겟과 같은 거대 기업으로의 소매업 통폐합에 박차를 가하고 있다고 주장한다. "온라인 쇼핑 문제를 해결한 최고 브랜드들이 우리의 시간과 지갑을 더 많이 가져가면서, 작은 브랜드들의 압박은 늘어날 것입니다." 래셔널 다이내믹 브랜드Rational Dynamic Brands의 상호 펀드 매니저 에릭 클락Eric Clark의 말이다.[29] 그러나 엣시와 같은 제삼자 플랫폼은 이런 단순한 논리를 반박한다.

플랫폼은 독립 상점이 온라인 경쟁에 참여할 수 있게 해준다. 예를 들어 C&S 홀세일 그로서스는 인스타카트Instacart*와 손을 잡고 미국 전역 3천여 개 이상의 C&S 독립 식료품 소매업체에 전자 상거래 및 당일 배송 솔루션을 제공한다.[30] 이와 비슷하게 750개 독립 서점이 온라인 판매를 위해 활용 중인 플랫폼 북샵Bookshop도 있다.[31] 도서 유통업체 잉그램Ingram이 북샵의 주문에 대한 풀필먼트 업무를 처리하며, 지역 서점은 재고나 배송 비용 없이 소비자 가격의 30%를 받는다.

이러한 온라인 플랫폼은 클라우드 컴퓨팅과 에어비앤비, 우버Uber, 태스크래빗TaskRabbit을 만들어 낸, 점점 빨라지고 있는 기술 동향의 일부이다. 확장성을 지닌 온라인 기술은 긱 업무나 전자 상거래 기능(제품의 온라인 카탈로그 생성, 장바구니 기능, 배송 추적 기능 등)을 제공하는 시스템을 누구나 만들 수 있다는 걸 의미한다. "앱 하나로 상점가 전체를 쇼핑할 수 있을 겁니다"라고 코어사이트Coresight의 CEO이자 설립자인 데보라 와인스윅Deborah Weinswig은 말한다. "각 쇼핑몰은 궁극적으로는 플랫폼입니다. 여러분이 사이먼 [프로퍼티 그룹]이라면, 아마존을 여러 개 가지고 있는 셈이죠."[32]

---

*   온라인 기반 신선식품 구매 대행 및 배송 서비스다. 기본적으로 승차 공유 서비스인 우버의 쇼핑 버전이라고 생각하면 된다. 즉 고객이 앱을 통해 소매점에 주문하면 근처에 있는 '인스타카트 기사'에게 알림이 가고, 원하는 기사가 상품을 사 고객에게 배달한다.

전자 상거래에 뛰어든 페이스북

Facebook for E-Commerce

아마존이 서구의 전자 상거래 우주에서 가장 큰 회사이긴 하지만, 이 우주는 아마존의 적응 속도보다도 더 빠르게 성장하고 있다. 이 점은 팬데믹 동안 더욱 명백해졌다. 아마존이 그토록 선전한 당일 배송과 익일 배송, 이틀 내 배송은 기약 없는 2주 배송이 되어 버렸다. 쇄도하는 전자 상거래 물량이 이 거대 소매업체조차 압도해 버린 것이다.

기회를 잡은 페이스북은 (아마존의 방식을 본떠) 2020년 5월 19일 새로운 전자 상거래 계획을 발표했다. 페이스북은 상거래의 물리적 측면(물류 창고, 수송기, 트럭, 거대 재고)은 신경 쓰지 않았다. 대신 사업체가 자신의 페이스북에 가상 매장을 구축할 수 있게 하고, 이를 통해 인스타그램을 비롯한 여러 플랫폼(예컨대 쇼피파이Shopify)에서도 상품과 서비스를 판매할 수 있게 할 것이라고 했다.[33] 이 가상 점포는 어떠한 사업체건 무료로 이용할 수 있다. 페이스북은 결제 시스템 사용료를 부과하고, 주목도를 높이려는 상인들에게서 기대되는 광고 증가를 통해 수익을 창출할 예정이다.

팬데믹은 아마존이 일부 품목을 다른 것보다 우선시하면서까지 상황을 따라잡으려 힘겹게 몸부림치는 모습을 보여 주었다. 동시에 기존 소매업체들은 2020년 2분기 온라인 매출이 극적으로 상승했다고 발표했다. 여기엔 월마트(97% 상승), 홈디포Home Depot(100%), 로우스Lowe's(135%), 타깃(195%) 등이 포함됐다. 온라인 판매 방안을 찾는 상인과 제조사는 자신들과 경쟁하지 않는 플랫폼을 선호할 가능성이 크다(아마존은 상점으로서도, 아마존 베이직Amazon Basic 제품의 제조업체로서도 이들과 경쟁한다). 이렇듯 페이스북은 자사의 인기 있는 소셜 미디어 플랫폼을 활용해 수익성이 높은 인접 영역으로 나아가고 있으며, 핵심적인 광고 사업과 새로운 결제 시스템 사업에 상당한 성장 가능성을 지니게 되었다.

풀필먼트와 배달에 몰리는 돈
The Increasing Dollars and Cents of Fulfillment and Delivery

팬데믹이 얼마나 더 이어지든 간에 사람들은 여전히 물건이 필요할 것이며, 이 물건들의 효율적인 유통과 풀필먼트를 위해선 물류 창고가 필요할 것이다. 프롤로지스Prologis는 미국 최대의 물류 창고 개발업체이자 소유 업체이며 운영 업체다. 이들은 코로나19가 일자리와 경제에 미친 영향에도 불구하고, 온라인 쇼핑의 급증으로 물류 창고의 공실률은 낮게 유지되고 있다고 말한다. 월마트나 아마존 등 거대 소매업체는 물류 창고 공간을 늘리고 있다. "이 사람들이 속도를 늦추는 모습은 찾아볼 수 없습니다. 계속해서 새로운 거래에 적극적으로 임하고 있습니다." 프롤로지스의 CEO인 하미드 모하담Hamid Moghadam은 말을 이었다. "강자들은 계속해서 더 많은 공간을 차지하고 있습니다."[34]

팬데믹이 절정에 달했을 때 우버나 리프트Lyft를 통해 차를 공유하려는 운전자는 거의 없었지만, 풀필먼트와 배송의 다른 긱 일자리들은 급증했다. 2020년 4월 우버 운전자는 80%가 급감했지만, 우버 잇츠Uber Eats의 음식 배달 서비스는 89%나 증가했다.[35] 우버는 성장하는 음식 배달 분야 비즈니스를 신장시키기 위해 2020년 7월 포스트메이트Postmates를 26억 5천만 달러에 인수했다.[36] (우버는 또한 일부 해외 시장의 우버 잇츠 직원을 포함해[37] 직원 3,700명을 감원했다.) 인스타카트Instacart, 피포드Peapod, 쉽트Shipt 같은 배달 서비스 앱의 다운로드는 2020년 2월부터 4월 사이에 300~600% 뛰어올랐다.[38] 인스타카트의 식료품 주문은 10배, 캘리포니아와 뉴욕에서는 무려 20배나 증가했다. 이에 회사는 쇼핑 기사 네트워크를 20만 명에서 75만 명 수준으로 확장했다.[39]

그러나 전자 상거래 풀필먼트와 배달은 포장비와 최종 구간 이송비, 인건비를 증가시킨다. 많은 경우 소비자는 배송비를 추가로 내는 것을 꺼린다. 조사에 따르면 쇼핑객의 54%가 비싼 배송비 때문에 장바구니의 상품을 포기했고, 39%는 무료 배송이 아니기 때문에 그렇게 했다. 또한 26%는 배송이 너무 느려서 장바구니를 포기했다.[40] 다양한 배달 위치(고층 건물, 도시, 교외, 시골 주택)에 따라 다양한 배달 시스템이 필요하겠지만, 시간이 지남에 따라 최종 구간 배달비는 줄어들 수 있을 것이다(제15장, 252쪽 참조).

상거래의 동기화

Synchronizing Commerce

다음의 두 가지 사례는 모바일 기술 동향이 물리적 세계의 서비스를 어떻게 개선하고 있는지 보여 준다. 첫째, 치폴레는 치폴레인Chipotlanes 개념을 2020년 6월 기준 10곳에서 100곳으로 확대하여 브리토 메뉴에 BOPIS를 도입하고 있다. 이 시스템에서 고객은 모바일 앱으로 음식을 주문하고 수령 시간을 선택한다. '여기서 주문' 정류장까지 차량을 공회전하며 길게 늘어서 있지 않아도 되고, 주문한 음식을 받을 때까지 주문대 앞에서 기다리지 않아도 된다. "자동차 창문을 내리면, 직원들이 포장된 음식을 건네줍니다. 그럼 차를 몰고 떠나면 되죠." 식당 최고 책임자인 스콧 보트라이트Scott Boatwright는 말한다. "디지털 방식은 코로나19와 함께 정말 폭발적으로 증가했습니다… 이 비즈니스는 정말 굉장합니다."[41] (치폴레인은 대기 행렬이 없었으므로 기존 드라이브스루보다 차량 혼잡이 덜했고, 따라서 소매업체 단지 소유주의 허가를 받기도 쉬웠다.)

둘째, 주차는 도시 내 최종 구간 배달의 골칫거리다. 배달원은 고객 주소 근처에 주차 공간을 찾는 데 시간이 얼마나 걸릴지, 억지로 이중 주차를 해야 할지, 아니면 멀리 주차해야 할지 전혀 알 수 없다. 최종 구간 물류 회사에 있어 이는 낮은 배달 생산성, 믿을 수 없는 배달 소요 시간, 벌금으로 인한 추가 비용 등의 결과를 초래한다. 이 문제를 해결하고자 커브플로우CurbFlow와 같은 스타트업은 도시들과 연계해 갓길 공간을 예약제로 관리한다.[42] 배달 운전자와 물류 회사는 모바일 앱으로 갓길에서 짐을 싣거나 내릴 일정을 잡을 수 있다. 이 시스템은 안전하지 않은 이중 주차를 줄이며, 주차 공간을 찾아 헤매거나 멀리 주차하고 걸어오는 시간을 절약해 준다.

커브플로우의 개념은 도시 계획자들이 갓길 공간을 관리하고 통제하고자 진행 중인 작업에서 한 단계 더 나아간 것이다.[43] 갓길은 자동차 보관(주차), 상업적 배달, 임시 근로자(각종 계약업체) 차량, 버스

정류장, 승차 공유 서비스, 심지어 야외 식당 공간으로도 활용되는 치열한 공간이다. 커브플로우 서비스의 근본적인 차별점은 갓길을 유동적으로 관리함으로써 여러 사람이 이를 공유할 여지를 열어준다는 데 있다.

보다 심층적으로, 이들 두 사례는 서플라이 체인에서 활동을 동기화하는 것이 지닌 가치, 즉 고객과 공급업체가 일부 품목(음식 주문, 주차 공간 등)을 언제 이용해야 하는지를 사전에 정함으로써 얻는 이득을 보여 준다. 두 가지 사례는 이를 위해 모바일 플랫폼을 사용하는 경향이 점점 더 빨라지고 있음도 보여 준다. 동기화를 통해 고객은 가시성과 함께 브리토나 주차 공간의 이용 시기와 이용 가능 여부에 대한 확신을 얻을 수 있다. 한편 서비스 공급업체는 실시간 수요에 대한 가시성을 확보하고, 자원 소비를 원활히 할 수 있다. 이는 언제 주문이 가능한지 확실치 않은 드라이브스루 매장에 고객이 임의로 도착하여 이용할 수 있을 때까지 대기하는 기존의 방식과 극명하게 대비된다.

제23장

도시 다시 만들기

Remaking the City

　우한이나 뉴욕 같은 도시는 높은 밀집도로 인해 코로나19의 군침도는 먹잇감이었다. 더군다나 대도시 고층 건물의 엘리베이터는 전염을 피할 수 없는 장소처럼 보인다. 부유한 도시 거주자는 팬데믹으로부터 도망쳤고,[1] 회사는 직원을 집에서 일하도록 했다. 재택근무는 대도시의 급여를 써서 도시 밖의 훨씬 큰 집으로 이사하는 건 어떨지 많은 사람이 생각해 보는 계기가 되었다. 이렇듯 팬데믹으로 인해 코로나19에 감염된 대도시와 초고층 건물들의 인구가 감소할 가능성이 커 보인다.

　도시는 이전부터 재해의 충격에서 회복해 왔다. 9/11 테러 이후, 맨해튼과 워싱턴 D.C.의 사무실 임대료, 특히 인기 있던 고층 공간의 임대료가 감소했었다. 그러나 추가 공격이 현실화하지 않자 공포는 사그라들었고, 도심의 고층 공간 임대료는 반등했다. 오늘날 도시에서 도

망친 이들도 나중에는 대도시의 북적북적한 생활 방식을 다시 그리워하게 될 것이다. 그것이 교외나 작은 마을, 물가가 싼 국가나 주의 낮은 생활비를 (그리고 더 큰 집을) 포기하는 것을 의미할지라도 말이다. 도시 생활 방식은 결국 코로나19에서도 살아남을 것이다.[2]

위대한 탈출
The Great Emptying Out

그러나 기업은 입지를 결정할 때 생활 방식보다 비용을 더 중요시한다. 바클리즈Barclays의 CEO인 제스 스탤리Jes Staley는 "7천 명의 인원을 한 건물에 배치한다는 것은 이제 낡은 생각일 수 있습니다"라며,[3] "장기적인 입지 전략을 조정할 것입니다"라고 말했다. 원격 근무가 훌륭하게 이뤄진 내셔널와이드 보험Nationwide Insurance도 마찬가지로 다섯 개의 지역 사무실을 폐쇄하고 있으며,[4] 스무 개의 실제 사무실을 단 네 개로 축소할 계획이다.[5] 모건 스탠리의 CEO인 제임스 고먼James Gorman도 블룸버그 TV에서 다음처럼 말했다. "우리는 사실상 아무런 공간 없이도 비즈니스를 운영할 수 있음을 증명했습니다."[6] 비싼 시내 사무실 건물은 더는 그리 매력적이지 않아 보인다.

팬데믹이 만연하는 한, 물리적 거리 두기 요건은 기업에 냉혹한 선택을 강요한다. 직원 대부분에게 재택근무 정책을 유지하거나, 아니면 감염 가능성을 줄이기 위해 사무실 공간에 더 큰 비용을 지출하거나. 지난 10년 동안 기업은 점점 더 많은 직원을 사무실로 밀어 넣었다. 2010년 사무실 1,000㎡당 평균 직원 수는 44명이었고, 2017년에는 1,000㎡당 66명이었다.[7] 팬데믹이 경제 불황과 재정 불확실성을 초래하는 한, 대부분 회사는 추가적인 부동산 비용을 부담하지 않고 이를 최소화하는 쪽을 택할 것이다.

엘리베이터는 현대식 고층 건물을 가능하게 했지만, 이제는 그들이 몰락하는 데 한몫하게 될 가능성도 있다. 1857년 미국 뉴욕 맨해튼에서 처음 도입된 엘리베이터는 도시가 수직적으로 성장할 수 있게 해주었다. 문화학 교수이자《엘리베이터의 문화사Cultural History of Elevators》저자인 안드레아스 버나드Andreas Bernard는 "엘리베이터는 도시 밀집의 근본 원인이다"라고 말했다.[8] 사람을 (그리고 화물을) 위한 이 수직적 교통수단이 없었다면, 도시는 파리의 건축 양식을 따라서 계단으로 편히 오를 수 있는 한계인 5층 높이에 머물러야 했을 것이다. 그러나 사람이 많은 시간에 작은 엘리베이터에서 물리적 거리를 두는 것은 불가능하고, 소독되지 않은 버튼을 눌러야 하며, 이전 승객이 남기고 간 에어로졸의 위협도 있다. 이로 인해 엘리베이터는 고층 사무실, 아파트 건물, 호텔의 매력을 팬데믹 동안 더욱더 떨어뜨린다.

컴퓨터를 활용한 효율적인 재택근무와 온라인 협업 기술을 이용할 수 있다는 것은, 설령 일부 직원이 사무실에 있어야 할지라도 그 사무실을 부동산과 생활비, 임금이 더 저렴한 교외나 제2의 도시로 이전할 수 있다는 걸 의미한다. 예컨대 MIT나 하버드, 스탠퍼드 대학을 생각해 보자. 세 대학은 모두 세계에서 가장 비싼 부동산 일부를 차지하고 있다. 기존의 대학 환경을 위해선 캠퍼스에 학생과 교직원이 함께 배치되어야 하지만(제12장 198쪽 참조), 지원 행정 기능은 비용이 덜 드는 지역으로 이전하거나, 원격 업무를 통해 수행하거나, 심지어 해외로 이동할 수도 있다. 마찬가지로 영업 실무진은 고객과 가까이 있어야 하지만(일부는 비싼 도심부에 남아야 할 수도 있다), 기업 지원 기능은 다른 지역에 배치할 수 있다.

가장 중요한 것은 컴퓨터 프로그래머, 회계사, 변호사, 텔레마케터, 운송 중개인, 금융 자문가 등의 직원 스스로가 재택근무를 하겠다는 결정을 내렸다는 점이다. 사람들은 뉴욕[9]과 같은 대도시, 팬데믹 이전부터 인구가 줄던 캘리포니아 베이 에어리어 등 물가가 비싼 도시 지역을 떠나고 있다.[10] 불확실한 경제에도 불구하고, 2020년 6월 주택 건설 업체는 15년 만에 최고 매출을 기록했으며, 이는 전년 대비 55% 이상 높은 수치다. 구매자들은 교외와 시골 지역에 있는 첨단 기술 주택을 찾았고, 재택 사무실과 재택 학습 등을 위한 여분의 방을 원했다.[11]

어떤 이들이 바라는 대로 코로나19가 그냥 사라져 버릴지라도, 이미 램프 밖으로 나와 버린 재택근무의 정령은 심대한 영향을 미칠 것이다. 사무실 공간, 특히 도심 지역의 비싼 공간은 상당한 가치를 잃을 것이며, 도시 전경은 고층 사무실의 빈자리 그 이상의 영향을 받을 것이다. 도시에 거주하는 사람이 줄고 도심에서 일하는 사람이 줄어들면, 도시 경제가 부양하는 식당, 상점, 주차장과 정비소, 교통 서비스, 핫도그 판매상도 줄어들 것이다.[12] 대도시와 마천루에 있어서 코로나19는 요기 베라Yogi Berra의 말을 사실로 만들었다. "이젠 아무도 거기 안 가요. 사람이 너무 많거든요."

공간은 넓히고 속도는 줄이고

Spreading Out and Slowing Down

팬데믹 동안, 전 세계 식당과 소매업체는 유동 인구가 많은 비즈니스 밀집 지역에서 중간 정도의 이윤을 내는 사업 모델 때문에 고통을 받기도 했다. 많은 소비자 중심 기업에서 이런 비즈니스 모델은 폐쇄 명령과 모임 제한, 사람이 많은 곳을 꺼리는 소비자들 때문에 적자를 면치 못하고 있다. 부분 재개라는 어중간한 단계 동안 사업의 50% 혹은 그 이하만을 운영하면서, 코로나19 이전 임대료를 100% 낼 수 있는 식당이나 상점, 미용실은 거의 없다. "위기 이전 수준으로의 회복이 점진적일 수 있다는 점을 감안하면," 코어사이트의 설립자이자 CEO인 데보라 와인스윅은 말을 이었다. "위기 이전부터 사업을 유지하려 고군분투했던 소매업체들은 회복까지 버틸 수 있는 자금이 없을 가능성이 큽니다."[13]

폐업과 관련한 옐프Yelp의 분석 결과에 따르면, 7월 10일 당시 미국에서 1만 6천여 개의 식당이 영구 폐업하였고, 1만 개의 식당이 임시 휴업 중이었다.[14] 코어사이트는 2020년에 미국 전체 물리적 매장의 5~6% 수준에 이르는 소매업체 매장 2만 개에서 2만 5천 개가 폐업할 것으로 추정했다.[15] 이 폐쇄의 55~60%는 미국 내 백화점에서 일어날 것으로 예상된다.[16] 쇼핑몰에 닻을 내렸던 백화점의 지난 수십 년간의 하락 추세(줄어드는 매출과 늘어나는 파산)는 팬데믹 동안 더욱 빨라졌으며, 점점 빛바래 가던 이 소비의 성당을 최후의 무덤으로 인도할 가능성이 커 보인다.

생존자들은 (그리고 도시는) 도시의 전경을 다시 만듦으로써 나아 갈 길을 찾을 수 있을 것이다. 팬데믹으로 인한 정부의 명령이나 고객 의 거리 두기 요청이 계속되는 한, 식당이나 술집, 이발소, 체육관, 커피 숍 같은 시설은 고객당 더 많은 공간을 확보해야 한다. 많은 도시가 도 시 공간의 용도를 변경하여 보건 기준에 따른 개인 간 거리 두기를 유 지하면서 사교 모임을 할 수 있게 하고 있다. 팬데믹 동안 도시들은 주 차 공간을 비롯한 거리 전체를 식당 테이블이나 기타 공공 사용을 위 한 보행자 공간으로 전환 중이다.[17] 이러한 조치는 단순한 선의의 표현 그 이상이다. 즉 많은 도시는 예산의 상당 부분을 (팬데믹으로 인해 위 축된) 판매세 수익에 의존하고 있다.

뉴욕에서는 (그리고 그 밖에 많은 지역에서도) 자전거 사용이 급 증했다. 자전거는 감염 위험성이 높은 대중교통과 비싼 개인 차량을 대 체하는 최선의 개인용 교통수단으로 여겨졌다(뉴욕 가구의 절반 이하 만이 자동차를 소유하고 있다). 게다가 재택근무로 통근자 수가 줄면 서 교통 혼잡도 덜해졌다. 200개 이상의 도시가 도로 폐쇄를 발표하며 보행자 구역을 확대하고 자전거 전용 도로를 추가했으며, 식당이 야외 로 확장할 수 있게 했다.[18] 일부 거리를 다양한 용도로 안전하게 사용할 수 있게끔 '차 없는 거리'로 지정한 도시들도 있다.[19]

일각에서는 코로나19에 맞춘 이런 변화를 도시 환경을 영구히 바 꿀 잠재력을 지닌 환영할 만한 변화로 본다. "이런 부산물을 잘 활용 한다면, 더 개방된 도시, 모든 사람과 카페, 자전거 애호가가 더 활발히 이용할 수 있는 도시가 될 것입니다." 워싱턴 D.C. 의원인 메리 체Mary M. Cheh는 이렇게 말하며 덧붙였다. "지금은 오염되고 건강하지 않았던 기존의 방식에서 벗어날 좋은 기회입니다."[20]

다크 스토어, 쓰라린 고생 끝에 비추는 서광
The Light at the End of the Tunnel for Dark Stores

창의적인 소매업체들 역시 팬데믹이 불러온 변화에 따라 자산의 용도를 변경함으로써 도시의 면모를 바꾸는 데 참여하고 있다. 대부분은 옴니채널 소매로 전환하는 과정에서 자산을 다른 용도로 조정하고 있다(제22장 355쪽 참조).

예를 들어 월마트는 노스캐롤라이나에서 폐쇄했던 샘스 클럽Sam's Club을 다시 열고, 직원 수도 두 배로 늘렸다. 그러나 이곳을 방문하는 고객은 없다. 이 시설은 이제 전자 상거래 풀필먼트 센터이기 때문이다(고객에게 개방하지 않기에 이른바 '다크 스토어dark store'라고도 부른다).[21] 마찬가지로 신발 소매업체인 DSW는 폐쇄한 신발 매장에서 주문을 발송하기 시작했다. "늘어난 디지털 수요를 따라가기 위해, 이들을 기본적으로 '소형 물류 창고'로 바꾸었습니다." DSW의 모회사인 디자이너 브랜드Designer Brands의 최고 성장 책임 임원 빌 조던Bill Jordan의 말이다.[22] 전자 상거래가 성장하고 빠른 배송에 대한 기대치가 높아지면서, 전국에 걸쳐 고객과 가까운 풀필먼트 센터가 더 많이 필요해졌다.

전국의 식료품 업체는 오프라인 상점의 용도를 변경하기로 했다. 크로거Kroger와 스톱앤숍Stop & Shop, 홀 푸드Whole Foods 등의 업체는 일부 소매점이 일시적으로 문을 닫고 쇼핑객을 받지 않는 대신, 배달 서비스에 전념하도록 하고 있다.[23] (이렇게 용도를 변경한 매장은 폐점을 앞두고 있거나, 아직 개장하지 않았거나, 인근 매장이 있는 곳일 때가 많다.) 그런 매장은 이제 매장에서 물건을 고르는 활동을 온라인 주문 쇼핑객과 분리하는 '전진 풀필먼트 센터' 역할을 한다. 이는 매장의 혼잡을 줄이고, 주문을 처리하는 쇼핑 직원의 효율성과 정확성을 높여 준다. 재고 관리 또한 더 나아질 수 있다.

오하이Ohi 등의 물류 스타트업 역시 비어 있는 도시 부동산을 활용하고 있다. 예를 들어 오하이는 뉴욕 가먼트 구역에 있었던 사무실을 전자 상거래를 위한 초소형 물류 창고로 개조했다.[24] 이 스타트업은 초소형 물류 창고 서비스와 소프트웨어를 제공하여 브랜드와 소매업체가 고객과 더 가까워질 수 있도록 하고 있다. 사무실과 소매점이 비밀스럽게 변할수록, 전자 상거래 풀필먼트 활동은 점점 더 활발해지고 있다.

제24장

그리고 승자는… 커다란 수수께끼

And the Winner Is…The Big Unknown

팬데믹은 제품의 승패에 변덕스러운 결과를 다수 가져왔다. "주력 상품의 매출은 증가했지만, 비주력 상품은 그렇지 않았습니다." 월마트의 기업 담당 총괄 임원인 댄 바틀렛Dan Bartlett은 말했다.[1] 허쉬의 경우 초콜릿 판매는 증가했지만, 껌과 민트 제품은 40~50%가 감소했다.[2] 유니레버는 손 소독제와 가정용 소독 제품의 매출이 (아이스크림 매출과 함께) 상승했지만, 탈취제와 모발 및 피부 관리 제품의 매출은 하락했다.[3] 재택근무와 화상 회의 미팅 시스템에서 사람들이 보는 건 윗옷뿐이고, 입 냄새나 채취는 중요하지 않다는 의미였다. 바틀렛은 "이러한 행동 습관은 사람들이 새로운 생활 방식에 익숙해지면서 계속 변하고 발전할 것입니다"라고 말한다.

커다란 재정적 갈림길

Some Big Financial Forks in the Road

커지는 부의 격차(제13장, 211쪽 참조) 그리고 집에서 근무하는 고소득 전문직 종사자와 집에 머무는 실업자 사이의 서로 다른 팬데믹 경험은 어떤 제품과 소매업체가 팬데믹을 극복할지에 영향을 미친다. 고가 제품과 저가 제품은 잘 팔릴 가능성이 크지만, 중간 가격의 제품은 부진할 수도 있다. 증가하는 실업자와 재정적으로 불안한 사람들은 할인 위주의 소매업체에서 더 값싼 브랜드를 살 것이므로, 저소득층 가구에 특화된 상점들은 성공할 가능성이 크다.

월마트는 2008년 불황에서도 잘 버텼고, 2020년 지금도 선전하고 있다. 달러Dollor 매장은 상황이 훨씬 나았다. 월마트가 1분기에 연간 10%의 매출 증가율을 보였지만, 달러 제너럴Dollor General은 21.7%의 증가율을 기록했다. 달러 제너럴의 CEO인 토드 바소스Todd Vasos는 "우린 좋은 시기에 잘합니다. 어려운 시기에는 기가 막히게 잘하죠"라고 말했다. 달러 트리Dollar Tree의 사장이자 패밀리 달러Family Dollar의 소유주인 마이크 위틴스키Mike Witynski도 분석가들에게 비슷하게 말한다. "실직 상태로 수입원이 없는 사람들은 여느 때보다 더 가성비를 중시합니다."[4]

고가 제품 쪽에 미치는 영향은 좀 더 복잡하다. 2020년 6월 10일 기준 저소득 가구는 지출을 4% 줄였지만, 고소득 가구는 17%를 줄였다. 예전의 불황은 내구재* 지출이 크게 줄고 서비스 지출은 상대적으로 변하지 않았으나, 코로나19로 인한 불황은 반대로 서비스 지출을 대폭 감소켰다.[5]

코로나19는 식당과 오락, 여행, 미용, 휴양 시설, 관중 스포츠 등 대면 경험에 의존하는 모든 서비스 지출을 감소시켰다. 이런 활동은 모두 상대적으로 고소득층 가구가 즐긴다. 명품 제품의 판매 또한 바이러스로 인해 급감했다. 프랑스 명품 그룹 LVMH 모엣 헤네시 루이 비통-Moët Hennessy Louis Vuitton은 2020년 상반기 매출이 28% 감소했다.[6] 여행이나 파티, 사교 모임이 모두 축소된 상황에서 부자들이 LVMH의 고급 패션 제품을 살 이유가 없었다. 남에게 과시할 수도 없는 걸 왜 사겠는가?

대신 미국의 저축률은 2019년 평균 8% 미만에서 2020년 4월 (종전 최고치인 1975년 기록의 거의 두 배인) 33%로 급증했다.[7] 2020년 중반 현재, 고소득층은 늘어나는 현금 더미 위에 앉아 있다. 이들이 그 돈을 쓸지, 쓴다면 과연 언제, 어떻게 쓸지 아직은 모른다. 고가품의 소매 판매가 여행이나 사회적 이벤트와 깊이 연결되어 있다는 점을 생각할 때, 고가품의 소비 지출은 개인 건강과 안전에 대한 소비자 인식에 특히나 민감히 반응할 것이다(제10장, 185쪽 참조). 그런 민감한 부분의 강조는 정년에 가까운 세대의 재산과 저축, 지출을 끌어당긴다. 이 장년층은 코로나19로 인한 중증 또는 사망에 특히 취약하다.

---

* 일상에서 직접 사용하는 소비재 가운데 일정 기간 이상 오래 사용할 수 있는 물품을 뜻한다. 가구, 냉장고, 자동차, PC 등이 이에 해당한다.

단순성 찾기

The Search for Simplicity

제8장(141쪽)에서 공급을 보장하기 위해 기업이 판매하는 품목의 수를 줄이는 방법에 관해 설명한 바 있다. 기업은 오랜 시간 끊임없이 변할 수 있는 '뉴 애브노멀'에 발맞추고자 자사가 제공하는 다양한 제품을 계속 줄이고 있다. 예를 들어 맥도날드는 운영을 단순화하기 위해 메뉴를 제한했다. 스낵 업체 몬델리즈Mondelēz의 회장 겸 CEO인 더크 반 드 풋Dirk Van de Put은 지난 4월 "사업을 더 단순하게 만들기 위해 노력하고 있습니다"라고 말했다.[8] IGA의 CEO인 존 로스John Ross도 "화장지가 마흔 종류나 있을 필요는 없을 것 같습니다"라고 말했다.[9] 몬델리즈와 코카콜라Coca-Cola, 제너럴 밀스, 프록터 앤드 갬블은 모두 생산 전환 시 정지 기간을 줄이기 위해 SKU의 수를 줄였고, 이를 통해 인기 제품의 생산 시간을 늘리고 소비자가 사재기하는 가장 인기 있는 제품의 생산을 극대화했다.

"이는 우리 브랜드와 SKU의 비효율적인 긴 꼬리를 잘라내는 결과로 이어질 수도 있습니다." 프록터 앤드 갬블의 COO이자 CFO인 존 모엘러Jon Moeller가 말했다.[10] 6월 중순 닐슨 데이터에 따르면 잡화점의 SKU 전체 감소율은 7.3%에 달했으며, 아기용품과 제빵, 육류 등 일부 품목은 30% 수준까지 하락했다.[11] 즉 팬데믹 동안의 SKU 감소가 공급량을 늘리기 위한 것이었다면, 전 세계가 팬데믹 상황에 적응해 가는 현 상황에서의 SKU 감소는 소비자 지출이 입은 경제적 손실에 맞춰 비용을 절감하기 위한 것이다.

반 드 풋에 따르면 몬델리즈는 SKU 4분의 1을 없애고 가장 중요한 브랜드에 집중할 계획이다. 그는 2020년 1분기 실적 발표에서 "저흰 이번 기회를 활용해 SKU 수를 대폭 줄이고 있습니다… [또한] 혁신 프로젝트도 대폭 줄이고 있습니다"라고 말했다.[12] 이러한 움직임은 회사의 서플라이 체인 운영을 단순화하고 재고와 비용을 절감해 줄 것이다. 사라진 SKU들은 회사 전체 수익의 2%밖에 안 되지만 비용을 차지하는 비율은 훨씬 높았기에, 몬델리즈의 재무 실적에 지장을 초래하고 있었다. 반 드 풋에 따르면, 대개 이러한 제품군 선별은 진열대 위에 남은 SKU의 가용성을 높이고 '더 깔끔한' 진열대를 만든다는 면에서 더 나은 고객 서비스로 이어진다.[13]

SKU의 단순화는 새로운 것이 아니다. 모든 경기 침체, 재정 압박을 받는 모든 회사에서 일어나는 일이다. (마텔Mattel은 토이저러스Toys R Us의 폐쇄 여파로 그러한 노력을 시작했다.) 경기가 좋다면 회사는 재정 수입이 적은 세세한 제품 변형군을 계속해서 만들고 팔 수 있다. 이는 시장 점유율을 극대화하고 충성 고객을 유지하며, 소매점 선반을 채우기 위해서도 필요한 일이다. 그러나 위기 상황이나 불경기에서는 소량 제품과 저수익 제품의 선별이 시작된다. 물론 경제나 회사가 회복하면 다시금 혁신에 자금이 조달되고, 새로운 제품이 선보이며, SKU의 수가 늘어난다. 어떤 이들은 좋은 시기에 폭넓은 제품을 선보였다가 힘든 시기에는 이를 다시 줄이고, 경기가 되돌아올 때 다시 늘리는 이런 현상을 가리켜 '아코디언 소매accordion retailing'라 부른다.[14]

코로나19로 인해 빠르게 채택되고 있는 기술 상당수가 더 나은 제품 혁신과 함께 더 많은 제조 유연성을 가능하게 한다. 예컨대 가상 제품 개발과 클라우드 기반 설계 플랫폼으로 새로운 제품을 더 쉽게 만들 수 있다. 적층additive 제조* 방식을 사용하면 시험 판매용 시제품을 소량으로 빠르게 생산할 수 있고, 매우 유연한 제조 시스템을 지원할 수 있다. 로봇 공학과 자동화로 수많은 SKU를 처리하는 프로그램을 만들 수 있다. 소비자의 제품 사용에 관한 IoT 기반의 가시성은 틈새시장의 국지적인 수요 예측을 더 정확하게 만들어 준다. 현재의 위기가 끝났을 때, 일부 기업은 이처럼 새로운 니즈에 맞는 SKU를 추가할 방법을 찾고, 낡은 SKU를 줄이는 데 급급한 기업들로부터 시장 점유율을 빼앗을 방안을 모색할 것이다.

집보다 좋은 곳은 없다

There's No Place Like Home

로우스와 같은 주택 개조 소매업체의 2020년 1분기 매출 증가율은 소매업체의 대표라 할 수 있는 월마트를 앞질렀다.[15] 정부의 자택 대기 명령과 직원의 재택 근무 정책, 가정 학습, 근거리 휴가 등으로 인해 집을 더 좋게 바꾸려는 움직임이 커졌다. 더욱이 불경기가 계속되고 모르는 사람이 집에 오는 것을 꺼리게 되면서, 집주인들은 집에 있는 것을 더 즐길 만하게, 최소한 더 참을 만하게 손수 바꾸고자 노력하는 쪽으로 방향을 튼 것이다.

집에 있는 거의 모든 방에 변화가 있었다. 서재의 TV는 더 커졌

---

* 자세한 내용은 제25장 395쪽 참조.

고,[16] 주방에는 제빵기가 생겼으며,[17] 침실에는 새 매트리스,[18] 욕실에는 비데.[19] 재택 사무실에는 새 책상이, 지하실에는 새 피트니스 장비가 들어섰다. 또한 뒷마당은 정원과 트램펄린, 공기 주입식 풀장으로 채워졌다. 재택근무와 비좁은 도시에서 더 널찍한 집으로 이사하는 장기적 변동으로 인해, 바이러스가 약해진 후에도 집과 마당에 놓일 내구재 판매가 계속 이어질 가능성이 크다.

식당의 폐쇄는 (혹은 식당을 꺼리는 현상은) 특히 가정 주방에 영향을 미쳤다. 사람들이 집에서 식사를 더 많이 하기 시작하자, 향긋한 허브 정원이 피어났고 시큼한 사워도 스타터** 용기가 등장하기 시작했다. (가정 요리 관련 제품은 2008년 불황기에도 호황을 누렸다.) 헬로프레시HelloFresh, 블루 에이프런Blue Apron 등 밀 키트 배달업체의 고객이 급증했으며, 비슷한 사업을 준비하던 식당들과의 경쟁이 벌어졌다. 블루 에이프런의 CEO인 린다 핀들리 코즐로스키Linda Findley Kozlowski는 이렇게 말했다. "소비자의 행동에 걸린 제약이 완화되기 시작하더라도, 가정에서 보내는 몇 주 혹은 몇 달 동안 일어난 요리와 식습관 변화를 반영하여 새로운 경제적·사회적 표준이 생겨날 것으로 예상합니다. 그리고 이 표준은 당분간 유지될 것입니다."[20] 이와 같은 판매 동향은 언로 보도의 암울함 속에 숨은 새로운 비즈니스 기회를 조명한다.

물론 이들이 향후 판매와 관련하여 무엇을 의미하는지 예측하긴 어렵다. 운동 기구 판매를 예로 보면, 이는 체육관 폐쇄와 집 안에서 스

** 빵을 부풀려 굽기 위해 유산균과 효모를 직접 천연 배양하여 만든 사전 반죽을 말한다. 제빵용 효모, 즉 이스트가 발명되기 전부터 사용했던 오랜 방법으로, 유산균으로 인한 독특한 풍미가 있다.

트레스를 해소하려는 사람들의 절박함으로 인해 호황을 누렸다. 제8장에서 언급했듯이, 피트니스 장비의 판매는 보통 명절에 최고조에 달하지만 다가올 연말 연휴 기간에 판매가 어떻게 될지는 누구도 확신할 수 없다. 3월에 러닝머신을 산 사람들이 12월에 같은 장비를 또 살 것 같진 않지만, 이들이 다른 운동 기구를 살지도 모르고, 3월에는 여유가 없었던 가정이 명절 선물로 피트니스 장비를 사는 경향이 크게 높아질지도 모른다. 비슷한 구매 패턴이 대유행 초기에 붐을 일으켰던 제빵기, 대형 TV, 기타 내구재에서도 나타날 수 있다.

결국 회사는 모든 것에 대비할 필요가 있다. 또 한 번의 화장지 사재기이건, 쾌락을 좇는 광란의 20년대의 재림이건 간에 말이다.

제25장

미래를 위한 유연성

Flexibility for the Future

찰스 다윈의 것으로 (잘못) 알려진 유명한 문구가 있다. "가장 강한 종이 살아남는 것도, 가장 똑똑한 종이 살아남는 것도 아니다. 살아남는 것은 변화에 가장 잘 적응하는 종이다." 코로나19 팬데믹 초기에 선전한 기업들은 변화에 빠르게 적응한 이들이었다. 그러면서 이들의 비즈니스는 새로운 종류의 회복탄력성을 얻었다. 즉 기존의 '정상'으로 가능한 한 빨리 되돌아가는 대신, 이들은 더 유연해졌다. 마비된 것을 대체하거나 보충하는 새로운 무언가를 만들어 내는 쪽으로 나아간 것이다. 다른 회사들 역시 제품과 운영 방식에 변화를 줄 수 있는 유연한 비즈니스 시스템을 채용하거나 만들었다.

소비자 직거래: 농장과 도매업체

Go Direct to Consumer: Farms and Wholesalers

J.W. 로페즈J.W. Lopes는 뉴잉글랜드의 작은 신선식품 유통업체로, 식당 요리사, 기관장, 동네 식료품점, 심지어 교도소 조리사에게도 서비스를 제공하고 있다. 제프 코첸Jeff Kotzen과 그의 아버지 피터Peter가 운영하는 가족 소유의 사업체이며, 제프의 아내인 엘리사Elyssa는 2020년 3월 이 사업에 합류했다. 이 책을 위한 인터뷰에서 제프는 자신의 이야기를 공유해 주었다. "러시아 이민 1세대인 증조할아버지는 미국으로 건너와 파뉼 홀Faneuil Hall에서 과일 판매원으로 일했습니다. 증조할아버지는 열심히 노력해서 위로 올라갔고, 결국 일하던 사업장을 인수할 수 있었죠."[1] 그의 사업은 우여곡절을 겪었으면서 나아갔고, 2016년 제프와 그의 아버지는 새로운 지역 도매 사업인 J.W. 로페즈를 시작했다. 제프와 엘리사는 그해 서로를 만났다.

2020년 1월 말, 회계사와 만난 제프는 사업을 낙관하고 있었다. 그는 450*kg*의 브로콜리 플로렛과 기타 손질 제품을 만들 수 있는 가공 센터를 막 지은 참이었고, 이는 일손이 부족한 도매업체 고객에게 부가적인 서비스를 제공할 터였다. 제프는 이들의 니즈를 충족하고 사업을 확장할 수 있어 기뻤다.

바로 그때 바이러스가 나타났다. 매사추세츠 주지사는 사람들에게 자택 대기를 명령했고, 제프의 고객 업체 75%가 문을 닫았다. 대형 고객의 주문량은 주당 3~4만 달러에서 200달러로 떨어졌다. 문을 열려한 식당들도 있었지만, 테이크아웃 서비스는 감소한 물량을 상쇄하기에 턱없이 부족했다. J.W. 로페즈는 수십 년 동안 가족과 함께 일했던 이들을 포함해 대다수 직원을 해고해야 했다.

엘리샤는 남편과 합류하여 J.W. 로페즈의 직원이 되었지만, 사하라사막 이남 아프리카를 지원하는 보스턴의 국제 보건 NGO에서 하던 이전 일도 계속하고 있었다(게다가 집에서 원격 학습하는 아이도 돌보았다). 제프는 말을 이었다. "엘라사가 소비자에게 직접 제품을 판매하자는 아이디어를 내면서 시작하게 됐죠. 꽤 간단한 생각이었어요. 74.95달러짜리 제품이었는데, 이미 확보한 물류 네트워크를 활용할 수 있었죠. 이미 트럭 20대와 운전사 20명을 고용하고 있었거든요." 엘리사와 제프는 입소문과 소셜 미디어 게시물, 현지에서 기른 고품질의 신선식품을 찾는 사람들을 겨냥한 대량의 이메일 발송에 의지했다. "말하자면 고객들은 우리 웹사이트에 있는 농산물 시장 한 곳을 방문하는 겁니다. 하지만 제품을 바로 문 앞에서 받아볼 수 있는 거죠"라고 제프는 말했다.

이후 한 현지 유통업체가 생선도 고객에게 팔 것을 제안했다. 제프는 "생선을 추가하면서 아주 긍정적인 피드백을 받았기에, 우린 빵집, 정육점, 낙농장 등 지역 회사와의 접촉을 계속 늘려 갔습니다"라고 말했다. J.W. 로페즈는 이들 회사의 품목 일부를 가정배달 서비스에 추가했다.[2] 제품군이 늘어남에 따라 소비자 직거래 서비스를 도매업 서비스와 차별화할 필요가 커졌기에, 이를 뉴잉글랜드 컨트리 마트New England Country Mart로 명명했다. 현지 공급업체가 늘면서 소비자 직거래 매출이 호황을 이뤘으며, 회사는 해고했던 직원을 모두 다시 채용하고 새로운 직원까지 늘렸다.

이 과정에서 코첸 부부는 고객 서비스를 위한 새로운 역량, 예컨대 향상된 전자 상거래 웹사이트, 소셜 미디어 팔로잉 구축, 발송 기술, 재고 관리, 바코드 부착 방식 등을 개발해야 했다. 엘리사는 "거의 매일 무언가를 해결하거나, 새로운 프로세스나 새로운 구글 문서를 찾아봐야 합니다. 또 우리 중 일부는 재택근무를 하기에 새로운 커뮤니케이션 방식도 알아봐야 하고요"라고 했고, 제프가 덧붙였다. "우리가 쓰는 기술과 방식은 갈수록 더 나아지고 있습니다." 회사는 소형 냉장 배달 트럭도 대여했다. 도매업체 배달을 위한 대형 트럭은 작은 동네 거리를 다니는 데 어려움이 있었기 때문이다.

제프는 대형 슈퍼마켓에 대한 자사의 경쟁 우위를 강조했다. "웨그먼스Wegmans는 뉴욕 북부에 커다란 유통 센터를 갖고 있습니다, 그렇죠? 로체스터 근처에요. 그래서 농장들은 농산물을 로체스터로 발송합니다. 로체스터로 들어간 농산물은 처리돼서 여러 상점으로 흩어지죠. 다른 트럭을 타고, 상점에 도착합니다. 제품 관리자는 트럭에서 짐을 내려 판매대에 진열하겠죠. 그러면 이제 소비자가 와서 자신이 고른 것이건 아니건 제품을 만지게 됩니다. 인스타카트 기사는 그런 제품 중에서 필요한 것을 골라 가져가겠죠. 결국 사람들은 대여섯 번 정도 다른 사람이 만진 제품을 사는 겁니다."

"처음에는 이게 장기적인 사업 아이디어라고 생각하지 않았어요." 제프는 말을 이어갔다. 그의 생각은 새로운 사업이 성공하면서 바뀌었다. "우리는 현재 이 소비자 직거래 모델에 올인하고 있습니다." 식당과 기관이 서서히 문을 열기 시작하자, 코첸 부부는 인력을 두 팀으로 나누어 운영 중이다. "두 가지 사업을 모두 구축하고 열심히 일하면서

나아갈 방향을 모색하는 중입니다"라며 제프가 말을 끝맺었다.[3]

　다른 회사들, 특히 식품 업계 회사들은 이와 비슷하게 도매에서 소비자 직거래로 방향을 바꾸었다. 코로나19와 소비자 직거래 모델은 일부 농가의 사업에 활력을 불어넣었다. "어떤 기자가 전화로 하는 말이 '밭에서 썩어 가는 농산물이랑 하수구에 버려지는 우유를 보고 싶다'라고 하더군요." 새크라멘토 북서쪽에 있는 캘리포니아 카파이밸리에서 오랫동안 농사를 해 온 주디스 레드먼드Judith Redmond가 말했다. "그래서 제가 얘기했죠. '어, 사실 카파이밸리에선 그런 적이 없는데요.'"[4] 그곳 농부들은 지역사회 지원 농업community-supported agriculture(CSA) 프로그램을 활용한다. 이는 소비자가 직접 지역 농장에 가입하여 그 농장에서 생산한 계절 농산물을 정기적으로 수령하거나 배송받는 프로그램이다. 코로나19로 더 짧은 식품 서플라이 체인, 즉 더 적은 사람의 손을 거쳐 더 빨리 농산물을 받을 수 있는 방법을 찾는 새 가입자가 많아지면서, 프로그램은 성황을 이뤘다.

　최근 이용할 수 있게 된 기술과 플랫폼은 모든 규모의 기업(특히 중소기업)이 도매에서 소비자 직거래로 유연하게 전환하는 데 핵심적인 역할을 하고 있다. 예컨대 조셉 부Joseph Boo는 아버지가 아시아 채소 도매업을 소비자 직거래로 전환하는 것을 도왔다.[5] 부는 쇼피파이로 웹사이트를 구축하고, 아이폰으로 제품 사진을 찍고, 인스타그램과 페이스북으로 사업을 홍보했으며, 업워크Upwork를 활용해 지원자를 고용하고, 온플릿Onfleet으로 배달 물류를 처리했다. 휴대폰, 앱, 클라우드 서비스, 디지털 플랫폼이 등장하기 전까지만 해도 이런 변화는 소규모 기업에겐 사실상 불가능한 일이었다.

위기를 기회로

From Emergency to Opportunity

1906년 미국에 이민한 영국인 윌리엄 라일리William Riley는 보스턴에 뉴발란스 아치 서포트 컴퍼니New Balance Arch Support Company를 설립하고 모든 신발의 편안함과 착용감을 향상해 주는 깔창을 만들었다. 초창기 회사의 고객은 오랜 시간 서서 일해야 하는 경찰이나 소방관 등 긴급 대원이 많았다. 세월이 흐르면서 회사는 관련 제품 라인으로 생산을 확장했다. 30년이 지나면서 회사는 신발을 만들기 시작했고, 1978년 첫 번째 스포츠 의류 제품을 출시했다.

뉴발란스의 COO인 데이브 휠러는 이 책을 위한 인터뷰에서 회사가 팬데믹에 어떻게 대응했는지 설명해 주었다. 코로나19가 닥치자, "보스턴과 다른 주에 있는 MGH[매사추세츠 종합병원Massachusetts General Hospital], 파트너스 헬스케어Partners HealthCare로부터 전화가 걸려 왔습니다. PPE가 정말 필요하다는 전화였죠. 일주일간 머리를 맞대고 우리가 어떤 장비를 보유하고 있는지, 어떤 기술을 보유하고 있는지, 국내에 어떤 원자재를 공급하고 있는지 살펴보았습니다." 회사는 재빨리 보호용 마스크를 만드는 쪽으로 방향을 잡았다.

"뉴발란스에 있어선 아주 독특한 디자인의 마스크였습니다. 그래도 뉴발란스라는 느낌이 약간 나긴 해요." 휠러는 말을 이었다. "저희의 1540 신발 제품처럼 직물을 바느질하지 않고 만들었습니다. 원래 신발에서 바느질 없이 특정 부분을 잡아주는 데 썼던 방법이죠. 이와 비슷한 직물로 여과 부직포를 만들었습니다. 여과 장치의 요건을 이해하는 부분은 MIT 분들과 함께 일하며 도움을 받았죠. 우리는 금요일에 시작해서 주말에 브레인스토밍한 뒤 3D 이미지를 만들고, 월요일에 실제 시제품을 제작했습니다. 그주 금요일에는 이미 생산이 이뤄지고 있었습니다."

2020년 3월 30일, 회사는 대대적인 광고 없이 "어제는 신발을 만들었습니다. 오늘은 마스크를 만듭니다"라는 내용의 트윗을 올렸다. 돌돌 말린 신축성 있는 신발 끈이 달린, 튼튼해 보이는 안면 마스크 사진 한 장을 첨부한 것이 다였다. 휠러는 "이 광고는 단 두 줄만으로 뉴발란스 역사상 소셜 미디어에서 가장 유명해졌습니다"라며, 이는 의료계가 청한 도움에 응하여 "회사가 그 순간 중요한 무언가를, 즉 대의를 위해 사람들을 돌보기 위한 조치를 취했기 때문입니다"라고 말했다. 그는 "생김새에 대한 언급도 많았습니다. '이거 사고 싶은데', '이렇게 멋진 건 처음 보네', '역시 뉴발란스네' 같은 반응이었죠. 마스크를 디자인한 담당자는 따로 없었지만, 서플라이 체인 담당자가 꽤 잘 해낸 결과라고 생각합니다."[6]

그림 25.1 뉴발란스 광고

Made shoes
yesterday.
Making masks
today.

많은 기업은 단지 팬데믹에 대응하여 PPE나 인공호흡기를 제작하고자 유통 자산과 서플라이 체인의 용도를 임시 변경했다. 하지만 뉴발란스는 마스크 제작에 더 깊이 뛰어들었다. 회사는 긴급했던 이 인도주의적 성과를 새로운 생산 라인으로 탈바꿈했다. 비록 지금까지 마스크 사업을 해본 적은 없지만, 회사는 달리기 선수용 마스크, 핵심 브랜드와의 기타 연계 제품과 관련한 장기적인 전략을 세우고 있다. 지난 6월 보건 의료 종사자를 위한 마스크 100만 개를 제작한 뒤, 뉴발란스는 대중을 위해 새로 디자인한 제품인 NB 페이스 마스크 V3를 출시했고 '운동 선수형' 안면 마스크에 대한 향후 계획을 발표했다.[7]

이 사례는 서플라이 체인이 먼 거리에 걸쳐 있고 전 세계의 협업을 수반할 때가 많지만, 가끔은 근접성이 민첩함의 핵심이란 점 또한 보여 준다. 전 세계 어느 곳에 있는 사람이건 디지털 도구를 써서 원격으로 함께 일할 수 있는 시대지만, 어떤 업무는 물리적 접촉을 통해 훨씬 더 나아질 수 있다. 뉴발란스의 마스크 팀 절반은 원자재와 장비가 있는 현지 공장에서 일했다. 인근 MIT는 보호용 마스크의 여과 장치에 필요한 요건을 빠르게 이해할 수 있게 해주었다. 또한 뉴발란스는 현지의 오랜 공급업체의 도움을 받아 폐쇄 조치에도 불구하고 필요한 자재를 신속히 이송할 수 있었다. 마찬가지로 마스크 팀은 선두 사용자(매사추세츠 종합병원)와 고속도로상 불과 30분 거리에 있었기에 마스크의 적합성과 기능성에 대해 빠른 피드백을 얻을 수 있었다. 마지막으로 매사추세츠에서 현지 생산이 이루어지면서 지역 종합병원과 긴급 대원, 그 밖의 이들에게 마스크를 신속하게 배포할 수 있었다.

적층 제조를 통한 생산량 증대

Multiplying Capacity with Additive Manufacturing

3D 프린팅으로도 알려진 적층 제조 방식은 팬데믹 동안 빛을 발했다. 기업과 개인은 안면 보호대와 안면 마스크, 면봉, 인공호흡기 부품 등을 만드는 데 적층 제조 방식을 활용했다. HP의 기업 책임 임원 크리스토프 쉘Christoph Schell은 "코로나19와의 전쟁에서 일선 의료진을 돕기 위해 3D 프린팅 기술과 전문 지식, 생태계, 생산량을 활성화하는 데 총력을 기울이고 있습니다"라고 말했다.[8] 3D 프린팅은 코로나19에 대응하기 위해서만 아니라 인터넷을 통해 디자이너와 기타 사용할 수 있는 자원을 모으기 위해서도 널리 사용되었다.

예를 들어 미국 식품의약국(FDA), 보훈부Department of Veterans Affairs (VA), 국립보건원(NIH), 아메리카 메익스America Makes는 코로나19 대응을 위한 민관 파트너십을 결성했다.[9] 이 파트너십은 의료 커뮤니티의 요청을 구하고, 이해 관계자 사이에 제품 설계를 승인하고, 3D 프린터 소유주 간에 3D 제조를 조율했다. NIH는 설계를 관리하고, VA는 설계의 안정성과 효율성을 시험했으며, FDA는 3D 프린터 소유주들이 참여하여 프린트하고 발송한 효율적 설계품의 긴급 사용을 승인했다. 2020년 6월 중순 현재 이 파트너십을 통해 약 50만 개의 PPE가 만들어졌다.[10]

적층 제조 방식은 전체적으로 가장 유연한 제조 기술이다. 인쇄 물질과 프린터 크기의 물리적 한계 내에서, 3D 프린터는 거의 모든 산업에서 사용하는 거의 모든 제품을 만들어 낼 수 있다. 디지털 설계는 인터넷을 통해 즉시 전달되므로, 호환 가능한 프린터만 있으면 누구라도 생산에 참여할 수 있다. 비록 각각의 프린터는 (전문화되고 자동화된 대량 생산 시스템에 비해) 매우 느릴 수 있지만, 많은 수가 모인 (종종 '프린터 팜printer farms'이라 불리는) 프린터들은 생산량을 충분히 배가할 수 있다. 게다가 전문화된 대량 생산 시스템과 비교할 때 적층 제조 방식에서 새로운 종류의 부품을 만들기 위한 설정 시간은 무시할 수 있을 정도다. "3D 프린팅과 디지털 제조는 서플라이 체인의 거리를 줄이고, 설계에서 생산까지의 시간을 단축하며, 필요한 곳에서 필요할 때 주요 부품을 제조할 수 있게 해줍니다"라고 HP의 쉘은 말한다.[11]

모든 곳에 있는 유연한 물류 창고와 풀필먼트

Flexible Warehousing and Fulfillment Anywhere

더 많은 물류 창고와 풀필먼트가 필요하다는 것은 단순히 더 큰 창고를 많이 건설해야 한다는 뜻이 아니다. 미래 소매업의 핵심 자원인 이들에 대한 수요는 서플라이 체인의 두 가지 핵심 경향으로부터 형성된다.

첫 번째는 계절 수요, 판촉 수요, 제품 출시, 회사의 성장, 그리고 물론, 마비에 따른 상거래의 (특히 전자 상거래의) 변덕스럽고 역동적인 특성이다. 두 번째 경향은 전 세계에 걸쳐 많은 인구가 사는 중심지 근처에 재고를 배치하게 만드는, 빠른 배송 시간에 대한 수요의 증가다. 이들로 인해 더 많은 회사가 유연성을 필요로 할 것이며, 향후 수개월에서 수년에 걸쳐 다양한 규모의 물류 창고와 관련 서비스를 이리저리 실험할 것이다.

수요가 증가하고 있는 위치나 크기와 관련한 물류 창고의 유연성은, 특히 전자 상거래에 있어서, 대형 시설을 장기 계약하여 공급받던 기존의 물류 창고로는 얻어내기 어렵다. 더욱이 대형 물류 창고를 다년간 대여한 대기업이나 희망에 찬 스타트업 양자 모두, 수요가 늘거나 계절 제품이 있는 기간 외에는 이 커다란 건물의 공간을 충분히 활용하지 못할 때가 많다.

바로 이 지점에서 플렉세FLEXE*와 같은 기술 플랫폼 기업이 등장한다. 플렉세는 저장 공간에 대한 단기적인 수요와 그에 부합하는 공간이 남는 물류 창고를 찾아 연결해 주는 플랫폼을 운영한다. 즉 이들은 물류 창고계의 에어비앤비다. 남는 공간을 지닌 물류 창고 소유주, 저장 공간을 찾는 회사 모두가 이 회사의 고객이다. 플렉세는 자체 개발한 물류 창고 관리 시스템을 단기 임대를 허용한 공간이 있는 물류 창고에 설치하며, 이를 통해 고객은 원하는 지역에서 필요한 공간을 신속하게 찾을 수 있다. 이 시스템은 창고 운영과 풀필먼트, 물류 서비스를 위한 클라우드 기반 소프트웨어를 사용한다. 플렉세는 실제 물리적 건물을 하나도 소유하고 있지 않지만, 물류 창고가 필요한 고객에게 미국 내 천 개 이상의 시설 중 한 곳에서 공간을 제공할 수 있다.

플렉세의 고객 중 하나인 모 스타트업은 부피가 큰 대형 물품을 판매했으며, 회사가 빠르게 커감에 따라 유통과 풀필먼트를 거듭 변경

---

* 본문에서 자주 언급되는 플렉스FLEX와는 다른 회사다. 사실 한국어 표기는 이쪽도 '플렉스'지만, 구별을 위해 따로 옮겼다.

해야 했다. 이스트 코스트에 위치한 물류 창고에서 작게 시작한 이들은 이틀 내 배송을 제공하기 위해 전국에 몇몇 물류 창고를 확장했고, 익일 배송을 제공하면서 이를 더 확장했다. 또한 주요 소매업체와 계약하면서 유통 방식을 변경했고, 반품 센터를 추가로 운영하면서 이를 또다시 재편했다. 플렉세의 공동 창업자이자 CEO인 카를 지브레흐트Karl Siebrecht는 다음과 같이 말한다. 이러한 스타트업에 있어 "플렉세는 커다란 교환대와 같습니다. 4년이 넘는 기간 동안 이들은 아마 자사 네트워크를 50번 이상 재구성했을 겁니다. 회사의 성장에 따라서, SKU의 혼합 배치를 기준으로, 서로 다른 채널 이니셔티브에 맞춰서, 뭐든지 원하는 대로 말이죠."[12]

지브레흐트는 "혼란과 불확실성이 큰 시기에, 유연성은 정말 가치 있는 것으로 밝혀졌습니다"라고 덧붙였다. 기업은 플렉세를 활용해 팬데믹으로 급증한 전자 상거래를 처리하고, 잘 팔리지 않는 상품(예컨대 의류)을 옮겨 식품이나 가정 관련 제품 등 수요가 많은 제품을 위한 공간을 확보했다. 코로나19 이전에도 기업들은 플렉세를 통해 허리케인이나 겨울 폭풍과 같은 재난, 나아가 성장(추가 공간을 찾기)과 수축(사용하지 않는 공간을 임대하기)을 관리했었다.

역경과 용기가 미래를 건설한다

Adversity and Strength Will Build the Future

위기라는 시련의 장은 사람과 기업의 회복탄력성을 높이는 데 도움을 줄 수 있다. 중대한 위기 상황에서, 성공한 기업들은 재빨리 적응하며 '전장의 안개' 속에서 운영하는 법을 배운다. 거대한 불확실성과 불분명한 시장의 신호, 소비자와 공급의 압박을 마주하면서 점점 더 경각심과 민첩성을 얻어 간다. 예측이 불가능하다면, 재빠른 대응이 필수적일 수밖에 없다. 민첩한 대응을 통해, 충분한 재원을 지닌 회사는 자산과 공급이 가장 저렴한 시기에 자신들의 미래를 위한 투자를 할 수 있다.

아르헨티나에서 사업하기

Doing Business in Argentina

　많은 개발 도상국의 비즈니스 환경은 혼란스럽고 불확실하다. 예컨대 아르헨티나의 비즈니스는 만연한 부패, 예고 없이 시행되는 독단적 규제, 제어 불가한 인플레이션, (빈번한 화폐의 평가 절하를 포함한) 금융 위기에 직면해 있다. 아르헨티나의 사업가들은 이런 혼란과 규제 변경, 낙후된 재정 시스템, 미개한 신용 인프라를 극복하며 나아갈 수밖에 없다. 중소기업 대출 금리는 45%까지도 치솟는다. 그러나 이 모든 것을 뚫고 현지 창업가들은 회사를 창업하고 일궈 나간다. 북아메리카나 유럽의 창업가들은 시도조차 하지 않을 환경에서 말이다. (나의 최근 책 세 권을 스페인어로 번역한 출판사는 아르헨티나 가족이 소유한 회사인데, 아르헨티나의 혼란을 헤쳐 온 경험이 디지털 시대 출판업계의 혼란을 헤쳐 나가는 데 얼마나 큰 도움이 되는지 알 수 있었다.)

　아르헨티나 사업가들의 끈기와 독창성은, 더 안정한 상업 환경에 있는 경쟁자들에 비해, 이들의 위기 상황에서의 회복탄력성을 여러 측면에서 높여 주었다. 왜냐하면 첫째, 이들에게 위기란 전혀 새로운 게 아니며, 둘째, 이들은 모든 종류의 위기 상황에 항상 대비하면서 이를 극복할 수 있는 유연성을 구축하고 있기 때문이다. 당연하지만 이런 비즈니스 회복탄력성이 아르헨티나에만 있는 것은 아니다. 여러 개발 도상국의 기업들 역시 마찬가지다.

보잉, 다시 날기 위하여

Boeing Lives to Fly Again

2019년은 에어버스에 있어선 최고의 해였고, 보잉에 있어선 최악의 해였다. 에어버스는 그해 사상 최대인 863대의 항공기를 인도했고, 보잉은 (원래 목표였던 810~815대 가운데) 380대의 항공기를 인도했다. 인기 항공기였던 737 MAX의 설계 결함으로 인해(346명이 사망한 두 번의 추락 사고를 일으켰다) 보잉은 해당 모델의 운항을 중지해야 했고, 많은 항공사가 주문을 취소했다.[1] 그 뒤 팬데믹으로 거의 모든 항공 여행이 중단되었고, 보잉 고객들의 재정이 추락했으며, 항공사들의 구매 계획은 한 치 앞이 보이지 않을 만큼 어두워졌다.

보잉이 이대로 무너질 수도 있지만, 아닐 가능성도 있다. 사실 이 경험이 보잉을 더 강하게 만들지도 모른다. 고통은 훌륭한 (물론 반갑잖은) 교사이며, 보잉은 고통으로 가득한 힘든 일 년을 보냈다. 그런 만큼 이 실패로부터 얻은 '교훈'을 깊이 새긴 채 학교를 졸업할 가능성이 크다.

현 위기는 장기적으로 보잉을 더 날렵하게, 더 경쟁력 있게 만들 수 있다. 좀 더 넓게 보면, 오늘날 전 세계 기업과 시민이 겪는 역경은 우리가 익숙하고 편안한 생활 패턴에서 벗어날 것을 강요한다. 이로부터 어떤 이들은 새로운 환경에서 번창할 수 있는 방법을 찾아낼 것이다. 파산법 11조를 따른 절차를 밟고 있는 기업들도 재편성을 거쳐 미래를 향해 나아갈 수 있다. 2008년 금융 위기 이후 제너럴 모터스가 그랬고, 2005~2007년 파산 이후 델타 항공이 그랬다. GM은 2014년 97

억 달러의 순이익을 냈고, 델타 항공은 2019년 470억 달러의 사상 최대 수익을 올렸다.

용기 있는 강력한 대응
The Strong Respond with Strength

"여러분이 아마존 주주라면 우선 자리에 앉으시는 게 좋을 겁니다. 저흰 작게 생각하지 않으니까요." 아마존의 CEO인 제프 베조스Jeff Bezos가 2020년 4월 실적 보고에서 한 말이다. 그는 설명했다. "정상적인 상황이라면, 오는 2분기에는 약 40억 달러 이상의 영업 이익을 올릴 것으로 예상합니다. 하지만 지금은 정상적인 상황이 아닙니다. 저희는 40억 달러 전부를, 어쩌면 그보다 조금 더 많은 돈을, 고객에게 제품을 제공하고 직원 안전을 유지하는 등 코로나 관련 비용에 지출할 것으로 보고 있습니다."[2]

인사 측면에서 회사는 2020년 2분기에 15만 9,600명을 추가 고용했고, 총인원 수가 100만 명으로 늘었다.[3] 물리적 자산 측면에서 아마존은 향후 2년 안에 현 1,248개 유통 센터에 추가로 306개의 유통 시설을 세울 계획이다.[4] 이송 능력을 강화하기 위해 회사는 2020년 6월 보잉 767 대형 화물기 12대를 추가했고, 총 비행기 수를 80대 이상으로 늘렸다.[5] 늘어나는 항공기에 맞춰 캘리포니아, 켄터키, 텍사스, 플로리다, 푸에르토리코에 아마존 항공 허브도 늘리고 있다.

텍사스 인스트루먼트Texas Instruments는 2008년 금융 위기를 거치면서 서플라이 체인 혼란으로 인한 채찍 효과에 지나치게 휘둘리지 않는

법을 배웠다. 2020년 1분기 실적 발표에서 회사의 CEO인 리처드 템플턴Richard K. Templeton은 2008년을 회상했다. "고객들이 부정적인 예측을 과잉 수정한 후에는, 1년 반 동안이나 수요에 대응하기 위한 예비품을 찾아다녀야 했습니다." 이번 위기에서 회사는 경기 침체나 회복을 아예 예상하지 않는 쪽을 택했다. 템플턴은, "그 대신 선택 가능성을 최고 수준으로 확보하여 어떤 상황에도 훌륭히 대처하고자 합니다"라고 말했다.[6] 다음 분기에 회사는 이런 결정에 만족한다고 보고했다. 이를 통해 재택근무와 관련한 전자제품의 예상치 못한 수요에 대응할 수 있었기 때문이다.

프록터 앤드 갬블은 현 상황을 최대한 활용하며 미래로 나아가는 또 다른 대기업이다. CFO인 존 모엘러는 "중국[과] 미국이 현 위기에서 큰 타격을 입는 동안 나타난 전자 상거래로의 전환은… 미래를 위한 훌륭한 토대입니다"라고 말한다. 회사는 소비자들이 찾는 청소용품과 개인 위생용품을 많이 만들지만, 다른 브랜드 제품이나 상표 없는 제품들과도 경쟁해야 한다. "긴장을 늦추지 말고 매일 최선을 다해야 하며, 우수한 가치를 지닌 우수한 제품을 보유해야 합니다. 현 생태계에서 진화하거나 혁신되지 않는 것은 없지만, 우리가 활용하지 못하는 것 또한 없습니다"라고 모엘러는 말한다.[7]

최악을 최고로 활용하기
Making the Most of the Worst

"대체로 지금 같은 시기에는 새로운 것을 많이 만들어야 할 것 같습니다." 페이스북의 CEO인 마크 저커버그Mark Zuckerberg는 질문에 답하며 강조했다. "많은 기업이 그런 것처럼 지금은 제동을 걸기보다는 무언가를 만들어 내는 것이 중요하다고 생각합니다. 사람들의 새로운 니즈를 위해 계속해서 투자하고 만들어 내면서, 특히 다른 회사가 발을 뺀 영역을 채우는 것이 중요하다고 봅니다." 그러면서 저커버그는 이렇게 결론지었다. "달리 보면 이건 기회이고, 어떻게 보면 경기 회복에 투자할 책임을 다하는 것이라 생각합니다."[8]

이를 분명히 실천하는 사례가 바로 치폴레다. 이 회사는 부채가 없으며, 거의 10억 달러의 현금을 가지고 있다. 회사는 확장을 이어가면서, (제22장 368쪽에서 설명한 유사 BOPIS 드라이브스루 서비스인 치폴레인을 포함하여) 디지털 주문 서비스의 개선을 위해 새로운 식당을 짓고 오래된 식당을 증축하고 있다.[9] 이들은 새로운 건물 용지의 경쟁이 덜하다는 장점을 누리고 있으며, 폐업한 다른 회사의 소매점 입지를 코로나바이러스 위기가 끝나는 즉시 인수할 계획도 세우고 있다.[10]

이제 많은 기업은 자사의 가장 중요한 자산이 매일 사무실을 떠난다는 걸 (그리고 재택근무를 하면서 아침에 사무실로 돌아오지도 않는다는 걸) 깨닫고 있다. 이를 통해 일부 기업(팬데믹이 초래한 수요의 폭풍에 휘말리지 않는 기업)은 일반적인 업무량을 처리할 때 수행하기 어려웠던 것들, 즉 직원에게 새로운 기술을 가르치거나 유용한 프로젝트에 도전할 방법을 모색하고 있다.

마찬가지로 미래 지형적인 수십 개의 정부는 단순히 실업자를 지원하는 것이 아니라 회사가 고용을 유지할 수 있도록 지원하는 경제 완화 프로그램을 고안했다. 이들 정부는 경기 침체기에 회사가 직원을 해고하지 않고 유지할 수 있도록 고용주에게 보조금을 지급한다. 인적 포트폴리오를 유지하고 강화하는 회사는 팬데믹이 초래한 불황으로부터 더 빨리 벗어날 수 있다.[11]

마지막으로 현 팬데믹이 아주 잘 입증하듯이, 위기를 낭비하는 것은 끔찍한 일이다. 그것은 조직 개편이나 부진한 제품, 소매점, 고객을 축소하는 등 어려운 비즈니스 결정을 내릴 기회이다. 변화에 대한 저항을 극복하기 위해 위기를 활용할 수도 있다. 위기는 그 자체로 현재 상황을 뒤흔들며, 조직의 변화를 요구하는 불타는 플랫폼*이 되기 때문이다. 이러한 기업 혁신 활동 가운데 일부는 파산 보호 아래 이루어질 가능성이 크지만, 나머지는 재정이 뒷받침된 기업이 실행하게 된다. 상황이 어떠하건 일부 기업은 단지 폭풍을 견디는 것 이상의 일을 하고 있다. 즉 팬데믹 이후의 환경과 그것이 사람들의 일하고, 쇼핑하고, 살아가는 방식에 일으킬 변화를 최대한 활용하기 위해 적극적으로 노력하고 있다.

더 강하고 더 유연한 연결망 구축하기
Building a Stronger, More Flexible Web of Connections

코로나19의 경제적 효과는 많은 사람과 관리자, 정치인을 놀라게

---

* 1988년 북해에 있던 파이퍼 알파Piper alpha 시추선에서 폭파 사고 당시 플랫폼에서 바다로 뛰어든 일부 인원은 생존했지만, 불타는 플랫폼에 남았던 인원은 모두 사망하고 말았다. 이처럼 불타는 플랫폼(갑판)은 절체절명의 위기임과 동시에 혁신하기에 좋은 기회임을 비유하는 말로, 2011년 초 노키아Nokia의 스티븐 엘롭Stephen Elop이 직원들에게 보낸 메모에 등장하며 널리 알려졌다.

했다. 그것은 이전까지 감춰져 있던, 세계 경제에 내재한 복잡한 상호 연결망을 드러냈다. 중국의 바이러스가 미국의 차량 생산에 지장을 주거나 PPE 공급에 영향을 미칠 수 있다는 사실은 많은 미국인에게 충격을 주었다. 수많은 언론인과 정치인은 이 소식에 대해 자급자족을 울부짖으며, 외국의 미지와 위험으로부터의 단절을 호소했다.

한 바구니에 모든 달걀을 담는 전략도 자급자족만큼이나 매혹적이다. 하지만 국내 소비와 국내 생산에 전적으로 의존하는 것은 팬데믹(이나 다른 재난)으로 인해 생산이 중단되거나, 경기 침체로 소비자의 지갑이 닫히는 순간 실패하고 만다. 되살아나는 질병과 정치적 변덕이 어떤 나라라도 신뢰할 수 없는 공급업체, 종잡을 수 없는 소비자로 만들 수 있는 세상에서, 회사는 공급업체와 소비자를 다각화해야만 한다. 이는 더 적은 수의 연결이 아니라 더 많은 수의 (그리고 더 나은) 연결을 위해 노력해야 한다는 뜻이다.

코로나19로 더 빨라진 여러 변화는 이처럼 연결성과 그 활용을 개선한다는 점에 뿌리를 두고 있다. IoT는 사람과 멀리 떨어진 데이터를 연결한다. 클라우드 컴퓨팅은 사람과 기업을 데이터 저장소, 애플리케이션, 컴퓨팅 능력과 연결한다. 모바일 기기, 화상 회의, 협업 앱은 언제 어디서나 사람과 사람을 연결한다. 서플라이 체인 가시성과 투명성은 기업을 전 세계 다른 기업들과 연결한다. 전자 상거래와 옴니채널 소매는 소비자와 멀리 떨어진 지역 소매업체를 연결한다. 기술 플랫폼은 사람과 회사가 손쉽게 필요한 자원이나 서비스에 접근하거나, 자신의 자원을 다른 이에게 제공하도록 해준다.

그리하여 코로나19의 진정한 교훈은 기업이 연결망을 **늘리고 개선**

하는 새로운 기회에 있다. 이런 연결망은 회사가 자사의 고객과 공급업체들을 (그리고 그 공급업체들의 공급업체들을) 더 깊이 이해할 수 있게 해준다. 이런 연결망은 가시성과 원격 관리, 재택근무를 가능하게 하며, 필요한 것을 어디서나 구입하고 어디서나 판매할 수 있게 해준다. 나아가 빠르고 더 뛰어난 연결망은 회사가 공급 마비나 수요 마비, 사재기에 대처하고, 장기적인 글로벌 기회를 포착하는 데 필요한 유연성과 민첩성을 강화한다. 코로나19로 세계 경제에 도사리던 취약한 연결 고리가 위험에 노출된 것은 맞지만, 그로 인해 차후 세계 경제를 더욱 튼튼하게 만들 여러 훌륭한 기술과 습관을 더 빨리 수용할 수 있었던 것도 틀림없는 사실이다.

Part 1: What Happened

1 Justin Davidson, "The Leader of the Free World Gives a Speech, and She Nails It," *Intelligencer* (blog), *New York Magazine*, March 18, 2020, https:// nymag.com/intelligencer/2020/03/angela-merkel-nails-coronavirus-speech-unlike-trump.html.

Chapter 1: The Virus Goes Viral

1 Suzanne Nossel, "Coronavirus Lies by China, Trump Administration a Risk for Public Health," *Foreign Policy*, March 9, 2020, https:// foreignpolicy.com/2020/03/09/truth-coronavirus-china-trump-pence.

2 Chris Buckley, "Chinese Doctor, Silenced After Warning of Outbreak, Dies From Coronavirus," *New York Times*, February 6, 2020, https:// www.nytimes.com/2020/02/06/world/asia/chinese-doctor-Li-Wenliang- coronavirus.html.

3 Radio Free Europe/Radio Liberty, "Iran Says 3,600 Arrested For Spreading Coronavirus-Related Rumors," RadioFreeEurope/RadioLiberty, April 29, 2020, https://www.rferl.org/a/iran-says-3600-arrested-for- spreading-coronavirus-related-rumors/30583656.html.

4 Radio Free Europe/Radio Liberty.

5 Donald Trump, "Remarks by President Trump in Meeting with African American Leaders" (The White House, February 27, 2020), https://www. whitehouse.gov/briefings-statements/remarks-president-trump-meeting- african-american-leaders.

6 Matt Apuzzo, Selam Gebrekidan, and David D. Kirkpatrick, "How the World Missed Covid-19's Silent Spread," *New York Times*, June 27, 2020, https://www.nytimes.com/2020/06/27/world/europe/coronavirus-spread- asymptomatic.html.

7 Camilla Rothe et al., "Transmission of 2019-NCoV Infection from an Asymptomatic Contact in Germany," *New England Journal of Medicine* 382, no. 10 (March 5, 2020): 970 –971, https://doi.org/10.1056/ NEJMc2001468.

8 Tangi Salaun, "Special Report: Five Days of Worship That Set a Virus Time Bomb in France," *Reuters*, March 30, 2020, https://www.reuters. com/article/us-health-coronavirus-france-church-spec-idUSKBN21H0Q2.

9 Smriti Mallapaty, "What the Cruise-Ship Outbreaks Reveal about COVID-19," *Nature* 580, no. 7801 (March 26, 2020): 18, https://doi. org/10.1038/d41586-020-00885-w.

10 Idrrees Ali and Phil Stewart, "Exclusive: In Navy Study, 60 Percent of Carrier Volunteers Have Coronavirus Antibodies," *Reuters*, June 9, 2020, https://www.reuters.com/article/us-health-coronavirus-usa-navy- exclusive-idUSKBN23F29Z.

11 "Coronavirus Disease (COVID-19) Situation Report 73," Coronavirus Disease (COVID-19)

Situation Reports (Geneva: World Health Organization, April 2, 2020), https://www.who. int/docs/default- source/coronaviruse/situation-reports/20200402-sitrep-73-covid-19. pdf?sfvrsn=5ae25bc7_6.

12 Apuzzo, Gebrekidan, and Kirkpatrick, "How the World Missed Covid-19's Silent Spread."

13 Kai Kupferschmidt, "Study Claiming New Coronavirus Can Be Transmitted by People without Symptoms Was Flawed," *Science*, February 3, 2020, https://www.sciencemag.org/news/2020/02/ paper-non- symptomatic-patient-transmitting-coronavirus-wrong.

14 Robert Dillard, "The COVID-19 Pandemic: Fauci Calls Out WHO on Asymptomatic Carriers Comment; Global Economy Suffering Worst Peacetime Recession in a Century; and More" *DocWire News*, June 10, 2020, https://www.docwirenews.com/home-page-editor-picks/the-covid- 19-pandemic-fauci-calls-out-who-on-asymptomatic-comment-global- economy-suffering-worst-peacetime-recession-in-a-century-and-more.

15 Apuzzo, Gebrekidan, and Kirkpatrick, "How the World Missed Covid-19's Silent Spread."

16 "Update: King County COVID-19 Case Numbers for March 6, 2020," Government, King County Public Health News and Blog, March 6, 2020, https://www.kingcounty.gov/depts/ health/news/2020/March/6-covid-19- case-updates.aspx.

17 Laura Geggel, "How a Superspreader at Choir Practice Sickened 52 People with COVID-19" LiveScience, May 14, 2020, https://www. livescience.com/covid-19-superspreader-singing.html.

18 Richard Read, "A Choir Decided to Go Ahead with Rehearsal. Now Dozens of Members Have COVID-19 and Two Are Dead," *Los Angeles Times*, March 30, 2020, https://www.latimes.com/ world-nation/ story/2020-03-29/coronavirus-choir-outbreak.

19 Nicole Brown, "What Is a Coronavirus 'Super-Spreading' Event?," *CBS News*, May 15, 2020, https://www.cbsnews.com/news/super-spreader- coronavirus.

20 Lea Hamner et al., "High SARS-CoV-2 Attack Rate Following Exposure at a Choir Practice — Skagit County, Washington, March 2020," Morbidity and Mortality Weekly Report (Atlanta: Centers for Disease Control and Prevention, May 15, 2020), https://www.cdc.gov/mmwr/ volumes/69/wr/ mm6919e6.htm.

21 Neel Patel, "What's a Coronavirus Superspreader?," *MIT Technology Review*, June 15, 2020, https://www.technologyreview. com/2020/06/15/1003576/whats-a-coronavirus-superspreader.

22 Farah Stockman and Kim Barker, "How a Premier U.S. Drug Company Became a Virus 'Super Spreader,'" *New York Times*, April 12, 2020, https://www.nytimes.com/2020/04/12/us/ coronavirus-biogen-boston- superspreader.html.

23 Christie Aschwanden, "How 'Superspreading' Events Drive Most COVID-19 Spread," *Scientific American*, June 23, 2020, https://www. scientificamerican.com/article/how-superspreading-events-drive-most- covid-19-spread1.

24 Choe Sang-Hun, "Shadowy Church Is at Center of Coronavirus Outbreak in South Korea," *New York Times*, February 21, 2020, https:// www.nytimes.com/2020/02/21/world/asia/south-korea-coronavirus- shincheonji.html.

25 Raphael Rashid, "Being Called a Cult Is One Thing, Being Blamed for an Epidemic Is Quite

Another," *New York Times*, March 9, 2020, https://www.nytimes.com/2020/03/09/opinion/coronavirus-south-korea-church. html.

26 Aylin Woodward, "70% of People Infected with the Coronavirus Did Not Pass It to Anyone, Preliminary Research Shows. Superspreading Events Account for Most Transmission," *Business Insider*, June 4, 2020, https:// www.businessinsider.com/super-spreader-events-account-for-most- coronavirus-transmission-2020-6.

27 Dillon Adam et al., "Clustering and Superspreading Potential of Severe Acute Respiratory Syndrome Coronavirus 2 (SARS-CoV-2) Infections in Hong Kong," pre-print available on Research Square, May 22, 2020, https://doi.org/10.21203/rs.3.rs-29548/v1.

28 Aschwanden, "How 'Superspreading' Events Drive Most COVID-19 Spread."

29 Arnold Barnett, "Covid-19 Risk Among Airline Passengers: Should the Middle Seat Stay Empty?," pre-print available on medRxiv (Public and Global Health, July 5, 2020), https://doi.org/10.1101/2020.07.02.20143826.

30 "World Air Transport Statistics 2019," World Air Transport Statistics (Montreal: International Air Transport Association, 2019), https://www. iata.org/contentassets/a686ff624550453e8bf0c9b3f7f0ab26/wats-2019- mediakit.pdf.

31 "France's First Coronavirus Case 'Was in December,'" *BBC News*, May 5, 2020, https://www.bbc.com/news/world-europe-52526554.

32 Kate Kelland, "Italy Sewage Study Suggests COVID-19 Was There in December 2019," *Reuters*, June 19, 2020, https://www.reuters.com/article/ us-health-coronavirus-italy-sewage-idUSKBN23Q1J9.

33 Bill Chappell, "1st Known U.S. COVID-19 Death Was Weeks Earlier Than Previously Thought," *NPR*, April 22, 2020, https://www.npr.org/sections/ coronavirus-live-updates/2020/04/22/840836618/1st-known-u-s-covid-19- death-was-on-feb-6-a-post-mortem-test-reveals.

34 Michelle A. Jorden et al., "Evidence for Limited Early Spread of COVID-19 Within the United States, January – February 2020," Morbidity and Mortality Weekly Report, Morbidity and Mortality Weekly Report (Atlanta: Centers for Disease Control and Prevention, June 5, 2020), https://www.cdc.gov/mmwr/volumes/69/wr/mm6922e1.htm.

35 Mark Arsenault et al., "How the Biogen Leadership Conference in Boston Spread the Coronavirus," *Boston Globe*, March 10, 2020, https://www. bostonglobe.com/2020/03/11/nation/how-biogen-leadership-conference- boston-spread-coronavirus.

36 Jacob Lemieux and Bronwyn MacInnis, "Introduction and Spread of SARS-CoV-2 in the Greater Boston Area," *Broadminded* (blog), Broad Institute of MIT and Harvard, June 4, 2020, https://www.broadinstitute. org/blog/introduction-and-spread-sars-cov-2-greater-boston-area.

37 "Health Equipment: Hospital Beds," Organisation for Economic Co- operation and Development, accessed July 28, 2020, http://data.oecd.org/ healtheqt/hospital-beds.htm.

38 Raymond Zhong and Paul Mozur, "To Tame Coronavirus, Mao-Style Social Control Blankets China," *New York Times*, February 15, 2020, https://www.nytimes.com/2020/02/15/business/

china-coronavirus- lockdown.html.

39 David Cyranoski, "What China's Coronavirus Response Can Teach the Rest of the World," *Nature* 579 (2020): 479 –480, https://doi.org/10.1038/ d41586-020-00741-x.

40 Raymond Zhong and Vivian Wang, "China Ends Wuhan Lockdown, but Normal Life Is a Distant Dream," *New York Times*, April 7, 2020, https:// www.nytimes.com/2020/04/07/world/asia/wuhan-coronavirus.html.

41 Gwynn Guilford and Sarah Chaney, "Nearly Three Million Sought Jobless Benefits Last Week," *Wall Street Journal*, May 14, 2020, https://www.wsj. com/articles/unemployment-benefits-weekly-jobless-claims-coronavirus-05-14-2020-11589410374.

42 Federal Reserve Bank of St. Louis, "Unemployment Rate," FRED Economic Data, accessed July 28, 2020, https://fred.stlouisfed.org/series/UNRATE.

43 "Aptiv PLC (APTV) Q1 2020 Earnings Call Transcript," The Motley Fool, May 5, 2020, https://www.fool.com/earnings/call-transcripts/2020/05/05/ aptiv-plc-aptv-q1-2020-earnings-call-transcript.aspx.

44 Alan Tovey, "Ford Chief: 'There Is No Future,'" *Telegraph* (London), April 29, 2020, https://www.telegraph.co.uk/business/2020/04/29/no-future- says-ford-chief.

45 Blake Schmidt, "Shortage Rumors Spark Toilet Paper Panic Buying in Hong Kong," *Bloomberg*, February 5, 2020, https://www.bloomberg.com/ news/articles/2020-02-05/hong-kong-went-from-face-mask-shortage-to- run-on-toilet-paper.

46 Farah Master, "Hong Kong Shoppers Snap up Rice and Noodles as Coronavirus Fears Mount," *Reuters*, February 7, 2020, https://www.reuters.com/article/us-china-health-hongkong-supermarkets- idUSKBN2010Q6.

47 Frances Mao, "Why Are People Stockpiling Toilet Paper?," *BBC News*, March 4, 2020, https:// www.bbc.com/news/world-australia-51731422.

48 Daniel Piotrowski, "Woman Pulls out a Knife during Fight over Toilet Paper," *Daily Mail*, March 4, 2020, https://www.dailymail.co.uk/news/ article-8072347/Horror-Woolworths-shopper-pulls-KNIFE-near-toilet- paper-aisle.html.

49 Corina Knoll, "Panicked Shoppers Empty Shelves as Coronavirus Anxiety Rises," *New York Times*, March 13, 2020, https://www.nytimes. com/2020/03/13/nyregion/coronavirus-panic-buying.html.

50 Bill Morrissey, "Leveraging Environmental Sustainability for Growth" (Sustainable Brands Conference, Monterey, Calif., June 3, 2008).

51 Nathaniel Meyersohn, "Egg Prices Are Skyrocketing Because of Coronavirus Panic Shopping," *CNN*, March 25, 2020, https://www.cnn. com/2020/03/25/business/egg-prices-supermarkets-coronavirus/index. html.

52 Julia Rentsch, "Coronavirus-Fueled Panic Buying Cleared the Shelves of Eggs. What's next for Egg Markets?," *USA Today*, April 6, 2020, https:// www.usatoday.com/story/money/2020/04/06/egg-demand-wipes-shelves- clean-raises-prices-covid-19/2954400001.

53 Janelle Nanos, "Coming to a Grocery Store near You: Meat Shortages," *Boston Globe*, April 29, 2020, https://www.bostonglobe.com/2020/04/29/ business/coming-grocery-store-near-you-meat-shortages.

54 David Yaffe-Bellany and Michael Corkery, "Dumped Milk, Smashed Eggs, Plowed Vegetables: Food Waste of the Pandemic," *New York Times*, April 11, 2020, https://www.nytimes.com/2020/04/11/business/coronavirus- destroying-food.html.

55 "Food Waste FAQs," U.S. Department of Agriculture, accessed August 15, 2020, https://www.usda.gov/foodwaste/faqs.

56 "The United States Meat Industry at a Glance," North American Meat Institute, accessed September 21, 2020, https://www.meatinstitute.org/ index.php?ht=d/sp/i/47465/pid/47465.

57 "Poultry & Eggs," Economic Research Service, U.S. Department of Agriculture, August 21, 2019, https://www.ers.usda.gov/topics/animal- products/poultry-eggs.

58 "The United States Meat Industry at a Glance."

59 "Turkey Sector: Background & Statistics," Economic Research Service, U.S. Department of Agriculture," November 20, 2019, https://www.ers. usda.gov/newsroom/trending-topics/turkey-sector-background-statistics.

60 Jen Skerritt and Deena Shanker, "Food Rationing Confronts Shoppers Once Spoiled for Choice," *Bloomberg*, April 21, 2020, https://www. bloomberg.com/news/articles/2020-04-21/food-rationing-is-new-reality- for-buyers-once-spoiled-for-choice.

61 Jenni Styrk, "Top 100 Fastest Growing & Declining Categories in E-Commerce," Stackline, March 31, 2020, https://www.stackline.com/ news/top-100-gaining-top-100-declining-e-commerce-categories- march-2020.

62 Hardy Graupner, "Coronavirus Scare: When Will 'hamsterkauf' Become an English Word?," *Deutsche Welle*, May 3, 2020, https://www.dw.com/ en/coronavirus-scare-when-will-hamsterkauf-become-an-english- word/a-52635400.

63 "The Great Toilet Paper Scare," editorial, *Wall Street Journal*, March 22, 2020, https://www.wsj.com/articles/the-great-toilet-paper-scare-11584918854.

64 Kelvin Chan, Beatrice Dupuy, and Arijeta Lajka, "Conspiracy Theorists Burn 5G Towers Claiming Link to Virus," *ABC News*, April 21, 2020, https://abcnews.go.com/Health/wireStory/ conspiracy-theorists-burn-5g- towers-claiming-link-virus-70258811.

65 Kate Gibson, "Feds Charge Phony Church with Selling Toxic Bleach as COVID-19 Cure," CBS News, July 9, 2020, https://www.cbsnews.com/news/ feds-charge-phony-church-with-selling-toxic-bleach-mms-as-covid-19-cure.

Chapter 2: Eruptions of Supply Chain Disruptions

1 Matthew Heller, "Walmart Gets Big Boost From Pandemic Panic," *CFO*, May 19, 2020, https://www.cfo.com/financial-performance/2020/05/ walmart-gets-big-boost-from-pandemic-panic.

2 Jenni Styrk, "Top 100 Fastest Growing & Declining Categories in E-Commerce," Stackline, March

31, 2020, https://www.stackline.com/ news/top-100-gaining-top-100-declining-e-commerce-categories- march-2020.

3 Melissa Repko and Courtney Reagan, "Walmart Earnings Soar as E-Commerce Sales Jump, Shoppers Flock to Stores," *CNBC*, May 19, 2020, https://www.cnbc.com/2020/05/19/walmart-wmt-earnings-q1-2021. html.

4 "How CEOs See Today's Coronavirus World," *Wall Street Journal*, June 11, 2020, https://www.wsj.com/articles/how-ceos-see-todays-coronavirus- world-11587720600.

5 Norihiko Shirouzu and Yilei Sun, "As One of China's 'Detroits' Reopens, World's Automakers Worry about Disruptions," *Reuters*, March 8, 2020, https://www.reuters.com/article/us-health-coronavirus-autos-parts/as-one-of-chinas-detroits-reopens-worlds-automakers-worry-about-disruptions-idUSKBN20V14J.

6 Shirouzu and Sun.

7 Benjamin Franklin, "The Way to Wealth," *Poor Richard's Almanack*, June 1758 (Waterloo, Iowa: U.S.C. Publishing Company, 1914), 22.

8 Jack Ewing, Neal E. Boudette, and Geneva Abdul, "Virus Exposes Cracks in Carmakers' Chinese Supply Chains," *New York Times*, February 4, 2020, https://www.nytimes.com/2020/02/04/business/hyundai-south- korea-coronavirus.html.

9 Chris Paukert, "Nissan First to Halt Japanese Plant over Coronavirus Issue," *Roadshow*, February 10, 2020, https://www.cnet.com/roadshow/ news/nissan-coronavirus-kyushu-plant-stoppage-parts-shortage.

10 Heather Ostis, Vice President of Supply Chain, Delta Air Lines, interview by Yossi Sheffi, June 3, 2020.

11 Mike Duffy, CEO, C&S Wholesales Grocers, interview by Yossi Sheffi, June 4, 2020.

12 Johanna Mayer, "Where Does the Word 'Quarantine' Come From?," Massive Science, accessed July 29, 2020, https://massivesci.com/articles/ quarantine-coronavirus-covid19-etymology-science-friday.

13 Dave Roos, "Social Distancing and Quarantine Were Used in Medieval Times to Fight the Black Death," HISTORY, March 25, 2020, https://www. history.com/news/quarantine-black-death-medieval.

14 "Amazon (AMZN) Q1 2020 Earnings Call Transcript," Rev, May 1, 2020, https://www.rev.com/blog/transcripts/amazon-amzn-q1-2020-earnings- call-transcript.

15 Federal Reserve Bank of St. Louis, "Imports of Goods and Services," FRED Economic Data (FRED, Federal Reserve Bank of St. Louis), accessed July 28, 2020, https://fred.stlouisfed.org/series/IMPGS.

16 Robert Peels et al., "Responding to the Lehman Wave: Sales Forecasting and Supply Management during the Credit Crisis," working paper, BETA Working Paper Series no. 297 (Eindhoven: Beta Research School for Operations Management and Logistics, December 5, 2009), https://www.researchgate.net/publication/228718119_Responding_to_the_Lehman_ wave_sales_forecasting_and_supply_management_during_the_credit_ crisis.

17 Ciara Linnane, "China Government Orders State Banks to Issue More Loans to Small Businesses Hurt by Coronavirus," *MarketWatch*, February 25, 2020, https://www.marketwatch.com/story/china-government- orders-state-banks-to-issue-more-loans-to-small-businesses-hurt-by-coronavirus-2020-02-25.

18 Jan C. Fransoo and Maximiliano Udenio, "Exiting a COVID-19 Lockdown: The Bumpy Road Ahead for Many Supply Chains," pre-print available at SSRN, May 1, 2020, https://doi.org/10.2139/ssrn.3590153.

Chapter 3: Their Finest Hour

1 Jenna Tsui, "How the Grocery Industry Is Responding to New Consumer Behavior," *Supply Chain Brain*, July 24, 2020, https://www. supplychainbrain.com/blogs/1-think-tank/post/31659-how-the-grocery- industry-is-responding-to-new-consumer-behavior.

2 Eric Boehm, "Federal Regulations Are Making the Grocery Store Supply Crunch Worse," *Reason*, April 20, 2020, https://reason.com/2020/04/20/ federal-regulations-are-making-the-grocery-store-supply-crunch-worse.

3 Jessica Fu, "FDA Loosens Nutrition Facts Labeling Requirements to Help Restaurants Sell Unused Food," *The Counter*, March 30, 2020, https:// thecounter.org/fda-nutrition-facts-labeling-restaurants-unused-food- covid-19-coronavirus.

4 Lela Nargi, "Covid-19 Has Forced Large-Scale Farms That Supply Institutions to Dump Produce They Can't Sell. Why Can't It Just Feed Hungry People? We've Got Answers," *The Counter*, April 27, 2020, https:// thecounter.org/covid-19-produce-dumping-food-banks.

5 Jake Bittle, "Beef Producers Are Grinding up Their Nicest Steaks, While Retailers Can't Meet Demand for Cheaper Cuts," *The Counter*, May 6, 2020, https://thecounter.org/beef-producers-grinding-steaks-ground- beef-coronavirus-covid-19-usda.

6 Kate Gibson, "Filet Mignon Is Cheapest in Decade as Coronavirus Upends Meat Supplies," *CBS News*, April 28, 2020, https://www.cbsnews. com/news/coronavirus-supply-filet-mignon-lowest-cost-decade.

7 Hannah Ritchie and Max Roser, "Crop Yields," Our World in Data, 2019, https://ourworldindata.org/crop-yields.

8 James Wong, "The Food Workers Producing Miracles in a Crisis," *Follow the Food, BBC*, accessed August 15, 2020, https://www.bbc.com/future/ bespoke/follow-the-food/the-food-workers-producing-miracles-in-a- crisis.html.

9 International Foodservice Distributors Association (IFDA), "Food Industry Groups Form Partnership to Ensure Sufficient Food Supply Amid COVID-19 Crisis," *Food Logistics*, March 19, 2020, https://www. foodlogistics.com/transportation/press-release/21123237/international-foodservice-distributors-association-ifda-food-industry-groups-form- partnership-to-ensure-sufficient-food-supply-amid-covid19-crisis.

10 Jessica Donati and Alicia Caldwell, "U.S. Keeps Processing Seasonal Worker Visas After Warning From Farmers," *Wall Street Journal*, March 19, 2020, https://www.wsj.com/articles/u-s-keeps-

processing-seasonal-worker-visas-after-warning-from-farmers-11584652889.

11 Evan Ramstad, "For General Mills, Outbreak Spurred a Run on Its Products and Rush in Its Factories," *Star Tribune* (Minneapolis), May 3, 2020, https://www.startribune.com/for-general-mills-outbreak-spurred-a-run-on-its-products-and-rush-in-its-factories/570162402.

12 Connor D. Wolf, "Food Distributors Play Key Role in Coronavirus Crisis," *Transport Topics*, March 26, 2020, https://www.ttnews.com/articles/food-distributors-play-key-role-coronavirus-crisis.

Chapter 4: Finding the Agility to Defeat Fragility

1 "How to Rebound Stronger from COVID-19: Resilience in Manufacturing and Supply Systems" (World Economic Forum, May 1, 2020), https:// www.weforum.org/whitepapers/how-to-rebound-stronger-from-covid-19-resilience-in-manufacturing-and-supply-systems.

2 Evan Ramstad, "For General Mills, Outbreak Spurred a Run on Its Products and Rush in Its Factories," *Star Tribune* (Minneapolis), May 3, 2020, https://www.startribune.com/for-general-mills-outbreak-spurred-a-run-on-its-products-and-rush-in-its-factories/570162402.

3 Scott Horsley, "At The Frozen Pizza Factory That Never Closed: Social Distancing In A Tent," *NPR*, May 7, 2020, https://www.npr.org/sections/ coronavirus-live-updates/2020/05/07/850707023/at-the-frozen-pizza-factory-that-never-closed-social-distancing-in-a-tent.

4 General Mills Inc., "General Mills Reports Results for Fiscal 2020 and Outlines Fiscal 2021 Priorities," news release, July 1, 2020, https://s22. q4cdn.com/584207745/files/doc_financials/2020/q4/General-Mills-Fiscal-2020-Fourth-Quarter-Earnings-Press-Release-(1)-(1).pdf.

5 "Helping the World Respond to COVID-19," 3M, accessed July 29, 2020, https://www.3m.com/3M/en_US/company-us/coronavirus.

6 Saabira Chaudhuri, "Unilever Capitalizes on Coronavirus Cleaning Boom," *Wall Street Journal*, July 23, 2020, https://www.wsj.com/articles/ americans-in-lockdown-buy-cleaning-products-and-ice-cream-lifting-unilever-11595495473.

7 David Williams, "More than 40 Employees Lived at Their Plant for 28 Days to Make Material to Protect Health Care Workers," *CNN*, April 20, 2020, https://www.cnn.com/2020/04/20/us/coronavirus-workers-go-home-trnd/index.html.

8 Jeff Fleck, Senior Vice President – Chief Supply Chain Officer for the Consumer Products Group, Georgia-Pacific, interview by Yossi Sheffi, June 15, 2020.

9 Sarah Nassauer, "Walmart Sales Surge as Coronavirus Drives Americans to Stockpile," *Wall Street Journal*, May 19, 2020, https://www.wsj.com/ articles/walmart-sales-surge-as-coronavirus-drives-americans-to-stockpile-11589888464.

10 "Amazon Hiring on Once Again to Handle Pandemic's Online Shopping Surge," *Retail Customer Experience*, April 14, 2020, https://www. retailcustomerexperience.com/news/amazon-hiring-on-once-again-to-handle-pandemics-online-shopping-surge.

11 Annie Palmer, "Amazon Gives Front-Line Workers a $500 Coronavirus Bonus," *CNBC*, June 29, 2020, https://www.cnbc.com/2020/06/29/ amazon-gives-front-line-workers-a-500-coronavirus-bonus.html.

12 Caroline Delbert, "With Few Willing to Fly, Airliners Are Transforming Into Cargo Planes," *Popular Mechanics*, March 24, 2020, https://www. popularmechanics.com/flight/airlines/a31914424/passenger-airliners- cargo-planes.

13 Meri Stevens, Worldwide Vice President, Consumer Health Supply Chain and Deliver, Johnson & Johnson, interview by Yossi Sheffi, June 4, 2020. (인터뷰 당일 존슨앤존슨는 스티븐스에게 소비자 건강 서플라이 체인 운영을 맡긴다고 발표했다.)

14 Ian Duncan, "Drug Industry Warns That Cuts to Passenger Airline Service Have Put Medical Supplies at Risk," *Washington Post*, May 2, 2020, https://www.washingtonpost.com/local/trafficandcommuting/drug- industry-warns-that-cuts-to-passenger-airline-service-has-put-medical- supplies-at-risk/2020/05/02/d34a7c96-83ff-11ea-ae26-989cfce1c7c7_story. html.

15 "Coronavirus & Shipping: Air Freight, Trucking & More," Freightos, accessed July 28, 2020, https://www.freightos.com/freight-resources/ coronavirus-updates.

16 Heather Ostis, Vice President of Supply Chain, Delta Air Lines, interview by Yossi Sheffi, June 3, 2020.

17 Ostis.

18 James Graham, "Cargo Seat Bags for the Pax Cabin Launched," *Air Cargo Week*, April 7, 2020, https://www.aircargoweek.com/cargo-seat-bags-for- the-pax-cabin-launched.

19 Eric Kulisch, "Delta Air Lines Cabins to Go Naked," *FreightWaves*, August 14, 2020, https://www.freightwaves.com/news/exclusive-delta-air-lines- cabins-to-go-naked.

20 Thomas Pallini, "Air Canada Is Ripping Seats out of Aircraft across Its Fleet to Turn Them into Cargo Planes. See inside the New Boeing 777 and Dash 8-400 Temporary Conversions," *Business Insider*, April 28, 2020, https://www.businessinsider.com/coronavirus-air-canada-converting-three-boeing-777s-to-cargo-only-2020-4.

21 Kyunghee Park, "Korean Air Bucks Virus Challenges to Post Quarterly Profit," *Bloomberg*, August 6, 2020, https://www.bloomberg.com/news/ articles/2020-08-06/korean-air-bucks-virus-challenges-to-post-quarterly- profit?sref=KgV4umfb.

22 Russell Redmann, "C&S Wholesale Grocers Partners with US Foods and Performance Food Group as Coronavirus Disrupts Jobs," *Supermarket News*, March 24, 2020, https://www. supermarketnews.com/retail- financial/cs-wholesale-grocers-us-foods-partner-coronavirus-disrupts- jobs.

23 Redmann.

24 Mike Duffy, CEO, C&S Wholesale Grocers, interview by Yossi Sheffi, June 4, 2020.

25 "Frequently Asked Questions," Walmart Inc., accessed August 15, 2020, https://corporate. walmart.com/frequently-asked-questions.

26 Coral Murphy, "Walmart to Turn 160 Parking Lots into Drive-in Movie Theaters in August,"

USA Today, July 2, 2020, https://www.usatoday. com/story/money/2020/07/02/walmart-turn-160-parking-lots-into-drive- movie-theaters/5366693002.

27 Lauren Thomas, "Mall Owners Renting out Parking Lots during the Coronavirus Pandemic," *CNBC*, July 14, 2020, https://www.cnbc. com/2020/07/14/brookfield-other-us-mall-owners-rent-out-parking-lots- during-pandemic.html.

28 Tom Ryan, "Can Parking Lots Save the Mall?," *RetailWire* (blog), April 26, 2017, https://retailwire.com/discussion/can-parking-lots-save-the-mall.

29 Christina Jewett, Melissa Bailey, and Danielle Renwick, "Exclusive: Nearly 600 — And Counting — US Health Workers Have Died Of COVID-19," *Kaiser Health News*, June 6, 2020, https://khn.org/news/ exclusive-investigation-nearly-600-and-counting-us-health-workers- have-died-of-covid-19.

30 Donald G. McNeil Jr., "Mask Hoarders May Raise Risk of a Coronavirus Outbreak in the U.S.," *New York Times*, January 29, 2020, https://www. nytimes.com/2020/01/29/health/coronavirus-masks-hoarding.html.

31 Keith Bradsher and Liz Alderman, "The World Needs Masks. China Makes Them, but Has Been Hoarding Them," *New York Times*, March 13, 2020, https://www.nytimes.com/2020/03/13/business/masks-china- coronavirus.html.

32 "Walmart (WMT) Earnings Call Transcript Q1 2020: Q1 FY2021 Earnings Release," Rev, accessed July 29, 2020, https://www.rev.com/blog/ transcripts/walmart-wmt-earnings-call-transcript-q1-2020-q1-fy2021- earnings-release.

33 Robert Sherman, "Over 600 Distilleries, Big and Small, Now Making Hand Sanitizer during Coronavirus Outbreak," *Fox News*, April 9, 2020, https://www.foxnews.com/food-drink/distilleries-hand-sanitizer- coronavirus-hundreds.

34 Sherman.

35 Kacey Culliney, "COVID-19: LVMH Perfumes & Cosmetics to Produce Hydroalcoholic Gel for France," CosmeticsDesign-Europe, March 16, 2020, https://www.cosmeticsdesign-europe.com/Article/2020/03/16/ LVMH-Perfumes-Cosmetics-producing-hydroalcoholic-gel-for-France-amid-COVID-19.

36 Thomas Parker, "880,000 Ventilators Needed to Meet Coronavirus Demand, Says Analyst," *NS Medical Devices*, March 25, 2020, https://www. nsmedicaldevices.com/analysis/coronavirus-ventilators-global-demand.

37 Dan Robinson, "Companies Helping to Plug Shortage of Ventilators and Other Medical Kit," *NS Medical Devices*, April 1, 2020, https:// www.nsmedicaldevices.com/analysis/companies-ventilators-shortage- coronavirus.

38 Royal Philips N.V., "Philips Joins Forces with Flex and Jabil to Speed the Production of Hospital Ventilators," news release, April 14, 2020, https://www.philips.com/a-w/about/news/archive/standard/news/articles/2020/20200414-philips-joins-forces-with-flex-and-jabil-to-speed-the-production-of-hospital-ventilators.html.

39 "Flex Ltd. Sets Goal of 30,000 Ventilators a Month," *Evertiq*, April 7, 2020, https://evertiq.com/

news/48046.

40 Lynn Torrel, Chief Supply Chain and Procurement Officer, Flex, interview by Yossi Sheffi, June 1, 2020.

41 Vyaire Medical, "Vyaire Medical and Spirit AeroSystems Partner to Greatly Increase Ventilator Production in Response to COVID-19 Pandemic," news release, May 4, 2020, https://www. vyaire.com/news- events/vyaire-medical-and-spirit-aerosystems-partner-greatly-increase-ventilator-production.

42 Brad Templeton, "Car Companies Are Making Ventilators, But Ventilator Companies, Hackers And CPAP Companies Are Working Harder," *Forbes*, April 20, 2020, https://www.forbes.com/ sites/bradtempleton/2020/04/20/ car-companies-are-making-ventilators-but-ventilator-companies- hackers-and-cpap-companies-are-working-harder.

43 Mike Colias, "Detroit Auto Makers Near Finish Line in Covid-19 Ventilator Push," *Wall Street Journal*, August 15, 2020, https://www.wsj. com/articles/detroit-auto-makers-near-finish-line-in-covid-19-ventilator- push-11597489200.

44 Selina Hurley, "The Man Behind The Motor – William Morris And The Iron Lung," *Science Museum Blog*, March 7, 2013, https://blog.sciencemuseum.org.uk/the-man-behind-the-motor-william-morris-and- the-iron-lung.

45 David Chandler, "Inside MIT's Low-Cost Ventilator Project," *MIT Technology Review*, June 16, 2020, https://www.technologyreview. com/2020/06/16/1002980/inside-mits-low-cost-ventilator-project.

Part 2: Living with Uncertainty

1 Simon Farrant, Olivier Le Peuch, and Stephane Biguet, "Schlumberger First-Quarter 2020 Results Prepared Remarks," https://investorcenter. slb.com/static-files/62d4b006-39dd-464a-b3f5-ce913c079d93.

Chapter 5: The Whack-a-Mole Recovery

1 Marc Santora, "Europe Braces for New Phase in Pandemic With Cases Surging," *New York Times*, August 21, 2020, https://www.nytimes. com/2020/08/21/world/europe/coronavirus-second-wave.html.

2 Heather Haddon, "McDonald's Sales Fall as Coronavirus Pandemic Changes Dining Habits," *Wall Street Journal*, April 30, 2020, https://www. wsj.com/articles/mcdonalds-sales-drop-6-11588248343.

3 Meri Stevens, Worldwide Vice President, Consumer Health Supply Chain and Deliver, Johnson & Johnson, interview by Yossi Sheffi, June 4, 2020.

4 Rob Stein, Carmel Wroth, and Alyson Hurt, "U.S. Coronavirus Testing Still Falls Short. How's Your State Doing?," *NPR*, May 7, 2020, https://www.npr.org/sections/health-

shots/2020/05/07/851610771/u-s- coronavirus-testing-still-falls-short-hows-your-state-doing.

5 Christina Maxouris, "US Could Be in for 'a Bad Fall and a Bad Winter' If It's Unprepared for a Second Wave of Coronavirus, Fauci Warns," *CNN*, April 29, 2020, https://www.cnn.com/2020/04/29/health/us-coronavirus- wednesday/index.html.

6 Kristine A. Moore et al., "COVID-19: The CIDRAP Viewpoint" (Minneapolis: University of Minnesota Center for Infectious Disease Research and Policy, April 30, 2020), https://www.cidrap.umn.edu/sites/ default/files/public/downloads/cidrap-covid19-viewpoint-part1_0.pdf.

7 Stacey L. Knobler et al., The Story of Influenza, The Threat of Pandemic Influenza: Are We Ready? Workshop Summary (Washington, D.C.: National Academies Press, 2005), https://www.ncbi.nlm.nih.gov/books/ NBK22148.

8 Moore et al., "COVID-19: The CIDRAP Viewpoint."

9 James Hadfield et al., "Narrative: August 2020 Update of COVID-19 Genomic Epidemiology," Organization (Nextstrain, August 14, 2020), https://nextstrain.org/narratives/ncov/sit-rep/2020-08-14.

10 Yudith Ho and Claire Jiao, "Southeast Asia Detects Mutated Virus Strain Sweeping the World," *Bloomberg*, August 16, 2020, https://www. bloomberg.com/news/articles/2020-08-17/malaysia-detects-virus-strain- that-s-10-times-more-infectious?sref=KgV4umfb.

11 Jan Hoffman and Ruth Maclean, "Slowing the Coronavirus Is Speeding the Spread of Other Diseases," *New York Times*, June 14, 2020, https:// www.nytimes.com/2020/06/14/health/coronavirus-vaccines-measles.html.

12 Hoffman and Maclean.

13 James Gallagher, "When Will the Coronavirus Outbreak End?," *BBC News*, March 23, 2020, https://www.bbc.com/news/health-51963486.

14 Gallagher.

15 Sharon Begley, "Covid-19's Future: Small Outbreaks, Monster Wave, or Ongoing Crisis," *STAT*, May 1, 2020, https://www.statnews. com/2020/05/01/three-potential-futures-for-covid-19.

16 Gallagher, "When Will the Coronavirus Outbreak End?"

17 "Draft Landscape of COVID-19 Candidate Vaccines" (Geneva: World Health Organization, August 13, 2020), https://www.who.int/ publications/m/item/draft-landscape-of-covid-19-candidate-vaccines.

18 Tung Thanh Le et al., "The COVID-19 Vaccine Development Landscape," *Nature Reviews Drug Discovery* 19 (April 9, 2020): 305 – 306, https://doi. org/10.1038/d41573-020-00073-5.

19 Tyler Clifford, "Developing a Vaccine Takes 10 Years. Sanofi Seeks to Do so within 18 Months," *CNBC*, March 27, 2020, https://www.cnbc.com/2020/03/27/vaccine-development-takes-10-years-sanofi-seeks-to-do- so-in-18-months.html.

20 Matt Simon, "Why Creating a Covid-19 Vaccine Is Taking So Long," *Wired*, May 20, 2020, https://www.wired.com/story/why-creating-a-covid- 19-vaccine-is-taking-so-long.

21 Associated Press, "Only Half of Americans Would Get a COVID-19 Vaccine, Poll Shows," *CBS*

News, May 27, 2020, https://www.cbsnews.com/news/coronavirus-vaccine-half-americans-would-get.

22 Nils Karlson, Charlotta Stern, and Daniel B. Klein, "Sweden's Coronavirus Strategy Will Soon Be the World's," *Foreign Affairs*, May 12, 2020, https://www.foreignaffairs.com/articles/sweden/2020-05-12/swedens-coronavirus-strategy-will-soon-be-worlds.

23 Bojan Pancevski, "Coronavirus Is Taking a High Toll on Sweden's Elderly. Families Blame the Government," *Wall Street Journal*, June 18, 2020, https://www.wsj.com/articles/coronavirus-is-taking-a-high-toll-on-swedens-elderly-families-blame-the-government-11592479430.

24 Gallagher, "When Will the Coronavirus Outbreak End?"

25 Antonio Regalado, "What If Immunity to Covid-19 Doesn't Last?," *MIT Technology Review*, April 27, 2020, https://www.technologyreview.com/2020/04/27/1000569/how-long-are-people-immune-to-covid-19.

26 Sergio Correia, Stephan Luck, and Emil Verner, "Pandemics Depress the Economy, Public Health Interventions Do Not: Evidence from the 1918 Flu," pre-print available at SSRN, June 5, 2020, https://doi.org/10.2139/ssrn.3561560.

27 Chris Isidorre, "A Flood of Corporate Debt Could Make the Economic Recovery More Difficult," *CNN*, April 25, 2020, https://www.cnn.com/2020/04/25/economy/corporate-debt/index.html.

28 "Corporate Bonds and Loans Are at the Centre of a New Financial Scare," *Economist*, March 12, 2020, https://www.economist.com/finance-and-economics/2020/03/12/corporate-bonds-and-loans-are-at-the-centre-of-a-new-financial-scare.

29 Matthew Fox, "Delinquent Mortgages Spike to the Highest Level in 21 Years as COVID-19 Stress Freezes Payments," *Business Insider*, July 17, 2020, https://markets.businessinsider.com/news/stocks/delinquent-mortgages-spike-covid19-stress-freezes-payments-past-due-coronavirus-2020-7-1029405332.

30 Cortney Moore, "Coronavirus Made 40% of Major Retailers Skip May Rent Payments," *Fox Business*, June 8, 2020, https://www.foxbusiness.com/money/coronavirus-retailers-skip-may-rent-payments.

31 Heather Long, "The next Big Problem: Businesses Can't or Won't Pay Their Rent. It's Setting off a Dangerous Chain Reaction," *Washington Post*, June 4, 2020, https://www.washingtonpost.com/business/2020/06/03/next-big-problem-businesses-cant-or-wont-pay-their-rent-its-setting-off-dangerous-chain-reaction.

32 Andrew Soergel and Shelbi Austin, "The 10 Countries With the Most Debt," *U.S. News & World Report*, December 19, 2019, https://www.usnews.com/news/best-countries/slideshows/top-10-countries-with-the-heaviest-burden-of-debt.

33 "How Deep Will Downturns in Rich Countries Be?," *Economist*, April 16, 2020, https://www.economist.com/finance-and-economics/2020/04/16/how-deep-will-downturns-in-rich-countries-be.

34 Emily Badger and Quoctrung Bui, "The Recession Is About to Slam Cities. Not Just the Blue-State Ones," *The Upshot* (blog), *New York Times*, August 17, 2020, https://www.nytimes.

com/2020/08/17/upshot/pandemic- recession-cities-fiscal-shortfall.html.

35 Carmen Reinhart and Vincent Reinhart, "The Pandemic Depression," *Foreign Affairs*, August 6, 2020, https://www.foreignaffairs.com/articles/ united-states/2020-08-06/coronavirus-depression-global-economy.

36 Carmen M. Reinhart and Kenneth S. Rogoff, "Recovery from Financial Crises: Evidence from 100 Episodes," working paper, NBER Working Paper Series no. 19823 (Cambridge, Mass.: National Bureau of Economic Research, January 2014), https://www.nber.org/papers/w19823.pdf.

37 Federico Caniato, Antonella Moretto, and James B. Rice Jr., "A Financial Crisis Is Looming for Smaller Suppliers," *Harvard Business Review*, August 6, 2020, https://hbr.org/2020/08/a-financial-crisis-is-looming-for-smaller- suppliers.

38 "A Crisis Like No Other, An Uncertain Recovery," *World Economic Outlook Update* (Washington, D.C.: Interrnational Monetary Fund, June 2020), https://www.imf.org/en/Publications/WEO/Issues/2020/06/24/ WEOUpdateJune2020.

39 Richard Javad Heydarian, "The Economics of the Arab Spring," *Foreign Policy In Focus* (blog), April 21, 2011, https://fpif.org/the_economics_ of_the_arab_spring/; Andrew Lilico, "How the Fed Triggered the Arab Spring Uprisings in Two Easy Graphs," *Telegraph* (London), May 4, 2011, https://www.telegraph.co.uk/finance/economics/8492078/How-the-Fed- triggered-the-Arab-Spring-uprisings-in-two-easy-graphs.html.

40 "Defund Police, Watch Crime Return," editorial, *Wall Street Journal*, June 8, 2020, https://www.wsj.com/articles/defund-police-watch-crime- return-11591658454.

41 "How CEOs See Today's Coronavirus World," *Wall Street Journal*, June 11, 2020, https://www.wsj.com/articles/how-ceos-see-todays-coronavirus- world-11587720600.

42 Ed Yong, "America's Patchwork Pandemic Is Fraying Even Further," *Atlantic*, May 20, 2020, https://www.theatlantic.com/ health/archive/2020/05/patchwork-pandemic-states-reopening-inequalities/611866.

43 Yossi Sheffi, "Are You Prepared to Manage a Whack-A-Mole Recovery?," *LinkedIn Influencer* (blog), April 24, 2020, https://www.linkedin.com/ pulse/you-prepared-manage-whack-a-mole-recovery-yossi-sheffi.

44 Will Douglas Heaven, "Our Weird Behavior during the Pandemic Is Messing with AI Models," *MIT Technology Review*, May 11, 2020, https:// www.technologyreview.com/2020/05/11/1001563/covid-pandemic-broken- ai-machine-learning-amazon-retail-fraud-humans-in-the-loop.

45 "Dana Incorporated (DAN) Q1 2020 Earnings Call Transcript," The Motley Fool, April 30, 2020, https://www.fool.com/earnings/call- transcripts/2020/04/30/dana-incorporated-dan-q1-2020-earnings-call- transc.aspx.

46 "Aptiv PLC (APTV) Q1 2020 Earnings Call Transcript," The Motley Fool, May 5, 2020, https://www.fool.com/earnings/call-transcripts/2020/05/05/ aptiv-plc-aptv-q1-2020-earnings-call-transcript.aspx.

47 "How CEOs See Today's Coronavirus World."

48 Mike Bird, "The Coronavirus Savings Glut," *Wall Street Journal*, June 23, 2020, https://www.wsj. com/articles/the-coronavirus-savings-glut-11592905053.

49 Oscar Jorda, Sanjay R. Singh, and Alan M. Taylor, "Longer-Run Economic Consequences of Pandemics," working paper (Federal Reserve Bank of San Francisco, June 30, 2020), https:// www.frbsf.org/economic-research/publications/working-papers/2020/09.

Chapter 6: Managing for Ongoing Disruptions

1 "Honeywell International Inc. (NYSE: HON) Q1 2020 Earnings Call Transcript," AlphaStreet, May 1, 2020, https://news.alphastreet.com/ honeywell-international-inc-nyse-hon-q1-2020-earnings-call-transcript.

2 Simon Farrant, Olivier Le Peuch, and Stephane Biguet, "Schlumberger First-Quarter 2020 Results Prepared Remarks," https://investorcenter. slb.com/static-files/62d4b006-39dd-464a-b3f5-ce913c079d93.

3 Sarah O'Brien, "Dividend Cuts May Mean Rethinking Your Retirement Income Strategy," *CNBC*, July 16, 2020, https://www.cnbc.com/2020/07/16/dividend-cuts-may-mean-rethinking-your-retirement-income-strategy.html.

4 Heather Long and Andrew Van Dam, "Pay Cuts Are Becoming a Defining Feature of the Coronavirus Recession," *Washington Post*, July 1, 2020, https://www.washingtonpost.com/business/2020/07/01/pay-cut-economy-coronavirus.

5 Kelly Yamanouchi, "Delta Cuts 70% of Flights, 10,000 Employees to Take Unpaid Leave," *Atlanta Airport Blog, Atlanta Journal-Constitution*, March 18, 2020, https://www.ajc.com/blog/airport/more-than-000-delta-air- lines-employees-take-unpaid-leave/czzGXjjvfv8GQhDSzV4mIP.

6 "How CEOs See Today's Coronavirus World," *Wall Street Journal*, June 11, 2020, https://www.wsj. com/articles/how-ceos-see-todays-coronavirus- world-11587720600.

7 Mike Colias, "In Detroit, Scramble for Cash Upends High-Profile Vehicle Rollouts," *Wall Street Journal*, May 6, 2020, https://www.wsj.com/articles/ general-motors-posts-profit-on-strong-trucks-sales-11588767852.

8 Ben Foldy and Mike Colias, "Auto Makers' Reopening Complicated by Worker Absences Amid Covid Cases," *Wall Street Journal*, June 13, 2020, https://www.wsj.com/articles/auto-makers-reopening-complicated-by- worker-absences-amid-covid-cases-11592074008.

9 Colias, "In Detroit, Scramble for Cash Upends High-Profile Vehicle Rollouts."

10 Adam Hayes and Margaret James, "Cash Conversion Cycle (CCC) Definition," Investopedia, April 12, 2020, https://www.investopedia.com/ terms/c/cashconversioncycle.asp.

11 Federico Caniato, Antonella Moretto, and James B. Rice Jr., "A Financial Crisis Is Looming for Smaller Suppliers," *Harvard Business Review*, August 6, 2020, https://hbr.org/2020/08/a-financial-crisis-is-looming-for-smaller- suppliers.

12 Lynn Torrel, Chief Supply Chain and Procurement Officer, Flex, interview by Yossi Sheffi, June 1,

2020.

13 Torrel.

14 Olaf Schatteman, Drew Woodhouse, and Joe Terino, "Supply Chain Lessons from Covid-19: Time to Refocus on Resilience" (Sydney: Bain & Company, April 27, 2020), https://www.bain.com/insights/supply-chain-lessons-from-covid-19.

15 Daniel Biran, Vice President, Security, Biogen, interview by Yossi Sheffi, June 26, 2020.

16 Torrel, Chief Supply Chain and Procurement Officer, Flex.

17 Mike Duffy, CEO, C&S Wholesale Grocers, interview by Yossi Sheffi, June 4, 2020.

18 Yossi Sheffi, *The Power of Resilience: How the Best Companies Manage the Unexpected* (Cambridge, Mass.: MIT Press, 2015), 64, https://mitpress.mit.edu/books/power-resilience.

19 Ralph Keyes, *The Quote Verifier: Who Said What, Where, and When* (New York: St. Martin's Griffin, 2006), 165-166, https://ralphkeyes.com/book/quote-verifier.

20 Yossi Sheffi, *The Resilient Enterprise: Overcoming Vulnerability for Competitive Advantage* (Cambridge, Mass.: MIT Press, 2005), 348, https://mitpress.mit.edu/books/resilient-enterprise.

21 Evan Ramstad, "For General Mills, Outbreak Spurred a Run on Its Products and Rush in Its Factories," *Star Tribune* (Minneapolis), May 3, 2020, https://www.startribune.com/for-general-mills-outbreak-spurred-a-run-on-its-products-and-rush-in-its-factories/570162402.

22 Dave Wheeler, Chief Operating Officer, New Balance, interview by Yossi Sheffi, May 27, 2020.

23 Jonathan Tilley, "Analysis: Malaysia Airlines' Mishandled Response to the MH370 Crisis," *PRWeek*, March 21, 2014, http://www.prweek.com/article/1286333/analysis-malaysia-airlines-mishandled-response-mh370-crisis?utm_source=website&utm_medium=social.

24 Ramstad, "For General Mills, Outbreak Spurred a Run on Its Products and Rush in Its Factories."

Chapter 7: Managing for Whack-a-Mole Supply

1 Mayra Rodriguez Valladares, "U.S. Corporate Debt Continues To Rise As Do Problem Leveraged Loans," *Forbes*, June 25, 2019, https://www.forbes.com/sites/mayrarodriguezvalladares/2019/07/25/u-s-corporate-debt-continues-to-rise-as-do-problem-leveraged-loans/#7a45d17d3596.

2 "Honeywell International Inc. (NYSE: HON) Q1 2020 Earnings Call Transcript," AlphaStreet, May 1, 2020, https://news.alphastreet.com/honeywell-international-inc-nyse-hon-q1-2020-earnings-call-transcript.

3 Yossi Sheffi, *The Resilient Enterprise: Overcoming Vulnerability for Competitive Advantage* (Cambridge, Mass.: MIT Press, 2005), https://mitpress.mit.edu/books/resilient-enterprise.

4 Yossi Sheffi, *The Power of Resilience: How the Best Companies Manage the Unexpected* (Cambridge, Mass.: MIT Press, 2015), https://mitpress.mit.edu/books/power-resilience.

5 Yossi Sheffi, "A Quake Breaks a Supply Chain," in *The Power of Resilience: How the Best Companies Manage the Unexpected* (Cambridge, Mass.: MIT Press, 2015), 1-26, https://mitpress.mit.edu/

books/power-resilience.

6 Sheffi, *Power of Resilience*, 97.

7 Bindiya Vakil, CEO, Resilinc, interview by Sheffi Yossi, June 11, 2020.

8 Ravi Anupindi, "Supply Chain Risk Management at Cisco: Response to H1N1" (Ann Arbor, Mich.: WDI Publishing, July 17, 2012), https:// wdi-publishing.com/product/supply-chain-risk-management-at-cisco- response-to-h1n1.

9 Vakil, CEO, Resilinc.

10 Vakil.

11 "How to Rebound Stronger from COVID-19: Resilience in Manufacturing and Supply Systems" (World Economic Forum, May 1, 2020), https:// www.weforum.org/whitepapers/how-to-rebound-stronger-from-covid-19- resilience-in-manufacturing-and-supply-systems.

12 Tim Ryan et al., "PwC's COVID-19 CFO Pulse Survey" (PricewaterhouseCoopers, April 27, 2020), https://www.pwc.com/us/en/ library/covid-19/pwc-covid-19-cfo-pulse-survey-4.html.

13 Sheffi, *Power of Resilience*, 97-99.

14 Yossi Sheffi, *Logistics Clusters: Delivering Value and Driving Growth* (Cambridge, Mass.: MIT Press, 2012), https://mitpress.mit.edu/books/ logistics-clusters.

15 Michael E. Porter, "Clusters and the New Economics of Competition," *Harvard Business Review*, December 1998, https://hbr.org/1998/11/clusters- and-the-new-economics-of-competition.

16 Dina Gerdeman, "How the Coronavirus Is Already Rewriting the Future of Business," *Harvard Business School Working Knowledge*, March 16, 2020, http://hbswk.hbs.edu/item/how-the-coronavirus-is-already-rewriting-the- future-of-business.

17 Ryan et al., "PwC's COVID-19 CFO Pulse Survey."

18 Kate Connolly, "Meat Plant Must Be Held to Account for Covid-19 Outbreak, Says German Minister," *Guardian* (Manchester), June 22, 2020, https://www.theguardian.com/world/2020/jun/22/meat-plant-must- be-held-to-account-covid-19-outbreak-germany.

19 Sheffi, *Power of Resilience*, 129.

20 Rachel Jewett, "Lockheed Martin to Advance $50M to Supply Chain Businesses in COVID-19 Response," *Via Satellite*, March 27, 2020, https:// www.satellitetoday.com/business/2020/03/27/lockheed-martin-to- advance-50m-to-supply-chain-businesses-in-covid-19-response.

21 Vodafone Group, "Vodafone Launches Five-Point Plan to Help Counter the Impacts of the COVID-19 Outbreak," news release, March 18, 2020, https://www.vodafone.com/news-and-media/vodafone-group-releases/ news/vodafone-launches-five-point-plan-to-help-counter-the-impacts-of- the-covid-19-outbreak.

22 World Economic Forum, "How to Rebound Stronger from COVID-19."

23 Evan Ramstad, "For General Mills, Outbreak Spurred a Run on Its Products and Rush in Its Factories," *Star Tribune* (Minneapolis), May 3, 2020, https://www.startribune.com/for-general-mills-outbreak-spurred-a- run-on-its-products-and-rush-in-its-factories/570162402.

24 Micah Maidenberg, "Fewer Products, Localized Production—Companies Seek Supply-Chain Solutions," *Wall Street Journal*, April 26, 2020, https:// www.wsj.com/articles/coronavirus-disrupted-supply-chains-that- companies-are-still-fixing-11587893401.

25 Stuart Lau, "Netherlands Recalls 600,000 Face Masks from China Due to Low Quality," *South China Morning Post*, March 29, 2020, https://www. scmp.com/news/china/diplomacy/article/3077428/netherlands-recalls- 600000-face-masks-china-due-low-quality.

26 The National Personal Protective Technology Laboratory, "Counterfeit Respirators / Misrepresentation of NIOSH-Approval," Centers for Disease Control and Prevention, August 7, 2020, https://www.cdc.gov/ niosh/npptl/usernotices/counterfeitResp.html.

Chapter 8: Managing for Whack-a-Mole Demand

1 "Amazon (AMZN) Q1 2020 Earnings Call Transcript," Rev, May 1, 2020, https://www.rev.com/blog/transcripts/amazon-amzn-q1-2020-earnings- call-transcript.

2 Mike Robuck, "Report: Despite Covid-19 Disruption in 2020, Data Center Capex Poised to Hit More than $200B over next Five Years," Fierce Telecom (blog), July 24, 2020, https://www.fiercetelecom.com/telecom/ report-despite-covid-19-disruption-2020-data-center-capex-poised-to- hit-more-than-200b-over.

3 Alicia Wallace, "Walmart CEO Says We're in the 'Hair Color' Phase of Panic Buying," *CNN Business*, April 11, 2020, https://www.cnn.com/2020/04/11/business/panic-buying-walmart-hair-color-coronavirus/ index.html.

4 Michael Raeford, "Walmart Handles More than 1 Million Customer Transactions Every Hour, Which Is Imported into Databases Estimated to Contain More than 2.5 Petabytes of Data," GrabStats, accessed August 10, 2020, http://www.grabstats.com/stats/2036.

5 "Google Trends," Google Trends, accessed August 10, 2020, https:// trends.google.com/trends/?geo=US.

6 Alyssa Fowers, "Last Year, We Searched Google for How to Tie a Tie. Now We're Using It to Find Toilet Paper," *Washington Post*, April 17, 2020, https://www.washingtonpost.com/business/2020/04/17/last-year-we- searched-google-how-tie-tie-now-were-using-it-find-toilet-paper.

7 Will Douglas Heaven, "Our Weird Behavior during the Pandemic Is Messing with AI Models," *MIT Technology Review*, May 11, 2020, https:// www.technologyreview.com/2020/05/11/1001563/covid-pandemic-broken- ai-machine-learning-amazon-retail-fraud-humans-in-the-loop.

8 Martin Reeves et al., "How Chinese Companies Have Responded to Coronavirus," *Harvard Business Review*, March 10, 2020, https://hbr. org/2020/03/how-chinese-companies-have-responded-to-coronavirus.

9 Yossi Sheffi, "Reducing the White-Space," in *The Power of Resilience: How the Best Companies Manage the Unexpected* (Cambridge, Mass.: MIT Press, 2015), 53–78, https://mitpress.mit.edu/books/power-resilience.

10 Micah Maidenberg, "Fewer Products, Localized Production—Companies Seek Supply-Chain

Solutions," *Wall Street Journal*, April 26, 2020, https:// www.wsj.com/articles/coronavirus-disrupted-supply-chains-that- companies-are-still-fixing-11587893401.

11 Evan Ramstad, "For General Mills, Outbreak Spurred a Run on Its Products and Rush in Its Factories," *Star Tribune* (Minneapolis), May 3, 2020, https://www.startribune.com/for-general-mills-outbreak-spurred-a- run-on-its-products-and-rush-in-its-factories/570162402.

12 Mike Duffy, CEO, C&S Wholesale Grocers, interview by Yossi Sheffi, June 4, 2020.

13 Heather Zenk, "How Do Allocations Work for the Pharma Supply Chain?," AmerisourceBergen, April 16, 2020, https://www.amerisourcebergen.com/insights/how-do-allocations-work-for-the- pharma-supply-chain.

14 Jason Aten, "Amazon Says It Will Prioritize Essentials and Stop All Shipments of Other Products to Its Warehouses," *Inc.*, March 18, 2020, https://www.inc.com/jason-aten/amazon-says-it-will-prioritize-essentials- stop-all-shipments-of-other-products-to-its-warehouses.html.

15 Michael Bartiromo, "Danish Market Creatively Prices Hand Sanitizer to Discourage Coronavirus Hoarding," *Fox News*, March 23, 2020, https:// www.foxnews.com/lifestyle/danish-market-prices-hand-sanitizer- coronavirus-hoarding.

16 "Auctions," Federal Communications Commission, accessed August 10, 2020, https://www.fcc.gov/auctions.

17 Nick McKenzie and Anthony Galloway, "Coronavirus: Former CCP General Accused of COVID-19 Mask Mark-Ups," *Sydney Morning Herald*, April 1, 2020, https://www.smh.com.au/national/profiting-from-a- pandemic-former-chinese-officer-accused-of-huge-covid-19-mark-ups- 20200401-p54g4h.html.

18 Suhauna Hussain, "EBay Bans Sales of Masks and Hand Sanitizer in Response to Coronavirus Price Gouging," *Los Angeles Times*, March 6, 2020, https://www.latimes.com/business/technology/story/2020-03-06/ ebay-bans-n95-masks-hand-sanitizer-coronavirus-price-gouging.

19 Larry Olmsted, "Whiskey Or Water? Marketing Nightmare As Bourbon Fans Incensed Over Choice," *Forbes*, February 14, 2013, https://www. forbes.com/sites/larryolmsted/2013/02/14/whiskey-or-water-marketing- nightmare-as-bourbon-fans-incensed-over-choice/#2cfd9ae277fa.

20 Associated Press, "Whiskey Lovers Cheer as Maker's Mark Restores Proof," *CBS News*, February 17, 2013, https://www.cbsnews.com/news/ whiskey-lovers-cheer-as-makers-mark-restores-proof.

21 Yossi Sheffi, "Who Gets What When Supply Chains Are Disrupted?," *MIT Sloan Management Review*, May 27, 2020, https://sloanreview.mit.edu/ article/who-gets-what-when-supply-chains-are-disrupted.

22 Sheffi, "Who Gets What When Supply Chains Are Disrupted?".

Chapter 9: More Business Resilience Planning and Testing

1 "Ford Motor Co. (F) Q1 2020 Earnings Call Transcript," The Motley Fool, April 28, 2020,

https://www.fool.com/earnings/call-transcripts/2020/04/28/ford-motor-co-f-q1-2020-earnings-call-transcript. aspx.

2 Matt Apuzzo, Selam Gebrekidan, and David D. Kirkpatrick, "How the World Missed Covid-19's Silent Spread," *New York Times*, June 27, 2020, sec. World, https://www.nytimes.com/2020/06/27/world/europe/ coronavirus-spread-asymptomatic.html.

3 Christopher Chadwick, The next flu pandemic: a matter of 'when', not 'if,' interview by World Health Organization Regional Office for the Eastern Mediterranean, February 2019, http://www.emro.who.int/pandemic-epidemic-diseases/news/the-next-flu-pandemic-a-matter-of- when-not-if.html.

4 Ralf Busche, Senior Vice President, Global Supply Chain Strategy & Management, BASF Group, interview by Yossi Sheffi, June 8, 2020.

5 Shardul Phadnis, Chris Caplice, and Yossi Sheffi, "How Scenario Planning Influences Strategic Decisions," *MIT Sloan Management Review*, June 2016, http://sloanreview.mit.edu/article/how-scenario-planning- influences-strategic-decisions.

6 Phadnis, Caplice, and Sheffi.

7 "Kimberly-Clark Corp. (KMB) Q1 2020 Earnings Call Transcript," The Motley Fool, April 22, 2020, https://www.fool.com/earnings/call-transcripts/2020/04/22/kimberly-clark-corp-kmb-q1-2020-earnings-call- tran.aspx.

8 "How to Rebound Stronger from COVID-19: Resilience in Manufacturing and Supply Systems" (World Economic Forum, May 1, 2020), https:// www.weforum.org/whitepapers/how-to-rebound-stronger-from-covid-19- resilience-in-manufacturing-and-supply-systems.

9 "Ludwigshafen Site Strong in the Verbund" (Ludwigshafen am Rhein, Germany: BASF SE), accessed August 10, 2020, https://www.basf.com/ global/de/documents/Ludwigshafen/2020_site_brochure_Ludwigshafen_ EN.pdf.

10 "Verbund," BASF SE, accessed August 10, 2020, https://www.basf.com/us/ en/who-we-are/strategy/verbund.html.

11 Busche, Senior Vice President, Global Supply Chain Strategy & Management, BASF Group.

12 Stefan Brüggemann et al., "Support of Strategic Business Decisions at BASF's Largest Integrated Production Site Based on Site-Wide Verbund Simulation," ed. Bertrand Braunschweig and Xavier Joulia, *Computer Aided Chemical Engineering* 25 (2008): 925 – 930, https://doi.org/10.1016/S1570-7946(08)80160-5.

13 Jon Brodkin, "Netflix Attacks Own Network with 'Chaos Monkey'—and Now You Can Too," *Ars Technica*, July 30, 2012, https://arstechnica.com/ information-technology/2012/07/netflix-attacks-own-network-with- chaos-monkey-and-now-you-can-too.

14 Lorin Hochstein and Casey Rosenthal, "Netflix Chaos Monkey Upgraded," *Netflix Technology Blog*, Medium, March 24, 2018, https:// netflixtechblog.com/netflix-chaos-monkey-upgraded-1d679429be5d.

15 "Principles of Chaos Engineering," Principles of Chaos Engineering, May 2018, http://principlesofchaos.org.

16 "Red Team vs Blue Team," *EC-Council Blog*, June 15, 2019, https://blog. eccouncil.org/red–team–vs–blue–team.

Part 3: Adjustment Required

1 "How CEOs See Today's Coronavirus World," *Wall Street Journal*, June 11, 2020, https://www.wsj.com/articles/how-ceos-see-todays-coronavirus- world-11587720600.

2 Thomson Reuters, "Q1 2020 AT&T Inc Earnings Call," 2020, https:// investors.att.com/~/media/Files/A/ATT-IR/financial-reports/quarterly- earnings/2020/Final%201Q20%20earnings%20transcript.pdf.

3 "United Parcel Service Inc. (UPS) Q1 2020 Earnings Call Transcript," The Motley Fool, April 28, 2020, https://www.fool.com/earnings/call- transcripts/2020/04/28/united-parcel-service-inc-ups–q1–2020–earnings– cal.aspx.

4 Evan Ramstad, "For General Mills, Outbreak Spurred a Run on Its Products and Rush in Its Factories," *Star Tribune* (Minneapolis), May 3, 2020, https://www.startribune.com/for-general-mills-outbreak-spurred-a- run-on-its-products-and-rush-in-its-factories/570162402.

Chapter 10: Creating Safe Zones

1 Emily Badger and Alicia Parlapiano, "Government Orders Alone Didn't Close the Economy. They Probably Can't Reopen It," The Upshot (blog), *New York Times*, May 7, 2020, https://www.nytimes.com/2020/05/07/ upshot/pandemic-economy-government-orders.html.

2 Austan Goolsbee and Chad Syverson, "Fear, Lockdown, and Diversion: Comparing Drivers of Pandemic Economic Decline 2020," working paper (Becker Friedman Institute for Economics at the University of Chicago, June 2020), https://bfi.uchicago.edu/wp-content/uploads/BFI_WP_202080v2.pdf.

3 John Maynard Keynes, *The General Theory of Employment, Interest and Money* (London: Macmillan, 1936), 161–162.

4 William Wan and Carolyn Y. Johnson, "Coronavirus May Never Go Away, Even with a Vaccine," *Washington Post*, May 27, 2020, https://www. washingtonpost.com/health/2020/05/27/coronavirus-endemic.

5 "Sharing What We've Learned: A Blueprint for Businesses" (The Kroger Co., July 15, 2020), https://www.thekrogerco.com/wp-content/ uploads/2020/04/Krogers-Blueprint-for-Businesses.pdf.

6 Christina Prignano, "Read the Safety Standards Workplaces Must Implement Once They're Allowed to Reopen," *Boston Globe*, May 11, 2020, https://www.bostonglobe.com/2020/05/11/metro/read-safety-standards- workplaces-must-implement-before-reopening.

7 "How CEOs See Today's Coronavirus World," *Wall Street Journal*, June 11, 2020, https://www.wsj.com/articles/how-ceos-see-todays-coronavirus- world-11587720600.

8 Polly J. Price, "How a Fragmented Country Fights a Pandemic," *Atlantic*, March 19, 2020, https://www.theatlantic.com/ideas/archive/2020/03/how- fragmented-country-fights-pandemic/608284.

9 Nina Strochlic and Riley Champine, "How Some Cities 'Flattened the Curve' during the 1918 Flu Pandemic," *National Geographic*, March 27, 2020, https://www.nationalgeographic.com/history/2020/03/how-cities- flattened-curve-1918-spanish-flu-pandemic-coronavirus.

10 Amy Qin, Steven Lee Myers, and Elaine Yu, "China Tightens Wuhan Lockdown in 'Wartime' Battle With Coronavirus," *New York Times*, February 6, 2020, https://www.nytimes.com/2020/02/06/world/asia/ coronavirus-china-wuhan-quarantine.html.

11 Emily Feng and Amy Cheng, "Restrictions And Rewards: How China Is Locking Down Half A Billion Citizens," *NPR*, February 21, 2020, https:// www.npr.org/sections/goatsandso da/2020/02/21/806958341/restrictions- and-rewards-how-china-is-locking-down-half-a-billion-citizens.

12 Grace Hauck and Jorge L. Ortiz, "Coronavirus in the US: How All 50 States Are Responding – and Why Eight Still Refuse to Issue Stay-at- Home Orders," *USA Today*, March 30, 2020, https://www.usatoday.com/ story/news/nation/2020/03/30/coronavirus-stay-home-shelter-in-place- orders-by-state/5092413002.

13 Brian Welk and Samson Amore, "GameStop Says Work From Home Products – Not Just Video Games – Makes Them 'Essential Retail,'" *Yahoo Entertainment*, March 20, 2020, https://www.yahoo. com/entertainment/gamestop-stores-stay-open-amid-221944632. html?guccounter=15.

14 "City of Atlanta Coronavirus Disease 2019 (COVID-19) Response," City of Atlanta, accessed August 11, 2020, https://www.atlantaga.gov/ government/mayor-s-office/city-of-atlanta-covid-19-response.

15 Michael Corkery and Annie Karni, "Trump Administration Restricts Entry Into U.S. From China," *New York Times*, January 31, 2020, https:// www.nytimes.com/2020/01/31/business/china-travel-coronavirus.html.

16 Ana L.P. Mateus et al., "Effectiveness of Travel Restrictions in the Rapid Containment of Human Influenza: A Systematic Review," *Bulletin of the World Health Organization* 92 (September 24, 2014): 868 –880D, https:// doi.org/10.2471/BLT.14.135590.

17 Mona O'Brien and Samuel Cohn, "Contact Tracing: How Physicians Used It 500 Years Ago to Control the Bubonic Plague," *The Conversation*, June 3, 2020, http://theconversation.com/contact-tracing-how-physicians- used-it-500-years-ago-to-control-the-bubonic-plague-139248.

18 Mark Zastrow, "Coronavirus Contact-Tracing Apps: Can They Slow the Spread of COVID-19?," *Nature*, May 19, 2020, https://www.nature.com/ articles/d41586-020-01514-2.

19 Zastrow.

20 Kelly Servick, "COVID-19 Contact Tracing Apps Are Coming to a Phone near You. How Will We Know Whether They Work?," *Science*, May 21, 2020, https://www.sciencemag.org/news/2020/05/countries-around- world-are-rolling-out-contact-tracing-apps-contain-coronavirus-how.

21 Mary Van Beusekom, "Study: Contact Tracing Slowed COVID-19 Spread in China," *CIDRAP News*, University of Minnesota Center for Infectious Disease Research and Policy, April 28, 2020, https://www.cidrap.umn. edu/news-perspective/2020/04/study-contact-tracing-slowed-covid-19- spread-china.

22 Heesu Lee, "These Elite Contact Tracers Show the World How to Beat Covid-19," *BloombergQuint*, July 26, 2020, https://www.bloombergquint. com/coronavirus-outbreak/these-elite-contact-tracers-show-the-world- how-to-beat-covid-19.

23 Zastrow, "Coronavirus Contact-Tracing Apps."

24 Russell Brandom, "Answering the 12 Biggest Questions about Apple and Google's New Coronavirus Tracking Project," *The Verge*, April 11, 2020, https://www.theverge. com/2020/4/11/21216803/apple-google-coronavirus- tracking-app-covid-bluetooth-secure.

25 Sara Morrison, "Perhaps Months Too Late, a Covid-19 Contact Tracing App Comes to America," *Vox*, August 6, 2020, https://www.vox.com/ recode/2020/8/6/21357098/apple-google-exposure-notification-virginia- contact-tracing.

26 Alison Sider and Michelle Hackman, "TSA Preparing to Check Passenger Temperatures at Airports Amid Coronavirus Concerns," *Wall Street Journal*, May 16, 2020, https://www.wsj.com/articles/tsa-preparing-to- check-passenger-temperatures-11589579570.

27 "General Motors Co. (GM) Q1 2020 Earnings Call Transcript," The Motley Fool, May 6, 2020, https://www.fool.com/earnings/call-transcripts/2020/05/06/general-motors-co-gm-q1-2020-earnings-call- transcr.aspx.

28 Nicole Jawerth, "How Is the COVID-19 Virus Detected Using Real Time RT-PCR?," International Atomic Energy Agency, March 27, 2020, https:// www.iaea.org/newscenter/news/how-is-the-covid-19-virus-detected- using-real-time-rt-pcr.

29 Kay Lazar, "Do-It-Yourself Coronavirus Testing Sparks Kudos, and Caution," *Boston Globe*, August 22, 2020, https://www.bostonglobe. com/2020/08/22/metro/do-it-yourself-coronavirus-testing-sparks-kudos- caution/?s_campaign=breakingnews:newsletter.

30 "Health Pass," CLEAR, accessed August 11, 2020, https://www.clearme. com/healthpass.

31 A. Wilder-Smith and D.R. Hill, "International Certificate of Vaccination or Prophylaxis," *Lancet* 370, no. 9587 (August 18, 2007): 565, https://doi. org/10.1016/S0140-6736(07)61291-4.

32 "'Immunity Passports' in the Context of COVID-19" (Geneva: World Health Organization, April 24, 2020), https://www.who.int/news-room/ commentaries/detail/immunity-passports-in-the-context-of-covid-19.

33 Shining Tan, "China's Novel Health Tracker: Green on Public Health, Red on Data Surveillance," *Trustee China Hand* (blog), Center for Strategic & International Studies, May 4, 2020, https:// www.csis.org/blogs/trustee- china-hand/chinas-novel-health-tracker-green-public-health-red-data- surveillance.

34 Tautvile Daugelaite, "China's Health Code System Shows the Cost of Controlling Coronavirus," *Wired* (UK edition), July 17, 2020, https://www. wired.co.uk/article/china-coronavirus-health-code-qr.

35 Paul Mozur, Raymond Zhong, and Aaron Krolik, "In Coronavirus Fight, China Gives Citizens a Color Code, With Red Flags," *New York Times*, March 1, 2020, https://www.nytimes.com/2020/03/01/business/china-coronavirus-surveillance.html.

36 "COVID-19 Pandemic Planning Scenarios" (Centers for Disease Control and Prevention, July 10, 2020), https://www.cdc.gov/coronavirus/2019-ncov/hcp/planning-scenarios.html.

37 Mozur, Zhong, and Krolik, "In Coronavirus Fight, China Gives Citizens a Color Code, With Red Flags."

38 Marija Zivanovic-Smith, Senior Vice President, Corporate Marketing, Communications, and External Affairs of NCR, interview by Yossi Sheffi, May 26, 2020.

39 Zivanovic-Smith.

40 Stefan Lazarevic, General Manager, NCR Serbia & EMEA External Affairs Director, interview by Yossi Sheffi, May 26, 2020.

41 Alex Williams, "The Drones Were Ready for This Moment," *New York Times*, May 23, 2020, https://www.nytimes.com/2020/05/23/style/drones-coronavirus.html.

42 Jennifer Nalewicki, "Singapore Is Using a Robotic Dog to Enforce Proper Social Distancing During COVID-19," *Smithsonian Magazine*, May 21, 2020, https://www.smithsonianmag.com/smart-news/singapore-using-robotic-dog-enforce-proper-social-distancing-during-covid-19-180974912.

43 Annie Palmer, "Amazon Is Testing a Wearable Device That Lights up and Beeps When Warehouse Workers Get Too Close to Each Other," *CNBC*, June 16, 2020, https://www.cnbc.com/2020/06/16/amazon-tests-wearable-social-distancing-device-for-warehouse-workers.html.

44 Allison Aubrey, "No-Touch Greetings Take Off: People Are Getting Creative About Saying 'Hi,'" *NPR*, March 15, 2020, https://www.npr.org/sections/health-shots/2020/03/15/814540484/no-touch-greetings-take-off-people-are-getting-creative-about-saying-hi.

45 "Google Search: Gadgets for Contactless World," Google, accessed August 11, 2020, https://www.google.com/search?source=univ&tbm=isch&q=gadgets+for+contactless+world.

46 "How to Rebound Stronger from COVID-19: Resilience in Manufacturing and Supply Systems" (World Economic Forum, May 1, 2020), https://www.weforum.org/whitepapers/how-to-rebound-stronger-from-covid-19-resilience-in-manufacturing-and-supply-systems.

47 Nancy Cleeland, "Masks On? What Employers Need to Know About Face Coverings at Work," Society for Human Resource Management, June 15, 2020, https://www.shrm.org/resourcesandtools/hr-topics/employee-relations/pages/face-masks.aspx.

48 "Legal Alert: Businesses That Mandate Masks For Employees And Customers Need To Consider ADA Issues," Fisher Phillips LLP, May 30, 2020, https://www.fisherphillips.com/resources-alerts-businesses-that-mandate-masks-for-employees-and.

49 "Considerations for Wearing Masks," Centers for Disease Control and Prevention, August 7, 2020, https://www.cdc.gov/coronavirus/2019-ncov/prevent-getting-sick/cloth-face-cover-guidance.html.

50 Rupert Wingfield-Hayes, "The Puzzle of Japan's Low Virus Death Rate," *BBC News*, July 4, 2020, https://www.bbc.com/news/world-asia-53188847.

51 Joel Rush, "Mask Use Still Widespread In Slowly Reopening Japan As Coronavirus Cases Remain Low," *Forbes*, June 22, 2020, https://www. forbes.com/sites/joelrush/2020/06/22/mask-use-still-widespread-in-slowly-reopening-japan-as-coronavirus-cases-remain-low.

52 Stephen Chen, "Face Masks Save Lives, Japanese Coronavirus Study Says," *South China Morning Post*, June 25, 2020, https://www.scmp.com/ news/china/science/article/3090440/coronavirus-face-masks-save-lives- japanese-study-says.

53 Thomas Parker, "Will Covid-19 Change the Future of the Hand Sanitiser Market?," *NS Medical Devices*, May 20, 2020, https://www. nsmedicaldevices.com/analysis/hand-sanitiser-future-market.

54 Lauren Gelman, "40+ of the Most Trusted Brands In America," *Reader's Digest*, September 11, 2018, https://www.rd.com/list/most-trusted-brands- america.

55 Jamie Bell, "Germ-Zapping Robots That Could Clean Offices and Hotels after Covid-19," *NS Medical Devices*, May 21, 2020, https://www. nsmedicaldevices.com/news/germ-zapping-robots-covid-19-xenex.

56 Heather Ostis, Vice President of Supply Chain, Delta Air Lines, interview by Yossi Sheffi, June 3, 2020.

57 E.C. Riley, G. Murphy, and R.L. Riley, "Airborne Spread of Measles in a Suburban Elementary School," *Journal of Epidemiology* 107, no. 5 (May 1978): 421-432, https://doi.org/10.1093/oxfordjournals.aje.a112560.

58 Timo Smieszek, Gianrocco Lazzari, and Marcel Salathé, "Assessing the Dynamics and Control of Droplet- and Aerosol-Transmitted Influenza Using an Indoor Positioning System," *Scientific Reports* 9 (February 18, 2019): 2185, https://doi.org/10.1038/s41598-019-38825-y.

59 "Communities, Schools, Workplaces, & Events," Centers for Disease Control and Prevention, April 30, 2020, https://www.cdc.gov/ coronavirus/2019-ncov/community/office-buildings.html.

60 Olivia Mayes, "Air Filtration Systems Help Keep Aircraft Cabins Safe," Delta News Hub, Delta Air Lines, March 14, 2020, https://news.delta.com/ video-air-filtration-systems-help-keep-aircraft-cabins-safe.

61 Evan Ramstad, "For General Mills, Outbreak Spurred a Run on Its Products and Rush in Its Factories," *Star Tribune* (Minneapolis), May 3, 2020, https://www.startribune.com/for-general-mills-outbreak-spurred-a- run-on-its-products-and-rush-in-its-factories/570162402.

62 Bojan Pancevski, "Countries That Kept a Lid on Coronavirus Look to Each Other to Revive Their Economies," *Wall Street Journal*, May 2, 2020, https://www.wsj.com/articles/countries-that-kept-a-lid-on-coronavirus- look-to-each-other-to-revive-their-economies-11588424855.

Chapter 11: Cool Home Offices

1 Sarah Moseley, "Top 4 Interactive Whiteboard Apps," *Highfive* (blog), accessed August 23, 2020,

https://highfive.com/blog/top-4-interactive-whiteboard-apps-remote-meetings.

2 Board of Governors of the Federal Reserve System, "Report on the Economic Well-Being of U.S. Households in 2019, Featuring Supplemental Data from April 2020" (Washington, D.C.: Federal Reserve System, May 2020), https://www.federalreserve.gov/publications/2020-economic-well-being-of-us-households-in-2019-financial-repercussions-from-covid-19.htm.

3 "How to Rebound Stronger from COVID-19: Resilience in Manufacturing and Supply Systems" (World Economic Forum, May 1, 2020), https://www.weforum.org/whitepapers/how-to-rebound-stronger-from-covid-19-resilience-in-manufacturing-and-supply-systems.

4 Lee Clifford, "Working from Home Is Going So Well That This Fortune 100 Company Is Going to Keep Doing It—Permanently," *Fortune*, May 11, 2020, https://fortune.com/2020/05/11/permanent-work-from-home-coronavirus-nationwide-fortune-100.

5 "Microsoft Corp. (MSFT) CEO Satya Nadella on Q3 2020 Results," Seeking Alpha, April 30, 2020, https://seekingalpha.com/article/4341291-microsoft-corp-msft-ceo-satya-nadella-on-q3-2020-results-earnings-call-transcript.

6 Sascha Segan, "What Is 5G?," *PCMag*, April 6, 2020, https://www.pcmag.com/news/what-is-5g.

7 Darren Allan, "Wi-Fi 6: Everything You Need to Know," *TechRadar*, October 29, 2019, https://www.techradar.com/news/wi-fi-6-release-date-news-and-rumors.

8 Jon Brodkin, "Millimeter-Wave 5G Will Never Scale beyond Dense Urban Areas, T-Mobile Says," *Ars Technica*, April 22, 2019, https://arstechnica.com/information-technology/2019/04/millimeter-wave-5g-will-never-scale-beyond-dense-urban-areas-t-mobile-says.

9 Thomson Reuters, "Q1 2020 AT&T Inc Earnings Call," 2020, https://investors.att.com/~/media/Files/A/ATT-IR/financial-reports/quarterly-earnings/2020/Final%201Q20%20earnings%20transcript.pdf.

10 Dennis Flynn, Senior Director, Supply Chain and Inventory Management, Walmart eCommerce, interview by Yossi Sheffi, June 12, 2020.

11 Asa Fitch, "Intel Reports Profit Surge but Warns of Further Delays on Advanced Chips," *Wall Street Journal*, July 23, 2020, https://www.wsj.com/articles/intel-reports-profit-surge-but-warns-of-further-delays-on-advanced-chips-11595536707.

12 Clifford, "Working from Home Is Going So Well That This Fortune 100 Company Is Going to Keep Doing It—Permanently."

13 Sarah Frier, "Tech Workers Consider Escaping Silicon Valley's Sky-High Rents," *Bloomberg*, May 14, 2020, https://www.bloomberg.com/news/articles/2020-05-14/tech-workers-consider-escaping-silicon-valley-s-sky-high-rents.

14 Lynn Torrel, Chief Supply Chain and Procurement Officer, Flex, interview by Yossi Sheffi, June 1, 2020.

15 "How CEOs See Today's Coronavirus World," *Wall Street Journal*, June 11, 2020, https://www.wsj.com/articles/how-ceos-see-todays-coronavirus-world-11587720600.

16 Uri Berliner, "Get A Comfortable Chair: Permanent Work From Home Is Coming," *NPR*, June

22, 2020, https://www.npr.org/2020/06/22/870029658/get-a-comfortable-chair-permanent-work-from-home-is-coming.

17 Drew Harwell, "Managers Turn to Surveillance Software, Always-on Webcams to Ensure Employees Are (Really) Working from Home," *Washington Post*, April 30, 2020, https://www.washingtonpost.com/technology/2020/04/30/work-from-home-surveillance.

18 "Latest Work-at-Home/Telecommuting/Mobile Work/Remote Work Statistics," Global Workplace Analytics, accessed August 12, 2020, https:// globalworkplaceanalytics.com/telecommuting-statistics.

19 Nicole Spector, "Why Are Big Companies Calling Their Remote Workers Back to the Office?," *NBC News*, July 27, 2017, https://www.nbcnews.com/ business/business-news/why-are-big-companies-calling-their-remote- workers-back-office-n787101.

20 Joel Stein, "The Video Call Is Starting. Time to Put on Your Zoom Shirt," *New York Times*, June 29, 2020, https://www.nytimes.com/2020/06/29/ business/zoom-shirt.html.

21 Katie Deighton, "Miss Your Office? Some Companies Are Building Virtual Replicas," *Wall Street Journal*, May 27, 2020, https://www.wsj. com/articles/miss-your-office-some-companies-are-building-virtual- replicas-11590573600.

22 Kimberly Holland, "What COVID-19 Is Doing to Our Mental Health," Healthline, May 8, 2020, https://www.healthline.com/health-news/what- covid-19-is-doing-to-our-mental-health.

23 Meri Stevens, Worldwide Vice President, Consumer Health Supply Chain and Deliver, Johnson & Johnson, interview by Yossi Sheffi, June 4, 2020.

24 World Economic Forum, "How to Rebound Stronger from COVID-19."

25 Hannah Sampson and Natalie Compton, "11 Ways the Pandemic Will Change Travel," *Washington Post*, June 15, 2020, https://www.washingtonpost.com/travel/2020/06/15/11-ways-pandemic-will-change- travel.

26 Frier, "Tech Workers Consider Escaping Silicon Valley's Sky-High Rents."

27 Magdalena Petrova and Michael Sheetz, "Why in the next Decade Companies Will Launch Thousands More Satellites than in All of History," *CNBC*, December 15, 2019, https://www.cnbc.com/2019/12/14/ spacex-oneweb-and-amazon-to-launch-thousands-more-satellites-in- 2020s.html.

28 Mark Travers, "What Percentage Of Workers Can Realistically Work From Home? New Data From Norway Offer Clues," *Forbes*, April 24, 2020, https://www.forbes.com/sites/ traversmark/2020/04/24/what- percentage-of-workers-can-realistically-work-from-home- new-data- from-norway-offer-clues/#af479c78fee0.

29 Sophie-Claire Hoeller, "Barbados Is Officially Letting People Move There to Work Remotely for a Year, and All You Need to Do Is Fill out an Application," *Insider*, July 23, 2020, https://www.insider.com/work- remote-live-caribbean-barbados-new-visa-2020-7.

30 "Digital Nomad Visa," Republic of Estonia e-Residency, accessed August 23, 2020, https:// e-resident.gov.ee/nomadvisa.

31 Adam Taylor, "Barbados Wants You to Work from Its Beaches during the Pandemic," *Washington Post*, July 16, 2020, https://www.washingtonpost. com/world/2020/07/16/barbados-work-remote-coronavirus.

32 "Portugal Golden Visa 2020 Guide," Property Lisbon, February 17, 2020, https://www.propertylisbon.com/portugal-golden-visa-2020-guide.

33 "Golden Visa Investment Almost Triples," *Portugal News*, June 12, 2020, https://www.theportugalnews.com/news/golden-visa-investment-almost- triples/54458.

Chapter 12: Higher Education May Never Be the Same

1 "The History of Online Schooling," OnlineSchools.org, accessed August 12, 2020, https://www.onlineschools.org/visual-academy/the-history-of- online-schooling.

2 "Open University," in *Encyclopedia Britannica*, December 17, 2008, https:// www.britannica.com/topic/Open-University-British-education.

3 Steve Bradt, "Online Courses + Time on Campus = a New Path to an MIT Master's Degree," *MIT News*, Massachusetts Institute of Technology, October 7, 2015, http://news.mit.edu/2015/online-supply-chain- management-masters-mitx-micromasters-1007.

4 Institute-Wide Task Force on the Future of MIT Education, "Final Report" (Cambridge, Mass.: Massachusetts Institute of Technology, July 28, 2014), https://jwel.mit.edu/sites/mit-jwel/files/assets/files/document_ task_force_foe_final_140728.pdf.

5 Michael D. Smith, "Are Universities Going the Way of the CDs and Cable TV?," *Atlantic*, June 22, 2020, https://www.theatlantic.com/ideas/ archive/2020/06/university-like-cd-streaming-age/613291.

6 Michael B. Horn, "Will Half Of All Colleges Really Close In The Next Decade?," *Forbes*, December 13, 2018, https://www.forbes.com/sites/ michaelhorn/2018/12/13/will-half-of-all-colleges-really-close-in-the-next- decade/#4325b12852e5.

7 Lydia Saad, "Majority of U.S. Workers Say Job Doesn't Require a Degree," *Gallup*, September 9, 2013, https://news.gallup.com/poll/164321/majority- workers-say-job-require-degree.aspx.

8 Bryan Alexander, "Academia after Peak Higher Education," personal blog, May 29, 2018, https://bryanalexander.org/future-of-education/academia- after-peak-higher-education.

9 Kevin Carey, *The End of College: Creating the Future of Learning and the University of Everywhere* (New York: Riverhead, 2015), https://www. penguinrandomhouse.com/books/314571/the-end-of-college-by-kevin- carey.

10 U.S. Department of Education, National Center for Education Statistics, Integrated Postsecondary Education Data System, "Postsecondary Institution Revenues," The Condition of Education, May 2020, https:// nces.ed.gov/programs/coe/indicator_cud.asp.

11 Justin Bariso, "Google Has Announced a Plan to Disrupt the College Degree," Inc., August 19, 2020, https://www.inc.com/justin-bariso/google- plan-disrupt-college-degree-university-higher-education-certificate- project-management-data-analyst.html.

1   Brian Rosenthal et al., "Why Surviving Covid Might Come Down to Which NYC Hospital Admits You," *New York Times*, July 31, 2020, https:// www.nytimes.com/2020/07/01/nyregion/ Coronavirus-hospitals.html.

2   Rachel Siegel, "Hard-Hit Retailers Projected to Shutter as Many as 25,000 Stores This Year, Mostly in Malls," *Washington Post*, June 9, 2020, https:// www.washingtonpost.com/business/2020/06/09/ retail-store-closure- mall.

3   Tami Luhby, "Nearly 40% of Low-Income Workers Lost Their Jobs in March," *CNN*, May 15, 2020, https://www.cnn.com/2020/05/14/economy/ low-income-layoffs-coronavirus/index.html.

4   Davide Furceri et al., "COVID-19 Will Raise Inequality If Past Pandemics Are a Guide," *VoxEU* (Centre for Economic Policy Research, May 8, 2020), https://voxeu.org/article/covid-19-will-raise-inequality-if-past- pandemics-are-guide.

5   Vicky McKeever, "Coronavirus Could Push Half a Billion More People into Poverty Globally, UN Warns," *CNBC*, April 9, 2020, https://www. cnbc.com/2020/04/09/coronavirus-could-push-half-a-billion-people-into- poverty-globally.html.

6   "Covid-19 Threatens Europe's Success at Fighting Inequality," *Economist*, June 6, 2020, https:// www.economist.com/europe/2020/06/06/covid-19- threatens-europes-success-at-fighting-inequality.

7   "The Covid-19 Pandemic Will Be Over by the End of 2021, Says Bill Gates," *Economist*, August 18, 2020, https://www.economist.com/ international/2020/08/18/the-covid-19-pandemic-will-be-over-by-the- end-of-2021-says-bill-gates.

8   "The Covid-19 Pandemic Will Be Over by the End of 2021, Says Bill Gates."

9   Board of Governors of the Federal Reserve System, "Report on the Economic Well-Being of U.S. Households in 2019, Featuring Supplemental Data from April 2020" (Washington, D.C.: Federal Reserve System, May 2020), https://www.federalreserve.gov/publications/2020- economic-well-being-of-us-households-in-2019-financial-repercussions- from-covid-19.htm.

10 "How Deep Will Downturns in Rich Countries Be?," *Economist*, April 16, 2020, https://www. economist.com/finance-and-economics/2020/04/16/ how-deep-will-downturns-in-rich-countries-be.

11 Amanda L. Gordon, "They're the Last Rich People Left on the Upper East Side," *Bloomberg*, March 27, 2020, https://www.bloomberg.com/news/ articles/2020-03-27/they-re-the-last-rich-people-left-on-the-upper-east- side.

12 Stefanos Chen and Sydney Franklin, "Real Estate Prices Fall Sharply in New York," *New York Times*, July 2, 2020, https://www.nytimes. com/2020/07/02/realestate/coronavirus-real-estate-price-drop.html.

13 Melissa Sou-Jie Van Brunnersum, "Coronavirus Exposes the Divide between China's Rich and Poor," *Deutsche Welle*, February 25, 2020, https://www.dw.com/en/coronavirus-exposes-the-divide-between-chinas- rich-and-poor/a-52526369.

14 Laura Begley Bloom, "Want To Escape From America? 12 Countries Where You Can Buy

Citizenship (And A Second Passport)," *Forbes*, July 28, 2020, https://www.forbes.com/sites/laurabegleybloom/2020/07/28/ escape-america-countries-buy-citizenship-second-passport.

15 Stephanie Condon, "As Snapchat Use Soars during Pandemic, Infrastructure Costs Also Climb," *ZDNet*, April 21, 2020, https:// www.zdnet.com/article/as-snapchat-use-soars-during-pandemic- infrastructure-costs-also-climb.

16 John Busby and Julia Tanberk, "FCC Underestimates Americans Unserved by Broadband Internet by 50%," BroadbandNow Research, February 3, 2020, https://broadbandnow.com/research/fcc-underestimates-unserved-by-50-percent.

17 Dana Goldstein, Adam Popescu, and Nikole Hannah-Jones, "As School Moves Online, Many Students Stay Logged Out," *New York Times*, April 6, 2020, https://www.nytimes.com/2020/04/06/us/coronavirus-schools- attendance-absent.html.

18 Deyan Georgiev, "67+ Revealing Statistics about Smartphone Usage in 2020," *TechJury* (blog), March 28, 2019, https://techjury.net/blog/ smartphone-usage-statistics.

19 "July Global Statshot," Digital 2020 (DataReportal, July 2020), https:// datareportal.com/global-digital-overview.

20 Bhaskar Chakravorti and Ravi Shankar Chaturvedi, "Which Countries Were (And Weren't) Ready for Remote Work?," *Harvard Business Review*, April 29, 2020, https://hbr.org/2020/04/which-countries-were-and- werent-ready-for-remote-work.

21 Hadas Gold, "Netflix and YouTube Are Slowing down in Europe to Keep the Internet from Breaking," *CNN*, March 19, 2020, https://www.cnn. com/2020/03/19/tech/netflix-internet-overload-eu/index.html.

22 Patricia Cohen and Ben Casselman, "Minority Workers Who Lagged in a Boom Are Hit Hard in a Bust," *New York Times*, June 6, 2020, https://www. nytimes.com/2020/06/06/business/economy/jobs-report-minorities.html.

23 Bill Hathaway, "New Analysis Quantifies Risk of COVID-19 to Racial, Ethnic Minorities," *YaleNews*, Yale University, May 19, 2020, https://news. yale.edu/2020/05/19/new-analysis-quantifies-risk-covid-19-racial-ethnic- minorities.

24 Jonathan Daw, "Contribution of Four Comorbid Conditions to Racial/ Ethnic Disparities in Mortality Risk," *American Journal of Preventive Medicine* 52, no. 1S1 (January 2017): S95 –S102, https://doi.org/10.1016/j. amepre.2016.07.036.

25 Alvaro Sanchez, "Toward Digital Inclusion: Broadband Access in the Third Federal Reserve District" (Federal Reserve Bank of Philadelphia, March 2020), https://www.philadelphiafed.org/-/media/egmp/resources/ reports/toward-digital-inclusion-broadband-access-in-the-third-federal- reserve-district.pdf.

26 Clive Cookson, Hannah Kuchler, and Richard Milne, "Nations Look into Why Coronavirus Hits Ethnic Minorities so Hard," *Financial Times*, April 29, 2020, https://www.ft.com/content/5fd6ab18-be4a-48de-b887- 8478a391dd72.

27 Frank Snowden, *Epidemics and Society* (New Haven, Conn.: Yale University Press, 2019), https:// yalebooks.yale.edu/book/9780300192216/ epidemics-and-society.

28 Ana Ionova, Nabih Bulos, and Kate Linthicum, "The Economic Devastation Wrought by the Pandemic Could Ultimately Kill More People than the Virus Itself," *Los Angeles Times*, May 11, 2020, https:// www.latimes.com/world-nation/story/2020-05-11/more-than-a-billion-people-escaped-poverty-in-the-last-20-years-the-coronavirus-could- erase-those-gains.

Part 4: Supply Chains for the Future

1 "How to Rebound Stronger from COVID-19: Resilience in Manufacturing and Supply Systems" (World Economic Forum, May 1, 2020), https:// www.weforum.org/whitepapers/how-to-rebound-stronger-from-covid-19- resilience-in-manufacturing-and-supply-systems.

Chapter 14: An All-Seeing, No-Touch Future

1 Jennifer L. Schenker, "How To Rebound Stronger From COVID-19," *The Innovator* (blog), Medium, May 8, 2020, https://innovator.news/how-to- rebound-stronger-from-covid-19-675b20602178.

2 Sharon Terlep, "The U.S. Consumer Is Nesting. Will That Last?," *Wall Street Journal*, May 2, 2020, https://www.wsj.com/articles/the-u-s- consumer-is-nesting-will-that-last-11588392011.

3 Stephen Whiteside, "How P&G Is Approaching the next Tide of Market Research," *Informa Connect*, March 12, 2019, https://informaconnect.com/ how-pg-is-approaching-the-next-tide-of-market-research.

4 Lorne Darnell, Founder and Chairman, *FreightVerify*, interview by Yossi Sheffi, August 21, 2020.

5 Rich Pirrotta, Chief Revenue Officer, FreightVerify, interview by Yossi Sheffi, August 14, 2020.

6 Rephrased from Denise M. Rousseau et al., "Not So Different After All: A Cross-Discipline View of Trust," *Academy of Management Review* 23, no. 3 (July 1998): 393 – 404, https://doi.org/10.5465/AMR.1998.926617.

7 "Etsy, Inc. (ETSY) CEO Joshua Silverman on Q1 2020 Results - Earnings Call Transcript," Seeking Alpha, May 7, 2020, https://seekingalpha.com/ article/4343941-etsy-inc-etsy-ceo-joshua-silverman-on-q1-2020-results- earnings-call-transcript.

8 Lynn Torrel, Chief Supply Chain and Procurement Officer, Flex, interview by Yossi Sheffi, June 1, 2020.

9 Meri Stevens, Worldwide Vice President, Consumer Health Supply Chain and Deliver, Johnson & Johnson, interview by Yossi Sheffi, June 4, 2020.

10 Jennifer Smith, "Coronavirus Upheaval Triggers Corporate Search for Supply-Chain Technology," Wall Street Journal, April 29, 2020, https:// www.wsj.com/articles/coronavirus-upheaval-triggers-corporate-search- for-supply-chain-technology-11588189553.

11 Daniel E. Murray, "History and Development of the Bill of Lading," *University of Miami Law Review* 37, no. 3 (September 1, 1983): 689 –732, https://repository.law.miami.edu/umlr/vol37/iss3/13.

12 Jan Keil, "Blockchain in Supply Chain Management: Key Use Cases and Benefits," *Infopulse* (blog), August 8, 2019, https://www.infopulse.com/blog/blockchain-in-supply-chain-management-key-use-cases-and-benefits.

13 Nick Statt, "Amazon Is Expanding Its Cashierless Go Model into a Full-Blown Grocery Store," *The Verge*, February 25, 2020, https://www.theverge.com/2020/2/25/21151021/amazon-go-grocery-store-expansion-open-seattle-cashier-less.

14 Torrel, Chief Supply Chain and Procurement Officer, Flex.

15 Emily A. Vogels, "About One-in-Five Americans Use a Smart Watch or Fitness Tracker," *Fact Tank* (blog), Pew Research Center, January 9, 2020, https://www.pewresearch.org/fact-tank/2020/01/09/about-one-in-five-americans-use-a-smart-watch-or-fitness-tracker.

16 Sophia Kunthara, "Telemedicine Is Becoming More Popular. That's Good for Prescription Delivery Startups" *Crunchbase News*, May 14, 2020, https://news.crunchbase.com/news/telemedicine-is-becoming-more-popular-thats-good-for-prescription-delivery-startups/?

17 Jeff Bendix and Logan Lutton, "How Doctors Can Develop Patient Relationships Using Just Telehealth Visits," *Medical Economics*, July 21, 2020, https://www.medicaleconomics.com/view/how-doctors-can-develop-patient-relationships-using-just-telehealth-visits.

18 Kat Fu Lee, "Covid-19 Will Accelerate the AI Health Care Revolution," *Wired*, May 22, 2020, https://www.wired.com/story/covid-19-will-accelerate-ai-health-care-revolution.

19 Steve Mollman, "How Artificial Intelligence Provided Early Warnings of the Wuhan Virus," *Quartz*, January 25, 2020, https://qz.com/1791222/how-artificial-intelligence-provided-early-warning-of-wuhan-virus.

20 Mollman.

Chapter 15: Automation Increases

1 "Tyson Foods Inc. 2020 Q2 – Results – Earnings Call Presentation (NYSE:TSN)," Seeking Alpha, May 5, 2020, https://seekingalpha.com/article/4343089-tyson-foods-inc-2020-q2-results-earnings-call-presentation.

2 Tyson Foods Inc., "New Facility to Boost Tyson Foods' Automation and Robotics Efforts," news release, August 8, 2019, https://www.tysonfoods.com/news/news-releases/2019/8/new-facility-boost-tyson-foods-automation-and-robotics-efforts.

3 "Tyson Foods Inc. 2020 Q2 Earnings Call."

4 Dean Best, "Meat Industry to Step up Spending on Automation, Tyson Foods Forecasts," *Just-Food*, May 6, 2020, https://www.just-food.com/news/meat-industry-to-step-up-spending-on-automation-tyson-foods-forecasts_id143641.aspx.

5 David Greenfield, "BMW Outfits Robots with Artificial Intelligence," *Automation World*, June 24, 2020, https://www.automationworld.com/factory/robotics/article/21138274/bmw-outfits-robots-with-artificial-intelligence.

6 Simon Duval Smith, "BMW – Revolutionising Logistics through Robotics and Virtual Reality,"

Automotive Purchasing and Supply Chain, January 24, 2019, https://weekly.automotivepurchasingan dsupplychain.com/210119/ features/bmw-future-logistics.php.

7 Jessica Young, "US Ecommerce Sales Grow 14.9% in 2019," *Digital Commerce 360*, February 19, 2020, https://www.digitalcommerce360.com/ article/us-ecommerce-sales.

8 Hayley Peterson, "More than 9,300 Stores Are Closing in 2019 as the Retail Apocalypse Drags on — Here's the Full List," *Business Insider*, December 23, 2019, https://www.businessinsider.com/ stores-closing-in- 2019-list-2019-3.

9 Lauren Thomas, "25,000 Stores Are Predicted to Close in 2020, as the Coronavirus Pandemic Accelerates Industry Upheaval," *CNBC*, June 9, 2020, https://www.cnbc.com/2020/06/09/ coresight-predicts-record- 25000-retail-stores-will-close-in-2020.html.

10 Tech Insider, "Inside A Warehouse Where Thousands Of Robots Pack Groceries," May 9, 2018, YouTube video, 0:03:20, https://www.youtube. com/watch?v=4DKrcpa8Z_E.

11 "Robot Hand Is Soft and Strong," Education, *Robotics @ MIT* (blog), Massachusetts Institute of Technology, March 16, 2019, https://robotics. mit.edu/robot-hand-soft-and-strong.

12 Gary Wollenbaupt, "Move over Delivery Drones, Warehouse Drones Are Ready for the Spotlight," *Supply Chain Dive*, August 28, 2018, https://www.supplychaindive.com/news/move-over-delivery-drones-warehouse- drones-are-ready-for-the-spotlight/531038.

13 International Federation of Robotics, "Robot Investment Reaches Record 16.5 Billion USD — IFR Presents World Robotics," news release, September 18, 2019, /2019-09-18_Press_Release_ IFR_World_ Robotics_2019_Industrial_Robots_English.pdf.

14 Jennifer Smith, "Coronavirus Upheaval Triggers Corporate Search for Supply-Chain Technology," *Wall Street Journal*, April 29, 2020, https:// www.wsj.com/articles/coronavirus-upheaval-triggers-corporate-search- for-supply-chain-technology-11588189553.

15 Starship Technologies, "Starship Campus Delivery Service with Robots," April 30, 2018, YouTube video, 0:02:57, https://www.youtube.com/ watch?v=P_zRwq9c8LY.

16 Kirsten Korosec, "Starship Technologies Is Sending Its Autonomous Robots to More Cities as Demand for Contactless Delivery Rises," *TechCrunch* (blog), April 9, 2020, https://techcrunch. com/2020/04/09/ starship-technologies-is-sending-its-autonomous-robots-to-more- cities-as-demand-for-contactless-delivery-rises/?_guc_consent_skip=1594259929.

17 Timothy B. Lee, "The Pandemic Is Bringing Us Closer to Our Robot Takeout Future," *Ars Technica*, April 24, 2020, https://arstechnica.com/ tech-policy/2020/04/the-pandemic-is-bringing-us-closer-to-our-robot- takeout-future.

18 Joanna Stern, "Like Amazon, UPS Also Considering Using Unmanned Flying Vehicles," *ABC News*, December 3, 2013, https://abcnews.go.com/ Technology/amazon-ups-drone-delivery-options/story?id=21086160.

19 Miriam McNabb, "Drone Delivery Heroes Zipline Launch World's Largest Vaccine Delivery Network in Ghana," *DroneLife*, April 24, 2019, https:// dronelife.com/2019/04/24/drone-delivery-heroes-zipline-launch-worlds- largest-vaccine-delivery-network-in-ghana.

20 Jake Bright, "Zipline Begins US Medical Delivery with Drone Program Honed in Africa,"

TechCrunch (blog), May 27, 2020, https://social. techcrunch.com/2020/05/26/zipline-begins-us-medical-delivery-with-uav-program-honed-in-africa.

21 Anne D'Innocenzio, "Walmart to Test Drone Delivery with Zipline in Latest Deal," *ABC News*, September 14, 2020, https://abcnews.go.com/Business/wireStory/walmart-test-drone-delivery-zipline-latest-deal-72999412.

22 Felicia Shivakumar, "Giant Cargo Drones Will Deliver Packages Farther and Faster," *The Verge*, June 10, 2019, https://www.theverge. com/2019/6/10/18657150/autonomous-cargo-drones-delivery-boeing-aircraft-faa-regulation.

23 Aaron Brown, "Mercedes-Benz Turns a Van Into a Delivery Drone Mothership," *The Drive* (blog), September 7, 2016, https://www.thedrive. com/news/5118/mercedes-benz-turns-a-van-into-a-delivery-drone-mothership.

24 Jared Wade, "RPA: How 5 Financial Firms Are Using Robotic Process Automation," *Finance Americas* (blog), September 3, 2017, https://financetnt.com/rpa-real-world-practical-ways-5-financial-services-firms-use-robotic-process-automation.

25 Kasey Panetta, "How Chinese Companies Successfully Adapted to COVID-19," *Smarter with Gartner* (blog), Gartner Inc., June 16, 2020, https://www.gartner.com/smarterwithgartner/how-successful-chinese-companies-adapted-to-covid-19.

26 Meri Stevens, Worldwide Vice President, Consumer Health Supply Chain and Deliver, Johnson & Johnson, interview by Yossi Sheffi, June 4, 2020.

Chapter 16: Just-in-Time Gets Just-a-Tweak

1 Stephen Long, "'Just-in-Time' Economy out of Time as Pandemic Exposes Fatal Flaws," *ABC News* (Australian Broadcasting Corporation), May 1, 2020, https://www.abc.net.au/news/2020-05-02/coronavirus-pandemic-exposes-just-in-time-economy/12206776.

2 Evan Fraser, "Coronavirus: The Perils of Our 'Just Enough, Just in Time' Food System," *The Conversation*, March 16, 2020, http://theconversation. com/coronavirus-the-perils-of-our-just-enough-just-in-time-food-system-133724.

3 Lynn Torrel, Chief Supply Chain and Procurement Officer, Flex, interview by Yossi Sheffi, June 1, 2020.

4 Taiichi Ohno, *Toyota Production System: Beyond Large-Scale Production*, trans. Productivity Press (New York: Taylor & Francis, 1988), https:// www.amazon.com/Toyota-Production-System-Beyond-Large-Scale/ dp/0915299143.

5 Yossi Sheffi, *The Resilient Enterprise: Overcoming Vulnerability for Competitive Advantage* (Cambridge, Mass.: MIT Press, 2005), 173-174, https://mitpress.mit.edu/books/resilient-enterprise.

6 Yossi Sheffi, "Supply Chain Management under the Threat of International Terrorism," *International Journal of Logistics Management* 12, no. 2 (July 2001): 1-11, https://doi.org/10.1108/09574090110806262.

7 Sheffi, *Resilient Enterprise*, 174.

8 "Honeywell International Inc. (NYSE: HON) Q1 2020 Earnings Call Transcript," AlphaStreet, May 1, 2020, https://news.alphastreet.com/ honeywell-international-inc-nyse-hon-q1-2020-earnings-call-transcript.

9 Tim Ryan et al., "PwC's COVID-19 CFO Pulse Survey" (PricewaterhouseCoopers, April 27, 2020), https://www.pwc.com/us/en/ library/covid-19/pwc-covid-19-cfo-pulse-survey-4.html.

Chapter 17: The China Question

1 Jonty Bloom, "Will Coronavirus Reverse Globalisation?," BBC News, April 2, 2020, https://www.bbc.com/news/business-52104978.

2 Rick Helfenbein, "Retail Set To Revolt – As President Trump Plays Politics With China," Forbes, May 10, 2020, https://www.forbes.com/sites/rickhelfenbein/2020/05/10/retail-set-to-revoltas-president-trump-plays- politics-with-china.

3 Alexandra Harney, "China's Coronavirus-Induced Supply Chain Woes Fan Concerns of Possible Drug Shortages," Reuters, March 11, 2020, https://www.reuters.com/article/us-health-coronavirus-pharmaceuticals- ap-idUSKBN20Y1C7.

4 Huileng Tan, "China Is Producing Higher Value Goods — Even as Factories Are Shifting Away from the Mainland," CNBC, May 14, 2020, https://www.cnbc.com/2020/05/14/china-is-producing-higher-value- goods-even-as-factories-shifting-from-mainland.html.

5 Kenneth Rapoza, "New Data Shows U.S. Companies Are Definitely Leaving China," Forbes, April 7, 2020, https://www.forbes.com/sites/ kenrapoza/2020/04/07/new-data-shows-us-companies-are-definitely- leaving-china.

6 Kenneth Rapoza, "China Set To Lose Tons Of Businesses Post- Pandemic," Forbes, April 20, 2020, https://www.forbes.com/sites/ kenrapoza/2020/04/20/china-set-to-lose-tons-of-businesses-post- pandemic.

7 Sophia Yan, "'Made in China' Isn't So Cheap Anymore, and That Could Spell Headache for Beijing," CNBC, February 27, 2017, https://www. cnbc.com/2017/02/27/chinese-wages-rise-made-in-china-isnt-so-cheap- anymore.html.

8 Erin Duffin, "Manufacturing Labor Costs per Hour: China, Vietnam, Mexico 2016-2020," Statista, August 9, 2019, https://www.statista.com/ statistics/744071/manufacturing-labor-costs-per-hour-china-vietnam- mexico.

9 Ethirajan Anbarasan, "Chinese Factories Turn to Bangladesh," BBC News, August 29, 2012, https://www.bbc.com/news/business-19394405.

10 "Trump Official: Coronavirus Could Boost US Jobs," BBC News, January 31, 2020, https://www.bbc.com/news/business-51276323.

11 "Japan Reveals 87 Projects Eligible for 'China Exit' Subsidies," Nikkei Asian Review, July 17, 2020, https://asia.nikkei.com/Economy/Japan- reveals-87-projects-eligible-for-China-exit-subsidies.

12 Micah Maidenberg, "Fewer Products, Localized Production—Companies Seek Supply-Chain Solutions," Wall Street Journal, April 26, 2020, https:// www.wsj.com/articles/coronavirus-

disrupted-supply-chains-that-companies-are-still-fixing-11587893401.

13 Sunny Oh, "Here's Why Companies Won't Move Their Supply Chains out of China, Says Morgan Stanley," *MarketWatch*, April 29, 2020, https:// www.marketwatch.com/story/heres-why-companies-wont-move-their-supply-chains-out-of-china-says-morgan-stanley-2020-04-29.

14 "Large U.S. Companies Will Continue Sourcing and Production in China," *China Global Television Network*, April 22, 2020, https://news.cgtn. com/news/2020-04-21/Survey-Large-U-S-companies-will-continue-their-business-in-China-PS6sUD7giI/index.html.

15 "A Small Town in China Makes Half of Japan's Coffins," *Economist*, May 14, 2020, https://www.economist.com/china/2020/05/14/a-small-town-in-china-makes-half-of-japans-coffins.

16 Charles Annis, "BOE Becomes World's Largest Flat-Panel Display Manufacturer in 2019 as China Continues Rise to Global Market Dominance," *Omdia* (blog), Informa Tech, June 4, 2019, https:// technology.informa.com/614595/boe-becomes-worlds-largest-flat-panel-display-manufacturer-in-2019-as-china-continues-rise-to-global-market-dominance.

17 Yoko Kubota and Raffaele Huang, "China's Car-Sales Slump Extends Into Another Year," *Wall Street Journal*, January 9, 2020, https://www.wsj.com/ articles/chinas-auto-sales-slump-extends-into-another-year-11578558587.

18 "USA – Flash Report, Sales Volume, 2019," MarkLines, January 4, 2020, https://www.marklines.com/en/statistics/flash_sales/salesfig_usa_2019.

19 Henk Bekker, "2019 (Full Year) Europe: Car Sales per EU and EFTA Country," Car Sales Statistics, January 16, 2020, https://www.best-selling-cars.com/europe/2019-full-year-europe-car-sales-per-eu-and-efta-country.

20 "The Changing Trends of Reshoring in the United States," Survey of Global Manufacturing (Los Gatos, Calif.: The Reshoring Institute, May 2019), https://reshoringinstitute.org/wp-content/uploads/2019/05/2019-Survey-of-Global-Mfg.pdf.

21 Yossi Sheffi, "Postponement for Flexibility," in *The Resilient Enterprise: Overcoming Vulnerability for Competitive Advantage* (Cambridge, Mass.: MIT Press, 2005), 195–208, https://mitpress.mit.edu/books/resilient-enterprise.

22 Naturally, assuming independent or negative correlation between the demand for the variants.

23 Judd Devermont and Catherine Chiang, "Innocent Bystanders: Why the U.S.-China Trade War Hurts African Economies" (Washington, D.C.: Center for Strategic & International Studies, April 9, 2019), https://www. csis.org/analysis/innocent-bystanders-why-us-china-trade-war-hurts-african-economies.

24 "Travel 'Bubbles' Offer a Potential Way Forward," editorial, *Financial Times*, May 11, 2020, https://www.ft.com/content/d82a57d4-9086-11ea-9b25-c36e3584cda8.

25 Matina Stevis-Gridneff, "E.U. Formalizes Reopening, Barring Travelers From U.S.," *New York Times*, June 30, 2020, https://www.nytimes. com/2020/06/30/world/europe/eu-reopening-blocks-us-travelers.html.

26 "Understanding the 'China, Plus One' Strategy," *Procurement Bulletin* (blog), July 20, 2019, https://www.procurementbulletin.com/ understanding-the-china-plus-one-strategy.

27 Oh, "Here's Why Companies Won't Move Their *Supply Chains out* of China, Says Morgan Stanley."

28 Ralf Busche, Senior Vice President, Global Supply Chain Strategy & Management, BASF Group, interview by Yossi Sheffi, June 8, 2020.

29 "Our Business," Walmart Inc., accessed August 14, 2020, https:// corporate.walmart.com/our-story/our-business.

30 Liam O'Connell, "Number of Walmart Stores in the U.S. 2012-2019," Statista, April 3, 2020, https://www.statista.com/statistics/269425/total- number-of-walmart-stores-in-the-united-states-by-type.

31 "How to Rebound Stronger from COVID-19: Resilience in Manufacturing and Supply Systems" (World Economic Forum, May 1, 2020), https:// www.weforum.org/whitepapers/how-to-rebound-stronger-from-covid-19- resilience-in-manufacturing-and-supply-systems.

Part 5: Of Politics and Pandemics

1 Christopher Alessi, "'All Hands Should Be on Deck' – Key Quotes from Leaders on the Fight against COVID-19," World Economic Forum, April 8, 2020, https://www.weforum.org/agenda/2020/04/covid-19-action-call- 8-apr.

2 David Dayen, "Corporate Rescue: How the Fed Bailed Out the Investor Class Without Spending a Cent," *The Intercept*, May 27, 2020, https://theintercept.com/2020/05/27/federal-reserve-corporate-debt- coronavirus.

Chapter 18: The Folly of Trade Wars and Economic Nationalism

1 Bureau of Economic Analysis, "Gross Domestic Product, 2nd Quarter 2020 (Advance Estimate) and Annual Update," news release no. BEA 20 – 37, July 30, 2020, https://www.bea.gov/news/2020/gross-domestic- product-2nd-quarter-2020-advance-estimate-and-annual-update.

2 John Steele Gordon, "Smoot-Hawley Tariff: A Bad Law, Badly Timed," *Barron's Magazine*, April 21, 2017, https://www.barrons.com/articles/ smoot-hawley-tariff-a-bad-law-badly-timed-1492833567.

3 Lynda Bryant-Work, "U.S. Growers, Ag Industry In Crosshairs Of Trump Trade War," *National Compass* (blog), July 5, 2018, https://www. nationalcompass.net/2018/07/05/u-s-growers-ag-industry-in-crosshairs- trump-trade-war.

4 Douglas A. Irwin, "From Smoot-Hawley to Reciprocal Trade Agreements: Changing the Course of U.S. Trade Policy in the 1930s," working paper, NBER Working Paper Series no. 5895 (Cambridge, Mass.: National Bureau of Economic Research, January 1997), https://doi.org/10.3386/ w5895.

5 Irwin.

6 Thomas J. Bollyky and Chad P. Bown, "The Tragedy of Vaccine Nationalism," *Foreign Affairs*, October 2020.

7 United Nations, "Everyone, Everywhere Must Have Access to Eventual COVID-19 Immunization, Secretary-General Says in Video Message for Global Vaccine Summit," news release no. SG/SM/20108, June 4, 2020, https://www.un.org/press/en/2020/sgsm20108.doc.htm.

8 James Politi, "US Trade Adviser Seeks to Replace Chinese Drug Supplies," *Financial Times*, February 12, 2020, https://www.ft.com/ content/73751cca-4d1a-11ea-95a0-43d18ec715f5.

9 Bollyky and Bown, "The Tragedy of Vaccine Nationalism."

10 Jason Douglas, "As Countries Bar Medical Exports, Some Suggest Bans May Backfire," *Wall Street Journal*, April 4, 2020, https://www.wsj.com/ articles/as-countries-bar-medical-exports-some-suggest-bans-may- backfire-11585992600.

11 "The Raid on Remdesivir," editorial, *Wall Street Journal*, July 21, 2020, https://www.wsj.com/articles/the-raid-on-remdesivir-11595373207.

12 Mireya Solís, "The Post COVID-19 World: Economic Nationalism Triumphant?," *Brookings* (blog), Brookings Institution, July 10, 2020, https://www.brookings.edu/blog/order-from-chaos/2020/07/10/the-post- covid-19-world-economic-nationalism-triumphant.

13 UN Conference on Trade and Development, "Global Trade Update" (Geneva: United Nations, June 2020), https://unctad.org/en/ PublicationsLibrary/ditcmisc2020d2_en.pdf.

14 "Global Foreign Direct Investment Projected to Plunge 40% in 2020," United Nations Conference on Trade and Development, June 16, 2020, https://unctad.org/en/pages/newsdetails.aspx?OriginalVersionID=2396.

15 Adam Smith, *An Inquiry into the Nature and Causes of the Wealth of Nations*, 3 vols. (London: W. Strahan and T. Cadell, 1776).

16 David Ricardo, *On the Principles of Political Economy and Taxation*, 3rd ed. (London: John Murray, 1821), https://www.econlib.org/library/Ricardo/ ricP.html.

17 Matt Ridley, "Third Culture," Edge, accessed August 27, 2020, https:// www.edge.org/3rd_culture/serpentine07/Ridley.html.

18 "Why Trade Is Good for You," *Economist*, October 1, 1998, https://www. economist.com/special-report/1998/10/01/why-trade-is-good-for-you.

19 "A Healthy Re-Examination of Free Trade's Benefits and Shocks," *Economist*, May 4, 2019, https://www.economist.com/open- future/2018/05/04/a-healthy-re-examination-of-free-trades-benefits-and- shocks.

20 Hitesh Bhasin, "6 Reasons Competition Is Good for Business & Benefits of Competition," *Marketing91* (blog), March 9, 2018, https://www. marketing91.com/benefits-of-competition.

21 Vinny Ricciardi, "Are Cell Phones Becoming More Popular than Toilets?," *World Bank Blogs*, August 26, 2019, https://blogs.worldbank.org/opendata/ are-cell-phones-becoming-more-popular-toilets.

22 Teresa Ghilarducci, "Tariffs Are Taxes: Raising Costs And Killing Jobs," *Forbes*, June 6, 2019, https://www.forbes.com/sites/teresaghilarducci/2019/06/06/tariffs-are-taxes-raising-costs-and-killing- jobs/#3353c76c60ab.

23 Ghilarducci.

24 Al Root, "How Tariffs Really Work," *Barron's*, May 11, 2019, https:// www.barrons.com/articles/ are-tariffs-just-another-tax-on- consumers-51557581400.

25 "Saving Global Trade," Bloomberg New Economy Conversation Series (Bloomberg Markets, July 28, 2020), https://www.bloomberg.com/news/ videos/2020-07-29/bloomberg-new-economy-conversation-series-saving- global-trade-video.

26 "Saving Global Trade."

27 "Canada Retaliatory Tariffs on US Goods Come into Force," *BBC News*, July 1, 2018, https:// www.bbc.com/news/world-us-canada-44635490.

28 Yun Li, "China Will Retaliate with Tariffs on $75 Billion More of US Goods and Resume Auto Tariffs," *CNBC*, August 23, 2019, https://www. cnbc.com/2019/08/23/china-to-retaliate-with-new-tariffs-on-another-75- billion-worth-of-us-goods.html.

29 Menzie Chinn and Bill Plumley, "What Is the Toll of Trade Wars on U.S. Agriculture?," *PBS NewsHour*, January 16, 2020, https://www.pbs.org/ newshour/economy/making-sense/what-is-the-toll-of-trade-wars-on-u-s- agriculture.

30 Ana Swanson and Ian Austen, "Trump Reinstates Tariff on Canadian Aluminum," *New York Times*, August 6, 2020, https://www.nytimes. com/2020/08/06/business/economy/trump-canadian-aluminum-tariffs. html.

31 Nithya Nagarajan and Camron Greer, "USTR Rescinds 10% Tariff on Canadian Aluminum, Expecting Imports to 'Normalize,'" *International Trade Insights* (blog), Husch Blackwell LLP, September 16, 2020, https:// www.internationaltradeinsights.com/2020/09/ustr-rescinds-10-tariff-on- canadian-aluminum-expecting-imports-to-normalize.

32 Bollyky and Bown, "The Tragedy of Vaccine Nationalism."

33 Drusilla K. Brown, Alan Deardorff, and Robert Stern, "The Effects of Multinational Production on Wages and Working Conditions in Developing Countries," in *Challenges to Globalization: Analyzing the Economics*, ed. Robert E. Baldwin and L. Alan Winters (Chicago: University of Chicago Press, 2004), 279 - 330, https://www.nber.org/ chapters/c9541.

34 "Saving Global Trade."

35 "In Theory There Is No Difference Between Theory and Practice, While In Practice There Is," Quote Investigator, April 14, 2018, https:// quoteinvestigator.com/2018/04/14/theory.

36 Joseph E. Stiglitz, "On the Wrong Side of Globalization," *The Opinionator* (blog), New York Times, March 15, 2014, https://opinionator.blogs. nytimes.com/2014/03/15/on-the-wrong-side-of-globalization.

37 Stiglitz.

38 Sylwia Bialek and Alfons J. Weichenrieder, "Do Stringent Environmental Policies Deter FDI? M&A versus Greenfield" (CESIfo Working Paper Series no. 5262, Munich: Center for Economic Studies and Info Institute, April 9, 2015), https://www.mcgill.ca/economics/files/economics/ alfons_weichenrieder.pdf; Sunghoon Chung, "Environmental Regulation and Foreign Direct

Investment: Evidence from South Korea," *Journal of Development Economics* 108 (May 2014): 222–236, https://doi.org/10.1016/j. jdeveco.2014.01.003.

39 Ralph E. Gomory and William J. Baumol, *Global Trade and Conflicting National Interests* (Cambridge, Mass.: MIT Press, 2001), https://mitpress. mit.edu/books/global-trade-and-conflicting-national-interests.

40 "Anticompetitive Practices," Federal Trade Commission, accessed August 27, 2020, https://www. ftc.gov/enforcement/anticompetitive-practices.

41 Friedrich List and Karl Theodor Eheberg, *Das nationale System der Politischen Oekonomie* [The National System of Political Economy] (Stuttgart: Cotta, 1841), https://oll.libertyfund.org/titles/ list-das-national- system-der-politischen-oekonomie.

42 Immanuel Kant, *Perpetual Peace*, 1795, first English edition reprinted with an introduction by Nicholas Butler Murray (New York: Columbia University Press, 1939), https://www.amazon. com/Perpetual-Intro- Nicholas-Murray-Immanuel/dp/B001PAS2GI.

43 Thomas L. Friedman, *The Lexus and the Olive Tree: Understanding Globalization* (New York: Farrar, Straus and Giroux, 1999), https:// us.macmillan.com/books/9781250013743.

44 Branko Milanovic, "The World Is Becoming More Equal," *Foreign Affairs*, August 28, 2020, https://www.foreignaffairs.com/articles/ world/2020-08-28/world-economic-inequality.

Chapter 19: Strengthening the Medical Supply Chain

1 Bindiya Vakil, CEO, Resilinc, interview by Sheffi Yossi, June 11, 2020.

2 Austen Hufford and Mark Maremont, "Low-Quality Masks Infiltrate U.S. Coronavirus Supply," *Wall Street Journal*, May 3, 2020, https://www. wsj.com/articles/we-werent-protected-low-quality-masks-infiltrate-u-s- coronavirus-supply-11588528690.

3 Amy Goldstein, Lena H. Sun, and Beth Reinhard, "Desperate for Medical Equipment, States Encounter a Beleaguered National Stockpile," *Washington Post*, March 28, 2020, https://www. washingtonpost.com/ national/health-science/desperate-for-medical-equipment-states-encounter-a-beleaguered-national-stockpile/2020/03/28/1f4f9a0a-6f82- 11ea-aa80-c2470c6b2034_story.html.

4 "An Act Making Omnibus Consolidated and Emergency Appropriations for the Fiscal Year Ending September 30, 1999, and for Other Purposes," Pub. L. No. 105–277 (1998), https://www. congress.gov/105/plaws/publ277/ PLAW-105publ277.pdf.

5 Norimitsu Onishi and Constant Méheut, "How France Lost the Weapons to Fight a Pandemic," *New York Times*, May 17, 2020, https://www. nytimes.com/2020/05/17/world/europe/france-coronavirus.html.

6 Yossi Sheffi, *The Resilient Enterprise: Overcoming Vulnerability for Competitive Advantage* (Cambridge, Mass.: MIT Press, 2005), https:// mitpress.mit.edu/books/resilient-enterprise.

7 Jared S. Hopkins, "Hospitals Stock Up on Covid-19 Drugs to Prepare for Second Wave in Fall," *Wall Street Journal*, July 14, 2020, https://www. wsj.com/articles/hospitals-stock-up-on-covid-19-

drugs-to-prepare-for- second-wave-in-fall-11594719000.

8 Troy Segal, "Bank Stress Test," Investopedia, August 23, 2020, https:// www.investopedia.com/ terms/b/bank-stress-test.asp.

9 Onishi and Méheut, "How France Lost the Weapons to Fight a Pandemic."

10 Hirsh Chitkara, "A Newly Proposed Bipartisan Bill Would Earmark $22 Billion to Lure Chip Manufacturers to US," *Business Insider*, June 12, 2020, https://www.businessinsider.com/chips-for-america-act-will-shift- chip-manufacturing-to-us-2020-6.

11 Archana Chaudhary, "EU to Focus on Diversifying Crucial Supply Chains, Says Borrell," *Bloomberg*, July 14, 2020, https://www.bloomberg.com/ news/articles/2020-07-14/eu-to-focus-on-diversifying-crucial-supply- chains-says-borrell.

12 Vince Chadwick and Michael Igoe, "After the Pandemic: How Will COVID-19 Transform Global Health and Development?," *Devex*, April 13, 2020, https://www.devex.com/news/after-the-pandemic-how-will-covid- 19-transform-global-health-and-development-96936.

13 "The Face Mask Global Value Chain in the COVID-19 Outbreak: Evidence and Policy Lessons," Organisation for Economic Co-Operation and Development, May 4, 2020, http://www.oecd.org/coronavirus/policy- responses/the-face-mask-global-value-chain-in-the-covid-19-outbreak- evidence-and-policy-lessons-a4df866d.

14 Chris Buckley, Sui-Lee Wee, and Amy Qin, "China's Doctors, Fighting the Coronavirus, Beg for Masks," *New York Times*, February 29, 2020, https:// www.nytimes.com/2020/02/14/world/asia/ china-coronavirus-doctors. html.

15 Camila Domonoske, "Automakers Might Retool To Make Ventilators," *NPR*, March 19, 2020, https://www.npr.org/sections/coronavirus-live- updates/2020/03/19/818402194/automakers-could-retool-to-make- ventilators.

16 Robert Sherman, "Over 600 Distilleries, Big and Small, Now Making Hand Sanitizer during Coronavirus Outbreak," *Fox News*, April 9, 2020, https://www.foxnews.com/food-drink/ distilleries-hand-sanitizer- coronavirus-hundreds.

17 Melanie Evans and Austen Hufford, "Critical Component of Protective Masks in Short Supply," *Wall Street Journal*, March 7, 2020, https://www. wsj.com/articles/coronavirus-pressures-supply-chain-for-protective- masks-11583552527.

18 Ed Edwards, "What Is Melt-Blown Extrusion and How Is It Used for Making Masks?," ThomasNet, accessed August 27, 2020, https://www. thomasnet.com/articles/machinery-tools-supplies/what-is-melt-blown- extrusion.

19 "Polypropylene Market To Reach USD 155.57 Billion By 2026," *Globe Newswire*, August 1, 2019, http://www.globenewswire.com/news- release/2019/08/01/1895698/0/en/Polypropylene-Market-To-Reach-USD- 155-57-Billion-By-2026-Reports-And-Data.html.

Chapter 20: Green Takes a Back Seat to Recovery

1 Jean Pisani-Ferry, "Building a Post-Pandemic World Will Not Be Easy," *Project Syndicate*, April 30,

2020, https://www.project-syndicate.org/ commentary/environmental-and-economic-tradeoffs-in-covid19- recovery-by-jean-pisani-ferry-2020-04.

2 Corinne Le Quéré et al., "Temporary Reduction in Daily Global CO2 Emissions during the COVID-19 Forced Confinement," *Nature Climate Change* 10, no. 7 (July 2020): 647–653, https://doi.org/10.1038/s41558-020- 0797-x.

3 Chris Mooney, Brady Dennis, and John Muyskens, "Global Emissions Plunged an Unprecedented 17 Percent during the Coronavirus Pandemic," *Washington Post*, May 19, 2020, https://www. washingtonpost. com/climate-environment/2020/05/19/greenhouse-emissions- coronavirus.

4 Lauri Myllyvira, "Analysis: Coronavirus Temporarily Reduced China's CO2 Emissions by a Quarter," *Carbon Brief*, February 19, 2020, https:// www.carbonbrief.org/analysis-coronavirus-has-temporarily-reduced- chinas-co2-emissions-by-a-quarter.

5 Martin Brudermüller, Climate Protection, interview by BASF, June 3, 2019, https://www.basf. com/us/en/who-we-are/sustainability/whats-new/ sustainability-news/2019/climate-protection-interview-with-Martin- Brudermueller.html.

6 UN General Assembly, Resolution 43/53, Protection of Global Climate for Present and Future Generations of Mankind, A/RES/43/53 (December 6, 1988), https://www.ipcc.ch/site/assets/ uploads/2019/02/UNGA43-53.pdf.

7 "Climate Change 2014: AR5 Synthesis Report" (Geneva: Intergovernmental Panel on Climate Change, 2014), https://www.ipcc.ch/ report/ar5/syr.

8 Chelsea Harvey, "CO2 Emissions Reached an All-Time High in 2018," *Scientific American*, December 6, 2018, https://www.scientificamerican. com/article/co2-emissions-reached-an-all-time-high-in-2018.

9 Yossi Sheffi, "Climate Change: The Real Inconvenient Truth," *Management and Business Review* 1 (forthcoming).

10 Melanie Curtin, "73 Percent of Millennials Are Willing to Spend More Money on This 1 Type of Product," *Inc.*, March 30, 2018, https://www. inc.com/melanie-curtin/73-percent-of-millennials-are-willing-to-spend- more-money-on-this-1-type-of-product.html.

11 Gregory Unruh, "No, Consumers Will Not Pay More for Green," *Forbes*, July 28, 2011, https:// www.forbes.com/sites/csr/2011/07/28/no-consumers- will-not-pay-more-for-green.

12 Jonas Lehmann and Yossi Sheffi, "Consumers' (Not So) Green Purchase Behavior," *Journal of Marketing Development and Competitiveness* 14, no. 4 (forthcoming).

13 Hal Bernton, "Washington State Voters Reject Carbon-Fee Initiative," *Seattle Times*, November 6, 2018, https://www.seattletimes.com/seattle- news/politics/voters-rejecting-carbon-fee-in-first-day-returns.

14 Pádraig Collins, "How Not to Introduce a Carbon Tax: The Australian Experience," *Irish Times*, January 3, 2019, https://www.irishtimes.com/ news/environment/how-not-to-introduce-a-carbon-tax-the-australian- experience-13746214.

15 "Violence Flares as Yellow Vests Mark One Year," *BBC News*, November 16, 2019, https://www. bbc.com/news/world-europe-50447733.

16 Robert P. Murphy, "Plastic Bans Are Symbolism Over Substance," *Institute for Energy Research Blog*, July 24, 2019, https://www. instituteforenergyresearch.org/regulation/plastic-bans-are-symbolism- over-substance.

17 Rob Picheta, "McDonald's New Paper Straws Aren't Recyclable — But Its Axed Plastic Ones Were," *CNN Business*, August 5, 2019, https://www.cnn. com/2019/08/05/business/mcdonalds-paper-straws-recyclable-scli-gbr- intl/index.html.

18 John Tierney, "Plastic Bags Help the Environment," *Wall Street Journal*, February 18, 2020, https://www.wsj.com/articles/plastic-bags-help-the- environment-11582048449.

19 BlackRock Inc. to BlackRock clients, "Sustainability as BlackRock's New Standard for Investing," 2020, https://www.blackrock.com/uk/individual/ blackrock-client-letter.

20 Owen Walker and Attracta Mooney, "BlackRock Seeks to Regain Lost Ground in Climate Fight," *Financial Times*, January 14, 2020, https://www. ft.com/content/36282d86-36e4-11ea-a6d3-9a26f8c3cba4.

21 Attracta Mooney, "BlackRock Accused of Climate Change Hypocrisy," *Financial Times*, May 17, 2020, https://www.ft.com/content/0e489444- 2783-4f6e-a006-aa8126d2ff46.

22 World Bank, "Nearly Half the World Lives on Less than $5.50 a Day," news release no. 2019/044/DEC-GPV, October 17, 2018, https://www. worldbank.org/en/news/press-release/2018/10/17/nearly-half-the-world- lives-on-less-than-550-a-day.

23 "How CEOs See Today's Coronavirus World," *Wall Street Journal*, June 11, 2020, https://www. wsj.com/articles/how-ceos-see-todays-coronavirus- world-11587720600.

24 Lisa Friedman and Keith Bradsher, "China's Emissions: More Than U.S. Plus Europe, and Still Rising," *New York Times*, January 25, 2018, https:// www.nytimes.com/2018/01/25/business/china-davos-climate-change.html.

25 Karl Mathiesen, "Coal to Power India for 'Decades to Come', Says Government Planning Body," *Climate Home News*, August 28, 2017, https://www.climatechangenews.com/2017/08/28/coal-power-india- decades-come-says-government-planning-body.

26 Sushmita Patthak, "With Coronavirus Lockdown, India's Cities See Clear Blue Skies As Air Pollution Drops," *NPR*, April 10, 2020, https://www. npr.org/sections/coronavirus-live-updates/2020/04/10/831592401/with- coronavirus-lockdown-indias-cities-see-clear-blue-skies-as-air-pollution- dr.

27 Matt McGrath, "Climate Change and Coronavirus: Five Charts about the Biggest Carbon Crash," *BBC News*, May 6, 2020, https://www.bbc.com/ news/science-environment-52485712.

28 "Employment Outlook 2020: Facing the Jobs Crisis," Organisation for Economic Co-Operation and Development, 2020, http://www.oecd.org/ employment-outlook/#report.

29 European Commission, "Summer 2020 Economic Forecast: An Even Deeper Recession with Wider Divergences," news release no. IP/20/1269, July 7, 2020, https://ec.europa.eu/commission/presscorner/detail/en/ ip_20_1269.

30 Liz Alderman and Matina Stevis-Gridneff, "The Pandemic's Economic Damage Is Growing," *New York Times*, July 7, 2020, https://www.nytimes. com/2020/07/07/business/EU-OECD-

coronavirus-economic-reports.html.

31 Ursula von der Leyen, "Statement by Ursula von Der Leyen, President of the EC, on the Role of the European Green Deal in the Economic Recovery," European Commission, April 28, 2020, https://audiovisual.ec.europa.eu/en/video/I-190013.

32 von der Leyen.

33 Steven Erlanger, "Will the Coronavirus Crisis Trump the Climate Crisis?," *New York Times*, May 11, 2020, https://www.nytimes.com/2020/05/09/world/europe/will-the-coronavirus-crisis-trump-the-climate-crisis.html.

34 Ronald Bailey, "Biden's New Green New Deal Is the Same as the Old Green New Deal," *Reason*, July 16, 2020, https://reason.com/2020/07/16/bidens-new-green-new-deal-is-the-same-as-the-old-green-new-deal.

35 Erlanger, "Will the Coronavirus Crisis Trump the Climate Crisis?"

36 Bryan Brammer, "Biden: Only 9 Years Left to Save Earth from Climate Change," *Disrn* (blog), July 15, 2020, https://disrn.com/news/biden-only-9-years-left-to-save-earth-from-climate-change.

37 "Global Warming of 1.5 oC," Intergovernmental Panel on Climate Change, 2020, https://www.ipcc.ch/sr15.

38 Bailey, "Biden's Green New Deal."

39 Zeke Hausfather (@hausfath), "Climate change is a problem of degrees, not thresholds. We shouldn't give up hope if reducing emissions takes longer than we'd like. Indeed, in some ways action becomes all the more important the longer we delay, as the marginal impact of our emissions increases," Twitter, July 24, 2020, 11:47 a.m., https://twitter.com/hausfath/status/1154055387001307147.

40 Erlanger, "Will the Coronavirus Crisis Trump the Climate Crisis?"

41 Drew DeSilver, "Renewable Energy Is Growing Fast in the U.S., but Fossil Fuels Still Dominate," *Fact Tank* (blog), Pew Research Center, January 15, 2020, https://www.pewresearch.org/fact-tank/2020/01/15/renewable-energy-is-growing-fast-in-the-u-s-but-fossil-fuels-still-dominate.

42 Mary Hoff, "8 Ways to Sequester Carbon to Avoid Climate Catastrophe," *EcoWatch*, July 19, 2017, https://www.ecowatch.com/carbon-sequestration-2461971411.html.

43 Thomas L. Friedman, "Coronavirus Showed How Globalization Broke the World," *New York Times*, May 30, 2020, https://www.nytimes.com/2020/05/30/opinion/sunday/coronavirus-globalization.html.

44 Reuters, "China to Strengthen Global Cooperation in COVID-19 Vaccine Trials," *Reuters*, June 7, 2020, https://www.reuters.com/article/us-health-coronavirus-china-idUSKBN23E02Z.

45 Sam Fleming, Mehreen Khan, and Jim Brunsden, "EU Recovery Fund: How the Plan Will Work," *Financial Times*, July 21, 2020, https://www.ft.com/content/2b69c9c4-2ea4-4635-9d8a-1b67852c0322.

46 Solemn Declaration on European Union, European Council, Jun. 19, 1983, Bull. EC 6-1983.

47 Fitch Ratings, "EU Recovery Fund Is a Step Towards a More Resilient Eurozone," news release, July 23, 2020, https://www.fitchratings.com/ research/sovereigns/eu-recovery-fund-is-step-towards-more-resilient- eurozone-23-07-2020.

48 Daniel R. Coats, "Statement for the Record to the Senate Senate Committee on Intelligence: Worldwide Threat Assesment of The U.S. Intelligence Community" (Office of the Director of National Intelligence, January 29, 2019), https://www.dni.gov/files/ODNI/documents/2019-ATA- SFR---SSCI.pdf.

Chapter 21: Government and the Post-Covid-19 Economy

1 "New Deal Programs," Living New Deal, Department of Geography at the University of California, Berkeley, accessed August 27, 2020, https:// livingnewdeal.org/what-was-the-new-deal/programs.

2 "World War II: Causes (1919 - 1939)" (Fairfax County (VA) Public Schools High School Social Studies, 2014), https://www.lcps.org/cms/lib/ VA01000195/Centricity/Domain/10599/Causes%20of%20WWII.pdf.

3 John B. Emerson, "The Importance of a Rules-Based International Order" (14th Berlin Security Conference, Berlin, November 17, 2015), https://de.usembassy.gov/the-importance-of-a-rules-based-international- order.

4 John McCormick and Gerald F. Seib, "Coronavirus Means the Era of Big Government Is···Back," Wall Street Journal, April 26, 2020, https:// www.wsj.com/articles/coronavirus-means-the-era-of-big-government- isback-11587923184.

5 Consumer Financial Protection Bureau, "Mortgage and Housing Assistance during the Coronavirus National Emergency," accessed August 27, 2020, https://www.consumerfinance.gov/coronavirus/mortgage-and-housing-assistance.

6 Erin Duffin, "Value of COVID-19 Stimulus Packages in the G20 as Share of GDP 2020," Statista, August 12, 2020, https://www.statista.com/ statistics/1107572/covid-19-value-g20-stimulus-packages-share-gdp.

7 "Rough Sleepers in London Given Hotel Rooms," BBC News, March 21, 2020, https://www.bbc.com/news/uk-england-london-51987345.

8 William Pearse, "How COVID-19 Could Change the Role of Government," INOMICS (blog), April 28, 2020, https://inomics.com/blog/ how-covid-19-could-change-the-role-of-government-1459149.

9 Robert P. Murphy, "The Fed and the Ratchet Effect," Mises Daily Articles (blog), Mises Institute, September 6, 2010, https://mises.org/library/fed- and-ratchet-effect.

10 Zvi Horacio Hercowitz and Michel Strawczynnski, "Cyclical Ratcheting in Government Spending: Evidence from the OECD," Review of Economics and Statistics 86, no. 1 (February 2004): 353 - 361, https://doi. org/10.1162/003465304323023868.

11 "Little Public Support for Reductions in Federal Spending" (Washington, D.C.: Pew Research Center, April 11, 2019), https://www.pewresearch. org/politics/2019/04/11/little-public-support-for-reductions-in-federal- spending.

12 James Crabtree et al., "How the Coronavirus Pandemic Will Permanently Expand Government Powers," *Foreign Policy*, May 16, 2020, https:// foreignpolicy.com/2020/05/16/future-government-powers-coronavirus- pandemic.

13 "Reg Stats," George Washington University Center for Regulatory Studies, accessed August 27, 2020, https://regulatorystudies.columbian. gwu.edu/reg-stats.

14 "The History of the European Union," European Union, June 16, 2016, https://europa.eu/european-union/about-eu/history_en.

15 Dimiter Toshkov, "55 Years of European Legislation," online presentation, http://www.dimiter.eu/Eurlex.html.

16 "A Crisis Like No Other, An Uncertain Recovery," *World Economic Outlook Update* (Washington, D.C.: Interrnational Monetary Fund, June 2020), https://www.imf.org/en/Publications/WEO/Issues/2020/06/24/ WEOUpdateJune2020.

17 John P. Ehrenberg et al., "Strategies Supporting the Prevention and Control of Neglected Tropical Diseases during and beyond the COVID-19 Pandemic," *Infectious Diseases of Poverty* 9, no. 86 (July 10, 2020), https:// doi.org/10.1186/s40249-020-00701-7.

18 Apoorva Mandavilli, "'The Biggest Monster' Is Spreading. And It's Not the Coronavirus," *New York Times*, August 3, 2020, https://www.nytimes. com/2020/08/03/health/coronavirus-tuberculosis-aids-malaria.html.

19 Louise Sheiner and Sage Belz, "How Will the Coronavirus Affect State and Local Government Budgets?," *Brookings* (blog), Brookings Institution, March 23, 2020, https://www.brookings.edu/blog/up- front/2020/03/23/how-will-the-coronavirus-affect-state-and-local- government-budgets.

20 UN Department of Ecnomic and Social Affairs, "COVID-19 and Sovereign Debt," UN/DESA Policy Brief no. 72 (New York: United Nations, May 14, 2020), https://www.un.org/development/desa/dpad/publication/un-desa- policy-brief-72-covid-19-and-sovereign-debt.

21 Chris Giles and Robin Harding, "Richest Nations Face $17tn Government Debt Burden from Coronavirus," *Financial Times*, May 24, 2020, https:// www.ft.com/content/66164bbc-40c7-4d91-a318-a0b4dbe4193e.

Part 6: The Next Opportunities

1 "How CEOs See Today's Coronavirus World," *Wall Street Journal*, June 11, 2020, https://www.wsj.com/articles/how-ceos-see-todays-coronavirus- world-11587720600.

2 Courtney Connley, "Why Many Employees Are Hoping to Work from Home Even after the Pandemic Is Over," *CNBC*, May 4, 2020, https:// www.cnbc.com/2020/05/04/why-many-

employees-are-hoping-to-work- from-home-even-after-the-pandemic-is-over.html.

Chapter 22: More E-Commerce

1 Courtney Connley, "Why Many Employees Are Hoping to Work from Home Even after the Pandemic Is Over," *CNBC*, May 4, 2020, https:// www.cnbc.com/2020/05/04/why-many-employees-are-hoping-to-work- from-home-even-after-the-pandemic-is-over.html.

2 Connley.

3 Heather Kelly, "Small Businesses Turned to Technology to Survive the Pandemic. But It May Not Be Enough," *Washington Post*, June 22, 2020, https://www.washingtonpost.com/technology/2020/06/22/small-business- tech-pandemic.

4 Sapna Maheshwari, "Lord & Taylor Files for Bankruptcy as Retail Collapses Pile Up," *New York Times*, August 2, 2020, https://www.nytimes. com/2020/08/02/business/Lord-and-Taylor-Bankruptcy.html.

5 Suzanne Kapner, "Once the Innovators, Department Stores Fight to Stay Alive," *Wall Street Journal*, August 4, 2020, https://www.wsj.com/articles/ once-the-innovators-department-stores-fight-to-stay-alive-11596533403.

6 Daniela Santamariña, Abha Bhattarai, and Kevin Uhrmacher, "The Iconic Brands That Could Disappear Because of Coronavirus," *Washington Post*, May 8, 2020, https://www.washingtonpost.com/business/2020/04/29/ which-iconic-brands-could-disappear-because-coronavirus.

7 Sarah E. Wyeth, "Shakeout In Retail, Restaurant Sectors Begins With J. Crew" (New York: S&P Global Ratings, May 4, 2020), https://www. spglobal.com/ratings/en/research/articles/200504-shakeout-in-retail- restaurant-sectors-begins-with-j-crew-11472558.

8 Santamariña, Bhattarai, and Uhrmacher, "The Iconic Brands That Could Disappear."

9 "The Running List of 2020 Retail Bankruptcies," *Retail Dive*, August 17, 2020, https://www.retaildive.com/news/the-running-list-of-2020-retail- bankruptcies/571159.

10 Nicole Serino and Sudeep K. Kesh, "Credit Trends: Transportation Leads Distress Ratios As Demand Collapses Across U.S. Sectors" (New York: S&P Global Ratings, May 26, 2020), https:// www.spglobal.com/ratings/ en/research/articles/200526-credit-trends-transportation-leads-distress- ratios-as-demand-collapses-across-u-s-sectors-11504506.

11 "How Did Alibaba Help Retailer Lin Qingxuan Cope with the Coronavirus Outbreak?," Alibaba Cloud (blog), March 5, 2020, https://www.alibabacloud.com/blog/how-did-alibaba-help- retailer-lin-qingxuan- cope-with-the-coronavirus-outbreak_595950.

12 Martin Reeves et al., "How Chinese Companies Have Responded to Coronavirus," *Harvard Business Review*, March 10, 2020, https://hbr.org/2020/03/how-chinese-companies-have- responded-to-coronavirus.

13 Joelle Ayala, "5 ECommerce Tips to Increase Sales during COVID-19," *Happy Returns* (blog), March 27, 2020, https://retailers.happyreturns.com/ blog/5-ecommerce-tips-to-increase-sales- during-covid-19.

14 Iris Ouyang, "China Cosmetics Sales Rebound in March as Coronavirus Outbreak Proves to Be a Temporary Setback," *South China Morning Post*, April 7, 2020, https://www.scmp.com/business/article/3078682/china-cosmetics-sales-rebound-march-coronavirus-outbreak-proves-be.

15 "How Did Alibaba Help Retailer Lin Qingxuan Cope with the Coronavirus Outbreak?"

16 Robin Givhan, "Fashion Was Broken Even before the Pandemic. A Reboot Could Be Just What It Needs," *Washington Post*, June 15, 2020, https://www.washingtonpost.com/lifestyle/style/fashion-retail-business-bankrupt-stores/2020/06/12/463572b0-9c56-11ea-ac72-3841fcc9b35f_story.html.

17 "Sephora Virtual Artist," Sephora, accessed August 30, 2020, https://sephoravirtualartist.com.

18 Walmart Inc., "Walmart Q1 FY21 Earnings Release," May 19, 2020, https://corporate.walmart.com/media-library/document/q1-fy21-earnings-release/_proxyDocument?id=00000172-29ed-d3ff-a3f6-bded2c350000.

19 Nathaniel Meyersohn, "Target's Digital Sales Climb 141%," *CNN*, May 20, 2020, https://www.cnn.com/2020/05/20/business/target-earnings-coronavirus/index.html.

20 Dennis Flynn, Senior Director, Supply Chain and Inventory Management, Walmart eCommerce, interview by Yossi Sheffi, June 12, 2020.

21 Adobe Analytics, "Adobe Digital Economy Index" (San Jose, Calif.: Adobe Inc., July 2020), https://www.adobe.com/content/dam/www/us/en/experience-cloud/digital-insights/pdfs/adobe_analytics-digital-economy-index-2020.pdf.

22 Gregory Magana, "Almost 70% of US Consumers Use BOPIS," *Business Insider*, February 22, 2019, https://www.businessinsider.com/us-consumers-use-buy-online-pickup-in-store-2019-2.

23 Walmart Inc., "Walmart Introduces Express Delivery," news release, April 30, 2020, https://corporate.walmart.com/newsroom/2020/04/30/walmart-introduces-express-delivery.

24 Esther Fung and Sebastian Herrera, "Amazon and Mall Operator Look at Turning Sears, J.C. Penney Stores Into Fulfillment Centers," *Wall Street Journal*, August 9, 2020, https://www.wsj.com/articles/amazon-and-giant-mall-operator-look-at-turning-sears-j-c-penney-stores-into-fulfillment-centers-11596992863.

25 Lisa D'Ambrosio and Alexis Bateman, "Grocery Shopping Habits in the US," Covid-19 Generational and Life Style Study (Cambridge, Mass.: MIT AgeLab, August 2020).

26 Tyler Clifford, "'It Was Suddenly Cyber Monday' — Etsy CEO Says Sales Spiked 79% in April," *CNBC*, May 7, 2020, https://www.cnbc.com/2020/05/07/etsy-ceo-says-sales-jumped-79percent-in-april-likens-it-to-cyber-monday.html.

27 "Etsy, Inc. (ETSY) CEO Joshua Silverman on Q1 2020 Results – Earnings Call Transcript," Seeking Alpha, May 7, 2020, https://seekingalpha.com/article/4343941-etsy-inc-etsy-ceo-joshua-silverman-on-q1-2020-results-earnings-call-transcript.

28 "Etsy, Inc. (ETSY) CEO Joshua Silverman on Q1 2020 Results – Earnings Call Transcript."

29 Teresa Rivas, "Mom and Pop Retailers Are Struggling During the Lockdowns. Big Box Giants Are

Thriving," *Barron's Magazine*, May 24, 2020, https://www.barrons.com/articles/retail-giants-will-keep-gaining-ground-in-a-post-coronavirus-world-51590193284.

30 Bridget Goldschmidt, "C&S, Instacart Offer E-Commerce Solutions to Independent Grocers," *Progressive Grocer*, June 4, 2020, https:// progressivegrocer.com/cs-instacart-offer-e-commerce-solutions-independent-grocers.

31 Alexandra Alter, "Bookstores Are Struggling. Is a New E-Commerce Site the Answer?," *New York Times*, June 16, 2020, https://www.nytimes. com/2020/06/16/books/bookshop-bookstores-coronavirus.html.

32 Sam Dean et al., "What a Reopened California Will Look like — and Businesses' Odds of Survival," *Los Angeles Times*, May 6, 2020, https:// www.latimes.com/business/story/2020-05-06/reopening-economy- restaurants-retail-movies-sports.

33 Armando Roggio, "Facebook Shops Are an Ecommerce Game Changer," *Practical Ecommerce*, May 22, 2020, https://www.practicalecommerce. com/facebook-shops-are-an-ecommerce-game-changer.

34 Natalie Wong, "Warehouse Giant Seeing Insatiable Demand From Amazon, Walmart," *Bloomberg*, May 5, 2020, https://www.bloomberg.com/ news/articles/2020-05-05/warehouse-giant-seeing-insatiable-demand- from-amazon-walmart.

35 Kate Conger and Erin Griffith, "The Results Are In for the Sharing Economy. They Are Ugly," *New York Times*, May 7, 2020, https://www. nytimes.com/2020/05/07/technology/the-results-are-in-for-the-sharing- economy-they-are-ugly.html.

36 Mike Isaac, Erin Griffith, and Adam Satariano, "Uber Buys Postmates for $2.65 Billion," *New York Times*, July 5, 2020, https://www.nytimes. com/2020/07/05/technology/uber-postmates-deal. html.

37 Lizette Chapman, "Uber Eats Ditches Seven Countries, Subsidiary Careem Cuts Staff," *Bloomberg*, May 4, 2020, https://www.bloomberg. com/news/articles/2020-05-04/uber-eats-ditches-seven-countries-where- food-delivery-lags?sref=KgV4umfb.

38 Jane Black and Brent Cunningham, "The Pandemic Is Changing How We Eat. But Not for the Better," *Washington Post*, May 7, 2020, https://www. washingtonpost.com/outlook/the-pandemic-is-changing-how-we-eat-but- not-for-the-better/2020/05/07/5e4623e6-906b-11ea-a9c0-73b93422d691_ story.html.

39 Natasha Mascarenhas, "Instacart Announces New COVID-19 Policies and Plans to Hire 250,000 More Shoppers," *TechCrunch* (blog), April 23, 2020, https://social.techcrunch.com/2020/04/23/instacart-announces- new-covid-19-policies-and-plans-to-hire-250000-more-shoppers.

40 Deena M. Amato-McCoy, "Study: Consumers' Shipping Expectations Higher than Ever," *Chain Store Age*, June 27, 2017, https://chainstoreage. com/operations/study-consumers-shipping-expectations-higher-ever.

41 Heather Lalley, "Chipotle Fast Tracks Its Drive-Thrus," *Restaurant Business*, July 15, 2020, https://www.restaurantbusinessonline.com/ operations/chipotle-fast-tracks-its-drive-thrus.

42 "curbFlow," curbFlow, accessed August 31, 2020, https://curbflow.com.

43 Brian Barth, "Curb Control," *Planning*, June 2019, https://www.planning. org/planning/2019/jun/curbcontrol.

Chapter 23: Remaking the City

1 Amy Gamerman, "Wealthy City Dwellers Seek Refuge From Coronavirus at Remote Ranches," *Wall Street Journal*, April 8, 2020, https://www.wsj. com/articles/wealthy-city-dwellers-seek-refuge-from-coronavirus-at-remote-ranches-11586373662.

2 Marie Patino, "Urban Living Might Just Survive Coronavirus," *Bloomberg*, June 15, 2020, https://www.bloomberg.com/graphics/2020-coronavirus-dash.

3 "Big Offices May Be in the Past, Says Barclays Boss," *BBC News*, April 29, 2020, https://www.bbc.com/news/business-52467965.

4 Uri Berliner, "Get A Comfortable Chair: Permanent Work From Home Is Coming," *NPR*, June 22, 2020, https://www.npr.org/2020/06/22/870029658/get-a-comfortable-chair-permanent-work-from-home-is-coming.

5 Lee Clifford, "Working from Home Is Going So Well That This Fortune 100 Company Is Going to Keep Doing It—Permanently," *Fortune*, May 11, 2020, https://fortune.com/2020/05/11/permanent-work-from-home-coronavirus-nationwide-fortune-100.

6 Kevin Rebong, "'Much Less Real Estate': Morgan Stanley CEO On Firm's Future," *The Real Deal*, April 17, 2020, https://therealdeal.com/2020/04/17/ morgan-stanley-on-firms-future-much-less-real-estate.

7 Kim Peterson, "Companies Are Packing Workers in like Sardines," *CBS News*, March 9, 2015, https://www.cbsnews.com/news/companies-are-packing-workers-in-like-sardines.

8 Laura Bliss, "Elevators Changed Cities. Will Coronavirus Change Elevators?," *Bloomberg*, May 21, 2020, https://www.bloomberg.com/news/ articles/2020-05-21/the-fate-of-elevators-in-the-post-pandemic-city.

9 Anjelica Tan, "Americans Leave Large Cities for Suburban Areas and Rural Towns," *The Hill*, July 5, 2020, https://thehill.com/opinion/ finance/505944-americans-leave-large-cities-for-suburban-areas-and-rural-towns.

10 Marco della Cava, "San Francisco Is Losing Residents Because It's Too Expensive for Nearly Everyone," *USA Today*, October 19, 2019, https:// www.usatoday.com/story/news/nation/2019/10/19/california-housing-crisis-residents-flee-san-francisco-because-costs/3985196002.

11 Diana Olick, "Homebuilders Just Saw the Strongest June Sales since the Last Housing Boom, as Pandemic Pushes More Buyers to the Suburbs," *CNBC*, July 13, 2020, https://www.cnbc.com/2020/07/13/homebuilders-just-saw-the-strongest-june-sales-since-the-last-housing-boom.html.

12 Michael Wilson, "The Virus Turns Midtown Into a Ghost Town, Causing an Economic Crisis," *New York Times*, July 26, 2020, https://www. nytimes.com/2020/07/26/nyregion/nyc-coronavirus-time-life-building. html.

13 Rachel Siegel, "Hard-Hit Retailers Projected to Shutter as Many as 25,000 Stores This Year, Mostly in Malls," *Washington Post*, June 9, 2020, https:// www.washingtonpost.com/ business/2020/06/09/retail-store-closure- mall.

14 Yelp Inc., "Increased Consumer Interest in May Correlates with COVID-19 Hot Spots in June, According to the Yelp Economic Average," Yelp Economic Average, June 2020, https://www. yelpeconomicaverage. com/yea-q2-2020.

15 Liam O'Connell, "Number of Retail Stores in the U.S. 2019," Statista, July 22, 2020, https:// www.statista.com/statistics/887112/brick-and-mortar- store-count-us-by-channel.

16 Lauren Thomas, "25,000 Stores Are Predicted to Close in 2020, as the Coronavirus Pandemic Accelerates Industry Upheaval," *CNBC*, June 9, 2020, https://www.cnbc.com/2020/06/09/ coresight-predicts-record- 25000-retail-stores-will-close-in-2020.html.

17 Margaret J. Krauss, "One-Way Sidewalks And Parking Lot Dining Rooms: Is This The Future?," *NPR*, May 8, 2020, https://www.npr.org/sections/ coronavirus-live-updates/2020/05/08/852222980/one-way-sidewalks-and- parking-lot-dining-rooms-is-this-the-future.

18 Justin Gillis and Heather Thompson, "Take Back the Streets From the Automobile," *New York Times*, June 20, 2020, https://www.nytimes. com/2020/06/20/opinion/pandemic-automobile-cities.html.

19 Susanne Rust, "Bicycles Have Enjoyed a Boom during the Pandemic. Will It Last as Car Traffic Resumes?," *Los Angeles Times*, June 25, 2020, https://www.latimes.com/california/ story/2020-06-25/bicycle-business-is- exploding-during-covid-19-will-it-last.

20 Michael Laris, "Cities, Including D.C, Are Closing Streets to Make Way for Restaurants and Pedestrians," *Washington Post*, May 29, 2020, https://www.washingtonpost.com/local/ trafficandcommuting/ cities-are-closing-streets-to-make-way-for-restaurants-and-pedestrians/2020/05/25/1f1af634-9b73-11ea-ad09-8da7ec214672_story. html.

21 Christopher Mims, "The Next Phase of the Retail Apocalypse: Stores Reborn as E-Commerce Warehouses," *Wall Street Journal*, July 18, 2020, https://www.wsj.com/articles/the-next-phase-of-the-retail-apocalypse- stores-reborn-as-e-commerce-warehouses-11595044859.

22 Paul Ziobro, "FedEx, Strained by Coronavirus, Caps How Much Retailers Can Ship From Stores," *Wall Street Journal*, May 14, 2020, https://www. wsj.com/articles/fedex-strained-by-coronavirus-caps-how-much- retailers-can-ship-from-stores-11589454006.

23 Krishna Thakker, "Raley's Opens 'Dark' Store in Response to COVID-19," *Grocery Dive*, June 22, 2020, https://www.grocerydive.com/news/raleys- opens-dark-store-in-response-to-covid-19/580228.

24 Mims, "Stores Reborn as E-Commerce Warehouses."

Chapter 24: And the Winner Is...The Great Unknown

1 Daniel Roberts, "Amid Coronavirus, Walmart Says It's Seeing Increased Sales of Tops — But Not Bottoms," *Yahoo Finance*, March 26, 2020, https://finance.yahoo.com/news/amid-coronavirus-

walmart-says-its-seeing-increased-sales-of-tops-but-not-bottoms-202959379.html.

2 Monica Watrous, "Hershey Preparing for a Post-Pandemic World," *Food Business News*, April 23, 2020, https://www.foodbusinessnews.net/ articles/15890-hershey-preparing-for-a-post-pandemic-world?v=preview.

3 Archie Mitchell, "Deodorant Sales Fall Due to Social Distancing but Locked down Consumers Send Ice-Cream Sales Soaring, Says Unilever," *MarketWatch*, July 23, 2020, https://www.marketwatch.com/ story/deodorant-sales-fall-due-to-social-distancing-but-locked-down-consumers-send-ice-cream-sales-soaring-says-unilever-11595532255.

4 Tom Ryan, "Will Dollar Stores Be the Biggest Post-COVID-19 Winners?," *RetailWire* (blog), June 2, 2020, https://retailwire.com/discussion/will- dollar-stores-be-the-biggest-post-covid-19-winners.

5 Raj Chetty et al., "How Did COVID-19 and Stabilization Policies Affect Spending and Employment? A New Real-Time Economic Tracker Based on Private Sector Data," working paper, NBER Working Paper Series no. 27431 (Cambridge, Mass.: National Bureau of Economic Research, June 2020), https://www.nber.org/papers/w27431.

6 LVMH Moët Hennessy Louis Vuitton, "LVMH Shows Good Resilience in the First Half of 2020," news release, July 27, 2020, https://www.lvmh.com/news-documents/press-releases/lvmh-shows-good-resilience-in-the- first-half-of-2020.

7 Maggie Fitzgerald, "U.S. Savings Rate Hits Record 33% as Coronavirus Causes Americans to Stockpile Cash, Curb Spending," *CNBC*, May 29, 2020, https://www.cnbc.com/2020/05/29/us-savings-rate-hits-record- 33percent-as-coronavirus-causes-americans-to-stockpile-cash-curb-spending.html.

8 Emma Cosgrove, "Coca-Cola, Mondelez Trim SKUs as CPGs Tackle Pandemic Stresses," *Supply Chain Dive*, June 2, 2020, https://www. supplychaindive.com/news/coronavirus-supply-chains-SKUs-pandemic- Mondelez-Procter-Gamble-Coca-Cola/579017.

9 Annie Gasparro, Jacob Bunge, and Heather Haddon, "Why the American Consumer Has Fewer Choices—Maybe for Good," *Wall Street Journal*, June 27, 2020, https://www.wsj.com/articles/why-the-american- consumer-has-fewer-choicesmaybe-for-good-11593230443.

10 "Procter & Gamble Co. (PG) Q3 2020 Earnings Call Transcript," The Motley Fool, April 17, 2020, https://www.fool.com/earnings/call- transcripts/2020/04/17/procter-gamble-co-pg-q3-2020-earnings-call- transcr.aspx.

11 Gasparro, Bunge, and Haddon, "Why the American Consumer Has Fewer Choices."

12 Mary Ellen Shoup, "Mondelēz to Cut SKUs and 'significantly' Reduce Innovation Projects: 'We Are Working on Making Our Business Simpler,'" *FoodNavigator-USA*, April 30, 2020, https:// www.foodnavigator-usa.com/ Article/2020/04/30/Mondelez-to-reduce-SKUs-and-innovation-projects- We-are-working-on-making-our-business-simpler.

13 Jeff Gelski, "Mondelez to Reduce Number of SKUs by 25%," *Food Business News*, July 29, 2020, https://www.foodbusinessnews.net/articles/16515- mondelez-to-reduce-number-of-skus-by-25?v=preview.

14 Cathy Hart, "The Retail Accordion and Assortment Strategies: An Exploratory Study," *International Review of Retail, Distribution and Consumer Research* 9, no. 2 (1999): 111–126, https://doi.org/10.1080/095939699342598.

15 Sergei Klebnikov, "Best Buy Earnings Fall, Target Sales Soar: Here's How All The Big Retailers Fared In The First Quarter," *Forbes*, May 21, 2020, https://www.forbes.com/sites/sergeiklebnikov/2020/05/21/best-buy- earnings-tank-target-sales-soar-heres-how-all-the-big-retailers-fared-in- the-first-quarter/#382eb2245b34.

16 Mike Snider, "Despite Coronavirus Pandemic, Consumers Still Turned on by Big-Screen TVs," *USA Today*, July 20, 2020, https://www.usatoday. com/story/tech/2020/07/20/coronavirus-effect-big-tvs-have-helped-some- homes-navigate-pandemic/5432582002.

17 Tiffany Kary, "Stockpiling Germaphobes Ignite Unlikely Boom: Appliances," *Bloomberg*, May 13, 2020, https://www.bloomberg.com/news/ articles/2020-05-13/deep-freezers-bread-makers-sell-out-in-coronavirus- spending-boom.

18 Briann Sozzi, "Mattress Sales Awakened by Need to Feel Cozy and Comfortable at Home during Coronavirus," *Yahoo News*, May 26, 2020, https://www.yahoo.com/now/mattress-sales-awakened-by-need-to-feel- cozy-and-comfortable-at-home-during-coronavirus-121258107.html.

19 Kate Knibbs, "Bidets Gain U.S. Popularity During The Coronavirus Crisis," *NPR*, March 22, 2020, https://www.npr.org/2020/03/22/819891957/ bidets-gain-u-s-popularity-during-the-coronavirus-crisis.

20 Elizabeth Crawford, "HelloFresh, Blue Apron See Bump in Sales as Americans Turn to Meal Kits during the Pandemic," *FoodNavigator-USA*, May 5, 2020, https://www.foodnavigator-usa.com/Article/2020/05/06/ HelloFresh-Blue-Apron-see-bump-in-sales-as-Americans-turn-to-meal-kits-during-the-pandemic.

Chapter 25: Flexibility for the Future

1 Jeff Kotzen and Elyssa Kotzen, J.W. Lopes and New England Country Mart, interview by Yossi Sheffi, June 12, 2020.

2 Barbara Spector, "Family Creates New Business Line during COVID-19 Pandemic," *Family Business*, August 2020, https://www. familybusinessmagazine.com/jw-lopes.

3 Kotzen and Kotzen, J.W. Lopes and New England Country Mart.

4 Eric Westervelt, "As Food Supply Chain Breaks Down, Farm-To-Door CSAs Take Off," *Weekend Edition Sunday* (NPR, May 10, 2020), https:// www.npr.org/2020/05/10/852512047/as-food-supply-chain-breaks-down- farm-to-door-csas-take-off.

5 Heather Kelly, "Small Businesses Turned to Technology to Survive the Pandemic. But It May Not Be Enough," *Washington Post*, June 22, 2020, https://www.washingtonpost.com/technology/2020/06/22/small-business- tech-pandemic.

6 Dave Wheeler, Chief Operating Officer, New Balance, interview by Yossi Sheffi, May 27, 2020.

7 New Balance, "Making PPE Face Masks," news release, June 9, 2020, https://www.newbalance.com/making-ppe-face-masks.

8 "How to Rebound Stronger from COVID-19: Resilience in Manufacturing and Supply Systems" (World Economic Forum, May 1, 2020), https:// www.weforum.org/whitepapers/how-to-rebound-stronger-from-covid-19- resilience-in-manufacturing-and-supply-systems.

9 "FDA Efforts to Connect Manufacturers and Health Care Entities: The FDA, Department of Veterans Affairs, National Institutes of Health, and America Makes Form a COVID-19 Response Public-Private Partnership," Food and Drug Administration, June 18, 2020, https://www.fda.gov/emergency-preparedness-and-response/coronavirus-disease-2019-covid-19/fda-efforts-connect-manufacturers-and-health-care-entities- fda-department-veterans-affairs-national.

10 Food and Drug Administration, "FDA Efforts to Connect Manufacturers and Health Care Entities."

11 World Economic Forum, "How to Rebound Stronger from COVID-19."

12 Karl Siebrecht, Co-Founder & CEO of FLEXE, interview by Yossi Sheffi, June 2, 2020.

Chapter 26: Adversity and Strength Will Build the Future

1 "Timeline: Boeing 737 Max Jetliner Crashes and Aftermath," *Chicago Tribune*, October 14, 2019, https://www.chicagotribune.com/business/ct- biz-viz-boeing-737-max-crash-timeline-04022019-story.html.

2 Clare Duffy, "Jeff Bezos Tells Shareholders to 'take a Seat' as Company Manages Covid-19," *CNN*, April 30, 2020, https://www.cnn. com/2020/04/30/tech/amazon-earnings-coronavirus/index.html.

3 Levi Sumagaysay, "Amazon Reaches 1 Million Workers amid Pandemic Hiring Frenzy," *MarketWatch*, July 20, 2020, https://www.marketwatch. com/story/amazon-reaches-1-million-workers-as-pandemic-pushes-total- up-11596136565.

4 "Amazon Global Supply Chain and Fulfillment Center Network," MWPVL International, accessed September 5, 2020, https://www.mwpvl. com/html/amazon_com.html.

5 Eric Kulisch, "Amazon Air to Expand Fleet with 12 Freighters," *FreightWaves*, June 3, 2020, https://www.freightwaves.com/news/breaking- amazon-air-to-expand-fleet-with-12-freighters.

6 "Texas Instruments Inc. (TXN) Q1 2020 Earnings Call Transcript," The Motley Fool, April 21, 2020, https://www.fool.com/earnings/call-transcripts/2020/04/22/texas-instruments-inc-txn-q1-2020-earnings-call- tr.aspx.

7 Barrett Brunsman, "P&G Ramps Up to Meet 'Strong Demand,' CFO Says," *Cincinnati Business Courier*, June 11, 2020, https://www.bizjournals. com/cincinnati/news/2020/06/11/p-g-ramps-up-to-meet-strong-demand- cfo-says.html.

8 "Facebook Inc. (FB) Q1 2020 Earnings Call Transcript," The Motley Fool, April 29, 2020, https://www.fool.com/earnings/call-transcripts/2020/04/29/facebook-inc-fb-q1-2020-earnings-call-transcript. aspx.

9 "Chipotle Mexican Grill Inc. (CMG) Q1 2020 Earnings Call Transcript," The Motley Fool, April 21, 2020, https://www.fool.com/earnings/call-transcripts/2020/04/21/chipotle-mexican-grill-inc-cmg-q1-2020-earnings-ca.aspx.

10 Heather Lalley, "Chipotle Plots Its Post-Pandemic Expansion," *Restaurant Business*, April 21, 2020, https://www.restaurantbusinessonline.com/operations/chipotle-plots-its-post-pandemic-expansion.

11 James Davies and Pearl Agyemfra, "International Approaches to Covid-19 Job Retention and Wage Subsidy Schemes," *Lewis Silkin* (blog), Lewis Silkin LLP, May 7, 2020, https://www.lewissilkin.com/en/insights/international-approaches-to-covid-19-job-retention-and-wage-subsidy-schemes.

2020년부터 시작된 감염병의 대유행은 생필품 부족, 전국적인 봉쇄 상황, 전세계 교통과 물류 패턴의 붕괴, 사회적 거리두기 등을 야기했다. 이에 대해 요시 셰피 교수는 "코로나19 감염병 대유행은 실제로 전세계 서플라이 체인을 붕괴한 것이 아니라 이미 진행되어 오던 근본적인 균열을 드러낸 것일 뿐"이라고 설명한다. 서플라이 체인 분야에서의 이러한 전례 없는 도전에도 불구하고, 뉴노멀 환경을 극복하고 기회로 활용을 위해 프로세스와 수익 모델을 기꺼이 조정하고자 민첩한 사업에 이미 투자해온 산업과 기업들 사이에서는 매우 회복 탄력적인 서플라이 체인이 유지되었다. 기업들은 서플라이 체인을 자동화하고 비용을 통제하며, 상거래 중 인적인 접촉을 최소화하는 동시에 사무실, 공장 및 창고 내 업무 근로자의 밀도를 줄이기 위한 디지털 기술을 배치하는 노력을 가속화했다. 이 책에서 셰피 교수가 긍정적인 모멘텀으로 본 부문은 다음의 5가지이다.

서플라이 체인 전반에 걸친 가시성의 확보

팬데믹 유무와 상관없이 잘 운영되는 서플라이 체인에서 가장 필요한 것은 현재 일어나고 있는 일에 대한 완벽한 가시성과 데이터를 활용하여 통찰력을 얻는 것이다. 이 책에서는 이를 개선하고자 하는 성공적인 사례로, P&G가 시범 프로그램의 일부인 세탁기에서 직접 수집한 데이터를 분석하면서 고객들이 세탁 세제를 사재기 하는 것이 아니라는 것을 확인한 것을 꼽는다.

비접촉식 거래의 증가

서플라이 체인 문서화의 상당 부분이 선하증권과 같은 종이 형태로 여전히 유지되고 있지만, 기업들은 표준화된 전자문서 시스템과 비접촉식 거래로 꾸준히 나아가고 있다. 특히 제품 개발 분야에서 기업들은 3D 모델링 프로그램, 디지털 파일 및 고해상도 비디오와 같은 툴에 집중하여 가상으로 협업하고 설계 프로세스를 가속화하고 있는데, 이는 2020년 팬데믹 락다운 이전부터 시작되었던 추세였다.

자동화의 증가

회사들은 생산 공정에서 효율성을 얻거나 전자 상거래에서 경쟁력을 높이기 위해 배송 가속화를 위해 자동화로 판매를 한다. 셰피 교수는 코로나19가 이러한 추세를 가속화했다고 주장한다. 예를 들어, 타이슨 푸드와 같은 회사들은 닭고기 뼈발라내기, 포장, 그리고 적재를 더 효율적으로 하기 위해 자동화 및 로봇 공학 솔루션을 큰 투자로 도입했다. 자동화는 지식 근로자들에게도 효율성을 높일 수 있다. 셰피 교수는 "취리히 보험 그룹과 같은 회사들은 언더라이터들이 더 복잡한 보험상품 위험분석에 많은 시간을 쓸 수 있도록 표준 문안과 같은 정책은 자동화할 수 있도록 RPA를 권장하고 있다."고 강조한다.

중국 관계에 대한 재고찰

일부 기업들은 중국을 벗어나 다른 아시아 국가로 소싱 전략을 수정하거나 '차이나 플러스 원', 즉 중국 이외에 최소 한 나라 이상을 더 고려하는 다각화 전략을 추진하고 있다. 또 다른 기업들은 여러 가지 이유로 미국과 EU지역으로의 회귀를 시작했는데, 제품 및 재료 품질에 대한 통제력 향상은 물론 타겟 시장과 고객에 대한 근접성 향상 때문이다. 셰피 교수 또한 "멀티쇼어링 네트워크는 지역 고객에게 로컬에 기반한 맞춤 서비스를 제공하고 갑작스러운 중단 위험에 대비하는 역량인 필수 회복탄력성을 복원력이 요구된다."고 강조한다.

민첩성의 수용

많은 기업들이 감염병 대유행 기간 동안 일하는 방식을 바꾸고 비즈니스를 재정립하기 위해 민첩한 비즈니스 원칙들을 두 배로 강화했다. 급증하는 수요를 충족하기 위해 기존 제품을 더 많이 만들 수 있는 방법을 찾거나, 활용도가 낮은 자산의 새로운 용도를 발견하고 기존 비즈니스와 밀접하게 연결하는 명민함을 보였고, 혹은 완전히 새로운 유형의 제품을 구축하기 위해 사업 모델이나 운영 방식을 전격적으로 바꾸는 결정을 내린 기업도 생겼다.

서플라이 체인은 그 어느 시기보다 신속한 변화를 보여주며 기업의 빠른 판단과 대처 능력을 시험한다. 그러므로 앞으로는 무엇이 더 올 것인지 예측하는 일 또한 중요하다. 이에 대해 셰피 교수는 코로나19가 촉발한 여러 트렌드가 지속적으로 영향을 미칠 것이라고 밝힌다.

우선 옴니채널 소매 및 전자상거래가 대두될 것이다. 물리적 소매업체의 압박으로 기업들은 계속해서 디지털 경험을 적용시키고 혁신하고 있다. 가상 피팅룸, 다른 환경에서도 제품이 어떻게 보이는지 간접 체험할 수 있는 증강현실 앱, 고객이 물리적 오프라인 또는 온라인 채널에서 소매업체와 상호 작용할 수 있는 옴니채널 체험 등이 일반화될 것이다. 연관하여, 우리는 플랫폼에도 주목해야 한다. 에어비앤비와 우버가 기꺼이 참여하는 사람들에게 플랫폼을 개방한 것처럼 신흥 플랫폼은 독립적 상점이 온라인에서 경쟁하고 훨씬 더 넓은 시장을 사로잡을 수 있게 만든다. 셰피 교수는 C&S Wholesale grocers와 인스타카트Instacart의 협업을 하나의 예로 들고 있다. 이 플랫폼은 3,000개 이상의 독립적인 식료품 소매점에 전자상거래 및 당일 배송 솔루션을 제공한다.

'다크 스토어'의 새로운 역할도 주의를 기울여보자. 전자상거래가 지속적으로 증가함에 따라 사용되지 않는 소매 공간은 이미 풀필먼트 센터로 용도 변경되고 있다. DSW는 폐쇄된 신발 가게에서 주문품을 발송하기 시작했고 월마트는 노스캐롤라이나에 있는 문닫은 샘스클럽을 인수하여 이 시설을 전자상거래 풀필먼트 센터로 다시 만들었다. 코로나19 경험으로부터 얻은 한 가지 중요한 교훈은 재난이 닥쳤을 때 자립, 자기 의존에만 초점을 맞추는 것이 실패로 이어질 수 있다는 것이다. 향상된 연결을 통해 가시성, 원격 관리 및 재택근무를 지원하는 한편, 기업은 공급과 수요의 차질을 극복하고 장기적인 글로벌 기회를 포착하는 데 필요한 유연성과 민첩성을 확보할 수 있다.

이 책을 관통하는 셰피 교수의 가장 큰 통찰은 "코로나19가 세계 경제에 도사리고 있는 취약한 연결고리들을 노출시키기도 했지만, 시간이 지남에 따라 세계 경제를 더 튼튼하게 만들 많은 기술과 프랙티스실천 활동 채택도 가속화했다.”는 것이다. 이 원제인 새로운 (비정상적) 노멀new (ab)normal에 맞춰 기업은 유연하고 명민하게 대처해나가야 할 것이다.

2021년 3월 23일

Beth Stackpole(Senior News Editor & Writer of MIT SLOAN SCHOOL)

기업에서 실무자로 일하던 2003년, 정부 주도의 대·중소 그린파 트너십 프로그램에 참여하여 환경 이슈에 대응하는 협력 업체의 역량 강화를 지원한 적이 있다. 그 과정에서 구매 부서가 선정한 협력 업체 를 방문하여 환경 법규를 위반할 만한 사항이 있는지 점검하고, 부정적 인 환경 영향을 최소화할 수 있는 운영 노하우를 공유하는 업무를 맡 았었고, 이와 관련하여 두 가지가 기억에 남는다.

첫째, 회사를 대표해 누군가를 교육하기 위해 업계, 직무와 관련한 광범위한 스터디를 진행했고, 이를 통해 부서 간의 협업 활성화라는 부 수 효과를 얻었다. 여기엔 마케팅, 영업, 구매, 생산, 자원 운영, 경영 혁 신, 환경 안전, 유틸리티, 생산 기술, 설비 기술 등의 제조 관련 부서는 물론, 기획과 인사, 재무, 법무, 홍보 등 순수 스탭 부서까지 참여했고, 이는 이후 수천억 원 이상을 투자한 국내외 공장의 정시 완공과 효율적 운영에 크게 이바지한 '공장 가동 승인제'를 도입하는 기틀이 되었다.

둘째, 그린 파트너십에 참여하는 기업들의 대응 자세에 큰 변화 가 있었다. 정부의 강력한 환경 규제와 지도 단속에도 소극적이고 방어 적이었던 많은 기업이, 모기업의 선의와 후속 지원을 전제로 한 방문 과 관리에는 상당히 적극적으로 협조하는 모습을 보였다. 즉, 해당 기업 대표나 책임 있는 임원이 환경 이슈를 파악하고 논의하며 개선하는 데 있어 신속하고 적극적으로 나섰다. 덕분에 협력사 실무진도 내부적인 환경 위험을 경영진에게 제시하고, 프로세스 개선에 상당한 지원을 받을 수 있었다. 이런 변화는 이후에도 지속 가능 경영을 추진하며 ROHS, WEEE 등 EU발 환경 규제에 대응하고자 1차, 2차 협력 기업과 긴밀히 힘을 모으는 과정에서 큰 도움을 주었다.

국내에서는 처음이었던 이런 시도는 결국 모기업과 협력 기업의 재정적 수치와 체질이 함께 개선되는 등 상호 도움을 주고받는 성과를 거두었다. 교육을 통한 전문 인력의 양성, 운영 진단과 평가의 제도화, 성과에 대한 합리적 보상 등이 삼위일체가 되었기에 가능한 일이었다. 이익 집단인 기업에 있어서 강제적 규범을 성공적으로 도입할 수 있느냐 없느냐는 생존에 가장 큰 영향을 끼치는 서플라이 체인을 통할 수 있느냐 아니냐에 달려 있음을 절실히 느낀 계기였다.

코로나19의 발병과 확산으로 모두가 공황 상태에 빠지고, 한 치 앞조차 불확실하기만 했던 지난해, 문득 다른 나라의 조직은 어떻게 업무를 하고 있을까 하는 궁금증이 생겼다. 회복탄력성 분야에서는 코로나19와 같은 팬데믹을 미리 상정하고 거기에 효과적으로 대응할 수 있는 체계를 평상시 구축하고 연습해야 함을 늘 강조해 왔다. 그러나 코로나19 사태는 과거 사스나 인플루엔자, 메르스 때보다 훨씬 심각했고, 모든 질서를 근본적으로 바꾸어 놓았다. 전 세계 누구도 상황에 맞게 뽑아 쓸 수 있는 대응 체계와 시나리오, 상황을 통제할 거버넌스를 갖추지 못했기에, 새로운 일상 혹은 비일상에 얼마나 잘 적응하는지가 관건이었다. 바로 그즈음 이 책을 접했다.

이 책은 팬데믹 속에서 살아남고자 치열하게 활동했던 비즈니스 세계를 다룬다. 본문에 언급되는 다수의 사례처럼, 미증유의 상황에서 일단 살아남은 조직이나 개인은 아무것도 하지 못하는 공황 상태에서 조금씩 벗어나 상황에 적응해 가며 뉴 애브노멀·비정상을 맞이하기 마련이다. 시야를 넓혀보면 결국 전체를 관통하는 화두는 서플라이 체인임을 다시 확인하게 만든다. 이 책을 통해 우리 사회의 일상을 유지하는 서플라이 체인과 그것을 지키기 위한 회복탄력성 체계에 대한 이해의 폭이 조금이나마 넓어질 수 있으면 한다.

그간 다보스 포럼wef 글로벌 아젠다와 기업 위험, 서플라이 체인 관리, 시스템 최적화 분야의 세계적 석학인 MIT 요시 셰피 교수의 인사이트를 배우고 기업의 실천 방안을 제시하기 위해 그간 노력해 왔고, 올 봄에는 탄소중립 시대 글로벌 기업의 ESG 경영을 다룬 《밸런싱 그린》을 번역하여 내놓았다. 풍부한 사례와 합당한 근거를 들어 제시하는 저자 요시 셰피 교수의 스타일을 알기 때문에 선뜻 번역에 나섰지만, 원문에 충실하게 번역하다 보니 너무 어렵지 않았나 하는 아쉬움이 있었다. 다행스럽게도 코로나19 이후 주요 기업과 각국 정부의 대응을 다룬 이번 책은 한결 쉬운 표현으로 독자들께 전할 수 있어 마음이 가볍다.

델타 변이 확산 등 어려움이 여전히 남아 있는 엄중한 상황에서, 코로나19와 그 이후 시대를 맞이하는 기업의 비즈니스 전략이 어떻게 나아가야 하는지를 제시하는 셰피 교수의 책을 번역할 수 있어서 영광이다. 불확실성과 예측 불가능성이 그 어느 때보다도 커진 코로나19 시대, 비즈니스를 고민하는 기업에 있어 매우 좋은 지침서가 될 것이다. 이를 흔쾌히 출간하기로 결정한 한국학술정보에도 커다란 감사의 말씀을 드린다.

김효석, 류종기

김효석

환경부 서기관이며, 국립환경 인재개발원의 교육운영 과장으로 재직 중이다. 삼성, 두산 등 기업에서 EHS환경 안전, CRO기업 위기 관리, BCM비즈니스 연속성 관리, CSR지속 가능 경영 등의 기획과 실행에 참여하였다. 제조업 공장과 본사, 그룹 지주사 등을 차례로 거치며 환경 안전, 인사, 전략 지원 조직에서 현업 실무자로서 1997년 외환위기, 2001년 9/11테러, 2003년 사스, 2009년 신종 플루, 2011년 동일본 대지진 등을 경험하였다. 안정적인 조직 운영을 지원하고, 안정적인 시스템으로 구현할 수 있는 솔루션을 만드는 데 특히 관심이 많다.

오랜 실무경험과 인생을 바꾼 몇 번의 아주 특별한 교육 참여 경험을 통해, 현장을 제대로 읽고 문제를 입체적으로 분석하여 해결할 수 있는 실무형 전문가 육성의 중요성을 실감하고 있다. 공무원과 공공 기관, 환경 전문 민간 인력에 최적의 교육 기회를 제공하고 이를 널리 확대하고자 많은 연구와 노력을 하고 있다.

류종기

IBM의 사업 개발 임원이며, 울산과학기술원UNIST 공과대학 도시환경공학과 겸임 교수이다. ESG경영/지속가능성, 기업의 회복탄력성, 전사적 위험 관리Enterprise Risk Management 분야에서 20년 이상 컨설팅을 하고 있다. 딜로이트 안진회계법인 기업 리스크 자문본부에서 지속 가능성, 위험 인지 담당 디렉터를 역임했으며, 2018 평창동계올림픽 조직위원회의 위험 관리 자문, 〈동아비즈니스리뷰〉 객원 편집위원으로 활동했고, 리스크 관리 협회The Risk Management Society(RIMS) 한국 대표를 맡고 있다.

주요 저서로는 〈리질리언스 9〉(청림출판, 2020), 역서로 《밸런싱 그린》(리스크 인텔리전스 경영연구원, 2021), 《무엇이 최고의 기업을 만드는가》(프리이코노미북스, 2016), 〈리스크 인텔리전스〉(한빛비즈, 2012) 등이 있다. 지식 서비스 휴넷 CEO에서 'X를 경영하라: 불확실성 하에서 기업 생존과 성장 전략', '극한 환경에서 경영전략: 리질리언스'로 경영 인사이트도 제공하고 있다.

THE NEW (AB)NORMAL

: Reshaping Business and Supply Chain Strategy Beyond Covid-19

by Yossi Sheffi

Copyright ⓒ 2020 by Yossi Sheffi

Original English edition published by Transoft, Inc.

Korean translation rights arranged with Transoft, Inc.

Korean translation rights ⓒ 2021 by KOREAN STUDIES INFORMATION CO., LTD.

팬데믹의 그림자 서플라이 쇼크를 대비하라

뉴 애브노멀

초판발행 2021년 10월 1일
초판 2쇄 2021년 11월 12일

지은이 요시 셰피
옮긴이 김효석 류종기
펴낸이 채종준
기획·편집 양동훈 유나
디자인 김예리
마케팅 문선영 전예리

펴낸곳 한국학술정보(주)
주소 경기도 파주시 회동길 230 (문발동)
전화 031 908 3181(대표)
팩스 031 908 3189
홈페이지 http://ebook.kstudy.com
E-mail 출판사업부 publish@kstudy.com
등록 제일산-115호(2000. 6. 19)

ISBN 979-11-6801-128-1 03320